Matteo Pasquinelli

Das Auge des Meisters

Eine Sozialgeschichte Künstlicher Intelligenz

aus dem Englischen von Karina Hermes

UNRAST

Bibliografische Information der Deutschen Bibliothek:
Die Deutsche Bibliothek verzeichnet diese Publikation in der Deutschen Nationalbibliografie; detaillierte bibliografische Daten sind im Internet über https://dnb.de abrufbar.

Matteo Pasquinelli
Das Auge des Meisters
Eine Sozialgeschichte Künstlicher Intelligenz
aus dem Englischen von Karina Hermes

1. Auflage, Juli 2024
ISBN 978-3-89771-390-1

www.unrast-verlag.de – kontakt@unrast-verlag.de
Mitglied in der assoziation Linker Verlage (aLiVe)

Titel der Originalausgabe
The Eye of the Master. A Social History of Artificial Intelligence
Verso, London & New York 2023

Mit freundlicher Unterstützung durch die
Staatliche Hochschule für Gestaltung Karlsruhe

Umschlag: Unrast Verlag, Münster
Satz: Andreas Hollender, Köln
Druck: Multiprint, Kostinbrod

Inhalt

Abbildungen

Perception of Auditory and Visual Form«, Bulletin of Mathematical Biophysics 9, Nr. 3 (1947): 141.

9.1 Beispiele für Zielklassifizierung. Albert Murray, »Perceptron Applications in Photo Interpretation«, Photogrammetric Engineering 27, Nr. 4 (1961): 633.

9.2 Beispiele für Zielklassifizierung. Albert Murray, »Perceptron Applications in Photo Interpretation«, Photogrammetric Engineering 27, Nr. 4 (1961): 634.

9.3 Mark I Perceptron. Frank Rosenblatt, Principles of Neurodynamics: Perceptrons and the Theory of Brain Mechanisms, Buffalo, NY: Cornell Aeronautical Laboratory, 1961, iii.

9.4 Darstellung des Aufbaus des Mark I Perzeptrons. Frank Rosenblatt, Mark I Perzeptron Operators' Manual. Buffalo, NY: Cornell Aeronautical Laboratory, 1960.

9.5 Rosenblatts Skizze des einfachen Perzeptrons. Frank Rosenblatt, »Audio Signal Pattern Perception Device«, US-Patent US3287649A, 1963 (ausgelaufen 1983).

Einleitung: KI als Arbeitsteilung

»Das Detailgeschick des individuellen, entleerten Maschinenarbeiters verschwindet als ein winzig Nebending vor der Wissenschaft, den ungeheuren Naturkräften und der gesellschaftlichen Massenarbeit, die im Maschinensystem verkörpert sind und mit ihm die Macht ›des Meisters‹ bilden.«[1]

»[Alle Menschen sind Intellektuelle, [...] [Das bedeutet,] daß man zwar von Intellektuellen reden kann, nicht aber von Nicht-Intellektuellen, weil es Nicht-Intellektuelle nicht gibt [...]. Es gibt keine menschliche Tätigkeit, aus der man jeglichen intellektuellen Beitrag ausschließen kann, der homo faber lässt sich nicht vom homo sapiens trennen.«[2]

Im 20. Jahrhundert hätten nur wenige Menschen LKW-Fahrer:innen jemals als »kognitive Arbeiter«, als Intellektuelle, bezeichnet. Doch in den frühen Jahren des 21. Jahrhunderts hat die Anwendung von künstlicher Intelligenz (KI) in selbstfahrenden Fahrzeugen und weiteren Artefakten die Wahrnehmung von manuellen Fähigkeiten wie Autofahren verändert. Dies offenbart, dass allgemein die wertvollste Komponente von Arbeit nie ausschließlich manueller, sondern schon immer kognitiver und auch kooperativer Natur war. Dank der KI-Forschung, man muss es einräumen, haben LKW-Fahrer:innen das Pantheon der Intelligenzija erreicht. Es ist ein Paradoxon – und eine bittere politische Offenbarung –, dass die hartnäckige Automatisierung gezeigt hat, wie viel »Intelligenz« durch Aktivitäten und Aufgaben zum Ausdruck kommt, die üblicherweise als körperlich und ungelernt gelten, ein Aspekt, der sowohl von Arbeitnehmerorganisationen als auch von der Kritischen Theorie oftmals vernachlässigt worden ist. Tatsächlich haben sich im gegenwärtigen digitalen Zeitalter nur wenige

1 Karl Marx: Das Kapital, MEGA II/5, Seite: 348, Absatz: Zelle 1 ff. Marx merkte zudem an: »Man wird später sehn, daß der ›Master‹ aus einem andern Loch pfeift, sobald er mit Verlust seiner ›lebendigen‹ Automaten bedroht ist« MEGA II/5, Seite: 348, Absatz Zelle 34 ff.

2 Antonio Gramsci: Gefängnishefte. Kritische Gesamtausgabe. Bd. 7 (12. bis 15. Heft). Hamburg: Argument/InkriT 2012.

Soziolog:innen wie Richard Sennett die Mühe gemacht, zu betonen, dass »Machen Denken ist«, eine Dimension, die Wissenschaftshistoriker:innen wie Lissa Roberts und Simon Schaffer in ihrem eleganten Bild der »achtsamen Hand« aufgegriffen haben. Diese Hand hat genauso in den Werkstätten der Renaissance wie in jenen des Industriezeitalters nicht nur Muskelkraft bewiesen, sondern auch Ausgestaltung, Erfindungen und wissenschaftliche Durchbrüche inspiriert.[3] Wird heute noch die Intelligenz körperlicher Arbeit und sozialer Aktivität verleugnet, so scheint dies ein Symptom für eine überwuchernde digitale Sphäre und die Dematerialisierung menschlicher Aktivitäten zu sein; beides hat zu einer geheimnisvollen Aura beigetragen, die letztlich rund um KI herumgesponnen wurde.

Was ist KI? Eine vorherrschende Sichtweise beschreibt KI als das Streben danach, »Intelligenz zu entschlüsseln« –, wobei angenommen wird, dass diese Lösung in der geheimen Logik des Geistes oder in der tiefen Physiologie des Gehirns verborgen sei, zum Beispiel in seinen komplexen neuronalen Netzwerken. Konträr dazu vertrete ich in diesem Buch die Auffassung, dass der innere Code von KI nicht durch die Imitation biologischer Intelligenz erzeugt wird, sondern durch die Intelligenz der Arbeit und die sozialen Verhältnisse. Ich denke, es sollte heutzutage klar sein, dass KI ein Projekt ist, mit dem jenes Wissen vereinnahmt wird, welches in individuellen und kollektiven Verhaltensweisen zu Tage tritt; dieses Wissen soll dann in algorithmische Modelle kodiert werden, um so die vielfältigsten Aufgaben zu automatisieren: von Bilderkennung und Objektmanipulation zur Sprachübersetzung und Entscheidungsfindung. Wie es so häufig der Fall bei Ideologien ist, haben wir die »Lösung« des Rätsels von KI direkt vor unseren Augen, doch niemand kann – oder will – sie sehen.

Kehren wir zurück zum umstrittenen Projekt der selbstfahrenden Autos. Welche Art von Arbeit leisten Fahrer:innen? Und bis zu welchem Grad kann KI eine solche Aktivität automatisieren? Mit einem beträchtlichen Anteil an Schätzung und Risiko ist ein selbstfahrendes Auto so entworfen, dass es all die Mikroentscheidungen imitiert, die ein:e Fahrer:in auf einer

3 Richard Sennett: The Craftsman, New Haven 2008; Lissa Roberts und Simon Schaffer (Hg.): The Mindful Hand: Inquiry and Invention from the Late Renaissance to Early Industrialisation, Chicago 2007. Zur Rolle der Berührung im digitalen Zeitalter, siehe Rebekka Ladewig und Henning Schmidgen (Hg.): *Body and Society*, Vol. 28, Nr. 1–2, Sonderausgabe: ›Symmetries of Touch: Reconsidering Tactility in the Age of Ubiquitous Computing‹ (2012).

vielbefahrenen Straße trifft.[4] Seine künstlichen neuronalen Netzwerke »erlernen« die Zusammenhänge zwischen der visuellen Wahrnehmung der Umgebung und der mechanischen Steuerung des Fahrzeugs (Lenken, Beschleunigen, Bremsen) gemeinsam mit ethischen Entscheidungen, die bei Gefahr innerhalb weniger Millisekunden gefällt werden müssen. Autofahren erfordert hohe kognitive Fähigkeiten, die man nicht durch Improvisation ausgleichen kann, aber auch rasche Problemlösung, die nur durch Gewohnheit und Übung möglich ist, also Aspekte, die nicht vollkommen bewusst ablaufen. Autofahren bleibt grundlegend eine soziale und kooperative Aktivität, die sowohl kodifizierten Regeln folgt (mit rechtlichen Vorgaben) und spontanen Regeln, einschließlich eines stillschweigenden kulturellen Gesetzes, das sich von Ort zu Ort unterscheidet. Es gilt als schwierig, eine solch komplexe Aktivität zu kodieren; selbst der Unternehmer Elon Musk hat eingeräumt, nach einigen tödlichen Unfällen mit Tesla-Autos, dass »generalisiertes autonomes Fahren ein schwieriges Problem darstellt«[5]. Jedoch hat das Industrieprojekt der selbstfahrenden Fahrzeuge in all seinen problematischen Aspekten verdeutlicht, dass die Aufgabe »Autofahren« nicht bloß »mechanisch« ist. Wenn es überhaupt möglich ist, die Fähigkeit des Autofahrens in ein algorithmisches Modell zu übertragen, dann nur, weil es sich beim Autofahren um eine logische Aktivität handelt – weil letzten Endes *alle Arbeit logisch ist*.[6]

Wie sieht also die Beziehung zwischen Arbeit, Regeln und Automatisierung aus, beispielsweise bei der Erfindung neuer Technologien? Diese Verwicklung ist das Kernproblem von KI und Untersuchungsgegenstand dieses Buches. Dabei handelt es sich jedoch nicht um eine völlig neue Perspektive zur theoretischen Herangehensweise an KI. Die Wissenschaftshistorikerin Lorraine Daston beispielsweise hat dieses Problem bereits anhand der großen Rechenprojekte der Aufklärung veranschaulicht, die den automatischen Rechenprozessen vorausgingen. Um die sehr ausufernden logarith-

4 In den frühen 1960er Jahren definierte Romano Alquati »Information« als die kreativen Mikroentscheidungen, die Arbeiter:innen im Produktionsprozess treffen (vgl. Kapitel Fünf in diesem Buch). Vlg. auch Matteo Pasquinelli: »Italian Operaismo and the Information Machine«, *Theory, Culture and Society*, Vol. 32, Nr. 3 (2015): 49–68; Florian Sprenger, »Microdecisions and Autonomy in Self-Driving Cars: Virtual Probabilities«, *AI and Society* (2020): 1–16.

5 Andrew J. Hawkins: »Elon Musk Just Now Realizing That Self-Driving Cars Are a ›Hard Problem‹«, *theverge.com*, 5. Juli 2021.

6 Vgl. auch »A Manifesto«, *Logic Magazine*, Nr. 1, März 2017.

mischen Tabellen zu erstellen, die für die Modernisierung Frankreichs zur Zeit der Revolution notwendig waren, hatte der Mathematiker Gaspard de Prony im späten 18. Jahrhundert die Idee, die industrielle Methode der Arbeitsteilung (zum Standard erhoben durch Adam Smith in *The Wealth of Nations*[7]) auf das Rechnen von Hand anzuwenden.[8] Zu diesem Zwecke erstellte de Prony einen *sozialen Algorithmus*, eine hierarchische Anordnung aus drei Gruppen von Angestellten, die sich die Arbeit aufteilten, wobei jede Gruppe einen Teil der langen Berechnungen durchführte, sodass am Ende ein Ergebnis festzustellen war. Einige Jahre später, im England des Industriezeitalters, übernahm Charles Babbage die Idee der Arbeitsteilung als internes Prinzip der *Difference Engine*, womit er den ersten Prototyp des modernen Computers entwarf. Entscheidend ist, dass Babbage begriff, dass Arbeitsteilung nicht nur ein Prinzip zum Entwerfen von Maschinen ist, sondern sich auch zum Kalkulieren der Produktionskosten eignet (seither bekannt als *Babbage-Prinzip*).

Im Industriezeitalter oblag die Aufsicht über die Arbeitsteilung gewöhnlich dem Meister der Fabrik.[9] Das Auge des Meisters in Betriebsstätten genauso wie in Lagern und Plantagen hatte schon seit langem die Arbeiter:innen überwacht und diszipliniert, die Pläne der Fließbänder und die Schichtpläne für Zwangsarbeiter:innen entworfen. Lange bevor es Industriemaschinen gab, waren die urbanen Betriebe und kolonialen Anwesen bereits »mechanisch« in ihrem Regime der körperlichen Disziplin

7 auf Deutsch unter *Der Wohlstand der Nationen* zu finden

8 Lorraine Daston: »Calculation and the Division of Labor, 1750–1950«, *Bulletin of the German Historical Institute*, Nr. 62 (Frühjahr 2018): 13.

9 Friedrich Engels widersprach dem Narrativ vom »Auge des Meisters« und argumentierte, dass in größeren Unternehmen und Infrastrukturen der damaligen Zeit, wie den Eisenbahngesellschaften, die Arbeiter:innen einen größeren Überblick über den Produktionsprozess haben: »die ökonomische Entwicklung der modernen Gesellschaft hat die Tendenz zu immer stärkerer Konzentration, zur Vergesellschaftung der Produktion in Riesenunternehmen, die durch einzelne Kapitalisten nicht mehr geleitet werden können. Das ganze Geschwätz vom ›Auge des Herrn‹ und den Wundern, die es verrichtet, wird zu barem Unsinn, sobald ein Unternehmen eine ›gewisse‹ Größe erreicht. Man stelle sich das ›Auge des Herrn‹ der London- und Nordwest-Eisenbahn vor! Was aber der Herr nicht zu tun vermag – die Arbeiter, die im Lehrverhältnis stehenden Beamten der Gesellschaft *können* es tun, und sie tun es mit Erfolg. Der Kapitalist kann also in Zukunft seinen Profit nicht mehr als ›Lohn für Aufsicht‹ beanspruchen, denn er beaufsichtigt nichts.« Friedrich Engels: »Notwendige und überflüssige Gesellschaftsklassen«, The Labour Standard, 6. August 1881. Siehe auch: Engels: MEW 19, S. 287.)

und Sichtbarkeit.[10] Wie der Philosoph Michel Foucault zeigte, bereitete das Auferlegen derartiger Disziplinartechniken, basierend auf der Segmentierung von Zeit, Raum und Verhältnissen, die kapitalistische Herrschaft der Ausbeutung vor.[11] Parallel dazu trug eine rationalistische Sicht auf die Welt dazu bei, die Bewegungsabläufe des menschlichen Körpers noch detaillierter zu beschreiben und so ihre Mechanisierung zu entwerfen. Der Historiker Sigfried Giedion setzte sich in seinem berühmten Band *Mechanisation Takes Command* intensiv mit diesem Prozess auseinander. Ihm zufolge nimmt die Mechanisierung »mit dem Konzept der Bewegung« ihren Anfang, dann ersetzt sie Handarbeit und schließlich zeigt sie ihre volle Blüte am »Fließband, der Ort, an dem sich die gesamte Fabrik als ein synchroner Organismus verdichtet«.[12]

Diese mechanische Mentalität fand ihren Höhepunkt im Taylorismus – einem System des »wissenschaftlichen Managements«, welches bestrebt war, die Bewegungen der Arbeiter:innen bis ins kleinste Detail zu ökonomisieren. Tatsächlich, wie der Ökonom Harry Braverman einmal anmerkte, »verstand Taylor das Babbage-Prinzip besser als jeder andere seiner Zeit und es wurde bei seinen Kalkulationen immer priorisiert«[13]. Um die kleinsten Gesten der Arbeiter:innen überwachen zu können, verschaffte sich das Tayloristische System sogar cinematographische Augen: Der Meister der Fabrik wurde zu einer Art Filmdirektor, der die Arbeiter:innen filmte, um so ihre Produktivität erfassen und steigern zu können. Dadurch setzte er gleichsam das um, was der Medienwissenschaftler Jonathan Beller als den »cinematographischen Modus der Produktion«[14] bezeichnet hat. Taylorismus trieb die Disziplin der »Zeit- und Bewegungsstudien« voran, welche in den gleichen Jahren sowohl vom sowjetischen Revolutionär Aleksei Gastev und den US-amerikanischen Ingenieur:innen Frank und Lillian Gilbreth, die vergleichbare photographische Techniken einführten wie das

10 Zum Regime der Sichtbarkeit auf der Sklavenplantage vgl. Nicholas Mirzoeff: The Right to Look: A Counterhistory of Visuality, Durham 2011.

11 Michel Foucault: Überwachen und Strafen, Frankfurt 1993.

12 Sigfried Giedion: Mechanization Takes Command: A Contribution to Anonymous History. Oxford 1948: 5.

13 Harry Braverman: Labor and Monopoly Capital: The Degradation of Work in the Twentieth Century, New York 1974, 117. Vgl. auch Frederick Winslow Taylor: The Principles of Scientific Management, New York 1911.

14 Jonathan Beller: The Cinematic Mode of Production: Attention Economy and the Society of the Spectacle, Lebanon 2006.

Zyklogramm einerseits den *Chronozyklograph* andererseits.[15] Dieses Buch geht diesen analytischen Studien des Arbeitsprozesses durch das Industriezeitalter bis hin zum Aufkommen von KI nach, um darzulegen, wie die »Intelligenz« technologischer Innovation oftmals ihren Ursprung darin nahm, diese abstrakten Diagramme menschlicher Praxis und kollektiven Verhaltens zu imitieren.

Als industrielle Maschinen wie Web- und Drehmaschinen erfunden wurden, war dies tatsächlich nicht einem einsamen genialen Ingenieur zu verdanken, sondern durch die Imitation des kollektiven Arbeitsschemas gelungen: Indem die Muster der Handbewegungen und Werkzeuge erfasst wurden, die zugrundeliegende Kreativität des Knowhows der Arbeiter:innen, und man diese Muster in mechanische Artefakte umwandelte. Dieser Theorie der Erfindungen folgend, über die sich bereits Smith, Babbage und Marx im 19. Jahrhundert einig waren, findet sich in diesem Buch die These, dass die hochentwickeltsten »intelligenten« Maschinen ebenfalls entstanden sind, indem sie die Gliederung der kollektiven Arbeitsteilung imitieren. Im Verlauf dieses Buches werde ich diese Theorie der technologischen Entwicklung umbenennen in die *Arbeitstheorie der Automatisierung* oder *Arbeitstheorie der Maschine*, welche ich dann auf die Untersuchung der gegenwärtigen KI ausweiten und zur *Arbeitstheorie maschineller Intelligenz* verallgemeinern möchte.[16]

Schon bei Marx ist der Meister nicht mehr als Individuum zu verstehen, sondern, wie im ersten Zitat dieser Einleitung erwähnt, als integrierte Macht aus »der Wissenschaft, den ungeheuren Naturkräften und der gesellschaftlichen Massenarbeit, die im Maschinensystem verkörpert sind«. Nach der Ausweitung der »Arbeitsteilung in der Gesellschaft«, wie Émile

15 Vgl. Charles S. Maier: »Between Taylorism and Technocracy: European Ideologies and the Vision of Industrial Productivity in the 1920s«, *Journal of Contemporary History*, Vol. 5, Nr. 2 (1970): 27–61; Rolf Hellebust: »Aleksei Gastev and the Metallization of the Revolutionary Body«, *Slavic Review* 56, Nr. 3 (1997): 500–518; Ana Hedberg Olenina: Psychomotor Aesthetics: Movement and Affect in Modern Literature and Film, Oxford 2020; Nicolás Salazar Sutil: Motion and Representation: The Language of Human Movement, Cambridge 2015; Elspeth Brown: The Corporate Eye: Photography and the Rationalization of American Commercial Culture, 1884–1929, Baltimore 2008; Daniel Nelson (Hrsg.): A Mental Revolution: Scientific Management Since Taylor, Columbus 1992.

16 Die Ausdrücke »Arbeitstheorie der Automatisierung« und »Arbeitstheorie der Maschine« sind an ähnliche Begriffe aus der politischen Ökonomie, wie »Theorie des Wertes«, angelehnt.

Durkheim zum Ende des 19. Jahrhunderts festhielt, entwickelte sich das Auge des Meisters ebenso in neue Technologien der Überwachung weiter, wie die Statistik und die globalen »Operationen des Kapitals« (um Sandro Mezzadras und Brett Neilsons geschickte Formulierung zu nutzen).[17] Sodann hat die Verwaltung der Arbeit seit dem Ende des 20. Jahrhundert die gesamte Gesellschaft in eine »digitale Fabrik« verwandelt; dieses Management taucht auf in Form von Suchmaschinensoftware, online Karten, Benachrichtigungsapps, sozialen Netzwerken, Arbeitsplattformen für Kleinaufträge, Mobilitätsdienstleistungen und schließlich KI-Algorithmen, die verstärkt dazu genutzt werden, all die vorgenannten Dienstleistungen zu automatisieren.[18] Es ist nicht schwierig, KI heutzutage als eine weitere Zentralisierung der digitalen Gesellschaft und als Orchestrierung der Arbeitsteilung innerhalb der gesamten Gesellschaft zu betrachten.

Die These, dass das Design von Berechnungen und »intelligenten Maschinen« dem Schema der Arbeitsteilung folgt, ist nicht weit hergeholt, sondern wird durch die Gründungstheorien der Computerwissenschaft bestätigt, in welchen weiterhin ein Subtext kolonialer Fantasien und Klassentrennung aus dem Industriezeitalter enthalten ist. Selbst das berühmte Genie automatisierter Berechnung, Alan Turing, bestätigte erneut eine hierarchische und autoritäre Denkweise. In einem Vortrag aus dem Jahr 1947 stellte sich Turing eine *Automatic Computing Engine* (ACE) vor, einer der ersten digitalen Computer, als ein zentralisierter Apparat, der seine Rechenvorgänge als eine Hierarchie aus Meister und Diener aufeinander abstimmte:

> »Grob gesagt werden diejenigen, die mit der ACE arbeiten, in seine Meister und in seine Diener unterteilt. Seine Meister werden die Anweisungstabellen für die Maschine in allen Einzelheiten planen und sich immer scharfsinnigere Möglichkeiten für ihren Gebrauch ausdenken. Die Diener der ACE werden sie mit Karten versorgen, so wie sie es verlangt. Sie werden alle Teile richtigstellen, die fehlerhaft sind. Sie werden die Daten, die die Maschine benötigt, zusammentragen. Tatsächlich übernehmen die Diener die Rolle der Gliedmaßen. Mit fortschreitender Zeit wird der Rechner eigenständig die Funktionen von

17 Émile Durkheim: The Division of Labor in Society, New York 1984 [1893]; Sandro Mezzadra / Brett Neilson: The Politics of Operations. Excavating Contemporary Capitalism, Durham 2019: 55.

18 Vgl. Moritz Altenried: The Digital Factory. The Human Labor of Automation, Chicago 2021.

> Meister und Dienern übernehmen. Die Diener werden durch mechanische und elektrische Gliedmaßen sowie Sinnesorgane ersetzt. Zum Beispiel kann man dann Kurvenleser bereitstellen, um direkt Daten aus Kurven zu entnehmen, statt dass man Mädchen Werte ablesen und in Karten lochen lässt. Die Meister müssen ausgetauscht werden, denn sobald eine Technik überhaupt stereotypisiert wird, wird es möglich, ein System aus Anweisungstabellen zu entwerfen, mit dem der elektronische Computer dies selber ausführen kann. Es könnte vorkommen, dass die Meister sich weigern. Womöglich lehnen sie es ab, ihre Arbeit auf diese Weise an die Maschine zu verlieren. In einem solchen Fall werden sie ihre gesamte Arbeit mit Geheimnistuerei umweben und Ausreden suchen, schön verpackt in auserwähltes Geschwafel, wann immer ein Vorschlag auftaucht, der ihnen gefährlich erscheint. Ich halte eine solche Reaktion für eine ernst zu nehmende Gefahr.«[19]

Die Prosa des jungen Turing, der die Aufgaben des Berechnungsprozesses zwischen »Meistern«, »Dienern« und »Mädchen« verteilt, ist hart. Es erinnert an die erschreckende Darstellung der Industriefabriken im viktorianischen Zeitalter von Andrew Ure als »weitläufiger Automat, der aus verschiedenen mechanischen und intellektuellen Organen zusammengesetzt ist, die in einem unerschütterlichen Eifer zum Zwecke der Produktion eines gemeinsamen Zieles handeln, während alle einer sich selbst regulierenden Bewegungsgewalt untergeordnet sind«[20]. Damit vergleichbar stellte Turing sich einen intelligenten Automaten vor, der zukünftig in der Lage wäre, sich selbst neu zu programmieren und sowohl Meister als auch Diener zu ersetzen. Turings Vision wird gegenwärtig widerlegt durch die Existenz einer Armee aus »Geisterarbeitern« aus dem Globalen Süden, die, wie Mary Gray und Siddharth Suri dokumentiert haben, außer Sicht geschaffen worden sind, um das Unterhaltungsstück der maschinellen Autonomie nicht zu stören.[21] Im Gegensatz zu Turings Vermutung ist die KI vor allem gekommen, die Meister, also die Manager, zu ersetzen und weniger die Diener– Arbeiter:innen werden gebraucht (und so wird es auch bleiben), um Daten und Werte für die unersättlichen Schlünde der KI und ihre

19 Alan Turing: »Lecture on the Automatic Computing Engine« (1947), in: B. Jack Copeland (Hg.): The Essential Turing, London 2004, 392.

20 Andrew Ure: The Philosophy of Manufactures, London 1835: 13–14.

21 Mary Gray / Siddharth Suri: Ghost Work. How to Stop Silicon Valley from Building a New Global Underclass, New York 2019. Vgl. auch Lilly Irani: »The Cultural Work of Microwork«, *New Media and Society* 17, Nr. 5, 2013: 720–739; Lilly Irani / Michael Six Silberman: »Turkopticon. Interrupting Worker Invisibility in Amazon Mechanical Turk«, *Proceedings of CHI 2013*, 28. April – 2. Mai 2013.

globalen Monopole zu produzieren, und andererseits, die Instandhaltung einer solchen Megamaschine durch Inhaltsfilterung, Sicherheitsprüfung, Evaluation und unerlässlicher Optimierung zu gewährleisten. Wie die Genderwissenschaftlerinnen Neda Atanasoski und Kalindi Vora hervorgehoben haben, sind Träume einer vollständigen Automatisierung und KI wie die von Turing nicht neutral, sondern basieren historisch gesehen auf der »Ersatzmenschheit« von versklavten Dienern, Proletarier:innen und Frauen; die mithilfe ihrer unsichtbaren Arbeit das universalistische Ideal des freien und autonomen (*weißen*) Subjektes möglich gemacht haben.[22]

KI hat viele Geschichten

In der jetzigen schwierigen Lage über die Geschichte von KI zu schreiben bedeutet, auf ein ausuferndes ideologisches Konstrukt gefasst zu sein: Unter den Führungsriegen der Unternehmen des Silicon Valley wie auch der Hightech-Universitäten ist die Propaganda von einer allmächtigen Macht der KI die Norm; zuweilen wird sogar das volkstümliche Versatzstück von Maschinen, welche »übermenschliche Intelligenz« und »Selbstbewusstsein« erlangen, wieder aufgegriffen. Dieses Märchen wird anschaulich dargestellt in den Geschichten der apokalyptischen *Terminator-Reihe*, in denen KI-Systeme technologische Einzigartigkeit erreichen und ein »existenzielles Risiko« für das Überleben der menschlichen Art auf diesem Planeten darstellen, eine Ansicht, die unter anderem auch der Zukunftsforscher Nick Bostrom vertritt.[23] Mythologien über technologische Autonomie und maschinelle Intelligenz sind nichts Neues: Seit dem Industriezeitalter gab es sie, um die Rolle der Arbeiter:innen und der subalternen Klassen zu mystifizieren.[24] Wie Schaffer, als er den Kult um Automaten zu Babbages Zeiten beschrieb, angemerkt hat, »war es notwendig, dass die Quellen der

22 Neda Atanasoski / Vora Kalindi: Surrogate Humanity. Race, Robots, and the Politics of Technological Futures, Durham 2019.

23 Nick Bostrom: Superintelligence. Paths, Dangers, Strategies, Oxford 2014.

24 Simon Schaffer: »Babbage's Dancer and the Impresarios of Mechanism«, in: Francis Spufford / Jenny Uglow (Hg.): Cultural Babbage. Technology, Time and Invention, London 1996; Simon Schaffer: »Enlightened Automata«, in: William Clark, Jan Golinski, und Simon Schaffer (Hg.): The Sciences in Enlightened Europe, Chicago 1999; Elly Rachel Truitt: Medieval Robots. Mechanism, Magic, Nature, and Art, Philadelphia 2015; Adelheid Voskuhl: Androids in the Enlightenment. Mechanics, Artisans, and Cultures of the Self, Chicago 2013.

Macht, nämlich die Arbeiterschaft, die die Maschinen umgab und betrieb, unsichtbar gemacht wurde, um die Maschinen intelligent erscheinen zu lassen«[25].

Wendet man sich von derartigen spekulativen Narrativen ab, die sich niemals zur Genüge mit den technischen Details befassen, um festzulegen, welche der Algorithmen denn nun eine »Superintelligenz« ausführen, finden sich heutzutage eine Vielzahl von *technischen Geschichten* der KI, die als Gegenstück versprechen, die komplexen Algorithmen zu erläutern.[26] Diese technischen Übersichtsarbeiten äußern oftmals die unternehmerischen Erwartungen an einen »Masteralgorithmus«, der alle Aufgaben der Perzeption und Kognition mit einer erstaunlichen Geschwindigkeit der Datenkompression (denn dies ist die sehr unromantische Metrik, nach der »intelligente« Systeme letzten Endes bewertet werden) lösen kann.[27] Auch dieses Verständnis setzt sich nur selten mit dem historischen Kontext und den sozialen Folgen von Automatisierung auseinander, sondern zeichnet eine lineare Abfolge mathematischer Errungenschaften auf, was technologischen Determinismus weiter verstärkt.[28] In der Riege der technischen Historie von KI darf die Kognitionswissenschaft nicht fehlen, da ein bedeutender Teil dieser Disziplin sich unter dem Einfluss der Computerwissenschaften entwickelt hat. Das monumentale zweibändige Werk von Margaret Boden *Mind as Machine* (2006) ist wohl noch immer die detaillierteste Darstellung der Geschichte von KI als Kognitionswissenschaft, wobei sie die Komplexität ihrer Entstehungsgeschichte ohne ideologischen Übereifer veranschaulicht.

Eine wachsende Anzahl Autor:innen lässt sich nicht von derart engen technischen Sichtweisen verleiten und beschäftigt sich nun mit den sozialen Folgen der KI aus Sicht der Arbeiter:innen, der Gemeinschaften, der Min-

25 Simon Schaffer: »Babbage's Intelligence. Calculating Engines and the Factory System«, *Critical Inquiry* 21, Nr. 1 (1994): 204. Vgl. auch Bernard Geoghegan: »Orientalism and Informatics. The Alterity in Artificial Intelligence, from the Chess-Playing Turk to Amazon's Mechanical Turk«, *Ex-Position* 43 (Juni 2020): 45–90.

26 Vgl. z.B. Nils Nilsson: The Quest for Artificial Intelligence. A History of Ideas and Achievements, Cambridge 2010.

27 Ein Beispiel für eine Unternehmensagenda findet sich in Pedro Domingos: The Master Algorithm. How the Quest for the Ultimate Learning Machine Will Remake Our World, London 2017.

28 Zur Idee der autonomen Technologie vgl. den Klassiker von Langdon Winner: Autonomous Technology. Technics-Out-of-Control as a Theme in Political Thought, Cambridge 1977.

derheiten und der Gesellschaft insgesamt. Diese Autor:innen hinterfragen die Virtuosität von Algorithmen, die »Intelligenz« für sich beanspruchen, obwohl sie faktisch Ungleichheiten verstärken, Vorurteile in Bezug auf Gender und *race* aufrechterhalten und zur Verfestigung einer neuen Form des Wissensextraktivismus beitragen. Dank Büchern wie Cathy O'Neils *Weapons of Math Destruction* (2016), Safiya Nobles *Algorithms of Oppression* (2018), Ruha Benjamins *Race after Technology* (2019) und Wendy Chuns *Discriminating Data* (2021) und vieler Anderer, dehnt sich das neue Feld kritischer KI-Studien weiter aus.[29] Dieser neue Forschungszweig baut auf älteren Untersuchungen von KI, der Kybernetik, und der Rationalität des Kalten Krieges aus vorhergehenden Jahrzehnten auf; Untersuchungen stammen unter anderem von Alison Adams *Artificial Knowing* (1998), Philip Agres *Computation and Human Experience* (1997), Paul Edwards' *The Closed World* (1996), Joseph Weizenbaums *Computer Power and Human Reason* (1976) und Hubert Marx Dreyfus' Abhandlung für die Rand Corporation *Alchemy and Artificial Intelligence* (1965), welche als erste philosophische Kritik an KI gilt.[30]

Inmitten des sich ausweitenden Fundus an kritischen Werken soll mit diesem Buch die soziale Genealogie von KI erläutert, und insbesondere der Standpunkt – die sozialen Klassen – von dem aus und von denen aus KI als eine Zukunftsvision der Welt und der Epistemologie verfolgt wurde, herausgearbeitet werden. Verschiedene gesellschaftliche Gruppen und Machtgefüge haben den Informationstechnologien und der KI im vergangenen Jahrhundert ihre Form verliehen. Man kann sagen, dass die frühen Paradigmen des mechanischen Denkens und die neueste maschinelle Intel-

29 Cathy O'Neil: Weapons of Math Destruction. How Big Data Increases Inequality and Threatens Democracy, New York 2016; Safiya Umoja Noble: Algorithms of Oppression. How Search Engines Reinforce Racism, New York 2018; Ruha Benjamin: Race after Technology: Abolitionist Tools for the New Jim Code, Cambridge 2019; Wendy Hui Kyong Chun: Discriminating Data. Correlation, Neighborhoods, and the New Politics of Recognition, Cambridge 2021. Die Entwicklung der KI-Studien verläuft nicht ohne interne Komplikationen. Yarden Katz hat festgestellt, dass »kritische KI-Experten ihre Stellung bisweilen nutzen, weiße Vorherrschaft zu festigen und sich dabei den Anschein der Progressivität verleihen [...] indem sie sich die Sprache radikaler sozialer Bewegungen zu eigen machen«. Yarden Katz: Artificial Whiteness, New York 2020: 128.

30 Ein systematischer Überblick über kritische KI-Studien findet sich auf den Seiten der University of Cambridge, Department of History and Philosophy of Science, Mellon Sawyer Seminar »Histories of AI: A Genealogy of Power«, Mai 2020 – Juli 2021; ai.hps.cam.ac.uk.

ligenz sich zu unterschiedlichen Zeiten und auf unterschiedliche Art nicht »auf die Schultern von Riesen« stützten, wie das alte Sprichwort lautet. Vielmehr haben wir es hier mit »den Schultern von« Händler:innnen, Soldat:innen, Befehlshaber:innen, Beamt:innen, Spion:innen, Industriellen, Manager:innen und Arbeiter:innen zu tun.[31] In all diesen Genealogien war die Automatisierung von Arbeit der entscheidende Faktor, doch dieser Aspekt wird von einer Geschichtsschreibung der Technologie, welche den Blick der Wissenschaft »von oben herab« bevorzugt, wiederholt ignoriert.

Zum Beispiel ist es eine übliche Herangehensweise, das Aufkommen der Kybernetik, digitaler Berechnung und KI an großzügige Förderungen durch das US-Militär während des Zweiten Weltkriegs und zur Zeit des Kalten Krieges ziemlich deterministisch zu binden.[32] Doch neueste Forschung hat bewiesen, dass die äußersten Auswüchse derartiger »Kriegsrationalität« ziemlich instabil waren und Paradigmen wie die Spieltheorie und die lineare Programmierung hervorbrachte, welche auch der Kern der Modellierung des Rüstungswettlaufs und Militärlogistik waren.[33] Die Einflussnahme der Staatsapparate auf Informationstechnologien hatte jedoch schon lange vor der Beschleunigung für militärische Zwecke im Zweiten Weltkrieg begonnen: Die Automatisierung von Informationsgewinnung und statistischer Analyse geht zurück auf die Notwendigkeit, öffentliche Bürokratie und Regierungsarbeit zu mechanisieren, und dies spätestens seit der Volkszählung in den USA 1890, für welche die Tabelliermaschine von Herman Hollerith zur Verarbeitung von Lochkarten eingeführt wurde. Die »Regiermaschine« (wie Jon Agar sie nannte) war ein Vorgeschmack auf die großen Rechenzentren des digitalen Zeitalters; diese sind wie allgemein bekannt nicht nur eine Angelegenheit von Internetfirmen, sondern auch von Nachrichtendiensten, wie der Mathematiker Chris Wiggins und der Historiker Matthew L. Jones gezeigt haben.[34] Kurz gefasst war es für

31 Vgl. Richard Hadden: On the Shoulders of Merchants. Exchange and the Mathematical Conception of Nature in Early Modern Europe, Albany 1994.

32 Zum »militärischen a-priori« in der Geschichte der Computation vgl. Geoffrey Winthrop-Young: »Drill and Distraction in the Yellow Submarine. On the Dominance of War in Friedrich Kittler's Media Theory«, *Critical Inquiry* 28, Nr. 4 (2002): 825–854.

33 Vgl. Paul Erickson u.a.: How Reason Almost Lost Its Mind. The Strange Career of Cold War Rationality, Chicago 2013.

34 Jon Agar: The Government Machine. A Revolutionary History of the Computer, Cambridge 2003; vgl. Chris Wiggins / Matthew L. Jones: How Data Happened. A History from the Age of Reason to the Age of Algorithms, New York 2023.

mehr als hundert Jahre immer die Ansammlung von »big data« über die Gesellschaft und ihr Verhalten, welche die Entwicklung von Informationstechnologien befeuert hat, von Holleriths Tabelliermaschine bis hin zu maschinellem Lernen selbst.[35]

Zusammenfassend ist KI die Fortsetzung der Datenanalysetechniken, die zuerst von Ämtern gefördert wurden, im Geheimen von Nachrichtendiensten ausgearbeitet wurden und schließlich durch Internetfirmen in ein weltweites Geschäft der Überwachung und Vorhersage überführt wurden. Doch dieser Deutungsansatz ist wiedermal eine Geschichte »von oben herab«, die sich nur auf die Techniken der Überwachung konzentriert und sich kaum mit den Subjekten befasst, die Objekte dieser Überwachung sind. Die Objekte dieser Machtausübung (oder dieses »Überwachungskapitalismus« nach Shoshana Zuboff) werden normalerweise nicht als Handelnde mit Autonomie und »Intelligenz« beschrieben, sondern als passive Ziele zur Vermessung und Beherrschung. Hier liegt ein Problem der Kritischen Theorie im Allgemeinen und kritischer KI-Studien im Speziellen: Obwohl sich diese Studien mit den Auswirkungen von KI auf die Gesellschaft auseinandersetzen, übersehen sie oft die Rolle des kollektiven Wissens und der Arbeit als die Hauptquellen gerade jener »Intelligenz«, die die KI zu extrahieren, enkodieren und kommerzialisieren beabsichtigt. Daneben gelingt es solchen Untersuchungen oftmals nicht, den Beitrag der sozialen Formen und Kräfte zu den Schlüsselmomenten der technologischen Erfindungen und Entwicklung zu sehen. Ein echter kritischer Einwurf sollte diese hegemoniale Position von KI als dem einzigartigen »Meister« kollektiver Intelligenz kritisch hinterfragen. Der italienische Philosoph Antonio Gramsci setzte einst der Bildungshierarchie entgegen, dass »alle menschlichen Wesen Intellektuelle sind«: in ähnlicher Weise ist es das Ziel des vorliegenden Buches, die Zentralität der sozialen Intelligenz, welche die KI mit Informationen speist und sie ermächtigt, wieder neu zu entdecken. Auch möchte ich behaupten, dass – als etwas radikalere These – derartige soziale Intelligenz die eigentliche Gestalt der KI-Algorithmen von innen heraus bestimmt.

Dieses Buch soll ein Vorstoß sowohl in die technische und soziale Historie von KI sein und diese beiden Ansätze in eine *sozio-technische Historie*

---

35 Vgl. Yarden Katz: »Manufacturing an Artificial Intelligence Revolution«, *SSRN Electronic Journal* (November 2017).

integrieren, die auch die ökonomischen und politischen Faktoren herausarbeitet, welche ihre innere Logik beeinflusst haben. Statt Partei zu ergreifen für den konventionellen *sozialen Konstruktivismus* und um über die neuartigen Einblicke in die *Sozioinformatik* hinauszugehen, soll in diesem Buch das Fachgebiet der KI um die Methode der *historischen Epistemologie* erweitert werden – die in der Wissenschaftsgeschichte auf verschiedene Weise von Boris Hessen, Henryk Grossmann, Georges Canguilhem und Gaston Bachelard sowie in jüngster Zeit durch die Arbeit des Max-Planck-Instituts für Wissenschaftsgeschichte und weiterer Initiativen vertreten wurde.[36] Während sozialer Konstruktivismus für gewöhnlich den Einfluss externer Faktoren auf die Wissenschaft und Technologie betont, befasst sich die historische Epistemologie mit der dialektischen Entfaltung sozialer Praxis, Instrumenten der Arbeit und den wissenschaftlichen Abstraktionen innerhalb globaler ökonomischer Dynamiken. In diesem Buch werden KI und *algorithmisches Denken* in vergleichbarer Weise erforscht, wie es die historische und politische Epistemologie in der Moderne mit dem Aufkommen des *mechanischen Denkens* und den wissenschaftlichen Abstraktionen in Zusammenhang mit sozio-ökonomischen Entwicklungen getan hat.[37]

In dieser Hinsicht wurde in den letzten Jahrzehnten eine *politische Epistemologie* der Wissenschaft und Technologie auch von feministischen Theoretiker:innen verstärkt betrieben, darunter Hilary Rose, Sandra Harding, Evelyn Fox Keller und Silvia Federici. Diese Autor:innen haben den Aufstieg moderner Rationalität und mechanischen Denkens (wozu auch KI zählt) und seine Verbindung zur Transformation von Frauenkörpern und ganz generell dem kollektiven Körper in eine produktive und fügsame

36 Für eine Kritik des sozialen Konstruktivismus vgl. Langdon Winner: »Upon Opening the Black Box and Finding It Empty. Social Constructivism and the Philosophy of Technology«, *Science, Technology, and Human Values* 18, Nr. 3 (1993): 362–378. Für einen Überblick über die historische Epistemologie vgl. Jürgen Renn: The Evolution of Knowledge. Rethinking Science for the Anthropocene, Princeton 2020; Pietro Daniel Omodeo: Political Epistemology: The Problem of Ideology in Science Studies, Berlin 2019; Henning Schmidgen: »History of Science«, in: Bruce Clarke and Manuela Rossini (Hg.): The Routledge Companion to Literature and Science, London 2011.

37 Vgl. Peter Damerow u.a.: Exploring the Limits of Preclassical Mechanics. A Study of Conceptual Development in Early Modern Science, 2. Aufl., New York 2004; Matthias Schemmel: Historical Epistemology of Space. From Primate Cognition to Spacetime Physics, New York 2015. Zur Idee der Zahl vgl. Kapitel Eins in diesem Buch.

Maschine überzeugend dargelegt.[38] In der Tradition der politischen Epistemologie muss auch die Arbeitsprozessanalyse, welche durch Bravermans *Labor and Monopoly Capital* (1974) und die Arbeiter*innenbefragung des italienischen *operaismo*[39] ausgelöst wurde, welche Romano Alquati beispielsweise and der Olivetti Computerfabrik in Ivrea bereits im Jahr 1960 durchgeführt hatte, berücksichtigt werden.[40] Braverman und Alquati waren Vorreiter mit einflussreichen Arbeiten, die als erstes zeigten, wie Babbages Projekte der automatisierten Berechnung im 19. Jahrhundert genauso wie die Kybernetik im 20. Jahrhundert inhärent mit der Sphäre der Arbeit und ihrer Organisation in Verbindung stehen.

Die Automatisierung von Kognition als Mustererkennung

Die Übersetzung von Arbeitsprozessen in einen logischen Ablauf und anschließend in ein technisches Artefakt verläuft selten gradlinig und fehlerfrei; stattdessen lässt sich oft ein nachgemachter und experimenteller Charakter des Unterfangens erkennen. In diesem Sinne umfasst der Titel *Das Auge des Meisters* nicht nur eine politische, sondern auch eine technologische Analogie. Es signalisiert, auf seine Weise ironisch, die Ambivalenz des gegenwärtigen Paradigmas der KI – Deep Learning – das nicht, wie einige vielleicht glauben mögen, aus den Theorien der Kognition, sondern aus strittigen Experimenten zur Automatisierung der Wahrnehmungsarbeit, auch Mustererkennung genannt, erwachsen ist.[41] Deep Learning entwickelte sich von der Ausweitung der Techniken der visuellen Mustererkennung hin zu nicht-visuellen Daten, einschließlich Text-, Audio-, Vi-

38 Hilary Rose / Steven Rose (Hg.): The Radicalisation of Science, London 1976; Sandra Harding: The Science Question in Feminism, Ithaca 1986; Evelyn Fox Keller: Reflections on Gender and Science, New Haven 1985; Silvia Federici: Caliban und die Hexe. Frauen, der Körper und die ursprüngliche Akkumulation, Berlin 2017.

39 neomarxistische Strömung und soziale Bewegung; Anm. d. Übers.

40 Vgl. Kapitel Fünf. Für einen neuen Ansatz der Befragung von Arbeiter:innen, vgl. Jamie Woodcock: »Towards a Digital Workerism. Workers' Inquiry, Methods, and Technologies«, *Nanoethics* 15 (2021): 87–98.

41 »master« und »pattern« haben eine gemeinsame politische Etymologie. Der englische Begriff »pattern« kommt vom französischen Wort *patron* und dem lateinischen *patronus*. Letzte wiederum haben dieselbe Wurzel wie das englische »paternal« und »father«, nämlich das lateinische Wort *pater*. Das lateinische Wort *patronus* bedeutet zudem Beschützer, auch in Bezug auf Untergebene. Im Französischen heißt *patron* Führer, Chef oder Oberhaupt einer Gemeinschaft, was in patriarchalen Kontexten auch ein Vorbild, ein Modell, meint, dem man folgen sollte.

deo- und Verhaltensdaten verschiedensten Ursprungs. Der große Aufstieg von Deep Learning fand im Jahr 2012 statt, als das *convolutional neural network* AlexNet den Wettbewerb des Projektes ImageNet [Bilddatenbank zu Forschungszwecken] gewann. Seitdem hat sich der Ausdruck »KI« etabliert, um das Paradigma von künstlichen neuronalen Netzwerken zu definieren, das, was nicht vergessen werden darf, in den 1950er Jahren noch als ihr Rivale gegolten hatte (ein Beispiel für die Kontroversen, welche die »Rationalität« von KI ausmachen).[42] Stuart und Hubert Dreyfus haben diese Spaltung in ihrem Essay von 1988 *Making a Mind versus Modeling the Brain* untersucht, in welchem sie diese zwei Abstammungslinien der KI, die symbolische und die konnektionistische, nachzeichneten, und die, basierend auf unterschiedlichen logischen Grundsätzen, auch unterschiedlichen Schicksalen folgten.[43]

Symbolische KI ist die eine Linie, die mit einem Seminar von 1956 in Dartmouth in Verbindung gebracht wird, für das John McCarthy den fragwürdigen Ausdruck »künstliche Intelligenz« geprägt hat.[44] Schlüsselanwendungen der symbolischen KI waren *Logic Theorist* und *General Problem Solver* sowie allgemein eine Ansammlung von Expertensystemen und Inferenzsystemen, die sich als banal und anfällig für kombinatorische Explosionen [schnelles Wachstum der Komplexität einer Problemstellung] herausstellten. Auf der anderen Seite ist Konnektionismus als der Zweig der künstlichen neuronalen Netzwerke zu verorten, der durch die Erfindung von Frank Rosenblatts *Perzeptron* im Jahr 1957 ins Leben gerufen wurde, welcher sich in *convolutional neural networks* in den späten 1980er entwickelte und letztlich den Startschuss für die Deep Learning Architektur geliefert hat, welche seit den 2010er Jahren vorherrscht.

42 AlexNet war ein *convolutional neural network* [*faltendes neuronales Netzwerk*] der nächsten Generation, benannt nach Geoffrey Hintons Schüler Alex Krizhevsky. Allgemeinhin markiert der folgende Aufsatz den Beginn der Ära des Deep Learning: Alex Krizhevsky / Ilya Sutskever / Geoffrey Hinton: »Imagenet Classification with Deep Convolutional Neural Networks«, *Advances in Neural Information Processing Systems* 25 (2012): 1097–1105. Vgl. auch Dominique Cardon / Jean-Philippe Cointet / Antoine Mazières: »Neurons Spike Back: The Invention of Inductive Machines and the Artificial Intelligence Controversy«, *Réseaux* 211, Nr. 5 (2018): 173–220.

43 Hubert Dreyfus / Stuart Dreyfus: »Making a Mind versus Modeling the Brain: Artificial Intelligence Back at a Branchpoint«, *Daedalus* 117, Nr. 1 (1988): 15–43.

44 John McCarthy u.a.: »A Proposal for the Dartmouth Summer Research Project on Artificial Intelligence«, 31. August 1955, nachgedruckt in *AI Magazine* 27, Nr. 4 (2006).

Die beiden Linien verfolgen unterschiedliche Logiken und unterschiedliche Epistemologien. Die erste Entwicklungslinie vertritt die Haltung, dass Intelligenz eine Darstellung der Welt (*knowing-that*) ist, was sich in Aussagen formalisieren und daher mechanisieren lässt, indem man einer *deduktiven Logik* folgt. Die andere Entwicklungslinie behauptet konträr dazu, dass Intelligenz die Erfahrung der Welt ist (*knowing-how*), die sich in Annäherungsmodellen umsetzen lässt, die in Übereinstimmung mit *induktiver Logik* entwickelt werden. Es ist nicht meine Absicht, unternehmerischer Propaganda oder philosophischen Lehren vom menschlichen Geist als Rechenmaschine zu nahe zu treten, aber keine dieser Paradigmen hat es geschafft, den menschlichen Geist vollständig zu imitieren. Maschinelles Lernen und umfassende künstliche neuronale Netzwerke haben jedoch aufgrund ihrer Auflösung bei der Darstellung multidimensionaler Daten ihren Erfolg bei Techniken der Mustererkennung bewiesen und somit auch in der Automatisierung einer Vielzahl von Aufgaben. Im Bruch mit der Tradition, den übertriebenen Schöpfungsmythos des Seminars von Dartmouth zu wiederholen, wird dieses Buch die Ursprünge der künstlichen neuronalen Netzwerke, des Konnektionismus und des maschinellen Lernens als die sehr viel überzeugendere Geschichte von KI in den Fokus rücken, in der es, insbesondere mit Blick auf die Arbeit von Rosenblatt, noch an kritischer und ausführlicher Literatur mangelt.

Aufbau dieses Buches

Das Buch ist in drei Abschnitte unterteilt: Das erste Kapitel befasst sich mit den Methoden und bietet eine allgemeine Einleitung, dann folgen zwei historische Abschnitte, die sich zum einen mit dem Industriezeitalter und zum anderen mit dem Informationszeitalter beschäftigen. Jedoch ist es nicht Ziel dieses Buches, eine lineare Historie der Technologie und Automatisierung anzubieten. Vielmehr kann jedes Kapitel als eigenständiger »Workshop« für die Studie algorithmischer Praktiken und maschineller Intelligenz gelesen werden.

Kapitel Eins berücksichtigt zunächst die Notwendigkeit, dass die zentrale Vorstellung von Berechnung geklärt werden muss: der Algorithmus. Was ist ein Algorithmus? In den Computerwissenschaften kann ein Algorithmus als endliche Prozedur einer schrittweisen Anweisung definiert werden, einen Input in einen Output umzuwandeln, wobei die vorhandenen

Ressourcen auf bestmögliche Weise genutzt werden. In diesem Kapitel wird die ausschließlich technische Definition eines Algorithmus infrage gestellt; gefordert wird eine materialistische Kritik, die auch die ökonomischen und gesellschaftlichen Wurzeln des Algorithmus anerkannt wissen will. Denn schließlich, wie es auch bei anderen abstrakten Ideen wie Zahlen oder Mechanismen der Fall ist, haben Algorithmen eine lange Geschichte hinter sich: Der Mathematiker Jean-Luc Chabert ist der Ansicht, dass »Algorithmen schon seit Anbeginn der Zeit existiert haben, lange bevor es einen bestimmten Ausdruck gab, um sie zu erfassen«[45]. Indem die soziale Mathematik des altertümlichen hinduistischen Rituals Agnicayana freigelegt wird, argumentiert dieses Kapitel, dass algorithmisches Denken und algorithmische Praktiken Teil aller Zivilisationen waren und sind, und nicht nur in der Metasprache westlicher Computerwissenschaften anzutreffen sind. Entgegen eines mathematischen und philosophischen Institutionalismus, der an die vollständige Unabhängigkeit mentaler Konstrukte glaubt, möchte ich in diesem Kapitel betonen, dass algorithmisches Denken sich aus einer *materiellen Abstraktion* heraus entwickelt hat, durch die Interaktion des Geistes mit Werkzeugen, um die Welt zu verändern und vorwiegend ökonomische und soziale Probleme zu lösen. Bewusst reißerisch formuliert, besagt die Hauptthese von Kapitel Eins: *Arbeit ist der erste Algorithmus.*

Die beiden Hauptteile dieses Buches werden maschinelle Intelligenz in zwei historischen Epochen erforschen, was auf die parallele Entwicklung von ähnlichen Problemstellungen hindeutet. Teil I befasst sich mit Arbeit als der Quelle von Wissen und mit der *Automatisierung von mentaler Arbeit* während des Industriezeitalters im Vereinigten Königreich. Dieser historische Zeitpunkt wird normalerweise aus den Perspektiven körperliche Arbeit, Akkumulation von Kapital und fossile Energie heraus untersucht, die kognitiven Komponenten werden hingegen selten in den Fokus gerückt. Dem gegenüber analysiert Teil II das Aufkommen des Konnektionismus (die Doktrin des künstlichen neuronalen Netzwerkes) in den Kreisen der US-amerikanischen Kybernetik zwischen den 1940er und den 1960er Jahren. Künstliche neuronale Netzwerke haben sich aus den Projekten zur *Automatisierung von visueller Arbeit* (allgemein als Mustererkennung bezeichnet) heraus entwickelt, welche zu trennen ist von körperlicher und

45 Jean-Luc Chabert (Hg.): A History of Algorithms. From the Pebble to the Microchip, Berlin 1999: 1.

mentaler Arbeit. Ich behaupte, dass es notwendig ist, die Rolle des Wissens, mentaler Arbeit und der Wissenschaft im 19. Jahrhundert zu untersuchen, um die Geschichte der Automatisierung zu verstehen, die den Boden für den Aufstieg der KI im 20. Jahrhundert bereitet hat. Unter verschiedenen Überschriften befassen sich diese zwei Teile des Buches mit dem gleichen Problem, nämlich der Beziehung von Formen technologischer Innovationen mit der sozialen Organisation.

Wie schon Wissenschaftshistoriker wie Daston und Schaffer ausführlich beschrieben haben, ist es einfacher, den Anstoß für moderne Berechnung in den Betrieben des Industriezeitalters zu finden als in den Werken der Mathematik oder Naturphilosophie jener Zeit. In diesem Sinne wird in Kapitel Zwei erneut ein Blick auf die experimentelle Pionierarbeit bezüglich automatisierter Rechenprozesse durch Babbage geworfen, konkret auf seine *Difference Engine* und seine *Analytical Engines*. Dabei liegt der Fokus auf ihrer ökonomischen Matrix und nicht auf der sonst üblichen Überhebung der Maschine als Wunderwerk der Technik. Um den Aufbau dieser frühen Computer zu verstehen (und ihre Varianten von »maschineller Intelligenz«), werden in diesem Kapitel zwei Prinzipien der Arbeitsanalyse nach Babbage angeführt. Sein erstes analytisches Prinzip, die *Arbeitstheorie der Maschine*, besagt, dass das Design der Maschine den Ablaufplan der vorhergehenden Arbeitsteilung imitiert und ersetzt. Das zweite, das *Prinzip der Arbeitskalkulation* (normalerweise *Babbage-Prinzip* genannt), besagt, dass die Aufteilung der Arbeit in kleine Aufgaben es ermöglicht, die exakte Quantität an Arbeit zu berechnen und zu erwerben, die für die Produktion nötig ist. Diese beiden Prinzipien in Kombination, beschreiben die industrielle Maschine nicht nur als Mittel zur Verbesserung von Arbeit, sondern auch als ein *Instrument* (und implizit als *Metrik*), um diese zu messen. Babbage wandte beide Prinzipien bei der Automatisierung der Kalkulation per Hand an: Berechnungsvorgänge entwickelten sich damit nicht nur aus der Automatisierung von mentaler Arbeit, sondern auch als Kennzahl für die Kalkulation ihrer Kosten.

Statt der üblichen »thermodynamischen« Interpretationen körperlicher Arbeit hebt Kapitel Drei hervor, dass hochentwickelte Ideen von mentaler Arbeit, kollektiver Intelligenz und Wissensentfremdung bereits im Industriezeitalter ausgearbeitet worden waren. Es untersucht die Zirkulation von Ideen zwischen dem Entstehen einer politischen Ökonomie im 19. Jahrhundert und den *Mechanics' Institute*, zwischen der *March of*

Intellect-Kampagne und der Maschinen-Frage (eine Debatte, in der die englische Gesellschaft sich lebhaft mit technologischer Arbeitslosigkeit beschäftigte). Das Kapitel erweitert aus gegensätzlichen Positionen die vorherigen Überlegungen zu Babbages Prinzipien der Arbeitsanalyse und Erfindung. Einerseits wird dargelegt, dass lange vor den Theoretiker:innen einer Wissensgesellschaft des 20. Jahrhunderts schon ricardianische Sozialisten wie William Thompson und Thomas Hodgskin eine *Wissenstheorie der Arbeit* ausgearbeitet hatten. Andererseits soll die Notwendigkeit verdeutlicht werden, den Einfluss von Industriemaschinen und -instrumenten auf die Entwicklung des Wissens über Natur zu erkennen, um so zu einer *Maschinentheorie der Wissenschaften* zu gelangen. Der Ausdruck »maschinelle Intelligenz« nimmt in dieser Diskussion schließlich mindestens vier Bedeutungen an: das menschliche Wissen über die Maschine, das Wissen, das im Design der Maschine verkörpert ist, die menschlichen Aufgaben, die von der Maschine automatisiert werden und das neue Wissen über das Universum, das durch den Gebrauch der Maschine möglich wird.

Kapitel Vier thematisiert die Beziehung zwischen Babbage und einem weiteren Pfeiler der politischen Ökonomie im Industriezeitalter, Karl Marx – eine Beziehung, die bisher wenig untersucht wurde.[46] Wie auch jedes andere Kapitel dieses Buches ergründet dieses Kapitel die Verflechtung des Wissens in materielle Handlungen und Artefakte, wobei auch die Theorien von Marx unter diesem Gesichtspunkt betrachtet werden. In einem berühmten Fragment aus den *Grundrissen,* antizipierte Marx, dass die fortschreitende Akkumulation von Wissen (oder was er als *general intellect* betitelte) in Maschinen die Gesetzte der kapitalistischen Akkumulation unterwandern würde und ihre ultimative Krise hervorrufen würde. Es ist vor allem den Interpretationen des italienischen *operaismo* nach 1989 zu verdanken, dass diese unorthodoxe Textpassage (umbenannt in »Maschinenfragment«) von Generationen von Wissenschaftler:innen und Aktivist:innen als eine Prophezeiung der Wissensökonomie, der Dotcom-Blase oder des Aufstiegs von KI breite Akzeptanz genießt. Nach Jahrzehnten der Spekulation klärt das Kapitel den Ursprung der Idee von

46 Zu den Ausnahmen zählen George Caffentzis: In Letters of Blood and Fire. Work, Machines, and Value, Oakland 2013; Amy E. Wendling: Karl Marx on Technology and Alienation, Berlin 2009. Vgl. auch Rob Beamish: Marx, Method, and the Division of Labour, Urbana 1992; Bernhard Dotzler: Diskurs und Medium I: Zur Archäologie der Computerkultur, München: Fink Verlag, 2006.

einem »general intellect«, auf, welche Marx zum ersten Mal in William Thompsons Buch *An Inquiry into the Principles of the Distribution of Wealth* (1824) gestoßen ist. Noch bedeutender ist aber, dass an dieser Stelle erläutert wird, warum dieser Gedanke vom *general intellect* in *Das Kapital* nicht mehr auftaucht. Bei Thompson fand er die Idee von der sich steigernden Akkumulation von Wissen vor, aber auch das Argument, dass, sobald Wissen durch Maschinen entfremdet worden ist, das Wissen gegenüber Arbeiter:innen feindlich auftritt. Doch es war bei Babbage, in dessen Werk Marx eine alternative Theorie antraf, um die doppeldeutige Rolle von Wissen und Wissenschaft innerhalb der industriellen Wirtschaft aufzulösen. In *Das Kapital* ersetzte Marx die utopischen Erwartungen rund um den *general intellect* mit der materiellen Figur des *Gesamtarbeiters*, was als anderer Name für die ausgeweitete Arbeitskooperation genutzt wurde. Die Figur des Gesamtarbeiters, als eine Art Superorganismus, der Mensch und Maschine verband, markiert in diesem Buch den Eintritt ins Zeitalter der Kybernetik und ihre Experimente der Selbstorganisation. Als Überleitung zum zweiten Teil liefert Kapitel Fünf eine kurze Zusammenfassung der Transformation von Arbeit vom Industrie- zum kybernetischen Zeitalter und verdeutlicht dabei ihre Gabelung in *abstrakte Energie und abstrakte Form* (oder *In-formation*).

Teil II des Buches stellt Konnektionismus als die hauptsächliche Genealogie der gegenwärtigen KI-Systeme in den Mittelpunkt (wobei vermieden wird, bekannte Literatur zu Kybernetik, Informationstheorie und symbolischer KI zu wiederholen). Kapitel Sechs umreißt den Aufstieg künstlicher neuronaler Netzwerke von einem vernachlässigten Standpunkt aus: den Studien zu Selbstorganisation von Organismen und Maschinen (diese Aspekte sind selbst Margaret Boden in ihrer ausführlichen Historie zu KI entgangen). Theorien zur Selbstorganisation sind heutzutage in Disziplinen wie Physik, Chemie, Biologie, Neurowissenschaften und Ökologie sehr beliebt, doch statt einer Naturwissenschaft brauchte es erst die Kybernetik, um die Debatte zur Selbstorganisation in der Mitte des 20. Jahrhunderts auszulösen. Das Kapitel zeichnet die Paradigmen der selbstorganisierenden Berechnung nach, welche, neben weiteren, zu der Konsolidierung des Konnektionismus beigetragen haben; hervorgehoben wird die ursprüngliche Idee von neuronalen Netzwerken von Warren McCulloch und Walter Pitts (1943–47), John von Neumanns zelluläre Automaten (1948) und Rosenblatts Perzeptron (1957). Das Kapitel untersucht, wie kybernetische

Theorien der Selbstorganisation auch eine Antwort auf sozio-technische Veränderungen waren. Wie es auch in vorhergegangenen Jahrhunderten mit anderen Varianten mechanischen Denkens der Fall gewesen war, projizierte die Kybernetik auf Gehirne und die Natur Formen der Organisation, die bereits Teil der technischen Komposition der umgebenden Gesellschaft waren. Bedeutendes Beispiel ist das Telegraphennetzwerk, das im 19. Jahrhundert als Analogie für das menschliche Nervensystem herangezogen wurde und im 20. Jahrhundert dazu diente, neuronale Netzwerke zu formalisieren – und dies noch vor der Turing-Maschine.

Kapitel Sieben führt McCullochs und Pitts' Idee künstlich neuronaler Netzwerke zurück auf die vergessene *Gestalt-Kontroverse*: Eine Debatte darüber, ob die menschliche Wahrnehmung ein Akt der Kognition ist, die man analytisch repräsentieren und somit mechanisieren kann. Lehrbücher zu maschinellem Lernen wiederholen für gewöhnlich, dass McCulloch und Pitts von der Neurophysiologie des Gehirns inspiriert worden sind, übersehen dabei jedoch diese intellektuelle Auseinandersetzung. Tatsächlich hat sich erst im Nachgang dieser Debatten der Ausdruck »Gestalt-Wahrnehmung« durch militärische und akademische Veröffentlichungen allmählich in den gängigen Ausdruck »Mustererkennung« entwickelt. Die *Gestalt-Kontroverse* ist ein kognitives Fossil unaufgelöster Probleme, deren Untersuchung hilfreich sein kann, die Formen und Grenzen zu verstehen, die Deep Learning geerbt hat – insbesondere der ungeklärte Widerspruch zwischen Perzeption und Kognition, Bild sowie Logik, welche die technologischen Wissenschaften des 20. Jahrhunderts plagten.

Kapitel Acht erläutert die ambivalente Rolle, welche der neoliberale Ökonom Friedrich Hayek bei der Konsolidierung des Konnektionismus spielte. In seinem Buch *The Sensory Order* von 1952, schlug Hayek eine konnektionistische Theorie des Geistes vor, die bereits sehr viel fortgeschrittener war als die Definitionen von KI, die das Seminar in Dartmouth von 1956 hervorbrachte. In diesem Text, wie auch McCulloch und Pitts schon vorgeschlagen hatten, spekulierte Hayek über die Möglichkeit einer Maschine mit ähnlichen Funktionen wie »das Nervensystem als ein Instrument der Klassifizierung«.[47] Hayek erforschte die Selbstorganisation des Geistes in vergleichbarer Weise wie die Kybernetiker:innen, aber im Dienste

47 Friedrich Hayek: The Sensory Order. An inquiry into the Foundations of Theoretical Psychology, Chicago 1952, 55.

einer anderen Agenda: Ihm ging es nicht um industrielle Automatisierung, sondern um die Autonomie des Marktes.

Eine der wichtigsten aber kaum erforschten Episoden der Geschichte von KI steht im Zentrum von Kapitel Neun: die Erfindung des künstlichen neuronalen Netzwerkes *Perzeptron* durch Rosenblatt in den 1950er Jahren. Ungeachtet seiner begrenzten Möglichkeiten stellte das Perzeptron einen Durchbruch in der Geschichte der Berechnung dar, da es zum ersten Mal eine Technik der statistischen Analyse automatisierte; aus diesem Grund gilt das Perzeptron als erster Algorithmus des maschinellen Lernens.[48] Als technische Form beanspruchte das Perzeptron, biologische neuronale Netzwerke zu imitieren. Doch in seiner mathematischen Form kam ein anderer Trick zum Tragen: Um Mustererkennung durchzuführen, stellte es die Pixel eines Bildes als unabhängige Koordinaten in einem multidimensionalen Raum dar. Interessanterweise stammt die statistische Methode multidimensionaler Projektion aus den Bereichen der Psychometrie und Eugenik des späten 19. Jahrhunderts und funktionierte analog zu der Technik, die Charles Spearman sich zur Evaluierung einer »Allgemeinen Intelligenz« in der kontroversen Praxis des Intelligenzquotienten-Tests (IQ-Test) zunutze machte. Dies ist ein weiterer Beweis für die soziale Genealogie von KI: Das erste künstliche neuronale Netzwerk – das Perzeptron – kam nicht als eine Automatisierung von *logischer Schlussfolgerung* in die Welt, sondern als statistische Methode, die ursprünglich eingesetzt wurde, um mittels kognitiver Aufgaben *Intelligenz zu messen* und um soziale Hierarchien dementsprechend zu organisieren.

Im Fazit steht die Überlegung im Mittelpunkt, dass es sich beim operativen Prinzip von KI tatsächlich nicht bloß um die Automatisierung von Arbeit handelt, sondern um die Auferlegung sozialer Hierarchien und körperlicher und mentaler Arbeit *durch* Automatisierung. Ausgehend vom 19. Jahrhundert bis hin zum 20. Jahrhundert erweiterte das »Auge des Meisters« des industriellen Kapitalismus seinen Blick über die gesamte Gesellschaft und drängte den Menschen neue Formen der Überwachung

48 Zur ersten Verwendung des Begriffs »maschinelles Lernen«, vgl. Arthur Samuel: »Some Studies in Machine Learning Using the Game of Checkers«, *IBM Journal of Research and Development* 44 (1959): 206–226. Turing stellte auch Vermutungen über »unorganisierte Maschinen« an, die sich selbst organisieren und auf diese Weise lernen können: Alan Turing: »Intelligent Machinery« (1948), in: B. Jack Copeland (Hg.): The Essential Turing, Oxford 2004.

auf, die auch auf statistischen Messungen der »Intelligenz« beruhten, um Arbeiter:innen in Fähigkeitsklassen zu unterscheiden. Dies war beispielsweise eine der ersten Anwendungen des IQ-Tests gemäß den Vorgaben des US-amerikanischen Psychologen Lewis Terman; er vertrat im Jahr 1919 die Ansicht, dass »ein IQ von 75 oder darunter gewöhnlich der ungelernten Arbeiterklasse zugeordnet wird, ein IQ im Bereich von 75 bis 85 sich hervorragend für alle angelernten Arbeiten eignet und 80 oder 85 Punkte ausreichend sind, um in einigen Bereichen der qualifizierten Arbeit erfolgreich zu sein«.[49] Dieser Prozess der Enkodierung sozialer Hierarchien und der Diskriminierung innerhalb der Arbeiterschaft, indem indirekt eine Metrik der Intelligenz auferlegt wird, wird durch KI weiter fortgeführt. Die Vorurteile aufgrund von Klasse, Gender und *race*, die durch KI-Systeme bekannterweise verstärkt werden, sollten nicht nur als technische Mängel gesehen werden, sondern als intrinsische diskriminierende Eigenschaften der Automatisierung in einem kapitalistischen Kontext. Der Einfluss einer mit Vorurteilen behafteten KI beschränkt sich nicht auf soziale Unterdrückung: Dies führt auch zu einer impliziten Auferlegung von Arbeits- und Wissenshierarchien, die die Polarisierung von qualifizierten und unqualifizierten Arbeiter:innen auf dem Arbeitsmarkt verstärkt. Der Ersatz traditioneller Berufe durch KI-Systeme sollte gemeinsam mit der Verschiebung und der Vervielfältigung von prekären, unterbezahlten und marginalisierten Tätigkeiten in der gesamten globalen Wirtschaft untersucht werden.[50] So gesehen scheinen KI und Geisterarbeiter:innen zwei Seiten des gleichen Mechanismus von Arbeitsautomatisierung und sozialer Psychometrie zu sein.

Abschließend stelle ich die Arbeitstheorie der Automatisierung nicht nur als analytisches Prinzip vor, mit dem sich der »Master-Algorithmus« der KI-Systeme zerlegen lässt, sondern auch als synthetisches Prinzip: als eine *Praxis der sozialen Autonomie* für neue Formen der Wissensgewinnung und für eine neue Kultur des Erfindens.

49 Lewis Terman: The Intelligence of School Children. How Children Differ in Ability, the Use of Mental Tests in School Grading, and the Proper Education of Exceptional Children, Boston 1919: 274. Zit. n. Stephen Jay Gould: The Mismeasure of Man, New York 1981: 212.

50 Zum Verfall des Arbeitsmarktes durch unsinnige Berufe vgl. David Graeber: Bullshit Jobs. Vom wahren Sinn der Arbeit, Stuttgart 2018. Vgl. auch Aaron Benanav: Automation and the Future of Work, London 2020.

1 Die materiellen Werkzeuge algorithmischen Denkens

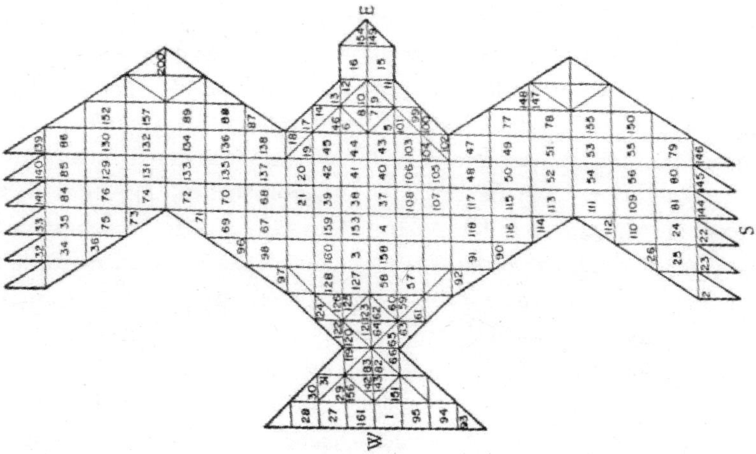

[Abb. 1.1] Darstellung des Feueraltars im Agnicayana-Ritual. Frits Staal, »Griechische und vedische Geometrie«, Journal of Indian Philosophy 27, Nr. 1 (1999): 111 (Bild gedreht).

»Die Macht der ›mentalen‹ Werkzeuge wird durch die Macht unserer ›metallenen‹ Werkzeuge verstärkt.«[1]

»Durch den Gebrauch eines materiellen Werkzeugs kann stets mehr erlernt werden, als das Wissen, das zu seiner Erfindung eingebracht wurde.«[2]

»Regeln waren mechanisch geworden, schon lange bevor Maschinen sie ausführen konnten.«[3]

1 Jeannette M. Wing: »Computational Thinking and Thinking about Computing«, *Philosophical Transactions of the Royal Society A: Mathematical, Physical, and Engineering Sciences* 366, Nr. 1881 (2008): 3718.

2 Peter Damerow / Wolfgang Lefèvre: »Tools of Science«, in: Peter Damerow, *Abstraction and Representation: Essays on the Cultural Evolution of Thinking*, Berlin 2013: 401.

3 Lorraine Daston: »Algorithms before Computers: Patterns, Recipes, and Rules«, *Katz Distinguished Lecture in the Humanities*, Simpson Center for the Humanities, University of Washington, 19. April 2017. Vgl. auch: Lorraine Daston: Rules. A Short History of What We Live By, Princeton 2022.

Einen zerbrochenen Gott wieder zusammensetzen

In einem Schöpfungsmythos der vedischen Religion heißt es, dass die höchste Gottheit Prajapati bei der Erschaffung des Universums in tausend Stücke zerschmettert wird. Nach Vollendung des Schöpfungsaktes findet man den Körper des Schöpfers in seine Einzelteile zerlegt vor, was aufgrund westlicher Narrative von Meisterhaftigkeit und Prinzipien des Nicht-Widersprüchlichen befremdlich wirken mag. Dieser alte Mythos wird noch heutzutage in Indien in dem Ritual Agnicayana nachempfunden, in dem die hinduistischen Gläubigen auf symbolische Weise durch Errichten des Feueraltars Syenaciti (siehe Abb. 1.1) den zerbrochenen Körper des Gottes wieder zusammensetzen. Der Syenaciti-Altar wird gelegt, indem tausend Ziegelsteine von ganz präziser Form und Größe gemäß einem ausgeklügelten geometrischen Plan, der die Umrisse eines Falken bildet, angeordnet werden. Arbeiter legen fünf Schichten von je 200 Ziegelsteinen, während sie die zugehörigen Mantras rezitieren und den schrittweisen Vorgaben Folge leisten. Der Schlüssel zum Ritual ist das Lösen eines Rätsels, das darin besteht, dass jede Schicht den gleichen Bereich abdecken und die gleiche Form ergeben muss, aber in einer anderen Zusammensetzung.[4] Schließlich muss der Falken-Altar nach Osten ausgerichtet sein, in Erwartung des symbolischen Fluges des wieder zusammengesetzten Gottes in Richtung Sonne. Dies ist ein einmaliges Beispiel göttlicher Reinkarnation auf geometrischem Wege.

Agnicayana wird in Anhängen jener Teile der Veda, die sich der Geometrie widmen, den sogenannten Shulba Sutras, akribisch beschrieben. Diese Sutras entstanden etwa im Jahr 800 vor Beginn christlicher Zeitrechnung in Indien, jedoch sind sie selbst bloß die Verschriftlichung von noch sehr viel älteren mündlichen Überlieferungen.[5] Diese besagen, dass die *rishi* (Lebensgeister) sieben viereckige *purusha* (kosmische Wesen) erschufen,

4 K. Ramasubramanian: »Glimpses of the History of Mathematics in India«, in: R. Ramanujam / K. Subramaniam (Hg.): Mathematics Education in India: Status and Outlook, Mumbai 2012.

5 Das Agnicayana-Ritual wurde vom niederländischen Indologen Frits Staal in zwei Bänden und einem Dokumentarfilm über eine Expedition in Kerala, Indien, im Jahr 1975 beschrieben: Frits Staal: Agni. The Vedic Ritual of the Fire Altar, zwei Bände, Berkeley 1983. Staal behauptete, dass abstrakte kulturelle Formen aus dem Unbewussten entstehen und dass Sprache, Zahlen und Geometrie zunächst kollektive Praktiken sind. Vgl. Frits Staal: Rules without Meaning. Ritual, Mantras, and the Human Sciences, New York 1989: 71.

welche zusammen einen gemeinsamen Körper bildeten, und dass sich aus dieser einfachen Zusammenstellung heraus der komplexe Körper des Prajapati entwickelte.[6] Die Shulba Sutras lehren die Konstruktion weiterer Altäre mit spezifischer geometrischer Form, um sich so den Schutz der Götter zu sichern. Zum Beispiel empfehlen sie, dass »jene, die wünschen, ihre gegenwärtigen und zukünftigen Feinde zù zerstören, einen Feueraltar in Form eines Rhombus errichten sollen«.[7] Neben der religiösen Symbolik war es die eigentliche Funktion des Agnicayana-Rituals und generell der Shulba Sutras, nützliche Techniken für die Gesellschaft jener Zeit unter anderem darüber zu vermitteln, wie man eine Konstruktion plant und wie bestehende Gebäude erweitert werden können, ohne ursprüngliche Proportionen zu verändern.[8] Agnicayana verdeutlicht die ursprüngliche soziale Materialität des mathematischen Wissens, doch auch die Hierarchien der körperlichen und mentalen Arbeit, die typisch sind für ein Kastensystem. Während der Altar errichtet wird, werden die Arbeiter durch die Regeln angeleitet, welche traditionell im Besitz einer spezifischen Gruppe von Meistern sind und auch nur von diesen weitergegeben werden. Neben den geometrischen Übungen vermitteln Rituale wie das Agnicayana eine Art prozessuales Wissen, das nicht nur abstrakt ist, sondern auf einer ununterbrochenen »mechanischen« Übung, die wiederum auf die Rolle der Religion als Motivation für Genauigkeit und zugleich auf die Rolle religiöser Übung als Weg der Disziplinierung von Arbeit verweist.[9]

Agnicayana ist ein einzigartiges Artefakt in der Geschichte menschlicher Zivilisation: Es ist das älteste dokumentierte Ritual der Menschheit, das noch heute praktiziert wird – auch wenn es aufgrund seiner Komplexität nur einige Male in einem Jahrhundert durchgeführt wird.[10] Über diesen

6 Paolo Zellini: La matematica degli dèi e gli algoritmi degli uomini, Milano 2016: 41.

7 Kim Plofker: »Mathematics in India«, in: Victor Katz (Hg.): The Mathematics of Egypt, Mesopotamia, China, India, and Islam, Princeton 2007.

8 Für eine Studie über den Wissens- und Technologietransfer in der Antike vgl. Jürgen Renn (Hg.): The Globalization of Knowledge in History, Princeton 2020.

9 Die Arbeitsteilung des Agnicayana erinnert auch an die ausgeklügelte *chaîne opératoire* (Betriebskette), die der französische Anthropologe André Leroi-Gourhan in vielen uralten Praktiken der Werkzeugherstellung ausgemacht hat, die ursprünglich nicht hierarchisch, sondern spontan und kooperativ waren. Vgl. Frederic Sellet: »Chaîne opératoire. The Concept and its Applications«, *Lithic Technology* 18, Nr. 1–2 (1993): 106–112.

10 Die letzten Agnicayana fanden 1955, 1975 (dokumentiert von Frits Staal) und 2011 statt.

Zeitraum hinweg hat es hochentwickelte Paradigmen des Wissens übermittelt und bewahrt und dank seines kombinatorischen Mechanismus kann es als uranfängliches Beispiel algorithmischer Kultur definiert werden. Doch wie kommt man dazu, ein so altes Ritual wie das Agnicayana, als *algorithmisch* zu interpretieren? Eine der gängigsten Definitionen von Algorithmen in den Computerwissenschaften lautet folgendermaßen: eine endliche Prozedur schrittweiser Anweisungen, um aus einem Input einen Output zu erzeugen, unabhängig von den Daten, und dabei den größten Nutzen aus den vorhandenen Ressourcen ziehen.[11] Die rekursiven Mantras, durch welche die Arbeiter bei der Konstruktion der Anlage des Feueraltars angeleitet werden, ähneln tatsächlich den Regeln eines Computerprogramms: Losgelöst vom Kontext, leitet der Agnicayana-Algorithmus die exakte Verteilung der Ziegelsteine an, was jedes Mal die Konstruktion des Syenaciti zur Folge hat. Historiker:innen haben festgestellt, dass indische Mathematik schon seit dem Altertum vorwiegend algorithmisch war, was bedeutet, dass die Lösung eines Problems eher durch eine schrittweise Prozedur aufgestellt wurde und weniger über eine logische Beweisführung.[12]

In ähnlicher Weise hat der italienische Mathematiker Paolo Zellini die Position vertreten, wonach das Agnicayana-Ritual eine weitaus höhere Technik belegt, als bloße Unterwerfung unter strenge Regeln, nämlich die *heuristische Technik der inkrementellen Annäherung*. Man weiß, dass die vedische Mathematik vor anderen Zivilisationen unendlich große und unendlich kleine Zahlen kannte: In alten Sutras multiplizierte man bereits die positionellen Ziffern des hinduistischen Systems zu großen Werten, um die riesigen Dimensionen des Universums darzustellen (eine spekulative Übung, die zum Beispiel mit den additiven Systemen der sumerischen, griechischen und römischen Ziffern nicht durchführbar wäre). In der vedischen Mathematik kamen auch irrationale Zahlen vor, wie die Quad-

11 Definition, übersetzt nach der Beschreibung des Autors in Anlehnung an engl. Quelle und französisches Original: »Ein Algorithmus ist eine endliche Folge von Regeln, die in einer bestimmten Reihenfolge auf eine endliche Menge von Daten anzuwenden sind, um in einer endlichen Anzahl von Schritten zu einem bestimmten Ergebnis zu gelangen, unabhängig von den Daten«. Jean-Luc Chabert (Hg.): A History of Algorithms: From the Pebble to the Microchip, Berlin 1999: 2. Da die englische Übersetzung »unabhängig von den Daten« ausgelassen hat, verweist Pasquinelli auf das französische Original: Jean-Luc Chabert: Histoire d'algorithmes. Du caillou à la puce, Paris: 1994: 6.

12 M. S. Sriram: »Algorithms in Indian Mathematics«, *Contributions to the History of Indian Mathematics*, Gurgaon 2005: 153–182.

ratwurzel, die in vielen Fällen (wie $\sqrt{2}$) nur durch Annäherung berechnet werden kann. Die Mantras der Shulba Sutras vertonen die ältesten (und pedantischsten) Erläuterungen der berechnenden Prozeduren (wie das sogenannte babylonische Wurzelziehen), um sich den Ergebnissen von Quadratwurzeln anzunähern. Annäherungsverfahren mögen mühsam, schwach und ungenau erscheinen im Vergleich mit der Genauigkeit unserer mathematischen Funktionen und geometrischen Theoreme, aber ihre Rolle innerhalb der Geschichte der Mathematik und Technologie ist bedeutender, als allgemeinhin angenommen. In seiner Historie zu den Techniken inkrementellen Wachstums (wozu die altertümlichen Methoden des Gnomon (Schattenzeiger) und weitere zählen) behauptet Zellini, dass die alten hinduistischen Techniken der inkrementellen Annäherung äquivalent sind zu den modernen Algorithmen der Infinitesimalrechnung von Leibniz und Newton, und sogar zu den Techniken der Fehlerbehebung, die im Zentrum künstlicher neuronaler Netzwerke und maschinellen Lernens zu finden sind und das gegenwärtige Paradigma der KI ausmachen (siehe Kapitel Neun).[13]

Es mag einigen wie eine Art Fehleinschätzung vorkommen, alte Kulturen durch das Paradigma der neuesten Technologien aus Silicon Valley zu lesen oder die mathematischen Komponenten religiöser Rituale in Zeiten erstarkenden Nationalismus zu erforschen. Doch zu behaupten, dass abstrakte Techniken des Wissens und künstliche Metasprachen einzig Teil des modernen industriellen Westens wären, ist nicht nur historisch falsch, sondern auch ein Akt des impliziten *epistemischen Kolonialismus* gegenüber den Kulturen anderer Orte und anderer Zeiten.[14] Wir verdanken es den Beiträgen der Ethnomathematik, der dekolonialen Forschung sowie der Wissenschafts- und Technologiegeschichte, dass alternative Formen der

13 Zellini: La matematica degli dèi: 51. Als umstrittene, aber einflussreiche Geschichte der Infinitesimalrechnung vgl. Hermann Cohen: Das Prinzip der Infinitesimal-Methode und seine Geschichte: Ein Kapitel zur Grundlegung der Erkenntniskritik (1883).

14 Der Mathematikhistoriker Senthil Babu merkt an: »Bisher bestand die Geschichte der Mathematik in Indien in erster Linie in der Auseinandersetzung mit einem Korpus von Texten, die in Sanskrit aufgezeichnet wurden … Die Indologie erkannte und erhob nur die würdige sanskritische Tradition zum Standard. Das Wissen vieler Mathematiker:innen wurde jedoch unsichtbar gemacht.« Senthil Babu: Mathematics and Society: Numbers and Measures in Early Modern South India, Oxford 2022: 2–5. Vgl. auch Senthil Babu: »Indigenous Traditions and the Colonial Encounter. A Historical Perspective on Mathematics Education in India«, in: Ramanujam / Subramaniam: Mathematics Education in India.

Berechnung nun anerkannt und untersucht werden, abseits der Hegemonie des globalen Nordens und seiner Herrschaft des Wissensextraktivismus. Aufgrund ihrer Rolle in der Computerprogrammierung werden Algorithmen oft als die Anwendung von einem komplexen Regelwerk im Abstrakten wahrgenommen; doch ich möchte dem widersprechen und sage, dass Algorithmen, selbst die komplexen der KI und des maschinellen Lernens, ihren Ursprung in sozialen und materiellen Aktivitäten haben. Algorithmisches Denken und algorithmische Praktiken, grob zu verstehen als das regelbasierte Lösen von Problemen, waren schon immer Bestandteil aller Kulturen und aller Zivilisationen.

Entlang dieser Untersuchungsstränge skizziert dieses Kapitel eine einstweilige Geschichte der Algorithmen und wirft einen Blick auf folgende Punkte (1) *soziale Algorithmen*, das heißt, Prozeduren, die in Ritualen und Praktiken verkörpert waren und oftmals mündlich weitergegeben und nicht in eine symbolische Sprache formalisiert wurden; (2) *formale Algorithmen*, nämlich mathematische Prozeduren, die bei Kalkulationen und bei administrativen Abläufen behilflich sein sollten, in Europa beispielsweise seit dem Mittelalter zu finden sind und davor bereits in Indien genutzt wurden; und (3) *automatisierte Algorithmen*, womit die Implementierung formaler Algorithmen in Maschinen und elektronischen Computern seit Beginn des Industriezeitalters im Westen gemeint ist.

Archäologie des Algorithmus

Die Idee, nach den »Algorithmen vor den Computern« zu suchen, kam wenig überraschend zuerst aus dem Bereich der Computerwissenschaften. In den späten 1960er Jahren verfasste der US-amerikanische Mathematiker Donald Knuth das einflussreiche Werk *Die Kunst der Computerprogrammierung* und lieferte durch Essays wie *Ancient Babylonian Algorithms* wichtige Beiträge, um in die Anfangszeit der mathematischen Techniken vorzudringen. In jenen Jahren hatte Knuth es sich zur Aufgabe gemacht, das Feld der Computerwissenschaften zu systematisieren und zu einer respektablen akademischen Disziplin aufsteigen zu lassen. Der Beleg von altertümlichen Algorithmen wurde angeführt, um zu betonen, dass Computerwissenschaften sich nicht um obskure elektronische Apparate drehen, sondern Teil einer langen Tradition kultureller Techniken von symbolischer Manipulation sind. In diesem Fall wurde eine Archäologie des Algorithmus nicht betrieben, um die universalistischen Prinzipien des Denkens oder das emanzipatorische Potenzial des Lernens in der gesamten Zivilisationsgeschichte zu demonstrieren; hier ging es lediglich um die spezifischen Interessen der neuen Klassen von Computerprogrammierer:innen und -hersteller:innen:

> »Eine Methode, um den Computerwissenschaften mehr Ansehen zu verschaffen, besteht darin, ihre tiefe Verwurzelung in der Historie zu belegen und zu zeigen, dass es sich nicht um ein kurzzeitiges Phänomen handelt. Da liegt es nahe, sich den ältesten existierenden Dokumenten, die sich mit Berechnung befassen, zuzuwenden und zu erforschen, wie Menschen sich dem Thema vor fast 4000 Jahren angenähert haben. Archäologische Expeditionen im Mittleren Osten haben eine große Anzahl an Tontafeln ans Licht gebracht, die mathematische Kalkulationen enthalten, und wir werden feststellen, dass diese Tafeln viele interessante Hinweise zu Leben dieser frühen ›Computerwissenschaftler‹ bereithalten.«[15]

Knuth stellte fest, dass mathematische Formeln, die man heute als algebraisch oder analytisch definieren würde, bereits von den Babyloniern mittels schrittweiser Prozeduren beschrieben wurden, nämlich Algorithmen. Diese Prozeduren waren natürlich in den Worten der gebräuchlichen Sprache und noch nicht in der symbolischen Metasprache der Mathematik formuliert. Knuths Forschungen bestätigen die Hypothese, dass verfahrensbasierte Methoden (was er »Maschinensprache« nannte) der Konsolidierung der Mathematik als einer Metasprache der symbolischen Repräsentation weit vorausgingen:

> »Die babylonischen Mathematiker waren nicht beschränkt auf die bloßen Prozesse der Addition, Subtraktion, Multiplikation und Division; sie waren in der Lage, eine Vielzahl algebraischer Gleichungen zu lösen. Doch sie hatten keine algebraische Notation, die so transparent wie unsere ist; sie stellten jede Formel durch eine schrittweise Liste an Regeln für ihre Berechnung auf; z.B. durch einen Algorithmus zur Berechnung dieser Formel. Die Folge war, dass sie mit einer ›Maschinensprache‹ bei der Repräsentation von Formeln arbeiteten, statt mit einer Symbolsprache.«[16]

Knuth wollte den Algorithmus vom Zeitalter der Computer- und Ingenieurswissenschaften loslösen, um Algorithmen rückwirkend als reichhal-

15 Donald E. Knuth: »Ancient Babylonian Algorithms«, *Communications of the ACM* 15, Nr. 7 (1972): 671.

16 Ebd.: 672.

tiges Objekt der Kulturgeschichte zu etablieren. Dies war in den 1960er Jahren, einer Zeit, in der die Computerwissenschaften noch immer darum kämpfen mussten, wie der Historiker Nathan Ensmenger hervorgehoben hat, als ernstzunehmende Disziplin in den USA anerkannt zu werden. Diese Qualifizierung war zu erreichen, indem man den Algorithmus als Schlüsselkonzept einbrachte, und nicht wie in Europa die Information (die Bezeichnung für Computerwissenschaften lauten auf Deutsch *Informatik*, Französisch *informatique* und Italienisch *informatica*).[17] Diese Kanonisierung des Algorithmus ist insbesondere bedeutend für die Historiker:innen der Naturwissenschaften und der Technologie, da sie sich von innerhalb ihres ursprünglichen professionellen Milieus heraus entwickelt hat: Die Personen, die die Rechenmaschinen bedienten, eine neue Generation mentaler Arbeiter:innen, waren im Begriff ihre eigene Geschichte der Technologie zu schreiben, und offensichtlich taten sie dies entsprechend der logischen Form, die ihre Arbeit verkörperte.

Die Rekonstruktion der Prähistorie des Algorithmus (man kann auch von »Archäologie« sprechen) war auch ein wiederkehrendes Anliegen der Mathematik. Namentlich der französische Mathematiker Jean-Luc Chabert steuerte eine exemplarische Synthese bei, die auch über die disziplinarischen Grenzen der Computerwissenschaften hinausgeht:

> »Algorithmen gibt es seit Anbeginn der Zeit und sie haben lange existiert, bevor es ein besonderes Wort gegeben hätte, sie zu beschreiben. Algorithmen sind bloß eine Reihe von schrittweisen Anweisungen, die recht mechanisch ausgeführt werden müssen, um das gewünschte Ergebnis herbeizuführen [...] Algorithmen sind nicht auf die Mathematik beschränkt [...] Die Babylonier nutzen sie, um Rechtsfragen zu entscheiden. Lateinlehrer wandten sie an, um Grammatik zu korrigieren, und sie werden und wurden in allen Kulturen herangezogen, um die Zukunft vorherzusagen, über medizinische Behandlung zu entscheiden oder Essen vorzubereiten [...] Daher sprechen wir von Rezepten, Regeln, Techniken, Prozessen, Prozeduren, Methoden etc., unter Verwendung des gleichen Wortes für verschiedenen Situationen. Die Chinesen verwenden beispielsweise das Wort *shu* (was Regel, Prozess oder List bedeutet) sowohl in der Mathematik als auch in den Kampfkünsten [...] Letztlich handelt es sich bei ›Algorithmus‹ um jeden Prozess systematischer Kalkulation, bei dem es sich um einen Prozess handelt, der

17 Nathan Ensmenger: The Computer Boys Take Over: Computers, Programmers, and the Politics of Technical Expertise, Cambridge 2010: 131.

automatisch ausführbar ist. Heutzutage, vornehmlich aufgrund des Einflusses des Computing, ist die Idee von Endlichkeit als essenzielles Element Teil der Bedeutung des Algorithmus geworden, wodurch sie sich von vageren Vorstellungen wie Prozess, Methode oder Technik unterscheidet.«[18]

Auch in diesem Verständnis scheint der Algorithmus nicht eine allerneuste technologische Abstraktion zu sein, sondern eine sehr alte Technik – eine, die vielen vom Menschen entworfenen Werkzeugen oder Maschinen vorausgeht. Diese Bemühungen um eine Historisierung fordern dazu auf, den Algorithmus neu zu betrachten, als eine fundamentale *kulturelle Technik* der Menschheit, die sich graduell aus den kollektiven Praktiken und Ritualen entwickelt hat, dabei zeitlich sehr nah an den konstituierenden und ursprünglichen Merkmalen aller Zivilisationen blieb. Zusammenfassend sollte der Algorithmus der Liste von Techniken hinzugefügt werden, die in einem viel zitierten Zitat des Kulturhistorikers Thomas Macho aufgestellt wurde:

> »Kulturtechniken wie Schreiben, Lesen, Malen, Zählen, Musizieren sind immer älter als die Konzepte, die aus ihnen heraus generiert werden. Menschen schrieben lange bevor es ein Konzept des Schreibens oder Alphabete gab; Tausende von Jahren verstrichen, bevor Bilder und Statuen zum Aufkommen des Konzepts des Bildes geführt haben; und bis heute singen oder musizieren Menschen, ohne die geringste Ahnung von Tönen oder musikalischen Notationssystemen zu haben. Auch Zählen ist älter als die Vorstellung von Zahlen. Ganz sicher wurden in den meisten Kulturen gezählt oder bestimmte mathematische Vorgänge durchgeführt, aber daraus ergab sich für sie nicht notwendigerweise das Konzept der Zahl.«[19]

Die Erforschung kultureller Techniken (auf Deutsch auch *Kulturtechniken*, was auch im Sinne von *Techniken der Zivilisation* verstanden werden kann) hat die Rolle der materiellen Praktiken bei der Erschaffung von allen symbolischen Formen der Zivilisationen betont. Diese aufgeschlossene und pluralistische Sichtweise versäumt es leider oft, die Ursachen dieser Entwicklung hin zur Abstraktion zu untersuchen, was zu kulturalistischen

18 Chabert: A History of Algorithms: 1.

19 Thomas Macho: »Zeit und Zahl: Kalender- und Zeitrechnung als Kulturtechniken«, in: Sybille Krämer / Horst Bredekamp (Hg.): Bild – Schrift – Zahl, München 2003: 179. Zit. n. Geoffrey Winthrop-Young: »Cultural Techniques: Preliminary Remarks«, *Theory, Culture, and Society* 30, Nr. 6 (2013): 8.

Interpretationen von Dingen führt, die eigentlich viel tiefgreifendere Phänomene sind. Exemplarisch verknüpft Chabert in seiner Historie der Algorithmen das Aufkommen der Techniken der Kalkulation mit den ökonomischen Bedürfnissen: »Die fundamentalen arithmetischen Operationen der Grundschule, Multiplizieren und Dividieren, scheinen aus sehr frühen ökonomischen Bedürfnissen heraus erwachsen zu sein, sicher früher als Zivilisationen Schriftsystemen aufkamen«.[20] Auch wenn es stets schwierig ist, historische Erkenntnisse über lang Vergangenes zu generalisieren, scheinen ökonomische Probleme, wie der Zustand des Mangels oder des Überflusses einer Ressource, der Ausgangspunkt für Zählen und mathematische Techniken zu sein.[21] Es lohnt sich zu verinnerlichen, ohne freilich die Hungersnöte unserer Vorfahren aufleben lassen zu wollen, dass das Wort »number« vom lateinischen Wort *numerus* stammt, das auch »ein Anteil Nahrung« heißen kann.

Lange vor der Schaffung mathematischer und geometrischer Disziplinen waren altertümliche Zivilisationen bereits große »Maschinen« der sozialen Segmentation, die menschliche Körper und Territorien mit Abstraktionen behafteten, welche über Jahrtausende in Gebrauch blieben. Es ist bekannt und auch oft erwähnt worden, dass die erste verzeichnete Volkszählung, durchgeführt von den Babyloniern, etwa im Jahr 3800 vor christlicher Zeitrechnung stattfand; doch teilt die Geschichtsforschung uns zudem mit, dass diese »kulturellen Techniken« sowohl unmenschlich als auch rücksichtlos waren. Mit Bezug auf den Historiker Lewis Mumford und seine Beschreibung alter Gesellschaften als »Megamaschinen«, haben Gilles Deleuze und Félix Guattari andere Techniken der Abstraktion neben Zahlen aufgeführt, auf denen die soziale Ordnung basierte. Sie argumentieren, dass in alten Zivilisationen die Herrschaftsmacht über die »Produktivkräfte [...] in folgenden Handlungen begründet liegt: Tätowieren, Herausschneiden, Einschneiden, Einritzen, Opfern, Verstümmeln, Einkreisen und rituelle Aufnahme«.[22] Zahlen und Zählwerkzeuge waren Bestandteil dieser *primitiven abstrakten Maschinen*, die die menschliche Zivilisation durch Territorialisierung und Segmentierung in Form hämmerte. Zahlen wie auch

20 Chabert: A History of Algorithms: 7.

21 Als alternative Analyse primitiver Ökonomien vgl. Marshall Sahlins: Stone Age Economics, Chicago 1972.

22 Gilles Deleuze / Felix Guattari: Anti-Oedipus. Capitalism and Schizophrenia, New York 1977: 145.

abstrakte Regeln und heuristische Praktiken waren die Schlüsselwerkzeuge bei der Verwaltung historischer Zivilisationen, doch sie sind nicht aus dem Nichts heraus erfunden worden: sie gingen materiell hervor als eine Form der Macht aus Arbeit und Ritualen, aus Disziplin und Übung.

Dieser intrinsische Zusammenhang zwischen mathematischen Abstraktionen und materiellem Leben wurde selbst von neo-kantianischen Philosophen wie Ernst Cassirer nicht übersehen, welcher einen recht starken Einfluss auf die kulturellen Studien im deutschsprachigen Raum hatte. Laut Cassirer entstammte die »symbolische Form« der Zahl aus dem Verhältnis des menschlichen Körpers zu seiner Umwelt und dem späteren Gebrauch des Körpers als erstes Medium der Kalkulation: »Durch materielle zählbare Dinge, wie sinnlich, konkret und begrenzt die erste Repräsentation dieser Dinge auch gewesen sein mag, entwickelt die Sprache die neue Form und die neue logische Kraft, die in Zahlen enthalten ist«.[23] Indem er die Wahrnehmung von Raum und Zeit analysierte, führte Cassirer den Ursprung numerischer Abstraktionen auf die rhythmischen Aktivitäten der Arbeit zurück. In Anlehnung an das bahnbrechende Werk *Arbeit und Rhythmus* (1896) von Karl Bücher und an weitere anthropologische Studien, merkte Cassirer an, dass die symbolische Form der Zahl sich aus dem Brauch der Arbeitslieder entwickelt hat, also aus Gesang, um den Rhythmus der körperlichen Arbeit aufrecht zu erhalten:

> »Es hat Versuche gegeben, die Anfänge der Poesie auf jene ersten primitiven *Arbeitslieder* zurück zu führen, in denen der Mensch erstmalig den Rhythmus seiner eigenen physischen Bewegungen, so wie er war, objektifizierte [...] Jede Form der physischen Arbeit, insbesondere, wenn in Gruppen ausgeführt, verursacht eine spezifische Koordination der Bewegungen, was wiederum zu einer rhythmischen Organisation und Unterteilung der Arbeitsphasen führt [...] Mahlen und Reiben, Schieben und Ziehen, Pressen und Zertrampeln: Jede dieser Handlungen wird durch einen eigenen Rhythmus und eine eigene Lautart unterschieden. In der großen Vielfalt der Arbeitslieder, denen der Spinner und Weber, der Drescher und Ruderer, der Müller und Bäcker, etc. können wir noch heute mit einer gewissen Unmittelbarkeit heraushören, wie ein spezieller rhythmischer Sinn, vorgegeben von der Art der Aufgabe, nur in die Arbeit eindringen und in ihr weiter bestehen kann, wenn er zeitgleich mithilfe eines Tones objektifiziert wird [...] Jedenfalls

23 Ernst Cassirer: The Philosophy of Symbolic Forms, Bd. 1, New Haven 1965: 228. Basiert auf Max Wertheimer: Über das Denken der Naturvölker, Leipzig 1910.

> konnte Sprache nur ein Bewusstsein von den reinen Formen der Zeit und Zahl erlangen durch die Assoziation mit bestimmten Inhalten, gewissen fundamentalen rhythmischen Erfahrungen, in der die beiden Formen in unmittelbarer Verfestigung und Fusion vorzuliegen scheinen.«[24]

Diese Untersuchung kann als Erwiderung auf die platonische Numerologie verstanden werden, die zentral für die Geschichte der Musik ist: noch bevor Zahlen genutzt wurden, um die Verhältnisse im Rhythmus zu bemessen, trug der Rhythmus körperlicher Arbeit zur Erfindung von Zahlen bei. Letztlich lassen diese Erkenntnisse die Geschichte der Mathematik in einem anderen Licht erscheinen, und dies in einem Ausmaß, das vermuten lässt, dass algorithmische Praktiken noch sehr viel älter sind als das Konzept der Zahl an sich.

Werkzeuge zur Konstruktion mathematischer Ideen

Zahlen werden oft für gegeben, ursprünglich und elementar gehalten; in unserer Wahrnehmung sind sie nicht aus irgendetwas anderem zusammengesetzt oder das Ergebnis einer vorangehenden abstrakten Erfindung. Zahlen scheinen selbsterklärend, unendlich und nicht konstruiert zu sein. Eine derartige platonische und intuitionistische Sichtweise auf das Konzept der Zahl ist von Historiker:innen der Mathematik kritisiert worden, die sich speziell damit befassten, wie Techniken der Nummerierung aufkamen und sich entwickelten. Insbesondere Archäolog:innen tendieren zu der Annahme, dass die Institution der Zahl keine *a priori* Kategorie sein kann, da der menschliche Umgang mit Materialien und symbolischen Werkzeugen ein Beleg für ihre graduelle Evolution ist: Offenbar beruht Zählen, wie schon erwähnt, auf dem Bedürfnis, etwas zu kalkulieren und praktische Probleme zu lösen, wie die gleichmäßige Verteilung von Land und natürlichen Ressourcen innerhalb der Bevölkerung.

Unter den *Archäolog:innen der Abstraktion* ist der deutsche Wissenschaftshistoriker Peter Damerow anzutreffen, der sich umfassend neben anderen Artefakten mit den altertümlichen babylonischen Tontafeln befasst hat, welche als Zählwerkzeuge dienten. Er kam zu dem Schluss, dass die Idee der Zahl keine Form eines *a priori* Wissens ist, sondern »Gegenstand der historischen Entwicklung«.

24 Ebd.: 240.

> »Reflexionen zu Zahlen und ihren Eigenschaften führten bereits in der Antike zu der Überzeugung, dass Verhältnisse von Zahlen einen besonderen Status innehaben, da ihr Wahrheitsgehalt unabhängig ist von empirischer Erfahrung und von historischen Umständen. In einer historischen Tradition, ausgehend von der pythagoreischen über die platonische Tradition, durch die Späte Antike und das Mittelalter hindurch, weiter durch den Rationalismus und den kritischen Idealismus einer kantianischen und neo-kantianischen Philosophie bis hin zum logischen Positivismus und Konstruktivismus der Gegenwart, ist dieser Glaube als Beweis dafür gehalten worden, dass es Dinge gibt, von denen wir *a priori* Wissen gewinnen können. Wie ein immer wieder auftretendes Leitmotiv ist die Überzeugung, dass Zahlen von Natur aus ahistorisch und universal sind, in die Geschichte der Philosophie eingewebt. Eine Vielzahl an Gründen zur Erklärung dieses überraschenden Phänomens ist vorgebracht worden. Jedoch sind Historiker:innen mit der Tatsache konfrontiert, dass numerische Techniken und arithmetische Erkenntnisse eine Historie aufweisen, die, zumindest an der Oberfläche, in keinerlei Weise anders ist, als andere Errungenschaften unserer Kultur. Mit Blick auf die Vielfältigkeit der historisch dokumentierten arithmetischen Techniken, ist es kaum möglich, die Vermutung von sich zu weisen, dass das Konzept der Zahl, in gleicher Weise wie die meisten Strukturen menschlicher Kognition, einer historischen Entwicklung unterworfen ist, die dieses im Laufe der Geschichte einen substanziellen Wandel durchlaufen lässt.«[25]

Des Weiteren stellte Damerow durch die Auseinandersetzung mit den Erkenntnissen der Archäologie fest, dass »das Aufkommen von Zahlen das Ergebnis eines mannigfaltigen Lernprozesses ist«.[26] Lernen wurde zum zentralen Gedanken in Damerows Forschung, durch den er die Schaffung der menschlichen Zivilisation und ihre Evolution erklärte. Für ihn ist Lernen ein Prozess der Interaktion der Menschheit mit der Natur und der Welt, vermittelt durch Arbeit, Werkzeuge und Sprache in einem fortschreitenden Prozess der Abstraktion. Dabei ist Lernen jedoch nicht ein Prozess der Abstraktion um ihrer selbst willen, sondern ein kollektives Mittel der Emanzipation und Selbstermächtigung. Wie läuft dieser soziale Prozess des Lernens ab?

25 Peter Damerow: »The Material Culture of Calculation: A Theoretical Framework for a Historical Epistemology of the Concept of Number«, in: Uwe Gellert / Eva Jablonka (Hg.) Mathematisation and Demathematisation. Social, Philosophical, and Educational Ramifications, Leiden 2008: 19.

26 Ebd.: 20.

Damerow vertrat die Ansicht, dass Lernen auf der Konstruktion von »mentalen Modellen« basiert, die externe Handlungen grundlegend repräsentieren und internalisieren.[27] Auf diese internalisierten mentalen Modelle können weitere Ebenen der Abstraktion in einem progressiven Aufbau von »meta-kognitiven Konstrukten« gesetzt werden.[28] Dieser fortgeführte Aufbau von Abstraktionen ist eine Form der Emanzipation der Vernunft, doch es kommt vor, dass einige Ebenen schließlich als metaphysisch und losgelöst von anderen wahrgenommen werden. Damerow zufolge erzeugen die höheren Ebenen dieses kognitiven Gerüstbaus die Illusion von dematerialisierten Abstraktionen und *a priori* Kategorien, wie beim Konzept der Zahl zu sehen. Das Entscheidende in dieser Theorie ist jedoch nicht einfach die Aufschlüsselung der *a priori* Illusion, sondern vielmehr wie »mentale Operationen [...] Handlungen über reale Objekte reflektieren« und wie umgekehrt Werkzeuge dabei behilflich sind, mentale Modelle zu konstruieren:

> »Logisch-mathematische Konzepte werden nicht direkt von den Objekten der Kognition abstrahiert, sondern von der Koordination der Handlungen, auf die sie angewendet werden und durch die sie auf irgendeine Weise transformiert werden. Entsprechend dieser Annahme basiert das Entstehen mentaler Operationen des logisch-mathematischen Denkens auf der Internalisierung von Systemen realer Handlungen. Die internalisierten Handlungen sind der Ausgangspunkt von meta-kognitiven Konstruktionen, durch welche sie zu Elementen von Systemen von reversiblen mentalen Transformationen werden, die ich, in Anlehnung an Piagets Terminologie, hier ›Operationen‹ nennen möchte. Meta-kognitive Konstrukte wie das Konzept der Zahl, die durch reflexive Abstraktionen zustande kommen, können daher als intern repräsentierte Invariablen mentaler Operationen verstanden werden, die Handlungen an realen Objekten reflektieren. Dies erklärt den verblüffenden *a priori* Charakter von Konstruktionen wie dem Konzept der Zahl.«[29]

Um die Ausbildung des Konzepts der Zahl im Laufe der Geschichte zu erläutern, schlägt Damerow den Gerüstbau semiotischer und kognitiver Modelle vor, die sich progressiv von den *Praktiken des Zählens* (die heuristisch und nicht-formalisiert sind, wie das Fingerrechnen), zu *Systemen*

27 Ebd.
28 Ebd.: 22.
29 Ebd.

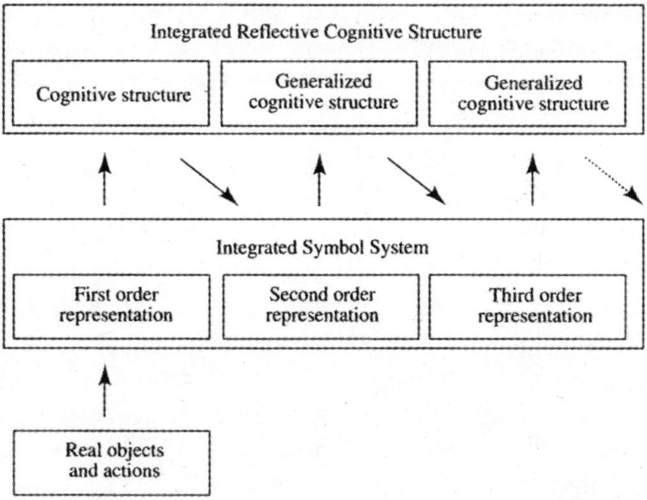

[Abb. 1.2] Die reflexive Struktur der Abstraktion. Peter Damerow, Abstraction and Representation, Berlin: Springer, 2013, 379.

der Nummerierung (welches Quantitäten in einer Matrix von Symbolen repräsentieren), zu *Techniken der Berechnung* (die Algorithmen formulieren oder eine Prozedur, um durch die Manipulation von Symbolen Probleme zu lösen) und schließlich zur *Zahlentheorie* (nämlich Arithmetik als eine formale Disziplin) weiter entwickelte. Dieser Prozess ist nicht linear, sondern drückt sich laut Damerow durch eine alternierende Bewegung von *Repräsentation* (der Gebrauch von Objekten und Zeichen als Symbole für andere Objekte, Zeichen und Ideen) und *Abstraktion* (Problemlösung) aus.

Mittels Anwendung der Idee der *reflexiven Abstraktion*, welche Hegels dialektische Logik und Jean Piagets genetische Epistemologie kombiniert, entwarf Damerow die progressiven Stadien der symbolischen Repräsentation (siehe Abbildung 1.2), wobei der Übertritt von einer Ordnungsstufe der Repräsentation zur nächsten über die Lösung eines Problems stattfindet. Damerow zufolge, sind

> »[…] *Repräsentationen erster Ordnung* sind Repräsentationen realer Objekte durch Symbole oder Modelle, die es erlauben, essenziell dieselben Handlungen oder Operationen mit diesen Symbolen zu vollziehen, wie man es auch mit den echten Objekten an sich machen könnte […] *Repräsentationen zweiter und*

> *höherer Ordnung* sind Repräsentationen mentaler Objekte durch Symbole und Regeln zur Symboltransformation, die mit den mentalen Operationen korrespondieren, welche zu den kognitiven Strukturen gehören, die die mentalen Objekte konstituieren.«[30]

Das Konzept der Zahl entwickelte sich dann über Zyklen der symbolischen Repräsentation und Abstraktion. Zuerst haben wir es mit Prozessen der Quantifizierung und des Vergleichs zu tun, die auf Äquivalenz basieren, ohne dass Zählen nötig war. Dann kam das Zählen als *eine kontextabhängige Aktivität* auf, die sich Hilfsmitteln wie Fingern, Steinen etc. bediente. Im nächsten Schritt wurden diese Zählinstrumente durch *kontextabhängige Symbole* ersetzt (wie die Zeichen auf den metallischen Siegeln – auch Bullen genannt – für Handel im alten Mesopotamien). In der Folge entstanden *kontextunabhängige Symbole*, nämlich Zahlen nach heutigem Verständnis. Und schließlich entwickelte sich die *Arithmetik* als eine Disziplin, um die Zahlen und Operationen mit Worten der natürlichen Sprache zu beschreiben, welche letztlich selbst durch neue Symbole ersetzt wurde.[31]

Um nachzuvollziehen, ob eine solche Analyse auch auf die algorithmische Form als eine Praxis der Problemlösung angewendet werden kann, ist es an dieser Stelle notwendig, Damerows Idee der Abstraktion zu verdeutlichen. In Übereinstimmung mit Hegel und Piaget verstand Damerow Abstraktion als einen Prozess, in dem Materialität und Reflexion, also Werkzeuge und Kognition, miteinander verwoben werden und sich gegenseitig weiterentwickeln:

> »Das Konzept [der Reflexion] wurde [von Hegel] in der *Jenaer Realphilosophie* eingeführt, um Arbeit als eine ›reflexive Aktivität‹ von Aktivität als ›purer Mediation‹ zu unterscheiden, als die bloße Befriedigung eines Verlangens durch die Zerstörung des begehrten Objektes. Was Arbeit als ›reflexive Aktivität‹ von einer Aktivität als ›bloßer Mediation‹ unterscheidet, ist die Ausdauer ihrer materiellen Mittel, ihrer Werkzeuge, worin sich die Aktivität als Einheit eines idealen Zwecks und materiellen Objektes sich selbst materiell objektifiziert [...] Die Einheit des sensorisch Vorhandenden und der vermittelnden Aktivität schafften in Hegels Logik, die vermittelte Unmittelbarkeit als Ergebnis der Reflexion, schafft nicht nur ein hypothetisches-theoretisches Konstrukt, sondern seine Einheit wird

30 Peter Damerow: Abstraction and Representation. Essays on the Cultural Evolution of Thinking, Berlin 2013: 373.

31 Damerow: »Material Culture«: 34–47.

konkret in den materiellen Mitteln der objektiven Aktivität in der Myriade von Formen.«[32]

Für Damerow geht es bei Abstraktion nicht darum, die prominentesten Merkmale einer gegebenen Struktur zu isolieren, sondern um die Produktion neuen Wissens in Bezug zu einem zu lösenden Problem: Abstraktion ist nicht einfach eine »elegante Lösung« für ein Problem, vielmehr handelt es sich um eine »Aktivität, die auf ein Ende oder Ziel gerichtet« ist, was auch das zukünftige Verständnis der Umgebung beinhaltet.[33]

> »Allgemein wird angenommen, Abstraktion bedeute, davon abzusehen, die vorhandenen Informationen über ein vorliegendes reales Objekt zu nutzen und stattdessen bestimmte Eigenschaften zu isolieren und mit diesen unabhängig vom Rest umzugehen. Doch dieses Konzept von Abstraktion stellt sich als unzureichend heraus, wenn es für die Konzeptualisierung der Entwicklung mathematischen Denkens genutzt wird. So verstandene Abstraktion erklärt nicht das Ergebnis neuen Wissens, das offensichtlich aus mathematischem Denken zu gewinnen ist. Des Weiteren macht dieses Konzept der Abstraktion es unmöglich oder zumindest schwierig zu verstehen, warum bestimmte Abstraktionen sich als sehr nützlich erweisen, aber die große Masse, die womöglich durch willkürlich isolierte Eigenschaften erzeugt wird, würde nur Unsinn ergeben […] Abstraktion im Kern zu verstehen, bedeutet zu verstehen, *was* abstrahiert werden muss und nicht das bloße Wissen, *wie* man abstrahiert. Zu verstehen wie Abstraktion zu einer eleganten Lösung des Problems führt, heißt zu verstehen, wie man das Ergebnis tatsächlich finden kann.«[34]

Abstraktion findet immer innerhalb bestehender materieller Beschränkungen und durch diese statt: Symbole, Werkzeuge, Techniken und Technologien werden in Bezug auf begrenzte Ressourcen von Materie, Energie, Raum, Zeit etc. erdacht und verwirklicht. Die Realität, mit der sich die Abstraktion plagt, ist nicht der idealisierte Raum der platonischen Ideen, sondern die tatsächliche lebendige Welt, erschaffen aus Kraftfeldern und Konflikten. In diesem Sinne ist Abstraktion auch Teil eines größeren sozialen Antagonismus.

32 Damerow: »Abstraction and Representation«, 8.
33 Ebd.: 372.
34 Ebd.: 371.

Es ist bedeutsam, dass materielle Beschränkungen einen Anstoß liefern, die Reichweite der Abstraktion über ihr ursprüngliches Feld auszudehnen. Gemeinsam mit seinem Kollegen Wolfgang Lefèvre erweiterte Damerow die historische Epistemologie der Mathematik auf die Beziehung der Wissenschaften im Allgemeinen zu Werkzeugen und Instrumenten. Sie verstanden Werkzeuge als etwas, das zur gleichen Zeit zukünftig und spekulativ – also kurz gesagt dialektisch ist. Werkzeuge sind nicht nur Mittel für einen Zweck, sondern Mittel, die über den Zweck ihrer eigentlichen Erfindung hinausgehen:

> »Die Werkzeuge bestimmen, ob mental antizipierte Ziele erreicht werden können. In diesem Sinne sind Werkzeuge nie nur das, was sie tatsächlich sind. Vielmehr repräsentieren sie das Potenzial, die intellektuell antizipierten Ziele in die Tat umzusetzen, das heißt, sie repräsentieren Ideen als echte Möglichkeiten. Ihre Anwendung vermittelt zwischen Möglichkeit und Realität. Die Nutzung von Werkzeugen dient primär dem Zweck, für den sie hergestellt wurden. Doch Werkzeuge sind noch genereller als einzelne Zwecke, und das akkumulierte Erfahren, das man durch ihren Gebrauch erwirbt, führt zu Wissen über Möglichkeiten, die realisiert werden können und über Beziehungen zwischen Zielen und Mitteln unter verschiedenen Konditionen der Umsetzung. Daher handelt es sich bei der hauptsächlichen Art, in der Wissen über natürliche und soziale Verhältnisse, die aus dem Arbeitsprozess erwachsen, um die Form der Regeln für die angemessene Anwendung von Werkzeugen.«[35]

So verstanden beginnt der spekulative Prozess mit Arbeit, die Werkzeuge und Technologien erfindet, die in der Folge neue ontologische Dimensionen und wissenschaftliche Gebiete entwerfen (Paradebeispiel ist die Erfindung der Dampfmaschine; sie machte die Disziplin der Thermodynamik möglich, nicht andersherum; siehe Kapitel Drei). Damerow und Lefèvre arbeiten eine politische Epistemologie heraus, die die Beschränkungen der historischen Kräfte anerkennt, nämlich die Kontrolle von Ressourcen und der Bevölkerung, ökonomischer Produktion und Akkumulation von Kapital, das Aufkommen von Kriegen und sozialen Konflikten und, aufgrund all dieser Punkte, die Entwicklung neuer Werkzeuge, Techniken, Technologien und letzten Endes der Wissenschaften. Sie erkennen all diese Kräfte innerhalb der Kategorie der Arbeit an, durch welche die Menschen die Natur

35 Damerow / Lefèvre: »Tools of Science«, 395.

transformieren und neue Kenntnisse über sie gewinnen.[36] Wissenschaft im Allgemeinen, genau wie das Konzept der Zahl im Speziellen, ist die Projektion der Nutzung materieller Werkzeuge:

> »Die Entwicklung der Wissenschaften ist abhängig von der Entwicklung ihrer materiellen Werkzeuge […] Der Schlüssel, um das Wachstum des wissenschaftlichen Bildungsstands zu verstehen, besteht in der Tatsache, dass das Wissen, das durch Nutzung eines neuen Werkzeugs erlangt werden kann, über die kognitiven Vorbedingungen seiner Erfindung hinausgeht. Grund dafür ist der Umstand, dass die Werkzeuge der Wissenschaft wie Werkzeuge im Allgemeinen auch materielle Werkzeuge sind: Durch den Gebrauch eines materiellen Werkzeugs kann stets mehr erlernt werden als das Wissen, das zu seiner Erfindung eingebracht wurde.«[37]

Anhand dieses historischen Überblicks über materielle Abstraktionen ist es leicht vorstellbar, wie auch das Konzept des Algorithmus als das Ergebnis eines dialektischen Prozesses der Reflexion mit Objekten und Werkzeugen aufgekommen ist. Die Methode des Algorithmus – die Lösung eines Problems durch schrittweise Vorgaben – ist eine Abstraktion, die sich wie viele andere aus den Sorgen des Lebens heraus ergeben hat.[38]

Von Zählwerkzeugen zu Algorithmen zur Kalkulierung

Der englische Ausdruck *algorithm* ist etwa 8 Jahrhunderte alt. Er stammt von dem mittelalterlichen lateinischen Begriff *algorismus*, der sich auf die Durchführung grundlegender mathematischer Operationen mit hindu-arabischen Zahlen bezieht. Im Europa des Mittelalters wurde das begrenzte System der römischen additiven Zahlen dank der Handelsrouten mit der arabischen Welt, nach und nach durch das vielfältigere hindu-arabische Positionssystem ersetzt, das für komplexe Operationen mit großen Zahlen besser geeignet war und seitdem zum weltweiten Standard avancierte. Der

36 »[Die] Grundstrukturen des logisch-mathematischen Denkens werden […] vom heranwachsenden Individuum in der Auseinandersetzung mit kulturspezifischen Herausforderungen und Beschränkungen entwickelt, unter denen die Handlungssysteme verinnerlicht werden müssen.« Damerow, »Material Culture«: 22.

37 Damerow / Lefèvre: »Tools of Science«: 400 f.

38 Für eine Diskursanalyse des Algorithmuskonzepts, die die ökonomische Matrix nicht berücksichtigt, vgl. Yu Mingyi: »The Algorithm Concept, 1684–1958«, *Critical Inquiry* 47, Nr. 3 (2021): 592–609.

lateinische Ausdruck *algorismus* findet sich zum Beispiel in dem Gedicht *Carmen de Algorismo* von Alexandre de Villedieu aus dem Jahr 1240. Dabei handelte es sich um eine Anleitung für Kalkulationstechniken, die in Reimform geschrieben war, um sich so den Vorgang einzuprägen. Ein im Jahr 1501 in Venedig gedrucktes Werk, das man dem Mönch Johannes de Sacrobosco zuschreibt, trägt den Titel *Algorismus Domini* und erläutert das Rechnen von Hand mit hinduistischen Zahlen auch mithilfe von Diagrammen.

Es hat sich erst in jüngerer Zeit festgesetzt, dass *algorismus* die Latinisierung des Namens des persischen Gelehrten Muhammad ibn Musa al-Khwarizmi ist, leitender Bibliothekar des Hauses der Weisheit in Bagdad, der ein Buch zur Kalkulierung mit hinduistischen Zahlen um das Jahr 825 europäischer Zeitrechnung verfasste. Das arabische Original ist leider verloren, doch im 12. Jahrhundert waren mindestens vier lateinische Übersetzungen unter verschiedenen Titeln im Umlauf: ein Manuskript in der Bibliothek der Universität Cambridge trägt die Überschrift *DIXIT algorizmi* (Bedeutung: *So sprach Al-Khwarizmi*), während einem anderen Schriftstück im Jahr 1857 durch den italienischen Mathematiker Baldassarre Boncompagni der Titel *Algoritmi de numero Indorum* gegeben wurde.[39] Durch die verschiedenen Übertragungen in romanische Sprachen wie Französisch und Spanisch hat der englische Ausdruck *algorithm* es in die Mathematik und Computerwissenschaften der Gegenwart geschafft. Al-Khwarizmis Buch trug dazu bei, die positionalen hinduistischen Zahlen im Westen bekannt zu machen, doch Händler wie der italienische Mathematiker Fibonacci, der beständig den Mittelmeerraum auf Reisen durchquerte, haben das System womöglich eher durch kommerziellen Austausch und praktische Anwendung erlernt, als durch Bücher.

Von mathematischen Konventionen aus betrachtet markierte die Übernahme des Begriffs *algorithm* im Westen den Wechsel vom additiven hin zum positionalen System der Nummerierung. Dieser Wechsel war sowohl technisch als auch ökonomisch, da er mit der Beschleunigung des kommerziellen Austausches innerhalb Europas und im Mittelmeerraum zusammenhing, welche ein besseres System der Buchführung erforderte. Das dezimalpositionale System ermöglichte es, Zahlen gebündelter aufzuschreiben und

39 John N. Crossley / Alan S. Henry: »Thus Spake al-Khwârizmî. A Translation of the Text of Cambridge University Library Ms. Ii. vi. 5«, *Historia Mathematica* 17, Nr. 2 (1990): 103–131.

[Abb. 1.3] Die Allegorie der Arithmetik. Gregor Reisch, *Margarita Philosophica*, 1503.

Kalkulationen zu beschleunigen. In Italien waren es die florentinischen und venezianischen Händler:innen, die als erste die hinduistischen Zahlen übernahmen, da diese eine höhere Vielseitigkeit für kommerziellen Transaktionen und beim Umgang mit zunehmend großen Zahlen des Kapitals aufwiesen. Eine Zeichnung im Buch *Margarita philosophica* von 1503, herausgegeben vom deutschen Mönch und Universalgelehrten Gregor Reisch, zeigt den Streit zwischen Abakisten (die noch immer das römische System und den Abakus nutzten) und den neuen Algoristen (die das hinduistische System mit seinen Algorithmen übernommen hatten, um Kalkulationen auf Papier mit einem Stift durchzuführen). Die sinnbildliche Darstellung der *Arithmetica* überwacht den Streit und entscheidet sich klar zugunsten des Algoristen, wie auch ihr mit den neuartigen Zahlen bedecktes Gewandt zeigt (siehe Abb. 1.3). In späterer Zeit wurde der Begriff *algorithm* von den Gelehrten der europäischen Hochkultur wie Leibniz übernommen; dieser nutzte den Ausdruck zu Definition seiner Methode der Differentialrechnung.[40] *Algortihm* wurde in D'Alemberts *Encyclopédie* grob definiert als ein

> »arabischer Ausdruck, von verschiedenen Autoren genutzt, insbesondere von den Spaniern, um Algebra zu benennen. Zuweilen wird es in der Bedeutung Arithmetik nach Ziffern verwendet [...] Das gleiche Wort wird allgemein genutzt, um die Methode und Notation aller Arten der Kalkulation zu betiteln. In diesem Sinne spricht man vom Algorithmus der Integralrechnung, dem Algorithmus der Exponentialrechnung, dem Algorithmus der Sinusrechnung etc.«[41]

Die Techniken und Kniffe zur Kalkulation per Hand, die noch heute in Schulen gelehrt werden, sind eine Reihe von Algorithmen zur Verarbeitung numerischer Zeichen. Sie besitzen eine rekursive Struktur, die mit infiniten und approximativen Stellen umgehen, wie es bei der simplen Teilung der Primzahlen der Fall ist: 2/3 = 0,666666666... Die einfache kontinuierliche Form dieser Bruchzahl belegt, dass selbst rationale Zahlen nicht ohne Hilfe eines Algorithmus kalkuliert und beschrieben werden können. Genauer gesagt, sogar die Art und Weise, wie Zahlen in einem System der Nummerierung geschrieben werden, stellt einen Algorithmus dar – in diesem Fall einen Algorithmus, um einfache Mengen zu repräsentieren. Schreiben wir die Nummer 101 in hinduistischen Zahlen, dann sollte dieses einfache Zeichen folgendermaßen übertragen werden:

Man stelle sich eine lineare Abfolge von Positionen vor, die von Quantitätssymbolen besetzt werden und von rechts nach links verlaufen. Jede

40 Vgl. auch Sybille Krämer: »Zur Begründung des Infinitesimalkalküls durch Leibniz«, *Philosophia Naturalis* 28, Nr. 2 (1991): 117–146; Peter Damerow / Wolfgang Lefèvre: »Wissenssysteme im geschichtlichen Wandel«, in: F. Klix / H. Spada (Hg.): Enzyklopädie der Psychologie. Themenbereich C: Theorie und Forschung, Serie II: Kognition, Band 6: Wissen, Göttingen: 1998: 77–113.

41 Zit. n. Chabert: A History of Algorithms: 2.

Position repräsentiert die sich steigernde Potenz um 10 und kann von folgenden Einheiten besetzt werden: 0, 1, 2, 3, 4, 5, 6, 7, 8 oder 9. Die erste Position repräsentiert 10 zur Potenz von 0 (d.h., normale Einheiten), die zweite Position 10 zur Potenz von 1 (also 10), die dritte Position 10 zur Potenz von 10 (also 100) und so weiter. Der Wert einer Zahl, dargestellt in dieser Weise, ergibt sich durch die Addition jeder Einheit, nachdem diese zur Potenz von 10 multipliziert wurde, was durch die von ihr eingenommene Position verdeutlicht wird. Werden Zahlen auf diese Weise ausgedrückt, wird das Ausmaß der Potenz von 10 nicht explizit gesagt, sondern verbleibt implizit.

Somit ist die Zahl 101 äquivalent zu: (1 x hundert) + (0 x zehn) + (1 x eins). Diese langatmige Erläuterung des dezimalen Systems der natürlichen Sprache kann leicht übernommen werden, um das binäre System abzubilden, indem einfach die Potenz der Zehn auf eine der beiden übertragen wird, indem man also eine Regel in der generellen Prozedur der Nummerierung ändert. Im binären System nimmt die Zahl 101 somit eine andere Quantität an:

Man stelle sich eine lineare Abfolge von Positionen vor, die von Quantitätssymbolen besetzt werden und von rechts nach links verlaufen. Jede Position repräsentiert eine sich steigernde Potenz um 2 und kann von einer der beiden folgenden Einheiten besetzt werden: 0 oder 1. Die erste Position repräsentiert 2 zur Potenz von 0 (d.h., normale Einheiten), die zweite Position 2 zur Potenz von 1 (also 2), die dritte Position 2 zur Potenz von 2 (vier) und so weiter. Der Wert einer Zahl, dargestellt in dieser Weise, ergibt sich durch die Addition jeder Einheit, nachdem diese zur Potenz von 2 multipliziert wurde, was durch die von ihr eingenommene Position verdeutlicht wird. Werden Zahlen auf diese Weise ausgedrückt, wird das Ausmaß der Potenz von 2 nicht explizit gesagt, sondern verbleibt implizit.

In diesem Fall ist die Zahl 101 äquivalent zu: (1 x vier) + (0 x zwei) + (1 x eins), also 5 in dezimaler Notation. In beiden obigen ausführlichen Umschreibungen dienen die Wörter der natürlichen Sprache nicht dazu, die Regeln zur Bildung von Zahlen zu erläutern, sondern zu *enkodieren*, mit einer Prozedur der schrittweisen Anleitungen. Diese Paraphrasierungen machen den Vorgang der Systeme der Nummerierung sichtbar, welche in Schulen meist über Übungen vermittelt werden und normalerweise unausgesprochen bleiben. Doch solch ein pedantisches Vortragen der dezimalen und binären Ziffern ist hilfreich, um etwas nicht Pedantisches auszudrücken: Alle Systeme der Nummerierung scheinen in ihrem Wesen algorithmisch zu sein. Wie jedes Wort eine Grammatik impliziert, steckt in jeder Zahl ein Algorithmus – das heißt, eine Prozedur, um Quantitäten darzustellen und um Operationen mit Quantitäten durchzuführen. Schlussfolgernd lässt sich also sagen, dass alle Zahlen *algorithmische Zahlen* sind, da sie bei jenen Algorithmen erzeugt wurden, die die Systeme der Nummerierung sind. Ziffern zählen nicht (sozusagen); sie sind bloß Platzhalter in einer Prozedur – einem Algorithmus – der Quantifizierung.

Die Mechanisierung des Algorithmus

Algorithmen für das Rechnen von Hand wurden nach und nach mechanisiert. Im Europa des 17. Jahrhunderts entwarfen Naturphilosophen wie Pascal und Leibniz von Hand zu bedienende Rechenmaschinen, um die vier grundlegenden Rechenvorgänge mit dem Dezimalsystem zu automatisieren. Diese Geräte gehörten keineswegs in ein Kuriositätenkabinett, sondern signalisierten noch weitreichendere epistemische Veränderungen. Zu jener Zeit hatte sich die moderne Art des Denkens bereits in enger Beziehung zu Maschinen entwickelt, sodass feststellbar ist, dass eine mechanische Denkweise auch einen Einfluss auf die philosophische Art des Denkens hatte. Die berühmte »Methode« der Schlussfolgerung von Descartes wirkte beispielsweise recht »mechanisch« in ihrer Betonung der Dekomposition eines Problems in einfachere Bestandteile. Dem polnischen Ökonom Henryk Grossmann zufolge war es auch kein Zufall, dass Descartes auf seine rationale Methode kam, als er gerade selber Werkzeugmaschinen entwarf. Doch Grossmann stellte zudem eine noch tiefere Beziehung zwischen Mathematik und Maschinen fest: »[J]ede mathematische Regel hat [einen] mechanischen Charakter, der intellektuelle Arbeit und viel Rechnen spart«. Dieses ökonomische Prinzip – Zeit, Arbeit und Ressourcen zu sparen – bleibt ein Kernaspekt algorithmischen Denkens und algorithmischer Praxis, wie sie auch bisher als solche beschrieben worden sind.[42]

Wie das folgende Kapitel zeigt, handelte es sich bei dem Algorithmus für den Berechnungsprozess, der vor dem Hintergrund der industriellen Wirtschaft des frühen 19. Jahrhunderts als erstes mechanisiert werden

42 Henryk Grossmann: »Descartes and the Social Origins of the Mechanistic Concept of the World«, in: Boris Hessen and Henryk Grossmann (Hg.): The Social and Economic Roots of the Scientific Revolution, Berlin 2009: 181.

sollte, um die Methode der Differenz zur Berechnung großer logarithmischer Tabellen nach Gaspard de Prony, welche Charles Babbage durch seine *Difference Engine* umsetzte. Die *Difference Engine* war nur für diesen einen Typ des Algorithmus entworfen worden, doch Babbage trug auch die Idee von einer programmierbaren Maschine in sich – die *Analytical Engine* – mit der man unterschiedliche Arten von Gleichungen ausdrücken könnte (diese Idee blieb unrealisiert). Ada Lovelaces *Diagramm für die Berechnung der Bernoulli-Zahlen*, das provisorisch für die *Analytical Engine* geschrieben wurde, gilt als erster Computeralgorithmus oder als erstes Programm überhaupt. Die Rechenmaschinen von Babbage zeigen den Schnittpunkt von Algorithmen zur Berechnung und industrieller Automatisierung, auch wenn sie ernsthafte Schwierigkeiten hatten, unter anderem, das Dezimalsystem mit mechanischen Gerätschaften abzubilden.[43]

Im 20. Jahrhundert waren Berechnungsalgorithmen vollständig automatisiert dank der Flexibilität des binären Systems.[44] Binäre Ziffern sind um einiges einfacher in ein elektrisches Gerät umzusetzen als dezimale in einen Mechanismus, da der Status elektrischen Stroms, der entweder AN oder AUS ist, direkt die Ziffern 0 und 1 repräsentieren kann. Auf diese Weise wird unter anderem die Ausführung von Addition und Subtraktion extrem vereinfacht. Aus dem technischen Blickwinkel gesehen wurden binäre Operationen im Nachgang zur Veröffentlichung der Masterarbeit des US-amerikanischen Mathematikers Claude Shannon im Jahr 1938 mit dem Titel *A Symbolic Analysis of Relay and Switching Circuits*.[45] Zum ersten Mal wurde hier durch Shannon vorgeschlagen, die binären Eigenschaften elektrischer Schalter nicht nur zur bloßen Abbildung binärer Nummern und ihrer Operationen zu verwenden, sondern auch für Aussagenlogik und insbesondere für die Darstellung der booleschen Operatoren UND, ODER und NICHT.

Nach dem Zweiten Weltkrieg ermöglichten der Binärcode, die Von-Neumann-Architektur und die Entwicklung effizienter Logikgatter in Mikrochips die Konstruktion schneller Computer und die Formalisierung

43 Siehe Kapitel Zwei.

44 Als Vertreter der westlichen Tradition schlug Leibniz, inspiriert durch das chinesische Yijing, bereits in seinem Text »Explication de l‹Arithmétique Binaire« aus dem Jahr 1689 die binäre Zählweise vor.

45 Claude Shannon: »A Symbolic Analysis of Relay and Switching Circuits«, *Transactions of the American Institute of Electrical Engineers* 57, Nr. 12 (1938): 713–723.

von größeren und komplexeren Computeralgorithmen. Zum ersten Mal in der Geschichte standen Sequenzen von Ziffernfolgen nicht nur für Quantitäten, sondern für Anweisungen.[46] Bei der sogenannten *Computerrevolution* ging es nicht nur um die Nutzung von *binären Ziffernfolgen* (Binärziffern [*binary digits*] oder Bits), um die menschliche Sprache und analogen Inhalt zu enkodieren (Digitalisierung), sondern auch um die Beschleunigung mechanischer Rechenprozesse durch *binäre Logik* (oder boolesche Logik). Konträr zur allgemeinen Auffassung, die ausschließlich die Trennung der Hardware und der Software hervorhebt, ist der digitale Berechnungsprozess eigentlich die Verflechtung, im gleichen Medium der Information *und* Instruktion, von binären Ziffernfolgen *und* der booleschen Logik, wobei das eine das andere ergänzt. Anders ausgedrückt sind mit der digitalen Berechnung der Algorithmus der Nummerierung (binäre Ziffern) und der Algorithmus der Kalkulierung (binäre Logik) fast ein und dasselbe geworden.

Im Digitalzeitalter ist der Algorithmus zur Rolle einer *abstrakten Maschine* aufgestiegen (unter den unterschiedlichen Benennungen Programm, Software, Code etc.), die zur Steuerung elektronischer Berechnungsmaschinen angewandt wird. Wie zu Beginn dieses Kapitels erwähnt, ist die in heutigen Zeiten gebräuchlichste Definition von *algorithm* die der Computerwissenschaften: »Eine endliche Prozedur von schrittweisen Anweisungen, um einen Input in einen Output zu wandeln, unabhängig von den Daten, wobei die gegebenen Ressourcen bestmöglich genutzt werden.«[47] Die Abstraktion der Logik vom Inhalt ist eine der Schlüsselaspekte der technischen und kognitiven Entwicklung: Wie auch bei anderen Techniken der Abstraktion der Fall, muss der Algorithmus unabhängig von Beschränkungen

46 Gödel führte die Idee, Zahlen zur Darstellung mathematischer Funktionen zu verwenden (Gödelsche Nummerierung), in seinen berühmten Unvollständigkeitssätzen von 1931 ein. Kurt Gödel: »Über formal unentscheidbare Sätze der Principia Mathematica und verwandter Systeme I«, *Monatshefte für Mathematik und Physik* 38 (1931).

47 Chabert erwähnt eine andere Definition von Algorithmus durch Robert McNaughton, die exemplarisch ist für die technische Verfestigung der zuvor dargestellten sozialen Prozesse: 1). Der Algorithmus muss in einer definierten Sprache geschrieben werden können. 2). Die Frage, die gestellt wird, wird durch einige Eingabedaten (»Enter« genannt) bestimmt. 3). Der Algorithmus ist ein Verfahren, das Schritt für Schritt ausgeführt wird. 4). Die Aktion bei jedem Schritt ist durch den Algorithmus genau festgelegt. 5). Der Ausgang oder die Antwort (»Exit« genannt) ist klar spezifiziert. Chabert: A History of Algorithms: 455.

durch die Umgebung und dem Ursprung der Daten arbeiten. Jedoch wurde in diesem Kapitel ein Verständnis von Abstraktion als Separation von der Welt und ihren historischen Entwicklungen infrage gestellt. Tatsächlich hat das Aufkommen des maschinellen Lernens diese statische Definition von Algorithmus auf den Kopf gestellt: Algorithmen des maschinellen Lernens sind adaptiv geworden, und statt von festgesetzten Regelwerken zu lernen, »lernen« sie nun Regeln von Daten.

Nach kanonischer Definition ist ein Algorithmus die Anwendung von starren Regeln, hierarchisch, auf beliebige Eingabedaten. Daten haben keinen Einfluss auf das Verhalten des Algorithmus: Es sind lediglich *passive Informationen*, die nach den Regeln verarbeitet werden. Im Gegensatz dazu ändern die Algorithmen des maschinellen Lernens ihre internen Regeln (Parameter genannt) in Übereinstimmung mit den Eingabedaten. Als solche sind Daten nicht länger passiv, sondern werden sozusagen zu *aktiver Information*, die die Parameter der schrittweisen Prozedur beeinflussen, die dadurch nicht länger ausschließlich strikt durch den Algorithmus vorgegeben ist. Beim großen Durchbruch des maschinellen Lernens geht es im Kern tatsächlich genau um diese Verschiebung: Algorithmen zur Datenanalyse werden dynamisch und ändern ihre strenge ableitende Struktur, um sich an weitere Dateneigenschaften anzupassen – dabei geht es oft um logische und räumliche Bezüge. Bestes Beispiel ist ein künstliches neuronales Netzwerk zur Mustererkennung, das die Parameter seiner Knotenpunkte entsprechend den Beziehungen unter den Elementen der visuellen Matrix anpasst. So gesehen unterscheidet sich die Struktur der neuesten KI-Algorithmen nicht von fernen mathematischen Praktiken der Vergangenheit, die sich aus der kontinuierlichen Imitation von Beschaffenheit von Raum, Zeit, Arbeit und sozialen Verhältnissen heraus entwickelt haben.

Wie der Wissenschaftshistoriker Jürgen Renn nach Damerow anmerkte, sind Algorithmen des maschinellen Lernens nichts »übermenschliches«, sondern Teil des Zyklus von Internalisierung und Externalisierung kognitiver Funktionen, der zu allen kulturellen Techniken gehört:

> »Letztlich sind die Algorithmen maschinellen Lernens […] nur eine neue Form der Externalisierung menschlichen Denkens, wenn auch auf besonders intelligente Weise. Wie es auch andere externe Repräsentationen vor ihnen getan haben, wie die Rechenmaschinen, übernehmen sie zum Teil – in einer anderen Modalität – die Funktionen des menschlichen Gehirns. Werden diese

Algorithmen irgendwann das menschliche Denken ersetzen und verdrängen? Der entscheidende Punkt bei der Beantwortung dieser Frage ist nicht, dass ihre generelle Intelligenz der menschlichen und auch der tierischen noch immer weit unterlegen ist, sondern dass sie ihr volles Potenzial nur innerhalb eines Kreislaufs der Internalisierung und Externalisierung ausspielen können [...], welcher das Markenzeichen und die treibende Kraft von kultureller Entwicklung ist.«[48]

In vergleichbarer Weise hat dieses Einführungskapitel dazu gedient, das Konzept des Algorithmus zu relativieren – sowohl in seinem historischen Kontext als auch innerhalb der langwierigen Evolution von Wissenssystemen. Kurz gesagt waren es zunächst die Beschleunigung des Handels im späten Mittelalter und an zweiter Stelle das Aufkommen der Informationsgesellschaft, die zu der Formalisierung des Algorithmus, wie man ihn heute kennt, beigetragen haben. Als linguistische Koinzidenz markiert der mittelalterliche Ausdruck *algorismus* den Übergang vom additiven zum Positionssystem der Nummerierung, während der aktuelle Gebrauch von »Algorithmus« den Wechsel von den dezimalen hin zu den binären Ziffernfolgen kennzeichnet. Dabei handelte es sich nicht nur um formale und technische Veränderungen, sondern auch um ökonomische; denn schließlich wurden die hinduistisch-arabischen Zahlen und Algorithmen des Rechnens von Hand übernommen, um die Buchführung und die kommerziellen Geschäfte zu vereinfachen; und binäre Ziffernfolgen wurden übernommen, da sie in elektrische Stromschaltkreise und Logikgatter implementiert werden konnten, damit die industrielle Automatisierung und die staatliche Verwaltung an Geschwindigkeit gewann. Wie also der erste Wandel mit dem frühen Merkantilismus in Verbindung steht, so bezieht sich der zweite Wandel auf den industriellen Kapitalismus – insbesondere in seiner Forderung danach, die Kommunikationstechnologien zu beschleunigen und mentale Arbeit zu automatisieren.[49]

48 Renn, *The Evolution of Knowledge*, 398.

49 Vgl. auch Matteo Pasquinelli: »From Algorism to Algorithm: A Brief History of Calculation from the Middle Ages to the Present Day«, *Electra* 15 (Winter 2021–22): 93–102.

TEIL I
Das Industriezeitalter

2
Babbage und die Mechanisierung mentaler Arbeit

»Wir dürfen nicht vergessen, dass eine andere und höhere Wissenschaft, an sich noch grenzenloser, sich ebenfalls in Riesenschritten nähert [...] Das ist die Wissenschaft der Kalkulation – die kontinuierlich mit jedem Schritt in unserem Prozess an Bedeutung gewinnt, und die letzten Endes die Gesamtheit der Anwendungen der Wissenschaft bis zu den Künsten des Lebens beherrschen muss.«[1]

Berechnen als Arbeitsteilung

Im England des frühen 19. Jahrhunderts war »Computer« nicht die Bezeichnung einer Maschine, sondern von Menschen – nämlich Büroangestellten, meist Frauen, die mühsame Kalkulationen per Hand für die Regierung, die *Astronomical Society* oder der Navy durchführten. Bisweilen arbeiteten diese »Rechner:innen« auch von zuhause aus, indem sie Papierstapel mit Zahlen zur Berechnung erhielten und ihre Ergebnisse dann per Post zurücksandten: Dies ist wortwörtlich das erste Auftreten von *Rechnernetzwerken*, die die Form häuslicher Arbeit annahmen und womöglich noch weitere Familienmitglieder vereinnahmten. Um diesen zeitfressenden und fehleranfälligen Prozess zu rationalisieren, entwickelte der Universalgelehrte Charles Babbage die Idee, die repetitive Arbeit vieler »Rechner:innen« mit einer durch Dampf betriebenen automatisierten Maschine zu ersetzen. Henry Colebrooke, der Babbage mit der Goldmedaille der *Astronomical Society of London* im Jahr 1823 für die Erfindung seiner *Difference Engine* auszeichnete, sagte:

> »In anderen Fällen haben mechanische Gerätschaften simplere Werkzeuge oder körperliche Arbeit durch Maschinen ersetzt [...] Aber die Erfindung, auf die ich mich nun beziehe [...] ersetzt einen intellektuellen Prozess durch eine mechani-

1 Charles Babbage: On the Economy of Machinery and Manufactures, London 1832: 316.

> sche Leistung [...] Die Erfindung von Herrn Babbage stellt eine Maschine an die Stelle des [menschlichen] Rechners.«[2]

Babbages *Difference Engine*, die als Vorreiterin moderner Computer gefeiert wird, wurde aus unternehmerischem Ehrgeiz heraus geboren – nämlich um die Kalkulation von Logarithmen zu automatisieren und fehlerfreie logarithmische Tabellen verkaufen zu können, die in der Astronomie und für die Aufrechterhaltung der britischen Hegemonie im Seehandel entscheidend waren. Neben anderen Impulsgebern war es vor allem das Problem der Berechnung der geographischen Länge auf offenem Meer, das den besonderen Anreiz gab, Rechenprozesse zu mechanisieren. Kleine mechanische Rechenmaschinen existierten bereits, doch diese waren nicht automatisiert und konnten nur die grundlegenden mathematischen Operationen durchführen. Babbages Idee sah vor, einen komplexen logarithmischen Kalkulator mit der kontinuierlichen Bewegung durch Dampfmaschinen zu verbinden, um dadurch nicht bloß ein Rechengerät zu haben, sondern eine *kalkulierende Maschine*, die den Arbeitsvorgang des Rechnens im industriellen Maß ermöglichen konnte, in Verbindung mit Fantasien von unbegrenzter Leistung und befreitem Wirtschaftswachstum, die mit dem neuen Wort *engine*[3] mitschwangen. Die Idee des automatisierten Rechners, im gegenwärtigen Sinne, stammt also von dem Projekt, die mentale Arbeit von Angestellten zu mechanisieren, und nicht von der alten alchemistischen Träumerei, denkende Automaten zu bauen, obgleich im 19. Jahrhundert wie auch im Jahrhundert der Unternehmens-KI oft auf letztere Narrative zurückgegriffen wurde, um die ursprüngliche Geschäftsidee zu verdecken.[4]

Doch was für einen »intellektuellen Prozess« oder welche mentale Arbeit wollte Babbage denn genau mechanisieren? Will man die Grenzen und Potenziale von Rechenprozessen verstehen, ist die Klärung dieser Frage zentral; ohne sie trägt auch die eigentliche Definition von KI zur bloßen

2 Zitiert nach Simon Schaffer, »Babbage's Intelligence: Calculating Engines and the Factory System«, *Critical Inquiry* 21, Nr. 1 (1994): 203.

3 hier im Sinne von Motor zu verstehen; Anm. d. Übers.

4 Zur animistischen Genealogie denkender Automaten in der Neuzeit vgl. Minsoo Kang: Sublime Dreams of Living Machines: The Automaton in the European Imagination, Cambridge 2011. Zur theologischen Genealogie des Maschinendesigns vgl. Ansgar Stöcklein: Leitbilder der Technik. Biblische Tradition und technischer Fortschritt, München 1969.

Verstärkung von Missverständnissen bei. Die erste Art der mentalen Arbeit, die mechanisiert werden sollte, war das *Rechnen von Hand* – eine spezielle Fähigkeit, die bis zum Aufkommen der Turing-Maschine vorzufinden war, was man sich als menschliche Schreibkraft vorstellte (»Rechner:in«), die las und Werte auf ein Band schrieb, wie bei einer Telegraphenstation. Wie Kapitel Neun durch Vorstellung einer anderen Genealogie der Rechenprozesse und KI verdeutlichen wird, war dies bei künstlichen neuronalen Netzwerken für die Mustererkennung nicht der Fall; ihrZweck war es, die Arbeit der Wahrnehmung und Überwachung zu automatisieren, nicht aber das Rechnen von Hand.

Babbages *Difference Engine* war ein seltsames Artefakt. Es war kein Computer im heutigen Sinne, da es Software und Hardware, Instruktion von Information, nicht unterschied (Abb. 2.1). Da sie zugleich Hardware *und* Software war, wirkt die *Difference Engine* für heutige Betrachter:innen ästhetisch anziehend: Ihre Messingzahnräder und sich drehenden Zylinder verkörperten einen einzigen Algorithmus, nämlich die »Differenzmethode« des französischen Mathematikers Gaspard de Prony, die genutzt wurde, um die Kalkulation von Quadratzahlen und Logarithmen abzukürzen. Außerdem war sie kein Computer im heutigen Sinne, da man dieses Gerät nicht programmieren konnte: der Titel als eine industrielle Maschine, die mit einem unabhängigen Input für Informationen ausgestattet war, gebührt dem bescheideneren Jacquardwebstuhl.[5] Der Prototyp der *Difference Engine* wurde nie fertiggestellt, wohingegen der Jacquardwebstuhl in tausenden Exemplaren produziert wurde und zu einer treibenden Kraft des Industriezeitalters aufstieg. Der Jacquardwebstuhl setzte die Standards für Informationsspeicherung – nämlich Lochkarten – welche IBM mit kaum einer Änderung bis zum 20. Jahrhundert beibehielt.[6] Darüber hinaus war das erste »digitale Bild«, also ein durch eine numerische Datei

5 Nach Frederick Pollock bezieht sich die Mechanisierung auf die Autonomisierung der Energiequelle, während die Automatisierung bedeutet, dass die Information im Produktionsprozess eine unabhängige Rolle spielt. Der Jacquardwebstuhl ist demzufolge ein Beispiel für Automatisierung. Vgl. Frederick Pollock: Automation: A Study of Its Economic and Social Consequences, New York 1957. Die Autonomisierung der Informationskomponente fand bereits in den antiken Musikautomaten statt. Vgl. Siegfried Zielinski / Eckhard Fürlus (Hg.): Variantology 4. On Deep Time Relations of Arts, Sciences, and Technologies in the Arabic-Islamic World and Beyond, Köln 2008.

6 IBM-Lochkarten wurden auch bei der Erfassung der jüdischen Bevölkerung in Nazi-Deutschland verwendet. Vgl. Edwin Black: IBM and the Holocaust. The Stra-

beschriebenes Bild, zufälligerweise ein weiteres textiles Artefakt: Ein Portrait von Jacquard selbst von 1839, das unter Gebrauch von 24 000 dieser Lochkarten gewebt wurde.[7] Babbage bewahrte sich ein Exemplar dieses Portraits von Jacquard in seiner Werkstatt auf und übernahm Lochkarten als ein Eingabeformat für einen anderen unrealisierten Prototyp, seine *Analytical Engine*, deren Design, anders als bei der Vorgängerin, theoretisch eine Trennung von Information und Instruktion vorsah und verschiedene Arten von Gleichungen auswerten konnte.

Die *Difference Engine* ist nicht bloß die Erfindung von Babbages einsamer grüblerischer Seele. Wie Simon Schaffer angemerkt hat, unterstützen »Orte der Intelligenz« in ganz England Babbages Experimente zu mechanischen Rechenvorgängen und waren letztlich die Quelle für seine »maschinelle Intelligenz«.[8] Schaffer merkt an, dass Babbage seine tiefere Verbundenheit mit den industriellen Werkstätten als Orte des Wissens zeigte, als zu den Universitäten, die zu jener Zeit ausschließlich konservative und theoretische Curricula anboten. Auch wenn er in Hagiographien noch immer als das einsame Genie dargestellt wird, war Babbage in Wahrheit sehr engagiert im industriellen Milieu der Zeit und in den Debatten der sich nun entwickelnden Disziplin der politischen Ökonomie. Tatsächlich war er Autor eines der einflussreichsten industriellen Handbücher seiner Zeit: *On the Economy of Machinery and Manufactures* (1832).

Dass die angewandte Arbeitsteilung die »Erfinderin« der automatisierten Rechenvorgänge ist, und nicht die abstrakte Mathematik, wird auch in der Einleitung von Babbages Buch bestätigt: »Das vorliegende Werk mag als eine Folge der Calculating-Engine verstanden werden, deren Konstruktion ich schon seit so langer Zeit beobachte«.[9] Dies ist der historische Beweis dafür, dass Berechnung als ein Ausdruck von Arbeitsteilung von Beginn an die Entfaltung des industriellen Kapitalismus überwachte, statt ein Produkt ihrer neuesten Entwicklungen zu sein. Während Babbage das lesende Publikum überzeugen wollte, dass das erste jemals herausgebrachte Handbuch zur Verwaltung der industriellen Produktion vom Projekt der

tegic Alliance between Nazi Germany and America's Most Powerful Corporation, Washington 2001.

7 Ada Lovelace »Notes« zu Luigi Menabrea: »Sketch of the Analytical Engine Invented by Charles Babbage«, in: Scientific Memoirs, Bd. 3, hrsg. von Richard Taylor, London 1843.

8 Schaffer: »Babbage's Intelligence«: 204.

9 Babbage: On the Economy of Machinery: 1.

automatisierten Berechnung inspiriert worden war, mögen materialistische Historiker:innen angesichts derartiger Auto-Mythographie die Stirn runzeln. Ging es hier nicht vielmehr um Arbeitsorganisation und den Ungehorsam der Arbeiter:innen, was zur Erfindung neuer Techniken der Disziplin führte und daher Babbage drängte, einen tiefen Einblick in die Brennöfen des industriellen Europas gewinnen zu wollen?

Rechnen mit Uhren

Der spezifische Anreiz für die Mechanisierung mentaler Arbeit und die Erfindung automatisierter Berechnung in England entsprang dem Bedürfnis nach präzisen logarithmischen Tabellen, die in einer Zeit der aggressiven kolonialen Expansion äußerst wichtig waren, um die Orientierung auf den Seewegen zu behalten. Logarithmische Tabellen, die man nutzte, um den Längengrad auf offener See zu bestimmen, waren aufgrund menschlicher Fehler extrem unzuverlässig, was viele Schiffbrüche und beträchtlichen kommerziellen Schaden zur Folge hatte. Die verklärenden Anekdoten erzählen uns, dass Babbage, der über die Logarithmus-Bücher grübelte und auf ihre zahlreichen Fehler starrte, plötzlich ausrief: »Bei Gott, ich wünschte, diese Berechnungen wären von Dampf durchgeführt worden«.[10] Doch das erste Projekt zur Beschleunigung der Berechnung logarithmischer Tabellen fand nicht in England, sondern in Frankreich statt; dort war die Regierung zur Zeit der Revolution damit beschäftigt, das offizielle Messsystem auf das metrische System umzustellen, wobei es in das investierte, was Lorraine Daston (um eine Analogie zum heutigen »big data« zu erzeugen) »big calculation« nennt.[11] Beim Verfolgen des ehrgeizigen Plans, das Dezimalsystem als den Standard für Winkelmessung zu etablieren, beauftragte die Regierung Gaspard de Prony, die Unterteilung des rechten Winkels mit 100° statt mit 90° zu beschreiben – ein Projekt, das die logarithmische Übertragung der alten radialen Teile in neue erforderte. Auch wenn der Plan der Winkelreform scheiterte und die jahrtausendalte sumerische Ein-

10 Babbage im November 1839 als er sich an die Ereignisse von 1821 erinnert; zit. n. Harry Wilmot Buxton: Memoir of the Life and Labours of the Late Charles Babbage, hrsg. v. Anthony Hyman, Cambridge 1987.

11 Lorraine Daston: »Calculation and the Division of Labor, 1750–1950«, *Bulletin of the German Historical Institute* 62 (Frühjahr 2018).

teilung der Zeit bis heute der weltweite Standard ist, gab der Versuch den Impuls zur Geburt der automatisierten Berechnung.

Der schottische Ökonom Adam Smith verfasste einen berühmten Beitrag zur Arbeitsteilung bei der Nadelherstellung in *The Wealth of Nations*. Smiths Darstellung der Arbeitsteilung inspirierte de Prony, der in Anlehnung daran eine Art *kollektiven Algorithmus* für die Berechnung der Logarithmen entwarf. De Prony erdachte einen Arbeitsablauf, der als soziale Pyramide organisiert war: an der Spitze sah er eine Klasse Mathematiker:innen vor, wie das Problem formulieren und es an eine zweite Klasse, die »Algebraist:innen« weitergeben; diese sollten einfache Operationen und Daten für eine dritte Klasse menschlicher Rechner:innen vorbereiten, die dann die eigentlichen Berechnungen auf Papier durchführen und diese dann an ihre Vorgesetzten zurückschicken (siehe Abb. 2.2). Studierende, oft Frauen, und manchmal »eine große Anzahl unbeschäftigter Friseur:innen wurden genutzt, um durch Addition und Subtraktion die Zahlen auf den Zetteln zu ergänzen«.[12] De Pronys Algorithmus wandte die zuvor erwähnte Methode der Differenzen an, die darauf basiert, dass die Differenz zwischen den Quadraten von aufeinanderfolgenden Zahlen konstant bleibt und die Interpolation der folgenden Quadrate leicht durch simple Addition und Subtraktion erreicht werden kann, statt komplizierte Multiplikation durchzuführen.[13]

Babbages Idee bestand darin, die dritte Klasse der Arbeiter:innen der Kalkulierungspyramide durch eine Maschine zu ersetzen, da sie langwierige Aufgaben der Addition und Subtraktion einfacher Differenzen wiederholten. Schließlich lieferte die Methode der Differenzen den Algorithmus und den Namen für Babbages Maschine: die *Difference Engine*. Wie bereits angesprochen, gab es zu jener Zeit bereits mechanische Rechenmaschinen für grundlegende Operationen, die man per Hand antrieb. Babbage schwebte vor, diesen besonderen Algorithmus in ein mechanisches Gerät umzusetzen und als Bewegungsquelle eine Dampfmaschine zu verwenden, um die Kalkulation von logarithmischen Tabellen in einem industriellen Ausmaß betreiben zu können. War die *Difference Engine* erstmal in Gang gesetzt,

12 Ivor Grattan-Guinness: »Charles Babbage as an Algorithmic Thinker«, *IEEE Annals of the History of Computing 3 (1992): 40.*

13 Tatsächlich ist es jedoch so, dass logarithmische und trigonometrische Funktionen nicht immer eine konstante Differenz beibehalten. Daher ist die Methode der Differenzen eine heuristische Annäherung, die nur für bestimmte Bereiche gültig ist.

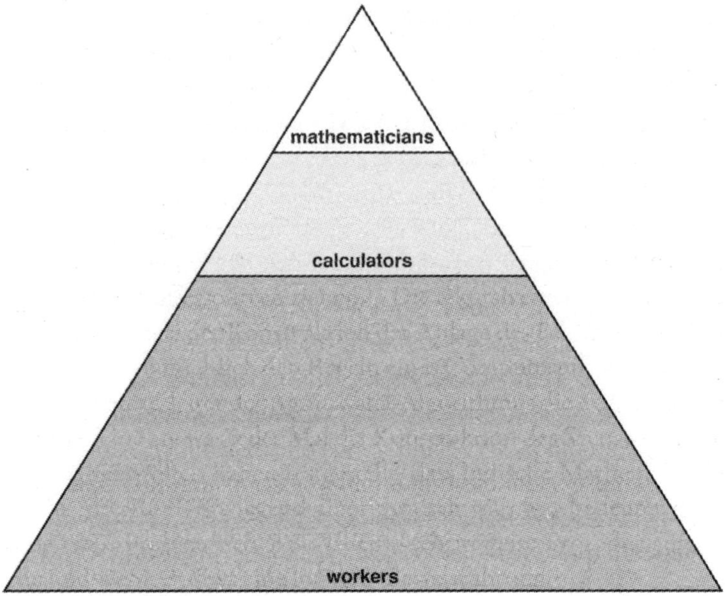

[Abb. 2.1] Schema zur Implementierung von de Pronys Algorithmus als Arbeitsteilung. Lorraine Daston, »Calculation and the Division of Labor, 1750–1950«, Bulletin of the German Historical Institute 62 (Frühjahr 2018): 11.

sollte sie eine ganze logarithmische Tabelle ohne Unterbrechung berechnen. Babbages Projekt war eine faszinierende Vorrichtung, die unbegrenzte Rechenkraft für Zahnrädchen und Räder aus Messing und Holz in Verheißung stellte. Heutzutage besteht die Nutzung von Dampf als Energiequelle zur Kalkulation wohl nur in dem Science-Fiction-Genre Steampunk fort, doch zu Babbages Lebzeiten war es ein Vorstoß in eine Welt, die sich sehr von unserer heutigen unterscheidet – eine, in der automatisierte Berechnungen ohne Elektrizität ablaufen würden.

Babbages erster Prototyp der *Difference Engine* wurde ganz bescheiden noch manuell betrieben. Interessanterweise war das erste Gerät, das die Rolle der Übertragung von de Pronys Algorithmus für das Rechnen von Hand in »Materie« übernehmen sollte, bereits ein alter Bekannter: die Uhr (siehe Abb. 2.2). Babbage veröffentlichte das generelle Konzept der *Difference Engine* in dem oft vergessenen Kapitel *On the Division of Mental Labour* seines Buches von 1832. Dort schlug er vor, »was womöglich einigen unserer Leser paradox erscheinen mag, nämlich dass die Arbeitsteilung mit gleichem Erfolg auf mentale Vorgänge übertragen werden kann und dass diese Übernahme eine gleiche Ökonomie der Zeit gewährleistet«.[14] Unter Anwendung der Methode der Differenzen von de Prony, dekonstruierte Babbage die Kalkulation logarithmischer Tabellen in modulare Schritte und setzte diese in einen neuen mechanischen Algorithmus um. Die drei Spalten der Tabelle der Methode der Differenzen wurden von Uhren repräsentiert, die Babbage nachträglich als rotierende Zylinder einbaute. Im ersten funktionierenden Prototyp der *Difference Engine* (ca. 1833) ersetzte die schrittweise Rotation der zylindrischen »Uhren« die Bewegung der Hand, die die Ziffern auf Papier addierte. Das Artefakt der Uhr nimmt hier die exemplarische Rolle eines heuristischen Mediators zwischen dem System der Nummerierung und dem Algorithmus der Kalkulation ein. Wenn Automatisierung angestrebt wird, da Zeit gespart werden muss, ist ihre Umsetzung in Uhrenform per se symbolisch. Hier wird zudem deutlich, dass der Uhrzeiger nun genutzt wird, das Rechnen von Hand an sich zu automatisieren, nachdem er zuvor dazu genutzt worden war, die Produktivität der körperlichen Arbeit in der Fabrik zu messen.

Diese zylindrischen Uhren waren so konzipiert, dass sie eine Nummer als eine stufenweise Drehung empfingen, um sie zu einer vorherigen Nummer von Abstufungen hinzuzufügen, und dann das gesamte Endergebnis in Form einer weiteren schrittweisen Rotation auszudrücken. Doch die Bewegung war gefangen in einem Mechanismus, der einzig und unumkehrbar nur eine riesige, kontinuierliche Operation durchführen konnte. Genau wie sie nicht zwischen Hardware und Software trennten, unterschieden die Uhr-Zylinder von Babbage nicht wirklich zwischen Zahlen und Prozessen oder Speicher und Operationen. Diese beiden Funktionen sollten erst beim Entwurf der *Analytical Engine* (und später in modernen Computern als Unterteilung von Speicher und zentraler Recheneinheit) getrennt werden. Eingeschränkt wurde Babbages mechanischer Algorithmus auch durch das Dezimalsystem an sich und das Problem, die Zehnerstelle automatisch zu übertragen, mit dem man sich in der mechanischen Kalkulation schon seit Pascals Zeiten rumschlug.[15] Man muss bedenken, dass das Binärsys-

14 Babbage: On the Economy of Machinery: 153.

15 Zum jahrhundertealten Problem der Mechanisierung des Übertrags beim Rechnen, vgl. Matthew L. Jones: Reckoning with Matter: Calculating Machines, Innovation, and Thinking about Thinking from Pascal to Babbage, Chicago 2017.

tem eingesetzt wurde (dank Leibniz, Boole, Turing, Shannon und von Neumann, um nur ein paar zu nennen), da es Addition und Subtraktion technisch vereinfacht. Ein elektrischer Schalter kann ein- und ausgeschaltet werden; diese beiden Zustände repräsentieren alle nötigen Einheiten der Nummerierung (siehe Kapitel Sechs). Im Gegensatz dazu hatten die Räder der *Difference Engine* ihre Mühe damit, zehn Ziffern zu umfassen, und Babbage versuchte das Problem des Restbetrags über eine ausgeklügelte, aber schwerfällige Zeilenumschaltung zu lösen.

Wie Matthew Jones verdeutlicht hat, bestand für Babbage wie für viele philosophische Erfinder:innen der Moderne kein Unterschied zwischen dem Unterfangen der mechanischen Kalkulation und den Vorhaben der Naturphilosophie, deren Ziel es war »Mit der Materie zu rechnen«, aus genau dem Grund, dass man Rechnen für eine niedere mentale Aktivität hielt, etwas, das die »mechanischen« Klassen (oder ihre maschinelle Entsprechung) für die oberen Klassen verrichten mussten. Tatsächlich hielten die meisten modernen Naturphilosophen (abgesehen von Hobbes) daran fest, dass der Geist nicht auf einen Mechanismus reduziert werden könne.[16] In diesem politischen Klima konnte mentale Arbeit daher automatisiert werden, weil es eine Aufgabe der Arbeiterklasse war und man es nicht für eine Aufgabe des vernünftigen »Denkens« hielt.

Prinzipien der Arbeitsanalyse

Auch wenn die *Difference Engine* mit Leichtigkeit Faszination bei Historiker:innen der viktorianischen Wissenschaft und Technologie hervorruft, sollte Babbage weniger für die Maschine an sich in Erinnerung blieben, sondern vielmehr für die Prinzipien der Arbeitsteilung, die ihr Design inspiriert hat. Wissenschaftshistoriker:innen wie Daston und Schaffer haben dazu beigetragen, den Status der *Difference Engine* als Erste Geige der frühen automatisierten Berechnung infrage zu stellen und einen weniger ansprechenden, doch glaubhafteren Protagonisten in Erscheinung treten zu lassen: die Arbeitsteilung und ihre soziale Hierarchie. Schaffer hat hervorgehoben, dass die »maschinelle Intelligenz« von Babbage sich aus den »achtsamen Händen« der Arbeiter:innen, Handwerker:innen und

16 Vgl. Jones: Reckoning with Matter; Daston: »Calculation and the Division of Labor«.

Repetitions of Process.	Movements.	Clock A. — *Hand set to* I.	Clock B. — *Hand set to* III.	Clock C. — *Hand set to* II.
		TABLE.	*First difference.*	*Second difference.*
1	Pull A.	A. strikes 1	. . . .	. . . .
	— B.	The hand is advanced (by B.) 3 divisions . .	B. strikes 3	. . . .
	— C.	. . . .	The hand is advanced (by C.) 2 divisions . .	C. strikes 2
2	Pull A.	A. strikes 4	. . . .	. . . .
	— B.	The hand is advanced (by B.) 5 divisions . .	B. strikes 5	. . . .
	— C.	. . . .	The hand is advanced (by C.) 2 divisions . .	C. strikes 2
3	Pull A.	A. strikes 9	. . . .	. . . .
	— B.	The hand is advanced (by B.) 7 divisions . .	B. strikes 7	. . . .
	— C.	. . . .	The hand is advanced (by C.) 2 divisions . .	C. strikes 2
4	Pull A.	A. strikes 16	. . . .	. . . .
	— B.	The hand is advanced (by B.) 9 divisions . .	B. strikes 9	. . . .
	— C.	. . . .	The hand is advanced (by C.) 2 divisions . .	C. strikes 2
5	Pull A.	A. strikes 25	. . . .	. . . .
	— B.	The hand is advanced (by B.) 11 divisions .	B. strikes 11	. . . .
	— C.	. . . .	The hand is advanced (by C.) 2 divisions . .	C. strikes 2
6	Pull A.	A. strikes 36	. . . .	. . . .
	— B.	The hand is advanced (by B.) 13 divisions .	B. strikes 13	. . . .
	— C.	. . . .	The hand is advanced (by C.) 2 divisions . .	C. strikes 2

[Abb. 2.2] Design zur Implementierung von de Pronys Algorithmus in einen Mechanismus. Charles Babbage, On the Economy of Machinery and Manufactures, London: Charles Knight, 1832, 161.

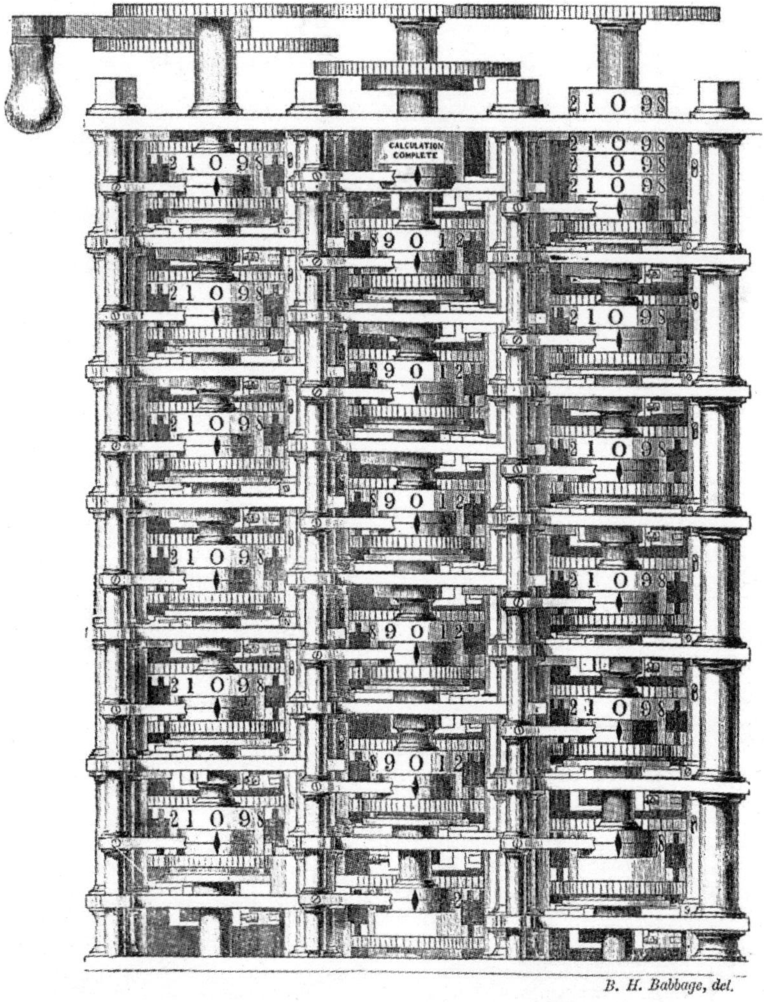

[Abb. 2.3] Babbages Difference Engine. Charles Babbage, Passages from the Life of a Philosopher, London: Longman, Roberts & Green, 1864, Vorderseite Einband.

Maschinist:innen, die experimentelle Vorrichtungen an, wie oben gesehen, »Orten der Intelligenz« wie Werkstätten und Fabriken erbauten, statt an den königlichen Akademien. Jones zeigt im Detail, wie Babbage öffentlich nach der »Entdeckung einer philosophischen Theorie der Erfindung«

suchte, welche Francis Bacon sich erträumt hatte.[17] Doch das Geheimnis von Babbages Rechenmaschine lag nicht in der Imitation von Gottes Vorhersehung (wie Babbage behauptete)[18] als vielmehr in dem alltäglichen Geschäft dieser Werkstätten und Fabriken, das aus kontinuierlichen Fehlschlägen und Konflikten mit den Arbeiter:innen, einschließlich des Ungehorsams seines eigenen Teams, bestand. Um das Design von Babbages Maschinen und ihre Qualität der »maschinellen Intelligenz« verständlicher zu machen, müssen seine zwei Prinzipien der Arbeitsanalyse erläutert werden: (1) die *Arbeitstheorie der Maschine*, die besagt, dass eine neue Maschine aufkommt, um eine vorherige Art der Arbeitsteilung zu imitieren und zu ersetzen; und (2) das *Prinzip der Arbeitskalkulation* (normalerweise *Babbage-Prinzip* genannt), was besagt, dass die Arbeitsteilung es ermöglicht, zu kalkulieren und exakt die Menge nötiger Arbeit zu erwerben.

Als Begründer der modernen Wirtschaftswissenschaften war Adam Smith der erste, der eine Arbeitstheorie der Maschine in *The Wealth of Nations* (1776) umrissen hat, da er erkannte, dass neue Maschinen »erfunden« wurden, indem man die Organisation der Aufgaben an einem Arbeitsplatz imitierte: »Ich will daher nur bemerken, daß die Erfindung aller jener Maschinen, durch welche die Arbeit so sehr erleichtert und abgekürzt wird, ursprünglich, wie es scheint, der Arbeitsteilung zu verdanken ist.«[19] Während das unabhängige Werkzeug sich aus der Wiederholung von einfachen manuellen Aktivitäten entwickelt hat, ist die Maschine das Ergebnis einer Ansammlung derartiger Werkzeuge. Dank seiner tiefgreifenderen technologischen Erfahrung formulierte Babbage diesen Gedanken in seinem Buch *On the Economy of Machinery and Manufactures* besser:

17 Jones: Reckoning with Matter: 1.

18 Charles Babbage: Ninth Bridgewater Treatise, London 1838.

19 Adam Smith: *Eine Untersuchung über Natur und Wesen des Volkswohlstandes* (1923), Buch 1, Kapitel 1. Dort heißt es weiter: »Gar viele Maschinen, die in denjenigen Gewerben gebraucht werden, in welchen die Arbeit am meisten geteilt ist, waren ursprünglich Erfindungen gemeiner Arbeitsleute, die, da sie bei irgend einer sehr einfachen Operation beschäftigt waren, natürlich ihre Gedanken darauf richteten, leichtere und bequemere Herstellungsarten herauszufinden.« Smith fügt hinzu, dass die Erfindung einer neuen Maschine ihren Benutzern und den »Philosophen« (Wissenschaftlern und Ingenieuren im damaligen Sprachgebrauch) zu verdanken sei. Vgl. auch Tony Aspromourgos: »The Machine in Adam Smith's Economic and Wider Thought«, *Journal of the History of Economic Thought* 34, Nr. 4 (2012): 475–490.

»Das womöglich wichtigste Prinzip, von dem die Ökonomie eines Fabrikanten abhängt, ist die Arbeitsteilung unter den Personen, die die Arbeit ausführen [...] Die Arbeitsteilung legt die Erfindung von Werkzeugen und Maschinerie zur Durchführung dieser Prozesse nahe [...] Wenn jeder der Prozesse auf die Nutzung von einfachen Werkzeugen reduziert worden ist, dann wird aus der Vereinigung all dieser Werkzeuge, angetrieben von einer Bewegungskraft, eine Maschine.«[20]

Die Arbeitstheorie der Maschine basiert auf einem Postulat, das zugleich technisch und ökonomisch ist, demzufolge eine Maschine sich erst entwickeln kann, nachdem eine Koordination von Werkzeugen getestet wurde und sie sich in puncto Produktion und Kostenreduktion bewährt hat. Falls Smith und Babbage recht haben und eine Maschine als Versuchsdurchführung und Implementierung von einer kollektiven Arbeitsteilung hervorgeht, rückt sofort eine politische Problemstellung in den Vordergrund: Wer ist denn dann Erfinder:in der Maschine? Wem gebührt der Dank für ihre Erfindung? Arbeiter:innen, Meister:innen, Maschinenbauer:innen oder das Zusammenspiel all dieser Akteur:innen? Bei wem liegen die Rechte über eine derartige kollektive Arbeitsteilung? Diese Themen waren im 19. Jahrhundert hochaktuell und wurden im Rahmen der sogenannten »Maschinen-Frage« (siehe Kapitel Drei) debattiert.

Babbages weiterer Beitrag bestand darin, die *Arbeitstheorie der Maschine*, nämlich, dass eine Maschine eine vorherige Arbeitsteilung imitiert und ersetzt, hinsichtlich einer ökonomischen Planung auszuarbeiten. Tatsächlich kam die Arbeitsteilung nicht nur auf, um die Arbeit in modularen Aufgaben besser zu organisieren, sondern um die *Kosten* jeder Aufgabe präzise bestimmen zu können (kurzum: zu berechnen). Die standardisierte Form dieses sogenannten Babbage-Prinzips ist im folgenden Ausschnitt beschrieben:

»Indem die auszuführende Arbeit in unterschiedliche Prozesse unterteilt wird, die jeder für sich ein verschiedenes Ausmaß an Fähigkeit und Kraft erfordern, kann der oberste Fabrikant genau die Quantität von beidem, wie für jeden Prozess nötig, erwerben; wohingegen, wenn die gesamte Arbeit von einem Arbeiter ausgeführt würde, diese Person ausreichend Fähigkeiten für die schwierigsten, und ausreichend Kraft für die mühseligsten der Vorgänge, in die die Kunst unterteilt ist, besitzen müsste.«[21]

20 Babbage: On the Economy of Machinery: 131–136.
21 Ebd.: 137.

Das Babbage-Prinzip setzt fest, dass die Organisation eines Produktionsprozesses in kleine Aufgaben (die Arbeitsteilung), es ermöglicht, die Quantität von Arbeit, die für jede Aufgabe nötig ist, zu berechnen und exakt zu erwerben (Aufteilung des Werts). Die Arbeitsteilung sorgt für eine privilegierte Perspektive der Arbeitsüberwachung; zudem ist sie dabei hilfreich, die Extraktion von Arbeitsüberschuss von den Arbeiter:innen je nach Notwendigkeit abzustimmen. In einer etwas analytischeren Sicht postuliert das Babbage-Prinzip, dass das abstrakte Diagramm der Arbeitsteilung dabei behilflich ist, die Produktion zu organisieren, während es zugleich ein *Instrument* zur Vermessung des Wertes der Arbeit an die Hand gibt. In dieser Hinsicht liefert die Arbeitsteilung nicht nur das Design der Maschinerie, sondern zugleich den Unternehmensplan.

Eine fundamentale Theorie der automatisierten Berechnung stammt von Babbages Anwendung seiner Prinzipien zur Arbeitskalkulation auf die Aufteilung mentaler Arbeit. Bemerkenswerterweise war die Fabrik in seinen Augen bereits eine Art Wissenswirtschaft, aus der sich die exakte »Quantität an Fähigkeiten und Wissen, die erforderlich sind« von allen Arbeiter:innen gewinnen lassen:

> »Die Folge von Arbeitsteilung, sowohl in mechanischen als auch in mentalen Prozessen, besteht darin, dass es uns die Möglichkeit gibt, je nach Prozess exakt die Quantität von Fähigkeit und Wissen zu erwerben und anzuwenden, wie es erforderlich ist: Wir verhindern so, jeglichen Teil der Zeit eines Mannes zu nutzen, der 8 oder 10 Schilling am Tag durch seine Fähigkeit, Nadeln anzulassen, ein Rad zu drehen, verdienen kann, was für 6 Pence am Tag gemacht werden kann. Und wir vermeiden den Verlust, der entsteht, wenn man einen versierten Mathematiker die niedersten Prozesse der Arithmetik ausführen lässt.«[22]

Kombiniert man beide Prinzipien Babbages, lässt sich sagen, dass Berechnung sowohl als *Automatisierung* der Teilung mentaler Arbeit als auch der *Kalkulierung der Kosten* solcher Arbeit heraus entstanden ist. Man kann sogar festhalten, dass innerhalb der Logik der Berechnung, die Automatisierung von Arbeit und die Kalkulierung der Lohnkosten ein und dasselbe werden. Denn schließlich bedeutet das Kalkulieren, die Kosten der Arbeit hinsichtlich Zeit, Raum, Energie, Ressourcen und Kapital zu bestimmen. Diese Überlegung ignoriert, aus der Sicht des Kapitals, oft die »mensch-

22 Ebd.: 162.

lichen Kosten« solcher Arbeit. Wie der Wissenschaftshistoriker Norton Wise anmerkte, handelt es sich bei Arbeitsteilung

> »im Grunde um die Hierarchie der Arbeit, und nicht um bloße Aufteilung [...] Diese Arbeitsteilung trennt Fähigkeit von purer Kraft, damit der Produzent für beides nicht gleichzeitig bezahlen muss [...] Doch das Vereinzelungsprinzip gilt für die gesamte Hierarchie, für die Maschinen wie für die menschliche Arbeiterschaft und für mentale wie für die körperliche Arbeit, und erfordert, dass die Zahlen und alle Arten an Quellen zugeteilt werden, um so die Produktionskosten zu minimieren. Es ist das Prinzip der internen Organisation einer Fabrik [...], welches Babbage auf die gesamte politische Ökonomie generalisieren wollte.«[23]

Was die Prinzipien der Arbeitsanalyse nach Babbage implizierten, war die weitergehende Unterscheidung zwischen gelernten und ungelernten Arbeiter:innen und der »Automatisierung«, also letztlich zwischen sozialen Hierarchien des Wissens. Zusammenfassend ist die Arbeitstheorie der Maschine nach Babbage von außerordentlicher Bedeutung, wenn sie mit seinem Prinzip der Arbeitskalkulation verbunden wird: zusammen scheinen sie die industrielle Maschine nicht nur als einen produktiven Apparat zu definieren, sondern auch als ein Instrument zu Vermessung der Arbeit. Letztlich repräsentiert das Babbage-Prinzip eine *Maschinentheorie des Wertes* – d.h., ein Modell um mechanisch die Lohnkosten und Kapitalinvestitionen darzustellen und zu berechnen. Auf sehr formalisierte Weise lässt sich sagen, dass die Arbeitstheorie der Maschine und die Maschinentheorie des Wertes zusammen ein techno-ökonomisches Prinzip bilden, nach dem die Maschine durch die Teilung von Arbeit gebaut wird, um zu einer akkurateren Kalkulation und Extraktion von Mehrwert zu gelangen.

Analytische Intelligenz und Maschinen-Semiotik

Als Babbage über zerbrochene Werkzeuge, verbogene Zahnräder und unfertige Maschinen nachgrübelte, befand er sich in einer Situation, wie sie für viele andere Erfinder:innen nicht unüblich ist: Er musste eine künstliche Sprache kodifizieren, um das Design zu verbessern und voranzutreiben. In *On the Economy of Machinery* schreibt er:

23 Norton Wise / Crosbie Smith: »Work and Waste: Political Economy and Natural Philosophy in Nineteenth Century Britain (part 2)«, *History of Science* 27, Nr. 4 (1989): 411. »Hierarchie« als Kollektivum steht so im Original.

> »Es ist möglich, die gesamte Maschine auf Papier zu konstruieren und die richtige Stärke, die jedem Teil gegeben werden muss, wie auch dem Rahmen, der es stützt, abzuschätzen, genauso wie seine letztliche Wirkung, lange bevor ein einzelner Teil ausgeführt wurde. Tatsächlich sollten alle Einfälle und alle Verbesserungen zunächst durch Zeichnungen abgebildet werden.«[24]

Wie Jones anmerkt kollidierten Babbages analytische Hoffnungen alsbald mit den Unvorhersehbarkeiten beim Umsetzungsprozess und der Notwendigkeit menschlicher Kooperation. In seiner Autobiographie räumte Babbage selber ein, dass »die besten Zeichner [nötig waren], um die Arbeit meines eigenen Kopfes zu einzusparen; derweil bedurfte es erfahrener Handwerker, um die experimentelle Maschinerie, zu welcher ich stets wieder Bezug nehmen musste, auszuführen«.[25] Babbages Projekt der »Maschinen-Semiotik« (wie es bei Schaffer heißt) gingen über seine Prinzipien der Arbeitsanalyse hinaus und verdeutlichten eine Intuition, die vergleichbar ist mit dem, was jüngere Autor:innen entweder als »mechanisches Denken«, »rechnerisches Denken« oder »algorithmisches Denken« definieren.[26]

Nachdem Babbage seine Rechenmaschinen auf Grundlage der Analyse der Arbeitsteilung geschaffen hatte, versuchte er nun ein Notationssystem für Maschinendesign mit ähnlichen Prinzipien zu etablieren. Damit ihre logische Form noch deutlicher wurde, war hier für das Design der Rechenmaschinen eine symbolische Metasprache angebracht (eine Repräsentation zweiter Ordnung), die Babbage »mechanische Notation« nannte. Dieses Projekt brachte er durch zwei Texte zum Ausdruck: *On a Method of Expressing by Signs the Action of Machinery* (1826) und *Laws of Mechanical*

24 Babbage: On the Economy of Machinery: 207.

25 Charles Babbage: *The Works of Charles Babbage*, Bd. 11, hrsg. v. Martin Campbell-Kelly, London 1989: 85.

26 Zum Begriff »Maschinen-Semiotik« vgl. Simon Schaffer: »Babbage's Intelligence: Calculating Engines and the Factory System«, *Critical Inquiry* 21, Nr. 1 (1994): 207. Zum mechanischen Denken vgl. die Arbeit der Abt. 1 des Max-Planck-Instituts für Wissenschaftsgeschichte, Berlin, unter der Leitung von Jürgen Renn. Zum Beispiel Rivka Feldhay u.a. (Hg.): *Emergence and Expansion of Preclassical Mechanics*, Bd. 270, Berlin 2018. Zu dem heute beliebten Ausdruck »Computational Thinking« vgl. Jeannette Wing: »Computational Thinking', *CACM Viewpoint* 49, Nr. 3 (März 2006).

Notation (1851).[27] Die epistemische Dimension der Maschinenherstellung war Babbage bereits in einer anderen Notiz von 1851 klar:

> »Es ist keine schlechte Definition, Menschen als Werkzeug-Herstellende Tiere zu beschreiben. Seine frühesten Einfälle, das unzivilisierte Leben einfacher zu machen, waren Werkzeuge der einfachsten und gröbsten Art. Seine neuesten Errungenschaften bei dem Einsatz von Maschinen, dies nicht bloß als Ersatz für die Fähigkeiten der menschlichen Hand, sondern als Erleichterung für den menschlichen Intellekt, gründen sich auf die Anwendung von Werkzeugen von einer noch höheren Ordnung.«[28]

Der Zweck einer mechanischen Notation lag darin, dynamische Diagramme maschineller Zustände zu repräsentieren, die über die traditionellen statischen Zeichnungen hinausgingen. Bedenkt man die Natur diese Rechenmaschinen, kann Babbages mechanische Notation als eine Art embryonaler Status dessen verstanden werden, was sich später zu Ablaufdiagrammen und den Programmiersprachen der digitalen Computer des 20. Jahrhunderts entwickeln sollte. Die logische Äquivalenz zwischen Babbages mechanischer Notation und der digitalen Computersprache ist kein Zufall: tatsächlich kann letztere die mechanische Notation nachahmen.[29]

Die Idee der mechanischen Notation muss auch als Teil des intellektuellen Milieus jener Zeit in Kontext gesetzt werden – und insbesondere die Kontroverse um den Aufstieg der mathematischen Analysis an den britischen Universitäten in Konkurrenz zum traditionellen Lehrplan mit Fokus auf Geometrie. Im frühen 19. Jahrhundert kam es an der Universität Cambridge zum Disput zwischen Gelehrten der Geometrie, die stolz waren auf die praktischen Erkenntnisse, und den neuen *Algebraisten*. Letzteren warf man vor, lediglich eine Modeerscheinung aus Frankreich – genannt »Analysis« zu übernehmen, durch welche sie sich in Abstraktionen verlören, ohne jeglichen praktischen Nutzen. Doch da der industrielle Kapitalismus sich in Windeseile im Vereinigten Königreich ausbreitete, lässt sich die

27 Charles Babbage: »On a Method of Expressing by Signs the Action of Machinery«, *F.R.S. Philosophical Transactions*, 16. März 1826; »Laws of Mechanical Notation«, Juli 1851. Vgl. auch Henry P. Babbage: »Mechanical Notation, exemplified on the Swedish Calculating Machine«, September 1855.

28 Charles Babbage: The Exposition of 1851, London 1851.

29 Doron Swade hat Babbages Notation zu einer richtigen Computersprache erweitert. Vgl. Doron Swade: »Project Report to Computer Conservation Society Committee«, London, 19. März 2015.

Ankunft des »analytischen« Denkens in akademischen Kreisen als Echo einer anderen, ebenfalls dringlichen Form von »Analysis« in jener Zeit bewerten: die *Analyse der Arbeit*. Tatsächlich besteht der Eindruck, dass die mathematische Analysis durch die ökonomische Forderung nach mehr analytischem Wissen zu Arbeit und Maschinen gefördert wurde. Wie noch in Kapitel Vier gezeigt wird, hat selbst Marx die Terminologie Babbages aufgegriffen, da er in seinen *Grundrissen* sagt, dass die beste Methode für den Entwurf von Maschinen nicht die Anwendung der Wissenschaften (die »Analyse der Natur«) auf die Industrie sei, sondern die »Analyse durch die Teilung der Arbeit«.[30]

In Bezug auf den Erfindungsprozess schlug Babbage ein dreiteiliges Design vor: (1) die Analyse des Designs einer Maschinen durch ihre Komponenten; (2) die Vereinfachung des Designs der Maschine; und (3) die Implementierung des vereinfachten Designs, das normalerweise weitere Anpassungen mit sich bringt.[31] Die algorithmische Natur dieser Methode manifestiert sich in der zentralen Bedeutung, die dem Vereinfachungsprozess zugeschrieben wird, wodurch sie gleichbedeutend wird mit einer Methode der Optimierung und Ökonomisierung der Ressourcen. In seiner späten Autobiographie *Passages from the Life of a Philosopher* merkte Babbage wenig überraschend an, dass die Ökonomie der Zeit, die auch der Schlüssel bei der Arbeitsteilung und dem Design der Maschinen ist, auch entscheidend ist für die Kalkulationsprogramme, die in der *Analytical Engine* laufen sollten (ein Prinzip, das heute als *algorithmische Effizienz* bekannt ist): »Sobald eine *Analytical Engine* existiert, wird sie zwangsläufig den weiteren Verlauf der Wissenschaften anleiten. Wann immer ein Ergebnis mit ihrer Hilfe angestrebt wird, wird die Frage aufkommen: Durch welchen Verlauf der Kalkulation können diese Ergebnisse von der Maschine *am schnellsten* erreicht werden?«[32] Daher war Babbage nicht nur der Mathematiker, als den die meisten seiner Biograph:innen ihn darstellen, sondern bereits ein »algorithmischer Denker«, da das Prinzip der Designoptimierung und Ressourcenökonomisierung Schlüsselelement

30 Karl Marx: Grundrisse, MEGA II/1.2, Seite 580, Absatz: Zelle 14ff.

31 Mark Priestley: *A Science of Operations: Machines, Logic, and the Invention of Programming*, Berlin 2011: 29.

32 Charles Babbage: »Of the Analytical Engine«, in: Passages from the Life of a Philosopher, London 1864: 137.

sowohl für seine (unvollendeten) Maschinen als auch für seine (spekulativen) Algorithmen war.[33]

Babbages mechanische Notation erwuchs hauptsächlich aus der Analyse von Arbeit. Wenn die Gestalt des Arbeitsprozesses das Design der Maschine formt, so ist das Design der Maschine selbst, in vergleichbarer Weise, Inspiration für die Maschinen-Sprache als eine Repräsentation zweiter Ordnung. Wie in Kapitel Eins dargelegt, ist das Aufbauen weiterer Ebenen der *Abstraktion* im Design industrieller Maschinen typisch für die Entwicklung von kulturellen Techniken. Babbages Prinzipien sind vor allem Prinzipien von der »analytischen Intelligenz« der Arbeit, was auch nützlich bei der Auseinandersetzung mit der Geschichte der KI im nachfolgenden Jahrhundert sein kann, im Sinne einer kontinuierlichen Implementierung und Automatisierung der Arbeitsaufgaben.[34] Kurz gesagt: Die analytische Intelligenz der Arbeit ist das, was der analytischen Intelligenz der Maschine zugrunde liegt.

Ada Lovelace: Als Computer weiblich waren

Babbage war kein einsames Genie. Seit der Veröffentlichung von Bertram Bowdens Anthologie *Faster than Thought* (1953) ist Ada Lovelace als historische Figur und ihr Beitrag an Babbages Projekten zunehmend anerkannt worden.[35] Tatsächlich verehrt die Literatur sie zunehmend als die »erste Programmiererin der Geschichte«, übersieht dabei jedoch die Rolle anderer »anonymisierter« Frauen auf dem Gebiet der Kalkulation zu jenen Zeiten.[36] Lovelace, die Tochter des Dichters Lord Byron und der oft vergessenen Mathematikerin Anne Isabella Milbanke, hegte eine Leidenschaft für die algebraische Notation, damals bekannt als »Analysis«, so sehr, dass

33 Ivor Grattan-Guinness: »Charles Babbage as an Algorithmic Thinker«, *IEEE Annals of the History of Computing* 3 (1992).

34 Zur Definition des Begriffs »analytische Intelligenz« vgl. Daston: »Calculation and the Division of Labor«.

35 Bertram Bowden: Faster than Thought: A Symposium on Digital Computing Machines, London 1953.

36 Vgl. Joan Baum: The Calculating Passion of Ada Byron, Hamden 1986; James Essinger: A Female Genius: How Ada Lovelace Started the Computer Age, London 2013; Doris L. Moore: Ada, Countess of Lovelace: Byron's Legitimate Daughter, New York 1977; Betty Alexandra Toole (Hg.): Ada, the Enchantress of Numbers: A Selection from the Letters of Lord Byron's Daughter and Her Description of the First Computer, Mill Valley 1992.

sie sich selbst den futuristischen Titel »Analystin« verlieh.[37] Ihre Begeisterung für Mathematik und abstrakte Notation ließen sie schließlich mit Babbage bekannt werden.

Lovelace assistierte Babbage beim Entwurf der *Analytical Engine* und schrieb das erste jemals dokumentierte Maschinenprogramm. Auch wenn die *Analytical Engine* niemals vollendet wurde, wird ihr virtuelles Programm, das als eine Reihe Instruktionen, die von einer Maschine ausgeführt werden sollen, verstanden wird, als erstes Beispiel für einen modernen Algorithmus betrachtet, obgleich sie den Ausdruck »Algorithmus« selber nie verwendete, sondern ihr Programm eher als »Diagramm« bezeichnete. Ihr *Diagramm für die Berechnung der Bernoulli-Zahlen* findet sich in den *Notes* zu Luigi Menabreas *Sketch of the Analytical Engine Invented by Charles Babbage*.[38] Menabrea (der später im Jahre 1867 italienischer Premierminister werden sollte) traf Babbage in Turin als junger Mathematiker und verfasste einen Bericht über die *Analytical Engine*. Später bat Babbage Lovelace darum, den Text von Menabrea aus dem Französischen zu übersetzen; sie erweiterte diesen mit einem Anhang, der letztlich umfangreicher geriet als der eigentliche Text.

Diese »Notizen« sind ein Meilenstein in der Geschichte der Berechnung, da sie die Anfangsstadien dessen skizzieren, was im 20. Jahrhundert als »Computerwissenschaften« bekannt werden würde, und was Lovelace zu ihren Lebzeiten als die »Wissenschaft der Operationen« definierte.[39] Sie hatte vor, zwischen der logischen und der mechanischen Struktur der *Analytical Engine* zu unterscheiden, heute würde man sagen: zwischen Software und Hardware. Indem sie die mechanischen Erfindungen, die derartige logische Kräfte möglich machten, als Grundlage verwendete, stellte Lovelace ausführlich dar, welche Verbesserungen gegenüber der Vorgängerin, der *Difference Engine* (die, wir erinnern uns, nur einen einzigen Algorithmus enthielt) vorliegen. Daher kann man sagen, dass Lovelace sich der ambiti-

37 Während wir heute zwischen *symbolischer Analysis* (d.h. Algebra) und *numerischer Analysis* (d.h. dem Studium von Algorithmen) unterscheiden, da sie eine Reaktion auf unterschiedliche Verfahren der Symbolisierung und Argumentation sind, bezeichnete der Begriff »Analysis« zu Lovelaces Zeiten sowohl die algebraische Notation als auch die Differentialrechnung von Newton und Leibniz, und war so Gegenstück zu den etablierten Lehrplänen der Geometrie.

38 Lovelace: »Notes«.

39 Ebd.: 22.

onierten und komplexen Aufgabe verschrieb, die *Analytical Engine* als den ersten *Universalrechner*, wie man heutzutage sagen würde, zu beschreiben.

Mit einer logischen Maschine vor Augen, die alle möglichen Gleichungen und ihre Ergebnisse ausdrücken könnte, erweiterte Lovelace die Definition von »Operation«, die allgemeiner und universaler war, als die Operation mit Zahlen, wie sie von traditionellen Mathematiker:innen verstanden wurde. Ihre Wissenschaft der Operationen umfasste die abstrakte Verarbeitung *jeglicher* Entität, nicht bloß Zahlen, wodurch sie auch einen breiteren Bedeutungsumfang für die Definition von Automatisierung vorschlägt. Sie schrieb:

> »Es mag wünschenswert sein, zu erklären, dass wir mit dem Wort *Operation jeglichen Prozess meinen, der das gegenseitige Verhältnis von zwei oder mehr Dingen ändert*, von welcher Art auch immer dieses Verhältnis sein mag. Dies ist die Definition von größer Universalität, die alle Subjekte im Universum miteinschließen würde. In der abstrakten Mathematik verändern Operationen natürlich jene bestimmten Verhältnisse, die bei den Überlegungen von Zahlen und Raum eine Rolle spielen, und die *Ergebnisse* der Operationen sind jene eigentümlichen Ergebnisse, die der Natur der Subjekte in der Operation entsprechen. Aber die Wissenschaft der Operationen, die ja vor allem aus der Mathematik heraus gewonnen wurde, ist eine Wissenschaft für sich, die ihre eigene abstrakte Wahrheit und ihren eigenen Wert hat.«[40]

In anderen Worten, Lovelace definierte eine »Operation« als die Kontrolle über materielle und symbolische Entitäten jenseits der Sprache zweiter Ordnung der Mathematik (wie die Vorstellung, besprochen in Kapitel Eins, dass es algorithmisches Denken über die Grenzen der Computerwissenschaften hinaus gibt). Auf visionäre Art scheint Lovelace vorgeschlagen zu haben, dass Mathematik nicht die Universaltheorie par excellence ist, sondern nur ein spezieller Fall der Wissenschaft der Operationen. Dieser Einsicht folgend, ersann sie die Leistungsfähigkeit von numerischen Computern als *Universalmaschinen*, die numerische Verhältnisse in höchst unterschiedlichen Disziplinen repräsentieren und manipulieren könnten, die so, unter anderem, komplexe musikalische Artefakte generieren könnten:

> »[Die *Analytical Engine*] könnte noch durch andere Dinge außer Zahlen Handlungen durchführen, würde man Objekte finden, deren gegenseitige fundamenta-

40 Ebd.: 22.

len Verhältnisse durch jene der abstrakten Wissenschaft der Operationen ausgedrückt werden könnten, und welche ebenfalls empfänglich wären für Adaptionen an die Handlung der operativen Notation und den Mechanismen der Maschine [...] Angenommen, zum Beispiel, die fundamentalen Verhältnisse von Tönen bestimmter Höhe in der Harmonielehre und der musikalischen Kompositionen wären empfänglich für derartige Ausdrucksweisen und Adaptionen, dann wäre die Maschine womöglich in der Lage, kunstvolle und wissenschaftliche Musikstücke jeglichen Grades an Komplexität oder Umfanges zu komponieren.«[41]

Doron Swade, ein Historiker des Computing[42], hat ein beeindruckendes Portrait von Lovelace entworfen, die als eine Pionierin der »universalen Rechenwissenschaft«, das Potenzial der symbolischen Verarbeitung über das Feld der Mathematik hinaus entdeckte:

»Ada erkannte etwas, das sich Babbage in gewisser Weise nicht erschloss. In Babbages Welt waren seine Maschinen durch Zahlen gebunden [...] Was Lovelace erkannte [...] war, dass die Zahl andere Entitäten als Mengen repräsentieren konnte. War also eine Maschine zur Verarbeitung von Zahlen vorhanden, könnte diese Maschine, wenn diese Zahlen für andere Dinge wie Buchstaben oder Musiknoten stünden, in Übereinstimmung mit Regeln Symbole verarbeiten, unter denen Zahlen nur ein Fall wären. Es ist dieser fundamentale Übergang von einer Maschine als Zahlenschieber hin zu einer Maschine, die unter Befolgung der Regeln Symbole verarbeitet, was den fundamentalen Wechsel von Kalkulation hin zu Berechnung ausmacht – zu einer universalen Berechnung.«[43]

Lovelace erahnte die noch unbekannten Welten, die die *Analytical Engine* mit ihren unbegrenzten Möglichkeiten der Berechnung eröffnen würde:

»Die *Analytical Engine* steht nicht auf gleichem Grund wie die bloßen »Rechenmaschinen«. Sie nimmt eine ganz besondere Stellung ein; und die Überlegungen, zu denen sie Anlass gibt, sind in ihrer Natur höchst interessant. Indem man dem Mechanismus ermöglicht, generelle Symbole in Abfolgen unbegrenzter Varianz und Ausmaß miteinander zu kombinieren, wird eine vereinigende Verbindung

41 Ebd.: 23.

42 Darunter sind alle zielorientierten Tätigkeiten, die auf Computern beziehungsweise algorithmischen Prozessen aufbauen, von ihnen profitieren oder solche hervorbringen, zu verstehen.

43 Zit. n. John Fuegi / Jo Francis: »Lovelace and Babbage and the Creation of the 1843 »Notes«, *Annals of the History of Computing* 25, Nr. 4 (Oktober–Dezember 2003): 16–26.

> geschaffen zwischen den Operationen der Materie und den abstrakten mentalen Prozessen der *abstraktesten* Zweige der mathematischen Wissenschaft. Einen neue, eine weite und eine machtvolle Sprache wird entwickelt für den zukünftigen Gebrauch der Analysis, in der die Macht ihrer Wahrheit ausgeübt wird, damit diese zu einer noch schnelleren und akkurateren praktischen Anwendung wird für die Belange der Menschheit, als die bisher in unserem Besitz befindlichen Mittel es ermöglicht haben. Daher werden nicht nur das Mentale und das Materielle, doch auch das Theoretische und das Praktische in der mathematischen Welt in eine intimere und effektivere Verbindung miteinander gesetzt. Uns ist nicht klar, dass es nun offiziell ist, dass alles, was Anteil hat an der Natur dessen, was so treffend als *Analytical Engine* bezeichnet wird, bis zum heutigen Tage als eine praktische Möglichkeit von nicht weniger als der Idee einer denkenden oder vernunftbegabten Maschine vorgeschlagen oder ersonnen wurde.«[44]

Jedoch enthalten Lovelaces »Notizen« schon die erste Verwerfung der Idee einer KI in einer Welt, die bereits beflissen war, eine anthropomorphische Projektion von einer Maschine, die wie ein Mensch »denken« könne, zu kultivieren. In ihrer berühmten Notiz »G« schreibt sie:

> »Die *Analytical Engine* hat keinerlei Ambitionen, irgendetwas zu *erschaffen*. Sie kann das tun, *von dem wir wissen, wie wir ihr befehlen können*, es zu tun. Sie kann der Analysis *folgen*; aber sie hat keinerlei Macht, irgendwelche analytischen Verhältnisse oder Wahrheiten zu *antizipieren*. In ihrem Aufgabengebiet liegt es, uns zur *Verfügung zu stellen*, was uns bereits bekannt ist. Dies ist sie bestimmt zu tun durch vorrangig und hauptsächlich durch ihre exekutiven Fähigkeiten; doch es ist wahrscheinlich, dass sie einen *indirekten* und reziproken Einfluss auf Wissenschaft selbst auf andere Weise ausübt. Denn wenn sie so die Wahrheiten und die Formeln der Analysis verbreitet und kombiniert, dass diese höchst einfach und rasch zugänglich werden für mechanische Kombinationen der Maschine, dann werden die Verhältnisse und die Art vieler Themen in der Wissenschaft notwendigerweise in ein neues Licht gerückt und noch gründlicher erforscht werden. Dies ist eine entschieden indirekte und ein wenig *spekulative* Konsequenz einer solchen Erfindung. Jedoch ist es ziemlich offensichtlich auf allgemeine Prinzipien, dass man durch das Ersinnen einer neuen Form, in der Ansichten aufgezeichnet und für den tatsächlichen Gebrauch herausgegeben werden, Ansichten wahrscheinlich hergeleitet werden, die erneut auf die theoretischeren Phasen des Subjektes reagieren sollten für mathematische Wahrheiten. Es gibt in allen Erweiterungen der menschlichen

44 Charles Babbage: *Charles Babbage and His Calculating Engines*, New York 1961: 25.

> Macht oder in allen Ergänzungen zum menschlichen Wissen, vielfältige *kollaterale* Einflüsse, neben dem vorrangigen und hauptsächlichen erlangten Objekt.«[45]

Dass die *Analytical Engine* in der Lage ist, der Analysis zu folgen, meint hier, dass sie die analytische Konstruktion eines Problems repräsentieren und verkörpern kann, wie auch ein Algebraist es kann. Des Weiteren bedeutet die Aussage, die *Analytical Engine* hat »keinerlei Macht, irgendwelche analytischen Verhältnisse oder Wahrheiten zu antizipieren«, dass sie die Kette der Schlussfolgerung, die sie repräsentiert und materiell verkörpert, weder ausweiten noch durchbrechen kann – genau wie auch die heutigen Algorithmen zur Datenanalyse, die unter dem Titel »maschinelles Lernen« und »künstliche Intelligenz« nicht in kreativer Art die Regeln, auf denen sie basieren, brechen können, und, was noch wichtiger ist, nicht in der Lage sind, konsistent Neue zu erfinden.

Nur widerstrebend erkannte Babbage Lovelaces Beitrag an; er bat sie, ihre Notizen zur *Analytical Engine* anonym zu veröffentlichen. Ihr Widerstand gegen diesen Chauvinismus hat Lovelace fraglos zu einer exemplarischen Figur von technischer Neugierde und Emanzipation in einer von Männern dominierten Welt der Akademien und Wissenschaften werden lassen.[46] Doch ihre verklärende Darstellung muss ins rechte Licht gerückt werden. Sowohl die Geschichte Babbages als auch Lovelaces sind Teil eines Narrativs des Industriezeitalters, in dem die sozialen Hierarchien und das intellektuelle Versagen durch einen vorhersehbaren bourgeoisen Personenkult mystifiziert werden. Ein Beispiel ist ein Zitat von Lovelace, das zum Standardslogan der Computerexperten aufgestiegen ist: »Man kann sehr passend behaupten, dass die *Analytical Engine* algebraische Muster webt, so wie der Jacquardwebstuhl Blumen und Blätter hervorbringt«. Um den Romantizismus dieser Aussage zu kontrastieren, liefert Schaffer eine strenge Beobachtung: »Lovelace befasste sich nie mit dem Problem, dass die Intelligenz der Weber:innen durch eine Reihe von automatischen Programmierkarten ersetzt wurde, noch kümmerte sie das daraus folgende Leid der talentierten arbeitslosen Arbeiter:innen Londons«.[47]

45 Lovelace, »Notes«: 44.

46 See Jennifer Light: »When Computers Were Women«, *Technology and Culture* 40, Nr. 3 (1999): 455–483.

47 Simon Schaffer: »Babbage's Dancer and the Impresarios of Mechanism«, in: Francis Spufford / Jenny Uglow (Hg.): Cultural Babbage: Technology, Time and Invention, London 1996: 77.

Der Marsch des materiellen Intellekts

Gemäß der Vision von Babbage waren die Rechenmaschinen auch Werkzeuge für Messung, Disziplinierung und Überwachung von Arbeit, also für die »Intelligenz« der Arbeit, zumindest in dem Sinne, den das Wort zu jener Zeit noch innehatte. Laut Schaffer war es tatsächlich so, dass »das Wort Intelligenz im Großbritannien des frühen 19. Jahrhunderts gleichzeitig das wachsende System der sozialen Überwachung und die aufstrebende Mechanisierung der Naturphilosophien des Geistes meinte«.[48] Lange vor den technokratischen Ambitionen der Kybernetik im 20. Jahrhundert, hatte Babbage eine größere technokratische Vision einer Gesellschaft durch seine Rechenmaschinen genährt. Der zu Übertreibungen neigende Publizist Dionysius Lardner war fest überzeugt, dass Babbages neues System der mechanischen Notation für »eine umfangreiche Fabrik, oder große öffentliche Einrichtung jeglicher Art, in der einen große Anzahl von Individuen beschäftigt und ihre Pflichten reguliert werden« nützlich sein könnte.[49]

In ähnlichen Tönen industrieller Propaganda schloss Babbages Buch zu Maschinerie und Industrieerzeugnissen mit einem Kapitel über den grandiosen Fortschritt des britischen Kapitalismus unter der Flagge der »abstrakten Wissenschaften« ab.[50] Dort versicherte Babbage ganz besonders, dass die Akkumulation der Wissenschaften nicht den Gesetzen des Mangels physikalischer Kräfte und der materiellen Produktion folgt, sondern über die Zeit in einem Aufwärtstrend verstärkt wird:

> »Wissenschaft und Wissen unterliegen in ihrer Ausweitung und ihrem Wachstum ganz anderen Gesetzmäßigkeiten als jenen, die die materielle Welt regulieren. Anders als die Kräfte der molekularen Anziehung, die mit merklichen Distanzen verschwinden; oder jenen der Schwerkraft, die rasch mit zunehmender Distanz zu ihrem Ursprungspunkt abnehmen; je weiter wir uns vom Ursprung unseres Wissens wegbewegen, desto größer wird es und desto größer wird die Macht, die es jenen, die sie pflegen, zukommen lässt, neue Felder zu ihrem Bereich hinzuzufügen.«[51]

48 Schaffer: »Babbage's Intelligence«: 204.

49 Zit. n. Priestley: *A Science of Operations*: 30. Dionysius Lardner: »Babbage's Calculating Engine«, *Edinburgh Review*, 59, 263–327 (1834). Nachgedruckt in Charles Babbage: *The Works of Charles Babbage*, Bd. 2, London 1989.

50 Babbage: *On the Economy of Machinery*: 307.

51 Ebd.: 315.

Als Kommentar zu Babbages Ideologie und ihrer überraschenden Ähnlichkeit mit den Versprechungen von einer Wissensgesellschaft des 20. Jahrhunderts schreibt Norton Wise:

> »Die Metapher vom Motor weitet sich nun aus von der eigentlichen Dampfmaschine, die die Maschinerie in Bewegung setzt, hin zum Kapital als dem Motor der Arbeit, hin zur maschinellen Wirtschaft als dem sozialen Motor, hin zu den Kenntnissen der Wissenschaft als einem Motor des praktischen Handelns. Zwangsläufig stand wissenschaftliche Kenntnis in der Ökonomie des Wissens für Kapital, ein Speicher einer Bewegungskraft, die fortfuhr, sich mit Zinseszins anzusammeln.«[52]

Diese optimistische Haltung bezüglich der Entwicklung des Wissensstandes waren für jene Zeit nicht unüblich: Wie im folgenden Kapitel veranschaulicht wird, finden sich bei den ricardianischen Sozialisten wie William Thompson und Thomas Hodgskin ähnliche utopische Theorien zur Akkumulation von Wissensarbeit aus der Perspektive der Arbeiterbewegung. Glaubt man Babbage, so ist die Rate des »kontinuierlich anwachsenden Feldes des menschlichen Wissens« exponentiell, und man fragt sich (gemeinsam mit den ricardianischen Sozialisten und Marx), was eine derartige Überproduktion des Wissens und der Wissenschaft für Effekte auf die Wirtschaft und die Akkumulation von Kapital haben würde. Für jenen Höhepunkt der Akkumulation von Wissen und Wissenschaft verkündete Babbage prophetisch den hegemonialen Aufstieg einer neuen Wissenschaft, nämlich der Wissenschaft der *Kalkulation*:

> »Wir dürfen nicht vergessen, dass eine andere und höhere Wissenschaft, an sich noch grenzenloser, sich ebenfalls in Riesenschritten nähert; und dass sie, da sie die mächtigeren Massen des Universums ergriffen und ihr Umherwandern zu Gesetzen reduziert hat, sie uns in ihrer eigenen gedrängten Sprache Ausdrücke gegeben hat, welche für die Vergangenheit Geschichtsschreibung und für die Zukunft Prophezeiungen sind. Es ist die gleiche Wissenschaft, die nun ihre Fesseln für die winzigsten Atome, die die Natur hervorgebracht hat, vorbereitet: schon jetzt hat sie fast das ätherisch Fluide in Ketten gelegt und in einem harmonischen System all die feinen und großartigen Phänomene des Lichtes verbunden. Das

52 Wise / Smith: »Work and Waste«: 414. Vgl. auch Charles Babbage: »Preface«, in: Memoirs of the Analytical Society, von Charles Babbage und John Herschel, Cambridge 1813: xxi.

> ist die Wissenschaft der *Kalkulation* – die kontinuierlich mit jedem Schritt in unserem Prozess an Bedeutung gewinnt und die letzten Endes die Gesamtheit der Anwendungen der Wissenschaft bis zu den Künsten des Lebens beherrschen muss.«[53]

Hier siegt die Ideologie über Babbages wissenschaftliche Verdienste. Während er noch in einem früheren Kapitel seines Buches die Wissenschaft der Kalkulation auf den Prinzipien der Arbeitsanalyse fußen ließ, kommt er schließlich dazu, sie als eine Materialisierung einer Wissenschaft im Abstrakten darzustellen.

Ganz ähnlich wie der gegenwärtige Diskurs zu KI vereinnahmte Babbage die kollektive Intelligenz der Arbeitsteilung und instrumentalisierte sie, um einen technokratischen Blick auf die Gesellschaft zu schaffen.[54] In Babbages Ausführungen findet sich kein Hinweis auf die Maschinen-Frage, die öffentliche Debatte zu Arbeiter:innen, die von Maschinen ersetzt wurden. Für ihn war das Wissen der Dampfkraft und die neue Wissenschaft der automatisierten Kalkulation nur dazu bestimmt, die Produktivität zu vervielfachen.[55] Mit den Worten des Historikers William Ashworth ausgedrückt: »Babbages Arbeit an seinen Rechenmaschinen war der Marsch des materiellen Intellekts, angepasst and den Rhythmus der Fabrik«.[56]

53 Babbage: *On the Economy of Machinery*: 316.

54 Zu Babbages politischem Plan bemerkt Wise: »Babbage machte das Wissen oder die mentale Arbeit zur Quelle der Transformation in der Wirtschaft, und [...] er versuchte, ihre transformatorischen Operationen in den Bereich der mechanischen Gesetze zu bringen, so wie er es bei der *Analytical Engine* tat.« Wise / Smith: »Work and Waste«: 416.

55 Die letzten Überlegungen Babbages drehen sich nicht um die Erschöpfung der »menschlichen Ressourcen«, sondern die der natürlichen, und er wiederholt ein Argument, das im folgenden Jahrhundert zu einem Leitmotiv werden sollte: »Die Quelle dieser Kraft ist nicht unbegrenzt, und die Kohleminen der Welt könnten schließlich erschöpft sein.« Schon zu seiner Zeit empfahl Babbage die Umstellung auf geothermische Energie und zog sogar die Geysire in Island als Alternative zur Kohle in Betracht.

56 William J. Ashworth: »Memory, Efficiency, and Symbolic Analysis: Charles Babbage, John Herschel, and the Industrial Mind«, *Isis* 87, Nr. 4 (1996): 648.

3
Die Maschinen-Frage

»Frage: Was ist der Effekt der Maschinerie?
Antwort: Die Arbeit zu verrichten, die sonst von Hand getan werden müsste; und dies mit mehr Perfektion und Geschwindigkeit.
Frage: Wem also sollte die Maschinerie gehören?
Antwort: Den Männern, deren Arbeit sie verrichtet – den Arbeitern [...]
Frage: Wer sind die Erfinder der Maschinerie?
Antwort: Fast ausschließlich die Arbeitenden.
Frage: Aber warum nutzen die Arbeitenden die Maschinerie nicht für sich selbst?
Keine Antwort!!!«[1]

»Die Geschichte der arbeitenden Klasse in England beginnt mit der letzten Hälfte des vorigen Jahrhunderts, mit der Erfindung der Dampfmaschine und der Maschinen zur Verarbeitung der Baumwolle. Diese Erfindungen gaben bekanntlich den Anstoß zu einer industriellen Revolution [...].«[2]

»Die Wissenschaft, die die unbelebten Glieder der Maschinerie zwingt durch ihre Construction zweckgemäß als Automat zu wirken, existirt nicht im Bewußtsein des Arbeiters, sondern wirkt durch die Maschine als fremde Macht auf ihn, als Macht der Maschine selbst.«[3]

Technologie in Frage stellen

Allgemein herrscht die Überzeugung, dass die Industrielle Revolution die englische Gesellschaft überrannte und eine Wirtschaft der regulären landwirtschaftlichen Kreisläufe in eine des gewaltsamen, instabilen Wachstums verwandelte. Lange Zeit war man sich über das gesamte politische Spektrum hinweg darüber einig, dass Kapitalismus als *maschineller Kapitalismus* seinen Anfang nahm und dass selbst das Entstehen und das

1 *The Pioneer* 1, Nr. 4 (28. September 1833).
2 Friedrich Engels: MEW 2, S. 237.
3 Karl Marx: Grundrisse, MEGA II/1.2, Seite: 571, Absatz: Zelle 12 ff.

Schicksal der Arbeiterklasse an der industriellen Maschine hing.[4] Selbst Friedrich Engels ließ sich in der ersten Zeile von *Die Lage der arbeitenden Klasse in England* (1845, hier am Kapitelanfang als Epigraph) zu dieser Platitude verleiten. Doch sollte seine Kollaboration mit Karl Marx diese offensichtlich techno-deterministische Sicht derart herausfordern, dass er später die Arbeiter:innen und die Arbeitsteilung, nicht die Technologie, als die hauptsächlichen Quellen der kapitalistischen Entwicklung erkannte.[5]

Im Industriezeitalter wurden Arbeiter:innen durch Maschinen verdrängt; man unterteilte sie in gelernte und ungelernte Kräfte, was zu einer weiteren Trennung der mentalen von der körperlichen Arbeit führte und neue soziale Hierarchien auferlegte. Doch die Arbeiter:innen widersetzten sich einer solchen Teilung. Sie rebellierten gegen die Maschinen und stellten sich dieser »fremden Macht« entgegen, sie diskutierten über die Rolle der Maschinen, eroberten Fabrikhallen, um sie zu zerstören und forderten letzten Endes eine öffentliche Bildung und Erläuterung zu diesen. Ergebnis dieses Aufbegehrens war die »Maschinen-Frage«, die oftmals in Vergessenheit geraten ist; eine öffentliche Debatte, entsprungen innerhalb der britischen Gesellschaft jener Zeit aufgrund der massiven Ablösung der Arbeiter:innen durch neue Technologien.

Als nötiges Vorwort zur Untersuchung gegenwärtiger KI zeigt dieses Kapitel nicht nur die sozialen Konflikte hinter der Maschinen-Frage, sondern auch ein erweitertes Gebiet der Wissensgewinnung in dem Bereich industrieller Maschinen und maschineller Arbeit. Bereits im Industriezeitalter stellten die Maschinen mit ihrer *maschinellen Intelligenz* ein Problem dar, was auch als das Fehlen von kollektivem Wissen über sie verstanden wurde. Neben den gerühmten muskulären, energetischen und thermodynamischen Großtaten (dokumentiert von Anson Rabinbach in seinem Buch *The Human Motor*) [6] umfasst die industrielle Arbeit auch das Wissen zu

4 Das Industriezeitalter wird heute in einem größeren Kontext und Zeitrahmen gesehen. Zur Klärung der Schuld des britischen Industriekapitalismus gegenüber seinen Kolonien und der Grenzen des Marxismus selbst in Bezug auf diesen Aspekt vgl. Cedric Robinson: *Black Marxism. The Making of the Black Radical Tradition*, Chapel Hill 1983.

5 Engels' Lesart unterscheidet sich von derjenigen von Marx in *Das Kapital*, wo die Arbeitsteilung und die gesellschaftlichen Produktionsverhältnisse als Haupttriebkraft der technischen Entwicklung beschrieben werden. Engels und Marx trafen sich zum ersten Mal im Jahr 1844.

6 Vgl. Anson Rabinbach: *The Human Motor. Energy, Fatigue, and the Origins of Modernity*, Berkeley 1992.

Maschinen, das Wissen, verkörpert in den Maschinen und das Wissen, das aufs Neue durch die Maschinen produziert und prognostiziert wird. Diese epistemische Dimension des Industriezeitalters, zwar anders, aber verwandt mit seinem energetischen Wissen, wurde weniger untersucht und steht in der umfassend verfügbaren Literatur zur politischen Ökonomie immer an zweiter Stelle (auch beim Marxismus). Von diesem Standpunkt aus, also vom Standpunkt der Wissensproduktion, von der Frage nach den Formen des Wissens im Industriezeitalter aus, soll mit diesem Kapitel ein anderes Licht auf dieses Jahrhundert der harten Arbeit geworfen und ihm Respekt entgegengebracht werden.

In ihrem einflussreichen Buch *The Machinery Question and the Making of Political Economy* argumentiert die Historikerin Maxine Berg, dass im Industriezeitalter

> »die Maschinerie zur unmittelbarsten Grundlage für das Verhältnis zwischen Kapitalist und Arbeiter wurde. Es war die Maschine, die die Arbeitsorganisation vorgab und die das Machtgleichgewicht aufrecht erhielt, da durch sie die Verteilung der Erträge aus der Arbeit bestimmt wurde.«[7]

Dies ist eine unerhörte Beschreibung des Kräftefeldes, genauer gesagt des politischen Schlachtfeldes, in dem die sozialen und wirtschaftlichen Akteur:innen sich gegenüberstanden. Statt um eine Kampagne der Industriellen, handelte es sich, wie man direkt anmerken muss, bei der Maschinen-Frage an allererster Stelle um die Reaktion der arbeitenden Klasse und um den Ausdruck ihrer Forderung nach Kontrolle und Eigentumsrecht über den technologischen Prozess. Berg schreibt:

> »Arbeiter kritisierten die rapide und ungeplante Einführung neuer Technologien in Situationen, in denen ihre technologische Arbeitslosigkeit die unmittelbare Folge wäre. Doch sie gingen noch einen Schritt weiter und forderten die Nutzung und die Besitzverhältnisse der Technologie heraus. Sie verlangten eine gleichmäßige Verteilung der Gewinne aus dem technologischen Fortschritt. Statt bloß die Profite der wenigen zu steigern, so ihr Argument, könnte die Maschine die Arbeit für viele erleichtern und ihnen mehr Freizeit ermöglichen. Auch forderten sie mehr Kontrolle über die Ausrichtung der technologischen Veränderung [...] Technologischer Fortschritt sollte außerdem darauf ausgerichtet sein, die Rolle

7 Maxine Berg: *The Machinery Question and the Making of Political Economy*, Cambridge 1980: 101.

der Frauen in der Gesellschaft zu ändern, indem sie von schwerer körperlicher Arbeit und den Haushaltsaufgaben befreit würden, die viele Frauen daran hinderten, eine gleichberechtigte Position mit Männern einzufordern.«[8]

Allgemeine Aufmerksamkeit erlangte die Maschinen-Frage durch das Kapitel »On Machinery« von David Ricardo, das der Ausgabe seines Buches *Principles of Political Economy* von 1821 hinzugefügt wurde. Ricardos These besagt Folgendes: auch wenn es wahr war, dass die neuen Maschinen zu einer Senkung der Warenpreise führen würde, profitierten die Arbeiter:innen nicht davon, da ihre Löhne durch den Wettbewerb untereinander, verursacht durch technologische Arbeitslosigkeit, reduziert werden. Berg ergänzt:

> »Die [Maschinen-] Frage stand im Zentrum der alltäglichen Verhältnisse zwischen Meister und Arbeitskraft, doch sie war auch eine von höchstem theoretischem und ideologischem Interesse. Gerade die Technologie an der Basis der Wirtschaft und Gesellschaft war Schauplatz der Auseinandersetzungen. Die Maschine wurde in allen Tiefen in allen Bereichen der Gesellschaft diskutiert. Sie provozierte den Dorfgeistlichen genauso wie den kosmopolitischen Intellektuellen; sie trieb den Politiker genauso um wie den Arbeiter und den Arbeitgeber; den Sozialreformer genauso wie den Wissenschaftler und den Erfinder. Diese Gruppen stritten um den Vorteil und Nutzen der neuen Technologie. Sie begrüßten die Befreiung von den Wachstumsgrenzen, die sie mit sich brachte, waren sie sich jedoch uneins über die Auswirkungen, die sie auf Löhne, Beschäftigung und Fähigkeiten haben würde. Sie spekulierten über die Veränderungen, die die Maschine auf die sozialen Verhältnisse haben würde, und begrüßten oder befürchteten diese dann entsprechend. Selbst der Ursprung und die Eigentümerschaft über die Maschine kamen zur Sprache. Aufgeregtheit und Furcht gegenüber dieser unbekannten Macht war anzutreffen, die sich unaufhörlich ausweitete und die alte Gesellschaft hinter sich ließ.«[9]

Somit war die Maschinen-Frage ein komplexes Phänomen: ein Thema der Populärkultur, der politischen Propaganda, wissenschaftlicher Streitigkeiten und der sozialen Kontrolle durch Bildung. Die Maschine wurde zum Schauplatz eines intellektuellen Kampfes und wurde von radikalen Denker:innen, utopischen Industriellen und sozialistischen (zuweilen

8 Ebd.: 17.
9 Ebd.: 2, 9–10.

konservativen) Militanten politisch vereinnahmt.[10] Die ideologische Auseinandersetzung um die Maschinen brachte populäre Literatur und Pamphlete hervor, Gedichte und satirische Werke; auch die Feier eines Maschinenkultes der Industriellen mit einem tanzenden Automaten, dem »mechanischen Türken« und industrielle Motoren, die an öffentlichen Orten als Touristenattraktionen ausgestellt wurden, sind Ergebnisse dessen. Charles Babbage war bekannt dafür, dass er in seinem Salon einen tanzenden Automaten mit weiblichen Zügen ausstellte, »in dem Raum, gleich neben dem nicht fertiggestellten Teil der ersten *Difference Engine*«.[11] Wie Berg betont hat, war das Aufstreben der politischen Ökonomie als neue Disziplin Teil der intellektuellen Auseinandersetzung über die Vorherrschaft im Diskurs über die Maschinen-Frage.[12]

Als Reaktion auf die Verwendung von Maschinen und die daraus folgende technologische Arbeitslosigkeit der Arbeiter:innen wurde ebenfalls, sowohl von Arbeiterschaft als auch von Industriellen, gefordert, mehr über die Maschinen zu wissen, besser ausgebildet und trainiert zu werden; diese Forderung drückte sich dann, unter anderem, in im *Mechanics' Institute Movement* aus. Im Jahr 1823 wurde das *London Mechanics' Institute*, später bekannt als Birkbeck University, gegründet, die noch heute das lateinische Motto *In nocte consilium* nutzt (»Rat kommt über Nacht«), da die Studierenden normalerweise nach einer Tagesschicht am Abend oder in der Nacht Unterricht nahmen (oder genauer gesagt, dazu gezwungen waren). Im Jahr 1826 gründete Henry Brougham, der spätere Justizminister, die *Society for the Diffusion of Useful Knowledge*, um Menschen zu helfen, die keinen Zugang zu Bildung hatten; es war das gleiche Jahr, in dem die *London University* (das spätere University College London) gegründet wurde. Der owenische Sozialist Hawkes Smith ging so weit, mechanische Metaphern für Bildung zu kreieren: »Es gibt eine *intellektuelle* Maschinerie, eine *men-*

10 Ebd.: 168. Diese Debatte verlief nicht immer in fortschrittlichen Bahnen. Thomas Carlyle zum Beispiel war ein rassistischer Intellektueller, der oft vitalistische und gotische Bilder gegen die Industriemaschinerie einsetzte, um Arbeiter für seine Sache zu gewinnen. Vgl. Thomas Carlyle: »Chartism«, in: Henry Duff Traill (Hg.): The Works of Thomas Carlyle, Bd. 29, Critical and Miscellaneous Essays IV, Cambridge 2010: 118–204.

11 Simon Schaffer: »Babbage's Dancer and the Impresarios of Mechanism«, in: Francis Spufford / Jenny Uglow (Hg.): Cultural Babbage. Technology, Time and Invention, London 1996: 53–80.

12 Berg: The Machinery Question: 17.

tale Dampfkraft ist am Werk, die sich in ihrer Handlung weiter erhebt, die Bildung so günstig und zugänglich macht, angemessen für den Mann mit kleinen Mitteln, wie seine Kleidung und seine häusliche Ausstattung«.[13] In der Tat ist in Vergessenheit geraten, dass ein großer Teil der britischen akademischen Landschaft seine Ursprünge in der epistemischen Beschleunigung während der industriellen Revolution hat.[14]

Welche *Formen des Wissens* debattierte man unter dem Banner der Maschinen-Frage? Wissen, das man als Fähigkeit und mechanische Erfindung verstand, angewandte statt abstrakter Wissenschaft, war die Mission der Arbeiter:innen, Mechaniker:innen, Ausbilder:innen und der Industriellen. Die *Mechanics' Institutes* waren die Inkarnation eines derartigen Trends, waren sie doch auf der Suche, so Berg, nach der »optimalen Kombination von Wissenschaft und Fähigkeiten [...] einer höheren Form der ausgebildeten Arbeit, eine Arbeit, befreit von der Degradierung durch eine Arbeitsteilung und durchdrungen mit kreativen und innovativen Instinkten«.[15] Jeder bestand darauf, dass das ökonomische Wachstum an die Erfindung neuer Maschinen gekoppelt war und hielt *den Intellekt für die Maschine innerhalb der Maschine*; jedoch war die Rolle des Intellekts in diesem Prozess damals nicht vollkommen eindeutig (und das ist sie bis heute nicht).

Innerhalb dieser Debatte wurde Marx zu einer der innovativsten und scharfsinnigsten Stimmen. Er gelangte an den Punkt, den technologischen Determinismus, gemäß dem die Maschine der Hauptantrieb für den industriellen Kapitalismus sein würde, infrage zu stellen. Indem er die allgemeine Auffassung der Beziehung zwischen Technologie und Wirtschaft umkehrte, argumentierte er, dass die technologische Entwicklung (die *Produktionsmittel*) durch die Arbeitsteilung ausgelöst wird (die *Produktionsverhältnisse*) und nicht andersherum.[16] Laut Marx wird die kapitalistische Akkumulation durch die Ausbeutung eines Mehrwerts befördert, durch eine stetig fortschreitende Arbeitsteilung, statt durch die technologische Beschleunigung. Aus seiner Sicht war die aufkommende Intelligenz der Arbeitsteilung,

13 Hawkes Smith: »On the Tendency and Prospects of Mechanics' Institutions«, *The Analyst*, 1835.

14 Für eine Darstellung der Bewegungen des *Mechanics' Institute* als Form der sozialen Kontrolle und als ideologisches Kampffeld vgl. Steven Shapin / Barry Barnes: »Science, Nature and Control: Interpreting Mechanics' Institutes«, *Social Studies of Science* 7, Nr. 1 (1977): 31–74.

15 Berg: The Machinery Question: 149.

16 Ebd.: 158.

die spontane und verteilte Kognition der Meister und der Arbeiter:innen ursächlich für die Erfindung von Maschinen, nicht die Wissenschaft per se. Wissenschaft kam erst später zum Zuge, um die Maschinen zu verbessern, die aus einer sozialen Konfiguration heraus erwachsen waren. Für Marx, präzise ausgedrückt, war die *fremde Macht*, die tatsächlich den Kapitalismus antreibt, nicht die Maschinerie, sondern die lebende Arbeitskraft.

Diese kurze Übersicht zur Maschinen-Frage soll die volle Bandbreite der sozialen Kräfte offenlegen, die im Hintergrund des intellektuellen Universums des Industriezeitalters zu finden sind, um nicht dem Glauben an technologischen Determinismus als ihrer Haupttheorie zu verfallen. In dieser Zeit haben wir es tatsächlich mit einer komplexen Dialektik zwischen sozialen, technischen, wissenschaftlichen und kulturellen Formen zu tun, die nicht auf einen dieser Aspekte heruntergebrochen werden können. Eine erweiterte Liste der *Wissensmodelle* und Modalitäten der *Wissensproduktion*, die im Industriezeitalter aufkamen, sollte zumindest folgende enthalten: die Art des Wissens, die durch die Handlung der *Erfindung* einer Maschine repräsentiert wird; die *Arbeitsteilung*, die Vorbild für ihr *Design* ist; das *Knowhow* des Maschinenbaus und die *symbolische Sprache*, die nötig ist, um Mechanismen zu beschreiben; *hard sciences* wie Mechanik und Thermodynamik; *nicht-technische* Disziplinen wie politische Ökonomie; die *Metrologie* körperlicher und mentaler Arbeit und die Instrumente ihrer Vermessung; *kollektives Wissen*, das sowohl in der Maschinerie als auch durch soziale Verhältnisse verkörpert wird (der sogenannte »general intellect«); *Bildungsbewegungen* wie die *Mechanic's Institutes*; *politische Kampagnen* wie den Marsch des Intellekts; und zu guter Letzt *populäre Mythologien* rund um Automaten wie den Schachtürken[17]. Die Maschinen-Frage versammelt all diese umstrittenen Formen des Wissens unter sich. Dabei handelte es sich nicht gänzlich um öffentliche Geschichte, mit sichtbaren Bewegungen oder Auswirkungen, sondern des Öfteren um anonyme Geschichte: eine Geschichte der Unsichtbarmachung (insbesondere der Arbeit der Frauen) und der politischen Amnesie rund um die frühen Ideen der politischen Ökonomie, der z.B. mentale Arbeit zum Opfer fiel.

Gegen den Fluch der Unsichtbarmachung der Arbeitskräfte, insbesondere um die Dämonisierung der mentalen Arbeit sowie die Gründe für

17 scheinbarer Schachroboter; tatsächlich bediente ein Mensch aus dem Inneren den Automaten

das Verschwinden der mentalen Arbeit aus den Debatten zu Technologie im darauffolgenden Jahrhundert besser nachvollziehen zu können, befasst sich dieses Kapitel, aus gegenüberliegenden Winkeln, weiter mit der Arbeitstheorie der Maschine nach Babbage, die bereits erwähnt wurde. Zum einen soll weiter der Einfluss des Wissens in der Definition von Arbeit verdeutlicht werden, um eine *Wissenstheorie der Arbeit* zu umreißen (die den ricardianischen Sozialist:innen des 19. Jahrhunderts genauso am Herzen lag wie den Wissensökonom:innen des 20. Jahrhunderts). Zum anderen soll der Haupteinfluss der neuen Maschinen und Instrumente auf die Entwicklung von neuem Wissen dargelegt werden, und so der Schritt zu einer *Maschinentheorie der Wissenschaften* getan werden, worin der Schlüssel zu der materialistischen Epistemologie dieses Buches liegt.

Die Wissenstheorie der Arbeit

Die Untersuchung des Verhältnisses zwischen Wissen und Arbeit wurde durch die in der Moderne aufrechterhaltene Hegemonie der Wissenschaft beim Definieren und Aufrechterhalten sozialer Hierarchien erschwert. Der epistemische Imperialismus der wissenschaftlichen Institutionen hat die Rolle, welche Arbeit, Handwerk, Experimente und spontane Formen des Wissens im technologischen Wandel gespielt haben, verschleiert: Noch immer ist die Vorstellung weit verbreitet, dass nur durch die Anwendung der Wissenschaft auf die Industrie neue Technologien erfunden und Wirtschaftswachstum befeuert werden kann, obwohl dies in Wahrheit selten der Fall ist. Tatsächlich erkannte die politische Ökonomie des frühen 19. Jahrhunderts bereits, welch produktive Rolle die mentale Arbeit und die Wissenskomponente jeglicher Form körperlicher Arbeit bei technologischen Erfindungen innehatte. Ricardianische Sozialisten wie William Thompson und Thomas Hodgskin beispielsweise lieferten eine Analyse mentaler Arbeit, die zum größten Teil den Theorien der Wissensgesellschaft des 20. Jahrhunderts vorausgeht. Ihre Position wird in diesem Buch als eine Wissenstheorie der Arbeit vorgestellt, der zufolge der Hauptbestandteil von Arbeit nicht muskulär, physisch oder energetisch ist, sondern an erster Stelle psychologisch, intellektuell und informatorisch.

William Thompson war »ein irischer Grundbesitzer, der sich dem Owenismus zugewandt hatte, und der die Wirtschaftsökonomie aus einer utopischen sozialistischen Position heraus kritisierte, sich dabei aber auf

Ricardos Doktrinen stützte«.[18] Im Jahre 1824 veröffentliche Thompson ein, seit dem vergessenes, Buch mit dem optimistischen Titel *An Inquiry into the Principles of the Distribution of Wealth Most Conducive to Human Happiness Applied to the Newly Proposed System of Voluntary Equality of Wealth*[19]. In diesem Text bot Thompson eine der ersten systematischen Definitionen der Wissensarbeit der Moderne:

> »Wenn wir von Arbeit sprechen, meinen wir auch immer mit diesem Begriff die Quantität des Wissens, unerlässlich für ihre Ausrichtung. Ohne dieses Wissen würde es sich nur um rohe Gewalt handeln, auf keinen nützlichen Zweck gerichtet. Egal zu welchem Anteil Wissen besessen wird, ob nun vollständig oder in Teilen, durch den produktiven Arbeiter oder durch den, der seine Arbeit überwacht, damit seine Arbeit produktiv ist, muss jemand über dieses Wissen verfügen.«[20]

Vorausschauend argumentierte Thompson, dass die Ökonomie des Wissens anderen Regeln der Verteilung folgt als die Wirtschaft des Mangels der materiellen Güter und dass sie stattdessen von kontinuierlicher Expansion und freier Vervielfältigung angetrieben wird:

> »Wohlstand, das Produkt der Arbeit, ist notwendigerweise durch ihre Versorgung [mit Material etc.] begrenzt [...] Doch dies gilt nicht für die Freude, die sich aus der Aneignung, dem Besitz und der Verbreitung von Wissen ergibt. Der Bestand an Wissen ist unbegrenzt [...] Je mehr es verbreitet wird, desto mehr vervielfältigt es sich.«[21]

Doch Thompson nahm die Ambivalenz des instrumentellen Wissens in einer Art »Dialektik der Aufklärung« *ante litteram*[22] wahr. In einer für den Owenismus typischen Polemik beschrieb Thompson die Maschinerie als Beleidigung für die »allgemeinen intellektuellen Kräfte« der Arbeiter:innen, die auf diese Weise auf »gedrillte Automaten« reduziert

18 In einer Fußnote aus Marx' *Grundrissen* wird Thompson auf diese Weise vorgestellt. Marx.Grundrisse: MEW42, Personenverzeichnis, S. 901.

19 dt.: Eine Untersuchung der Prinzipien der Verteilung des Wohlstandes, die dem menschlichen Glück am meisten zuträglich wären, angewandt auf das neu vorgeschlagene System der freiwilligen Gleichheit des Wohlstandes

20 William Thompson: An Inquiry into the Principles of the Distribution of Wealth Most Conducive to Humane Happiness Applied to the Newly Proposed System of Voluntary Equality of Wealth, London 1824: 272.

21 Ebd.: 274–290.

22 noch bevor es eine solche überhaupt gab; Anm. d. Übers.

würden. Die Fabrik war ein Apparat, der die Arbeiter:innen »in Unkenntnis belassen sollte über die geheimen Quellen, die die Maschine regulierten, und der die generelle Macht ihres Geistes unterdrücken solle«, sodass »die Früchte ihrer eigenen Arbeit durch hunderte Vorrichtungen von ihnen weggenommen werden können«.[23] Als Marx Thompson in *Das Kapital* zitiert, ist darin die perfekte Verdichtung dieses Gedankens enthalten:

> »Der Mann des Wissens und der produktive Arbeiter sind weit von einander getrennt, und die Wissenschaft, statt in der Hand des Arbeiters seine eignen Produktivkräfte für ihn selbst zu vermehren, hat sich fast überall ihm gegenübergestellt [...] Kenntniß wird ein Instrument, fähig von der Arbeit getrennt und ihr entgegengesetzt zu werden.«[24]

Nicht nur war Thompsons Beschreibung der Wissensarbeit und der kognitiven Komponente aller Arbeit die erste moderne ihrer Art, sondern darüber hinaus handelte es sich um eine Beschreibung, in der die Entfremdung des Wissens von den Arbeiter:innen und die Transformation des Wissens in eine repressive Macht, die den Arbeiter:innen selbst schadet, erkannt wird.

Ähnliche Einstellungen wurden auch von Thomas Hodgskin weiterentwickelt, einem ricardianischen Sozialisten mit libertären Tendenzen, der an den Fortschritt des kollektiven Wissens und die Autonomie der Gesellschaft sowohl von Interventionen des Kapitals als auch des Staates glaubte. Hodgskin war ein Mitbegründer des *London Mechanics' Institute*, wo er 1826 den Vortrag *On the Influence of Knowledge* hielt, der später als Teil seines Buches *Popular Political Economy* (1827) veröffentlicht wurde. Sozialisten wie Thompson und Hodgskin vertraten die Ansicht, dass Wissen der Schlüssel zur ökonomischen Prosperität sei. Hodgskin beschwerte sich, dass Adam Smith, der Vater der politischen Ökonomie, sich nicht zufriedenstellend mit diesem Thema befasst hatte:

> »Diese Bücher, die man Elemente, Prinzipien oder Systeme der politischen Ökonomie nennt, befassen sich weder mit dem Einfluss des Wissens auf die Produktivkraft und untersuchen diesen Einfluss noch erläutern sie die Naturgesetze, die den Fortschritt der Gesellschaft im Wissen regulieren; daher sind

23 Thompson: Principles of the Distribution of Wealth: 272–275, 290 ff.

24 Karl Marx: Das Kapital, MEGA II/5, Seite: 295, Absatz: Zelle 36 ff. Thompson: Principles of the Distribution of Wealth: 274.

und bleiben diese Bücher als Abhandlungen über politische Ökonomie im Kern unvollständig.«[25]

In einer Argumentation, die eindeutig anti-Malthusianistisch ist, machte Hodgskin das aufstrebende Wachstum des Wissens an den Bedürfnissen einer wachsenden Bevölkerung fest, wodurch er zugleich das Terrain der Wissensproduktion von dem Monopol der staatlichen Akademien und wissenschaftlichen Institutionen zurückforderte. Er erklärte förmlich: »Notwendigkeit ist die Mutter der Erfindung; und die kontinuierliche Existenz von Notwendigkeit kann nur mit der kontinuierlichen Zunahme an Menschen erklärt werden«.[26]

Hodgskin zufolge ist es die Zunahme der Bevölkerung, die bessere Fähigkeiten in der Produktion und der Verteilung des Wohlstands erfordert, und dadurch fortschrittliches Wissen generiert: »Mit zunehmendem Alter der Welt, während die Menschen immer mehr werden und sich vermehren, gibt es eine konstante, natürliche und notwendige Tendenz nach einer Steigerung ihres Wissens, und folglich in ihrer produktiven Macht«. Wie auch Thompson hielt Hodgskin an der Meinung fest, dass die Regeln der Wissensökonomie nicht jene des Kapitalismus sind: »Die Gesetze, die die Akkumulation und die Beschäftigung des Kapitals regulieren, sind sehr unterschiedlich zu und nicht verbunden mit den Gesetzen, die den Fortschritt des Wissens steuern«. In Hodgskins Sicht auf die Gesellschaft sollte es keine intellektuellen Hierarchien geben, keine Trennung von Kopf und Hand, keine zu fördernde Aristokratie der Arbeit, da »sowohl mentale als auch körperliche Arbeit von fast jedem Individuum ausgeführt wird«.[27]

Die Dämonisierung mentaler Arbeit

Wie Berg festhielt, war die vermeintlich wohlmeinende Ehrung des Handwerks für die Teilnehmer:innen in der Maschinen-Frage und jenen innerhalb der *Mechanic's Institute-Bewegung* tatsächlich dienlich dabei, die Arbeiterklasse zu trennen und eine künstliche »Aristokratie der Arbeit« ins Leben zu rufen und so bourgeoise Gepflogenheiten zu imitieren:

25 Thomas Hodgskin: Popular Political Economy: Four Lectures Delivered at the London Mechanics' Institution, London 1827: 97.

26 Ebd.: 86. Vgl. Malthus' elitäre Vorstellung von Wissen in: »An Essay on the Principle of Population«: 1798.

27 Ebd.: 95, 78, 47.

> »Die Rhetorik über die Verbindung zwischen technologischem Fortschritt und ökonomischer Verbesserung innerhalb der *Mechanics' Institiute Movement* [...] bedeutete, zu einer Formalisierung der Hierarchien in der Arbeiterbewegung beizutragen. Der gelernte Handwerker sollte von dem ungelernten einfachen Arbeiter getrennt werden und beide sollten von der Mittelschicht losgelöst sein. Dieser Entwurf zur Schaffung einer ›Aristokratie der Arbeit‹ wurde ergänzt durch Bemühungen, zu einer Disziplinierung der Arbeiter:innenschaft beizutragen.«[28]

Indem sie die Vorstellung von begabten Handwerker:innen inmitten weiterer talentierter Persönlichkeiten (wie Wissenschaftler:innen und Philosoph:innen) kultivierten, zielte die Klasse der Industriellen darauf ab, das Proletariat entsprechend einer Hierarchie von unfähigen und gelernten Arbeiter:innen aufzuteilen, und eine graduelle Disziplinierung der Arbeit umzusetzen. Die Arbeiterbewegung, dem gegenüber, kämpfte um den Erhalt einer vereinten Front, in der sowohl ungelernte als auch gelernte Handwerker:innen einander auf derselben Seite bei den politischen Auseinandersetzungen wahrnahmen. Doch um diese starke Position aufrecht zu erhalten, musste die Arbeiterbewegung den Unterschied von *mentaler Arbeit* sowohl überdecken als auch innerhalb der körperlichen Aspekte absorbieren, und die individuelle Arbeit innerhalb der kollektiven Arbeit verschwinden lassen. Aus Sicht einer politischen Strategie, um eine geteilte Front zu vereinigen, war es daher notwendig, zu verlautbaren, dass alle Arbeit körperlich ist (ohne anzudeuten, dass alle Arbeit ebenfalls mental ist). Somit musste all das kollektive Wissen, einschließlich Fähigkeiten, Knowhow und sogar Wissenschaft, zu einem Ausdruck von *Arbeit im Kollektiven* werden.

Letztlich führte diese Reaktion innerhalb der Arbeiterbewegung gegen die sozialen Hierarchien des Wissens dazu, dass für mentale Arbeit innerhalb ihrer Reihen kein Platz mehr vorhanden war, und dass dadurch unbewusst die bourgeoise Segmentierung übernommen wurde. An sich wurde also die mentale Arbeit aus der Maschinen-Frage verbannt, um die politische Einheit der Arbeiter:innen aufrecht zu erhalten. Seitdem führte der Fokus auf körperliche Arbeit dazu, dass Arbeit einzig als energetische Darbietung interpretiert wird (wie Rabinbach angemerkt hat, war der Ausdruck *Arbeitskraft* von Marx ursprünglich eine Ableitung aus der

28 Berg: The Machinery Question: 179.

Thermodynamik).[29] Sowohl die Abwertung von mentaler und körperlicher Arbeit durch die Mittelklasse als auch die Auflösung der mentalen Arbeit innerhalb der körperlichen Arbeit waren aus Gründen der politischen Taktik innerhalb des Feldes der sozialen Kräfte im Industriezeitalter geboten. Es ist erstaunlich, dass die kollektive Amnesie im 20. Jahrhunderts bezüglich der Theorie der mentalen Arbeit des 19. Jahrhunderts ihre Ursache eben darin hat, dass die Arbeiterbewegung in ihrer Konfrontation mit der kapitalistischen Klasse so stark war.

Marx spielte in der Organisation der politischen Amnesie rund um mentale Arbeit (siehe Kapitel Vier) eine besondere Rolle. Selbst wenn ihm Thompson und Hodgskin bekannt waren und er auch beide zitierte, beseitigte Marx in *Das Kapital* alle Bezüge zur mentalen Arbeit, Wissensarbeit und dem *general intellect*, um all diese durch die erfinderische Kapazität der Arbeitsteilung und der neuen Figur des kollektiven Arbeiters oder *Gesamtarbeiters* zu ersetzen. In Übereinstimmung mit Babbage übernahm Marx die Idee, dass eine ausgedehnte Arbeitsteilung, statt der Wissenschaft, Erfinderin der Maschine war. Auf diese Weise kehrte Marx die *Wissenstheorie der Arbeit* von Thompson und Hodgskins in eine materialistischere *Arbeitstheorie des Wissens* um, in der Formen der Arbeit die spontan, unbewusst, still und kollektiv sind, dann schließlich als Wissen produzierend anerkannt werden. Diesen Versuchen zum Trotz führte die industrielle Maschinerie doch dazu, dass die Distanz zwischen den gelernten und ungelernten Arbeiter:innen zunahm. Wie Marx scharfsinnig zusammenfasst: »Alles in allem hat die Einführung der Maschinen die Teilung der Arbeit innerhalb der Gesellschaft gesteigert, das Werk des Arbeiters innerhalb der Werkstatt vereinfacht, das Kapital konzentriert und den Menschen zerstückelt«.[30] Auf dieser Grundlage kommt Berg zu dem Schluss, dass »die Maschinerie die Arbeit nicht vertrieben hat. Vielmehr hat die Maschinerie die Arbeit differenziert, indem sie das alte Handwerk in Einzelteile zerlegte«.[31]

Die Unterscheidung von Kopf und Hand, von mentaler und körperlicher Arbeit ist nicht nur ein Merkmal der modernen Industriegesellschaften; sie war bereits spätestens seit der aristotelischen Gegenüberstellung von *epistme* (»Wissen«) und *techne* (»Kunst« oder »Handwerk«) im alten

29 Vgl. Rabinbach: The Human Motor.

30 Karl Marx: Das Elend der Philosophie. Antwort auf Proudhons »Philosophie des Elends«, MEW 4, Berlin 1976: 154.

31 Berg: The Machinery Question: 34.

Griechenland, die später im gesamten Westen zur Definition sozialer Hierarchien diente, Teil der westlichen Kultur. Mathematikhistoriker wie Peter Damerow datieren die soziale Separation der mentalen und der körperlichen Arbeit sogar auf den Anbeginn der Zivilisationen zurück, denn es bestand die Notwendigkeit, Bevölkerungen zu zählen, Landwirtschaft zu planen und Ressourcen zu verteilen. Die Kontrolle von abstrakten Symbolen sollte sich später in den Bereich der Schrift und des Geistes sowie als langanhaltende Klassenaufteilung der Gesellschaft weiterentwickeln, wie die Wissenschaftshistoriker:innen Lissa Roberts und Simon Schaffer berichten:

> »Selbsternannte mentale Arbeiter:innen wie Philosoph:innen, Wissenschaftler:innen, politische Entscheidungsträger:innen und Bürokrat:innen, damals wie heute, beanspruchen und haben zugleich die Herrschaft ihres ›Verstehens‹ über körperlich Arbeitende und ihre Handwerke konstruiert. Dabei verließen sie sich auf die gegenseitige Bestärkung von bezwingender Rhetorik und grausamen Taten. Diese breite Akzeptanz ihrer Kategorien hat uns eine historische Landkarte, gekennzeichnet durch konträre und hierarchisch angeordnete Paare, hinterlassen: Wissenschaftler, Künstler, Wissenschaft-Technologie, gedacht-angewandt, Theorie-Praxis.«[32]

Aus diesem Grund lässt sich behaupten, dass die erste *Arbeitsteilung* im modernen Sinne die Trennung von Kopf und Hand ist, die sich graduell aus den Werkstätten der Renaissance hin zu einer vollkommenen Trennung in den Industriefabriken als Teilung der mentalen und der körperlichen Arbeit entwickelt hat. Edgar Zilsel beispielsweise, ein Wissenschaftshistoriker, dokumentierte wie selbst die »Helden« der sogenannten naturwissenschaftlichen Revolution der frühen Neuzeit wie Galileo Galilei, mehr in verborgenden Werkstätten, versteckten Büchereien und nomadischen Klassenräumen lernten, als an den Universitäten.[33] Ihrerseits haben Roberts und Schaffer das elegante Bild der »achtsamen Hand« als eine Möglichkeit vorgeschlagen, den Einfallsreichtum der körperlichen Arbeit, mechanischer Experimente und wissenschaftlicher Werkstätten durch die

32 Lissa Roberts / Simon Schaffer / Peter Dear (Hg.): The Mindful Hand. Inquiry and Invention from the Late Renaissance to Early Industrialisation, *History of Science and Scholarship in the Netherlands*, Bd. 9, Amsterdam 2007: xiii.

33 Edgar Zilsel: The Social Origins of Modern Science, *History of Philosophy of Science*, Dordrecht 2002: 5.

Moderne hinweg zu erkennen und neu zu erfassen, ohne das Handwerk zu romantisieren, wie es der konservative Diskurs so gerne macht.[34] Statt den kleingeistigen »Heroismus« der Handwerker:innen auf reaktionäre Weise zu kultivieren, betont die Metapher der »achtsamen Hand« die gemeinschaftliche Dimension eines experimentellen Lebens und seiner Erfindungen.

Die industrielle Moderne gründet sich auf die Vereinnahmung dieses kollektiven Wissens durch den Staat und die ökonomischen Apparate, durch Institutionen des Wissens und Technologien des Wissens, was dazu führte, dass mentale Arbeit in einen *Geist* verwandelt wurde, um hier die Mehrdeutigkeit des deutschen Begriffs zu nutzen; dieser impliziert mehr als intellektuelle innere Kraft und ist von der politischen Theorie noch immer nicht ganz erfasst worden. Nachdem man mentale Arbeit den Arbeiter:innen und der sozialen Kooperation abgenötigt hatte, nahm sie die Natur eines ungreifbaren Dämons an: eine politische Streitfrage, die aus der Arbeiterbewegung und aufgrund unternehmerischer Interessen ausgetrieben werden musste, wobei die jeweiligen Gründe sich widersprachen.[35]

Die Maschinentheorie der Wissenschaft

Werkzeughersteller:innen und Maschinenführer:innen wussten, dass sie einen Beitrag bei der Erfindung neuer Technologien leisteten. Was ihnen jedoch selten klar war, war, dass sie ebenfalls eine wichtige Rolle bei neuen wissenschaftlichen Entdeckungen spielten. Neue Maschinen regen viel öfter wissenschaftliche Ideen und Paradigmenverschiebungen an, als es der Wissenschaft gelingen würde, aus der übergeordneten Position heraus neue Technologien zu erfinden.

Wie in einem bereits erwähnten Beispiel war es die Dampfmaschine, die die Thermodynamik ins Leben rief, und nicht andersherum. Die Wissenschaft der Hitze und Energieumwandlung entwickelte sich, um die

34 Für eine progressive Auffassung vom Handwerk vgl. Richard Sennet: *The Craftsman*, New Haven 2008. Für ein konservatives Verständnis vgl. Peter Sloterdijk: You Must Change Your Life, London 2014: 292: »Wer kein Interesse an Handwerkern hat, sollte deshalb auch über Helden schweigen.«

35 Roberts / Schaffer greifen diese Ambivalenz in der Idee einer modernen »Leugnung der List« auf.

Dampfmaschine zu verbessern: es war eine Projektion der lukrativen Aussichten auf autonome Bewegung, nicht das Ergebnis der Neugierde auf das Universum. Bei der Untersuchung der Formen des Wissens, die einer Mechanisierung unterlaufen, ist es auch wichtig, das Wissen von der Welt, das durch neue Maschinen zum Ausdruck gebracht wird, hervorzuheben. Die Idee, nach der Werkzeuge, Instrumente und Maschinen die Ontologie wissenschaftlicher Theorien über die Welt entwerfen und konstituieren, kann als *Maschinentheorie der Wissenschaft* definiert werden. Peter Damerow und Wolfgang Lefèvre, aber auch andere, haben betont, dass die Werkzeuge der Arbeit auch die Werkzeuge für die Erkundung der Welt sind und dabei helfen, über diese Spekulationen anzustellen: »Die Entwicklung der Wissenschaften hängt von der Entwicklung ihrer materiellen Werkzeuge ab […] Durch den Gebrauch eines materiellen Werkzeugs kann stets mehr erlernt werden, als das Wissen, das zu seiner Erfindung eingebracht wurde«.[36] Zugleich weisen Damerow und Lefèvre auch darauf hin, dass die Wissenschaft nie gänzlich unabhängig von der Materialität ihrer Instrumente sein kann:

> »Wissenschaft ist bei der Formung ihrer Abstraktionen nicht frei; sie ist dabei begrenzt durch materielle Vorbedingungen, genauer gesagt, durch die spezifischen Werkzeuge, die sie zur Verfügung hat, die der Kognition Abstraktionen eröffnen, die realisierbar sind […] Die materiellen Werkzeuge der wissenschaftlichen Arbeit definieren die Bandbreite der objektiven Möglichkeiten, welche die Rahmenbedingungen für die Entwicklung der wissenschaftlichen Abstraktionen darstellen.«[37]

Doch sind Werkzeuge und Instrumente nie vollkommen durchschaubar hinsichtlich ihrer Konsequenzen. Maschinen werden als Experimente erschaffen, und oft werden sie bedient, ohne ihre Arbeitsweise vollkommen zu verstehen. Wissenschaft wurde entwickelt, um diese blinden Flecken unseres Wissens über Maschinen abzudecken, nicht nur die des Universums. Andererseits ist die Wahrnehmung der Natur oft maschinenbasiert, nicht bloß, weil die Instrumente als Mediatoren der Wahrnehmung fungieren, sondern da die Maschinen indirekt die Ontologie der gesamten wissenschaftlichen Paradigmen beeinflusst haben. Zum Beispiel basierte die

36 Peter Damerow / Wolfgang Lefèvre: »Tools of Science«, in Peter Damerow: Abstraction and Representation: Essays on the Cultural Evolution of Thinking, Berlin 2013: 401.

37 Ebd.: 400.

Standardtheorie der Zeit bis ins 21. Jahrhundert hinein auf dem unumkehrbaren Pfeil der Entropie, auf den man zum ersten Mal in den Kammern der Dampfmaschine stieß und in einem Konzept erfasste; erst danach wurde diese Beobachtung im Zweiten Hauptsatz der Thermodynamik kanonisiert.[38] Daher ist es nicht übertrieben zu sagen, dass das Universum bis heute vom Inneren eines industriellen Motors heraus wahrgenommen wird.

Im Jahr 1931 legte Boris Hessen mit seinem Vortrag *The Social and Economic Roots of Newton's Principia* das Fundament für die geschichtliche Untersuchung von Wissenschaften und Technologie mittels der Methode des historischen Materialismus, indem er behauptete, dass Newtons Unternehmungen den Werkzeugen und Maschinen seiner Zeit zu verdanken seien, die, wenig überraschend, zugleich die hauptsächlichen *Produktionsmittel* jener Zeit waren: Transporttechniken auf Kanälen, Wasserpumpen und Flaschenzüge, die im Bergbau genutzt wurden, neue Feuerwaffen und ihre ballistische Lenkung etc.[39] In jüngerer Zeit hat Peter Galison eine Darstellung beigesteuert, die sich mit der unterschiedlichen Wahrnehmung von Zeit in der Physik Newtons und der Physik Einsteins befasst, indem er die technische Wahrnehmung der Zeit in ihren jeweiligen Lebzeiten und die Definition von Synchronisierung analysiert: bei Newton sorgte ein zentralisiertes universales Uhrwerk für eine uniforme Zeit, wohingegen zur Zeit Einsteins eine »elektromechanische Welt«, verbunden durch neue Netzwerke der Kommunikation wie das Telefon, entscheidend war.[40] Schauen wir zurück auf das Industriezeitalter, legt die historische Epistemologie der Wissenschaften und der Technologie nahe, dass wir das Projekt der maschinellen Intelligenz als ein Prisma, das multiple Formen des Wissens reflektiert, neu betrachten sollten. Dehnt man seine Definition

38 Arthur Stanley Eddington: The Nature of the Physical World, Cambridge 1928; Harold Francis Blum: Time's Arrow and Evolution, Princeton 1955.

39 Dieser Beitrag findet sich nun auch in Gideon Freudenthal / Peter McLaughlin (Hg.): The Social and Economic Roots of the Scientific Revolution: Texts by Boris Hessen / Henryk Grossmann, Berlin 2009.

40 Die historische Epistemologie der Wissenschaft kann verschiedene Namen haben: Andrew Pickering nennt sie eine »Cyborg-Geschichte«, Galison spricht von einer »technologischen Lesart« der wissenschaftstheoretischen Entwicklungen, Henning Schmidgen verwendet »Maschinen-Geschichte« der Wissenschaft. Andrew Pickering: »Cyborg History and the World War II Regime«, *Perspectives on Science* 3, Nr. 1 (1995): 1–48; Peter Galison: Einstein's Clocks, Poincaré's Maps: Empires of Time, New York 2003: 290; Henning Schmidgen: Hirn und Zeit. Die Geschichte eines Experiments, 1800–1950, Berlin 2014: 44.

über einen größeren Zeitraum aus, dann nimmt der Ausdruck »maschinelle Intelligenz« letztlich mindestens vier Bedeutungen an: (1) das menschliche Wissen über die Maschine; (2) das Wissen, das im Design der Maschine verkörpert ist; (3) die menschlichen Aufgaben, die durch die Maschine automatisiert werden; und (4) das neue Wissen über das Universum, dass durch den Gebrauch der Maschine ermöglicht wurde.

Die Maschinen-Frage im Zeitalter der KI

Die industrielle Maschine ist ein mächtiges Artefakt, da es in einem Gegenstand die Verhältnisse von Energie und Materie, Wissen und Wissenschaft, und – noch bedeutender – zwischen Kapital und Arbeit in sich vereint. In diesem Sinne scheint die industrielle Maschine die Inkarnation einer ganzen Reihe von Widersprüchen des Kapitalismus zu sein, ein konkreter Ort des sozialen und technologischen Streits. Eine ähnliche Faszination, die die Technologie ins Zentrum politischer Fragen rückt, hat sich bis zum heutigen Tage fortgesetzt und lässt die ambivalenten Eindrücke des Industriezeitalters erneut auf der Themenliste erscheinen. Beispielsweise halten sowohl ein akademisch-technologischer Determinismus als auch ein unternehmerisch-technologischer Solutionismus Technologie gegenwärtig für den Kern der politischen Frage. Doch es wäre ein grober Fehler, in ihr den *einzigen Schauplatz* des politischen Konfliktes zu sehen. Ein Anliegen dieses Buches ist es, zu verdeutlichen, dass soziale Verhältnisse und insbesondere die Arbeitskooperation die »Motoren« der technischen und politischen Entwicklung sind. Aber, auf ihre eigene Weise, müssen derartige soziale Verhältnisse und die Kategorie der Arbeit an sich hinterfragt werden. Woraus setzt sich die Arbeitskooperation denn überhaupt zusammen? Wie ist die Vorstellung von Arbeit von der politischen Ökonomie des 19. und des 20. Jahrhunderts entworfen, genutzt, erzählt und analysiert worden? Das ist keine triviale Frage, da die Idee von Arbeit, auf die man noch heute zurückgreift, ein Relikt des 19. Jahrhunderts und ein Produkt heftiger politischer Konfrontationen jener Zeit ist: Die Vorstellung von Arbeit als eine körperliche Aktivität, der oft gänzlich eine mentale Komponente fehlt.

Industrieller Kapitalismus war nicht nur eine energetische Intensivierung von Arbeit und Produktion; es war auch eine Transformation der Arbeitsteilung und der sozialen Verhältnisse, sodass er selbst zur Matrix einer neuen Form der Wissensproduktion wurde, nicht nur für Mathematik, Mechanik und Physik, sondern für Wissen der verschiedensten Art. Im frühen 19. Jahrhundert diskutierten bereits ricardianische Sozialist:innen wie Thompson und Hodgskin die sozialen Potenziale und die psychologischen Folgen von »mentaler Arbeit« mit der Behauptung, dass Wissen die erste Quelle für Arbeit ist. Andere politische Ökonomen wie Marx stimmten zwar zu, aber argumentierten dafür, dass mentale und auch körperliche Arbeit ohne Unterschied der Ursprung kollektiven Wissens sei. Letztlich entstanden moderne Rechenprozesse nicht weit von den Produktionsbetrieben des Industriezeitalters als Projekt zur Mechanisierung der Teilung mentaler Arbeit, nämlich als Babbage mit seinen Rechenmaschinen experimentierte.

In diesem Kapitel wurde die Hypothese untersucht, wonach während des Industriezeitalters Wissen und Intelligenz in sich die eigentliche verborgene Transaktion zwischen Arbeit und Kapital beinhalteten. Es konnte gezeigt werden, dass jede Art der Arbeit unterschiedslos kognitiv und Wissen produzierend war und noch immer ist. Die bedeutendsten Komponenten der Arbeit sind nicht Energie und Bewegung (beides lässt sich leicht automatisieren und ersetzen), sondern Wissen und Intelligenz (beides weit davon entfernt, vollständig im Zeitalter der künstlichen Intelligenz automatisiert zu werden). Das Industriezeitalter war auch der Moment der *ursprünglichen Akkumulation der technischen Intelligenz,* d.h. der Moment, in dem man das Wissen erstmals der Arbeit entzogen hat. Die heutige KI ist die Fortsetzung des gleichen Prozesses: Es ist eine systematische Mechanisierung und Kapitalisierung von kollektivem Wissen in neue Apparate, in die Datensätze, Algorithmen und statistischen Modelle des maschinellen Lernens, neben anderen Techniken. Letztendlich ist es nicht schwer, sich die KI als den neuesten Avatar des kollektiven Arbeiters, des *Gesamtarbeiters*, vorzustellen, der für Marx die Hauptfigur der industriellen Produktion war. Wie wir noch sehen werden, ist die Maschinen-Frage des 19. Jahrhunderts auch ein wichtiges Signal, um zu enthüllen, wie man diese generalisierten Prozesse der Automatisierung im Zeitalter der KI hinterfragen sollte. Passenderweise brachte *The Economist* 2016 einen Sonderbericht als Vorwarnungen zur KI mit dem Titel »The Return of the Machinery Question« heraus.[41]

41 »The Return of the Machinery Question«, *Sonderausgabe, Economist,* Juni 2016; economist.com.

4
Die Ursprünge von Marx' »general intellect«

»Der general intellect der gesamten Gemeinschaft, der Frauen und Männer, wird in seiner Entwicklung gehemmt oder in Kindheitsstadium gehalten, meistens beides, indem man das Wissen der Männer den Frauen vorenthält [...] Die einzige und einfache Heilung für die Missstände, die aus diesen fast universellen Institutionen der häuslichen Sklaverei der einen Hälfte der Menschheit erwachsen, liegt darin, diese Systeme auszulöschen. Gebt Frauen und Männern die gleichen zivilen und politischen Rechte.«[1]

»Es ist nun schon fast zwanzig Jahre her, dass dem general intellect dieses Landes ein erster Impuls gegeben wurde, indem man neue mechanische Systeme zum Unterricht von Lesen und Schreiben sowie günstigere und effizientere Methoden als die zuvor angewandten eingeführt hat [...] Der öffentliche Geist ist unendlich vorangeschritten: Trotz all des Spotts über den Ausdruck ›Marsch des Intellekts‹ lässt sich nicht leugnen, dass der generell intellect des Landes sich stark weiterentwickelt hat. Und eines der ersten Ergebnisse dieser ausgeweiteten Intelligenz ist nun die Überzeugung, die nun schnell überall anzutreffen ist, dass unser Rechtssystem, weit entfernt davon, das beste der Welt zu sein, ein überaus schlechtes ist; und daher mit äußerster Dringlichkeit revidiert und reformiert werden sollte.«[2]

»Die Entwicklung des capital fixe zeigt an, bis zu welchem Grade das allgemeine gesellschaftliche Wissen, knowledge zur unmittelbaren Produktivkraft geworden ist, und daher die Bedingungen des gesellschaftlichen Lebensprozesses selbst unter die Kontrolle des general intellect gekommen, und ihm gemäß umgeschaffen sind.«[3]

1 William Thompson, *An Inquiry into the Principles of the Distribution of Wealth Most Conducive to Human Happiness Applied to the Newly Proposed System of Voluntary Equality of Wealth*, London: Longman, 1824, 214.

2 »Education of the People«, *London Magazine*, April 1828, 1; »Reforms in the Law, No. I. The History of a Suit«, *London Magazine*, June 1828, 309.

3 Karl Marx: Grundrisse, MEGA II/1.2, Seite: 582, Absatz: Zelle 32 ff.

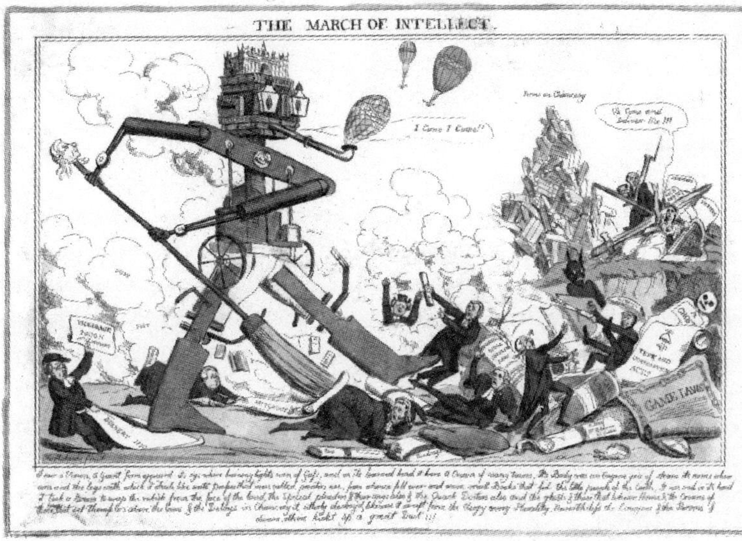

[Abb. 4.1] William Heath, »The March of Intellect [Der Marsch des Intellekts]«, ca. 1828, Druck, British Museum.

Der Marsch des Intellekts

Eine Karikatur von 1828 des Cartoonisten William Heath aus der Reihe »Marsch des Intellekts« zeigt einen gigantischen Automaten, der mit riesigen Schritten einherschreitet und einen Besen in der Hand hält, um damit eine staubige Masse aus Angestellten, dem Klerus und Bürokraten fortzufegen, die für eine alte Ordnung und überkommene Gesetze stehen (siehe Abb. 4.1). Der Bauch des Automaten ist eine Dampfmaschine, sein Kopf setzt sich aus Büchern der Geschichte, Philosophie und (man beachte) der Mechanik zusammen. Auf seiner Krone steht »Universität London«. Im Hintergrund liegt die vernichtete Göttin der Gerechtigkeit, die den Automaten heranruft: »Oh komm und erlöse mich!!!« Auch wenn es auf den ersten Blick so scheinen mag, als sei der Cartoon ein Loblied auf demokratische Ideale und den intellektuellen Fortschritt, lässt sich bei näherer Betrachtung feststellen, dass es vielmehr ihre Absicht ist, sich über den Glauben lustig zu machen, dass die Technologien der industriellen Automatisierung (schon den Robotern ähnlich) zu echten Agenten für einen politischen Wandel und eine soziale Emanzipation unter der Herrschaft der öffentlichen Bildung werden könnten. Tatsächlich war die Reihe von Heath ursprünglich von den Tories in Auftrag gegeben worden, um ihrem Sarkasmus gegenüber einer potenziellen Demokratisierung des Wissens und der Technologie über alle Klassen hinweg Ausdruck zu verleihen. Dennoch wurde die Reihe, mittels ihres visionären Stiftes, aus Versehen zum Manifest für das progressive Lager und die Erfindung der Zukunft.[4]

Ins Leben gerufen als Kampagne im England der Industriellen Revolution, forderte der Marsch des Intellekts oder »Marsch des Geistes« eine Verbesserung der gesellschaftlichen Missstände durch öffentliche Bildungsprogramme für die unteren Klassen.[5] Die Formulierung »Marsch des Intellekts« wurde vom Industriellen und utopischen Sozialisten Robert Owen in einem Brief an die *Times* im Jahr 1824 eingeführt, und er merkte an, dass »in den vergangenen Jahren der menschliche Geist die schnellsten und größten Fortschritte im Wissen über die menschliche Natur und im Allgemeinen vollbracht hat«[6]. Die Kampagne löste einen reaktionären und, wenig überraschend, rassistischen Gegenschlag aus: Die *Times* begann, sich über die Ambitionen der Arbeiterklasse unter sarkastischen Überschriften von schlimmster kolonialistischer Mentalität wie »Der Marsch des Intellekts in Afrika« lustig zu machen.[7] Als Kampagne für einen Fortschritt sowohl in Lese- und Schreibfähigkeit sowie Technologie, war der Marsch des Intellekts Teil der sogenannten Maschinen-Frage, die im vorherigen Kapitel im Fokus stand. 1828 befürwortete das *London Magazin* den Marsch des Intellekts, da man sich erhoffte, dass der »*general intellect* des Landes« – so die Meinung der Herausgeber:innen –, dank der Bildung der Massen, die Notwendigkeit für die Reform eines maroden legislativen Systems verstehen würde.[8] Als Marx 1858 die (englische) Formulierung *general intellect* in dem berühmten »Maschinenfragment« der Grundrisse benutzte, gab

4 »Obwohl Heath die Bewegung persiflierte, finden sich auf seinen Plakaten einige wunderbare Zukunftsideen für den Verkehr, darunter ein Dampfpferd und eine Dampfkutsche, eine Vakuumröhre, eine Brücke nach Kapstadt und verschiedene Formen des Fliegens, darunter ein fliegender Postbote.« Mike Ashley: »Inventing the Future«, *British Library blog*, 15. Mai 2014; bl.uk.

5 Vgl. Don Herzog: Poisoning the Minds of the Lower Order, Princeton 2000.

6 Ashley: »Inventing the Future«.

7 Vgl. Michael Hancher: »Penny Magazine. March of Intellect in the Butchering Line«, in: Laurel Brake / Bill Bell / David Finkelstein: Nineteenth-Century Media and the Construction of Identities, London 2016: 93.

8 *London Magazine*, April und Juni 1828. Vgl. das Epigraph dieses Kapitels.

er damit dem politischen Klima des Marsch des Intellekts Resonanz sowie der Macht des allgemeinen sozialen Wissens um, in seinem Verständnis, die Ketten des Kapitalismus zu schwächen und zu stürzen, statt jene der alten Institutionen.[9]

Doch ganz konkret in *An Inquiry into the Principles of the Distribution of Wealth* (veröffentlicht 1824, im selben Jahr startete Owen den Marsch des Intellekts) von William Thompson stieß Marx zum ersten Mal auf die Idee von einem *general intellect* und, was noch wichtiger ist, auf das Argument, dass Wissen, wenn es einmal durch Maschinen entfremdet worden ist, womöglich eine Macht werden könnte, die sich den Arbeiter:innen feindlich gegenüberstellt.[10] In dem Buch findet sich die womöglich erste systematische Darstellung von mentaler Arbeit, gefolgt von Thomas Hodgskins Werk *Popular Political Economy* (1827) und dem Projekt von Charles Babbage, die mentale Arbeit zu mechanisieren in *On the Economy of Machinery and Manufactures* (1832).[11] In späteren Zeiten, weil die *Mechanics' Institutes* sich im Niedergang befanden, und aus taktischen Überlegungen innerhalb der Arbeiterbewegung, stieß der Gedanke von mentaler Arbeit zur Zeit der Maschinen-Frage auf eine ablehnende Haltung.

Bedenkt man diesen Hintergrund, so bewegten sich die Autor:innen des 20. Jahrhunderts, als sie begannen, die sogenannte Wissensgesellschaft zu analysieren, und dachten, sie würden zum ersten Mal Formen der symbolischen, informatorischen und digitalen Arbeit besprechen, im Grunde auf dem Gebiet einer politischen Amnesie. Genau genommen war Marx selber zum Teil für das Entstehen dieser allgemeinen Verdrängung verantwortlich.[12] Während er sich mit Thompsons und Hodgskins politischen

9 Karl Marx: Grundrisse: Foundations of the Critique of Political Economy, englische Übersetzung Martin Nicolaus, London: Penguin, 1993, 690–71. Vermutlich Bezug auf: Karl Marx: Grundrisse, MEGA II/1.2, Seite: 569, Absatz: Zelle 29 – Seite: 591, Absatz: Zelle 30

10 Thompson: Principles of the Distribution of Wealth.

11 Thomas Hodgskin: Popular Political Economy. Four Lectures Delivered at the London Mechanics Institution, London: 1827; Charles Babbage: On the Economy of Machinery and Manufactures, London: 1832.

12 In *Das Kapital* bezieht sich Marx auf Wilhelm Schulz' Unterscheidung zwischen Werkzeug und Maschine, ohne jedoch auf Schulz' Darstellung der geistigen Produktion aus »Die Bewegung der Produktion« (Zürich, 1843) einzugehen. Karl Marx: Das Kapital, MEGA II/5, Seite: 302, Absatz: Zelle 36 ff. Vgl. Walter Grab: Dr. Wilhelm Schulz aus Darmstadt. Weggefährte von Georg Büchner und Inspirator von Karl Marx, Frankfurt am Main 1987. Danke an Henning Schmidgen für diesen Hinweis.

Ökonomie auseinandersetzte, sah er in ihrer Hervorhebung der mentalen Arbeit eine Würdigung individueller Kreativität – einen Kult um begnadete Künstler:innen, die genialen Werkzeugmacher:innen und die tapferen Mechaniker:innen – als *Gegner* der Arbeit im Kollektiven: In *Das Kapital* ersetzte Marx bewusst die mentalen Arbeiter:innen durch den »kollektiven Arbeiter« oder den *Gesamtarbeiter*. Marx weigerte sich, das Konzept der mentalen Arbeit anzuwenden, da es schwierig war, das kollektive Wissen in Kampagnen für die Sache der Arbeiter:innen zu mobilisieren. Es gehört zur Eigenheit von Wissen und Bildung, dass sie nur für universalistische Kämpfe herangezogen werden können (für den »*general intellect* des Landes«) statt in Partisanenkämpfen auf Seiten des Proletariats. Außerdem schien seit *Die deutsche Ideologie* Hegels Vorstellung von einem *Absoluten Geist* der Antagonist zu Marx' Methode des historischen Materialismus zu sein: Marx verpflanzte seinen berühmten Abschnitt der Widerrede zu Hegel »Es ist nicht das Bewußtsein der Menschen, das ihr Sein, sondern umgekehrt ihr gesellschaftliches Sein, das ihr Bewußtsein bestimmt« in das industrielle England, um behaupten zu können, dass Arbeit nicht von Wissen bestimmt wird, sondern Wissen von der Arbeit.[13]

Traditionell löst sich im Marxismus die Trennung zwischen körperlicher und mentaler Arbeit ohnehin auf, da jede Art der Arbeit *abstrakte Arbeit* ist – d.h., Arbeit, die zur Erzeugung eines Mehrwerts vermessen und monetisiert wird. Im weiteren Verlauf werde ich diesen traditionellen Startpunkt übernehmen, mich dann aber von den orthodoxen marxistischen Positionen abwenden. Ich möchte berücksichtigen, dass jegliche maschinistische Schnittstelle mit Arbeit ein soziales Verhältnis ist, genau wie Kapital, und dass die Maschine, wie auch Geld, das Verhältnis zwischen Arbeit und Kapital aushandelt.[14] Indem ich Marx' Gedanken folge und darüber hinausgehe, möchte ich betonen, dass jegliche Technologie die Metrik der abstrakten Arbeit beeinflusst. Dazu werde ich in diesem Kapitel die Ursprünge von Marx' *general intellect* zurückverfolgen, um so bisher ungelöste Problemstellungen der frühen politischen Ökonomie, wie die Ökonometrie des Wissens, welche heutzutage an Relevanz gewinnen,

13 Karl Marx: Zur Kritik der Politischen Ökonomie. Vorwort, MEW 13, S. 8

14 Diese Idee könnte man als eine maschinenvermittelte Arbeitswerttheorie bezeichnen. Sie weist auf eine weitere Problematik hin, bei der die Technologie einige Merkmale der Geldform übernehmen würde.

neu zu überdenken.[15] In den aktuellen Debatten der Entfremdung des kollektiven Wissens für unternehmerische KI klingt genau genommen noch immer das metallene Echo der Maschinen-Frage des 19. Jahrhunderts nach.

Die Entdeckung von Marx' »Maschinenfragment«

Ausgearbeitete Ideen zu mentaler Arbeit und zur Wissensökonomie wurden schon seit dem Anbruch des Viktorianischen Zeitalters angeboten, und erfuhren bereits damals radikale Interpretationen. Marx beispielsweise beschäftigte sich mit den ökonomischen Rollen von Fähigkeit, Wissen und Wissenschaften in seinem Werk *Grundrisse*, insbesondere in dem Abschnitt, der als »Maschinenfragment« Bekanntheit erlangt hat. Dort ging Marx einer unorthodoxen Hypothese nach, die in *Das Kapital* nicht mehr aufgegriffen werden sollte: Aufgrund der Akkumulation des *general intellect* (insbesondere als wissenschaftliches und technisches Wissen, das die Maschinen verkörpern), werde Arbeit für die kapitalistische Akkumulation nachrangig, infolgedessen die Arbeitswerttheorie in eine Krise gerate und so die Basis des Kapitalismus in die Luft gesprengt würde.[16] Nach 1989 wurde Marx' »Maschinenfragment« vom italienischen *post-operaismo* als eine vorausschauende Kritik an einem Übergang zum Post-Fordismus und den Paradigmen einer Wissensgesellschaft und einer Informationsökonomie wieder in die Debatte geholt.[17] Seitdem haben viele Autor:innen, auch

15 Im 19. Jahrhundert versuchten, Physiolog:innen und politische Ökonom:innen, eine »Metrologie« der »zerebralen Arbeit« zu entschlüsseln; laut Schaffer trugen diese Versuche, mithilfe von Instrumenten Intelligenz zu quantifizieren zum Projekt der künstlichen Intelligenz im folgenden Jahrhundert bei. Vgl. Simon Schaffer, »OK Computer«, in: Michael Hagner (Hg.): *Ecce Cortex: Beiträge zur Geschichte des modernen Gehirns*, Göttingen 1999, 254–85.

16 Diese visionäre Hypothese taucht in *Das Kapital* nicht wieder auf, was wiederum auf die historischen Umstände zurückzuführen ist. Die Notizbücher 6 und 7 wurden im Winter 1857–1858 inmitten einer Finanzkrise geschrieben, während das Kapital erst nach Überwindung der Krise veröffentlicht wurde.

17 Die Hauptquellen der komplexen Debatte über den marx'schen *general intellect* lassen sich kurz und bündig wie folgt zusammenfassen: Paolo Virno: »Citazioni di fronte al pericolo', *Luogo comune* 1 (November 1990), übers. v. Cesare Casarino als »Notes on the General Intellect«, in: Saree Makdisi et al (Hg.): Marxism beyond Marxism, New York: 1996, 265–272; Christian Marazzi: Il posto dei calzini. La svolta linguistica dell'economia ei suoi eff etti sulla politica, Turin 1994, übers. v. Giuseppina Mecchia als Capital and Affects: The Politics of the Language Economy, New York 2011; Maurizio Lazzarato / Antonio Negri: »Travail immatériel et subjec-

einige außerhalb des Marxismus, dieses esoterische Fragment als eine Prophezeiung verschiedener ökonomischer Krisen hervorgekramt, besonders im Nachgang der Dotcom-Blase und dem Börsencrash im Jahr 2000. Die Art und Weise, wie Marx' »Maschinenfragment« sogar die Debatten zu künstlicher Intelligenz und Postkapitalismus erreicht hat, ist ein philologisches Abenteuer, das es auf jeden Fall wert ist, rekapituliert zu werden.[18]

Die *Grundrisse* sind eine »Reihe von sieben Notizbüchern, die Marx kaum nachbearbeitet hat, und die während des Winters 1857–58 hauptsächlich zur Selbsterläuterung dienten«.[19] Tatsächlich lässt sich in den Notizbüchern immer wieder die Methode der Erfragung und des Subtextes entdecken, genau wie in *Das Kapital*, das ein Jahrzehnt später veröffentlicht wurde. Doch die *Grundrisse* blieben bis ins 20. Jahrhundert hinein unveröffentlicht – die Reihe erschien 1939 in Moskau und 1953 in Berlin – was bedeutet, dass die Rezeption der Notizbücher in marxistischen Debatten erst fast ein Jahrhundert nach der Veröffentlichung von *Das Kapital* begann. Während eine auszugsweise Übersetzung ins Italienische schon ab 1956 im Umlauf war, war eine vollständige englische Übersetzung erst im Jahr 1973 erhältlich.[20] Die Bezeichnung »Maschinenfragment«, um speziell die Notizbücher 6 und 7 der Grundrisse zu definieren, erfuhr weite Verbreitung durch die Entscheidung des Herausgebers Raniero Panzieri, der die Übersetzung beider Bücher unter dem italienischen Titel »Frammento

tivité«, *Futur antérieur* 6 (1991): 86–99; Paolo Virno: Grammatica della Moltitudine, Rome 2002, übers. v. Isabella Bertoletti et al. als A Grammar of the Multitude, New York 2004; Carlo Vercellone: »From Formal Subsumption to General Intellect. Elements for a Marxist Reading of the Thesis of Cognitive Capitalism«, *Historical Materialism* 15, Nr. 1 (2007): 13–36. Wahrscheinlich wurde diese Debatte in englischer Sprache das erste Mal aufgegriffen in Nick Dyer-Witheford: Cyber-Marx: Cycles and Circuits of Struggle in High-Technology Capitalism, Champaign 1999. Vgl. Michael Hardt / Antonio Negri, *Empire*, Cambridge 2000. Für eine Kritik an der operaistischen Interpretation vgl. Michael Heinrich: »The Fragment on Machines. A Marxian Misconception in the *Grundrisse* and Its Overcoming in *Capital*«, und Tony Smith, »The General Intellect in the *Grundrisse* and Beyond«, in: Riccardo Bellofiore et al. (Hg.): Marx's Laboratory. Critical Interpretations of the Grundrisse, Leiden 2013, 195–212, 213–231.

18 Vgl. Paul Mason: »The End of Capitalism Has Begun«, *Guardian*, 17. Juli 2015; und Paul Mason: Postcapitalism. A Guide to Our Future, London 2016. Vgl: auch MacKenzie Wark: General Intellects, London 2017.

19 Martin Nicolaus: »Foreword«, in Marx: *Grundrisse*, 7.

20 Marcello Musto: »Dissemination and Reception of the Grundrisse in the World«, in Marcello Musto (Hg.): *Karl Marx's Grundrisse*, London 2008: 207–216.

sulle macchine« in einer Ausgabe des *Quaderni Rossi*, der Zeitschrift des italienischen *operaismo* erscheinen ließ.[21] Im selben Jahr entwickelte der deutsche Philosoph Herbert Marcuse mithilfe der Notizbücher 6 und 7 seinen *Eindimensionalen Menschen*, während er zugleich das emanzipatorische Potenzial der Automatisierung thematisierte.[22] Im Jahr 1972, in einer Fußnote in *Anti-Ödipus*, beziehen sich Gilles Deleuze und Felix Guattari ebenfalls auf die Bücher als »das Kapitel zur Automatisierung«.[23] In jenem Jahr kamen ein Teil der Bücher in englischer Übersetzung als »Notes on Machines« in der Zeitschrift *Economy and Society* heraus.[24] 1978 bot Antonio Negri einen erweiterten Kommentar zu diesem »Kapitel über Maschinen« in seinem *Marx jenseits von Marx*-Seminar in Paris (auf Einladung von Louis Althusser), in welchem er diesen Text vor dem Hintergrund des sozialen Antagonismus der vorhergehenden Dekade verstand und auslegte. Doch erst nach dem Fall der Berliner Mauer entdeckte der italienische *post-operaismo* das »Maschinenfragment« wieder und förderte seine Verbreitung. Im Jahr 1990 lenkte der Philosoph Paolo Virno in der Zeitschrift *Luogo comune* die Aufmerksamkeit auf die Vorstellung von einem *general intellect*. Unter ironischem Bezug auf die Italowestern warnte er damals bereits vor den Zyklen einer Wiederbelebung des Konzeptes:

> »Sehr oft zitiert der Held in den Western, im Angesicht eines konkreten Dilemmas, einen Auszug aus des Alten Testament [...] Genauso wird Karl Marx' ›Maschinenfragment‹ seit Beginn der 1960er gelesen und zitiert. Immer und immer wieder haben wir uns auf diese Seiten bezogen [...] um irgendwie aus noch nie dagewesenen Arbeiterstreiks, der Einführung von Robotern in die Fließbänder und von Computer in die Büros und aus gewissen Verhaltensweisen Jugendlicher schlau zu werden. Die Geschichte der fortlaufenden Interpretationen des ›Fragments‹ ist eine Geschichte der Krisen und Neuanfänge.«[25]

Virno erläuterte, dass das »Fragment« in den 1960ern zitiert wurde, um die angenommene Neutralität der Wissenschaft in der industriellen Pro-

21 Karl Marx, »Frammento sulle macchine«, *Quaderni Rossi* 4 (1964).
22 Herbert Marcuse: Der eindimensionale Mensch. Seite 34 (1994). f
23 Gilles Deleuze / Félix Guattari: *Anti-Oedipus: Capitalism and Schizophrenia*, Bd 1, Minneapolis 1983, 232 Anmerkung 76. Vgl. auch Matteo Pasquinelli: »Italian Operaismo and the Information Machine«, *Theory, Culture and Society* 32, Nr. 3 (2015).
24 Karl Marx: »Notes on Machines«, *Economy and Society* 1, Nr. 3 (1972).
25 Virno: »Notes«.

duktion infrage zu stellen; in den 1970ern sah man darin eine Kritik der Arbeitsideologie im Staatssozialismus und, schließlich, in den 1980er Jahren galt es als Erkenntnis der Tendenzen des Post-Fordismus, doch alles ohne jegliche emanzipatorische oder konfliktreiche Umkehrbewegung, die Marx sich gewünscht hätte. Während die marxistischen Wissenschaftler:innen nach einer größeren philologischen Stringenz in ihrem Verständnis des *general intellect* suchten, brachten Militante eine neue Interpretation im Kontext der gegenwärtigen sozialen Transformationen und Kämpfe hervor.[26] Der *post-operaismo* ist bekannt dafür, dass er aus Marx *general intellect* neue antagonistische Konzepte formten, wie die »immaterielle Arbeit«, »Massenintellektualität« und »kognitiven Kapitalismus«, wobei er die Autonomie des »lebendigen Wissens« gegenüber dem Kapital betont. Eine Lehre aus der Maschinen-Frage aus dem vorherigen Kapitel, die man ziehen sollte, ist jedoch, dass die Problemstellung des kollektiven Wissens niemals von seiner Verkörperung in Maschinen, Instrumenten des Vermessens und der *Kulturtechniken* getrennt werden sollte. In der Tat hat die Anwendung der künstlichen Intelligenz im 20. Jahrhundert jeden abrupt daran erinnert, dass Wissen genauso wie körperliche Arbeit erfolgreich analysiert, gemessen und automatisiert werden kann.

Wissenschaftler:innen haben sich gefragt, wo der Ausdruck *general intellect* herkam, da er nur ein einziges Mal, und in Englisch, in *Grundrisse* vorkommt. Virno dachte, er hätte hier das Echo aus Aristoteles *nous poietikos* und Rousseaus *volonté générale* vor sich.[27] Da das »Fragment« Argumentationssträngen folgt, die jenen in Kapitel Zwölf und Dreizehn von *Das Kapital* zur Arbeitsteilung und Maschinerie ähneln, ist es nicht verwunderlich, dass sich die fehlenden Quellen in den Fußnoten dieser Kapitel von *Das Kapital* finden lassen. Diese allgemeinen Argumentationslinien klingen sehr grundlegend nach Babbages Theorie der Maschinerie; wenn

26 Wolfgang Fritz Haug warnte, dass die nebulösen Ursprünge des *general intellect* zu einer schlagwortartigen Verwendung des Begriffs »zum Preis der theoretischen Beliebigkeit« beitrugen. Der *general intellect* gehöre, so Haug, in eine Reihe ähnlicher marx'scher Begriffe wie »allgemeine gesellschaftliche Arbeit«, »allgemeine wissenschaftliche Arbeit«, »Akkumulation von Wissen und Können, die allgemeinen Produktivkräfte des menschlichen Gehirns«, »allgemeiner Fortschritt«, »Entwicklung der allgemeinen Kräfte des menschlichen Kopfes«, »allgemeines gesellschaftliches Wissen«, »gesellschaftlicher Intellekt«. Wolfgang Fritz Haug: »Historical-Critical Dictionary of Marxism: General Intellect«, *Historical Materialism* 18, Nr. 2 (2010).

27 Virno: »Notes«.

man nun nachverfolgt, wie Marx Babbage im Kapitel Zwölf von *Das Kapital* versteht, kann seine Idee des *general intellect* mit Sicherheit auf William Thompsons Gedanken von der »Wissensarbeit« zurückgeführt werden.

Marx' Interpretation von Babbage

Im Jahr 1832 riet Babbage seinen Industriekolleg:innen: »In den Werkstätten [Englands] ist eine reichhaltige Mine des Wissens enthalten, die allgemein von den wohlhabenderen Klassen zu sehr vernachlässigt wird«.[28] Diesem Aufruf, sich mit diesen »banalen Orten der Intelligenz« zu beschäftigen, folgte Marx und wurde zum »hartnäckigsten Londoner Leser von Babbage«, wie Simon Schaffer festhält.[29] In der Tat hatte Marx Babbage bereits in *The Poverty of Philosophy* während seines Exils in Brüssel 1847 zitiert, und seitdem zwei analytische Prinzipien übernommen, die in *Das Kapital* entscheidend werden sollten, um eine standfeste Theorie der Maschine zu entwerfen und um die Theorie vom Mehrwert zu verankern.

Das erste Prinzip ist die *Arbeitstheorie der Maschine*, die besagt, dass eine neue Maschine aufkommt, um eine vorhergehende Art der Arbeitsteilung zu imitieren und zu ersetzten. Wie bereits gezeigt, ist dies eine Idee, die auch schon von Adam Smith formuliert wurde, aber von Babbage besser artikuliert wurde, der über größere technische Erfahrung verfügte. Das zweite analytische Prinzip ist das *Babbage-Prinzip*, ebenfalls bereits thematisiert, das in diesem Buch in *Prinzip der Arbeitskalkulation* umbenannt wurde. Es behauptet, dass die Organisation eines Produktionsprozesses in kleine Aufgaben (Arbeitsteilung) es ermöglicht, exakt die nötige Quantität von Arbeit zu erwerben, die für jede Aufgabe nötig ist (Teilung des Wertes). In dieser Hinsicht liefert die Teilung der Arbeit nicht nur das Design der Maschinerie, sondern auch eine ökonomische Konfiguration, um die Extraktion des Mehrwerts zu kalibrieren und zu kalkulieren. Bei komplexen Formen des Managements wie dem Taylorismus mündet das Prinzip der Modulation des Mehrwerts darin, dass Arbeit wie ein Uhrwerk betrachtet wird, und sie in algorithmische Zusammenstellungen immer weiter unterteilt und neu zusammengesetzt werden kann. Die Synthese von beiden analytischen Prinzipien beschreibt die Maschine in Idealform als einen Apparat, der

28 Babbage: On the Economy of Machinery: vi.

29 Simon Schaffer: »Babbage's Intelligence: Calculating Engines and the Factory System«, *Critical inquiry* 21, Nr. 1 (1994): 204.

aktiv eine neue Artikulation und Metrik von Arbeit zurückprojiziert. Auf den Seiten von *Das Kapital* scheint die industrielle Maschine nicht nur ein Regulator zur Arbeitsdisziplinierung zu sein, sondern auch ein Kalkulator zur Messung des relativen Mehrwerts, was ein Hinweis auf die numerische Genauigkeit von Babbages Rechenmaschinen ist.

Hier betrachte ich *Grundrisse* und *Das Kapital* durch die Linsen von Babbages zwei analytischen Prinzipien. Wir werden sehen, wie Babbages Arbeitstheorie der Maschine von Marx dazu genutzt wird, um die Figur des kollektiven Arbeiters bzw. *Gesamtarbeiters* als eine Art Reinkarnation des *general intellect* aufzubauen und des Weiteren, wie Babbages Prinzip der Modulation von Mehrwert angewendet wird, um die Idee des relativen Mehrwerts zu umreißen. Zusammengenommen belegen die beiden Prinzipien, dass der *general intellect* aus *Grundrisse* sich in *Das Kapital* zu einem maschinistischem kollektiven Arbeiter weiterentwickelt, der fast die Eigenschaften eines proto-kybernetischen Organismus aufweist, und die Industriemaschine zu einem Kalkulator des relativen Mehrwerts wird, die dieser Cyborg produziert.

Als er die Verhältnisse zwischen Arbeit und Maschinerie, Wissen und Kapital diskutierte, fand Marx sich inmitten einer hybriden Dialektik aus deutschem Idealismus und britischer politischer Ökonomie wieder. Die sich ähnelnden Argumentationen in *Grundrisse* und *Das Kapital* in den Abschnitten zu Maschinerie und Arbeitsteilung folgen vier Bewegungen, denen ich mich nun zuwende: (1) die Erfindung der Maschinerie durch die Arbeitsteilung, (2) die Entfremdung des Wissens durch die Maschinerie, (3) die Entwertung von Kapital durch die Akkumulation von Wissen und (4) das Aufkommen des kollektiven Arbeiters.

Die Erfindung der Maschinerie durch Arbeitsteilung

Wer ist Erfinder:in der Maschine? Arbeiter:in, Maschinist:in oder Meister der Fabrik? Wissenschaft, Findigkeit oder Arbeit? Als ein Mitglied der *Royal Society* lobte Babbage öffentlich die Wohltaten der Wissenschaft, doch theoretisch blieb er bei der Haltung, dass die Maschinerie aus dem Ersatz von Arbeitsteilung hervorgeht. Wie bereits diskutiert, war Babbage einer *Arbeitstheorie der Maschine* zugeneigt, da aus seiner Sicht das Design der neuen Maschine immer das Design einer vorausgehenden Arbeitsteilung imitiert. In *Das Elend der Philosophie* (1847) nutze Marx bereits Babbage gegen Proudhon, der dachte, dass die Maschinerie die *Antithese* einer

Teilung von Arbeit sei. Marx behauptete das Gegenteil, nämlich dass die Maschinerie als eine *Synthese der Arbeitsteilung* entsteht: »Wenn durch die Arbeitsteilung jede besondere Arbeitsleistung auf die Handhabung eines einfachen Instrumentes reduziert wurde, so bildet die Vereinigung all dieser durch einen einzigen Motor in Bewegung gesetzten Werkzeuge eine Maschine«.[30] Später in *Grundrisse* griff Marx weiter auf Babbage zurück, um anzumerken, dass Technologie nicht durch die »Analyse« von Natur durch Wissenschaft, sondern durch die »Analyse« von Arbeit erschaffen wird:

> »Es ist einerseits direkt aus der Wissenschaft entspringende Analyse und Anwendung mechanischer und chemischer Gesetze, welche die Maschine befähigt, dieselbe Arbeit zu verrichten, die früher der Arbeiter verrichtete. Die Entwicklung der Maschinerie auf diesem Weg tritt jedoch erst ein, sobald die grosse Industrie schon höhre Stufe erreicht hat und die sämmtlichen Wissenschaften in den Dienst des Capitals gefangen genommen sind [...]. Die Erfindung wird dann ein Geschäft und die Anwendung der Wissenschaft auf die unmittelbare Production selbst ein für sie bestimmender und sie sollicitirender Gesichtspunkt. Dieß ist aber nicht der Weg, worin die Maschinerie im Grossen entstanden ist, und noch weniger der, worin sie im Detail fortschreitet. Dieser Weg ist die Analyse – durch Theilung der Arbeit, die die Operationen der Arbeiter schon mehr und mehr in mechanische verwandelt, so daß auf einem gewissen Punkt der Mechanismus an ihre Stelle treten kann.«[31]

Marx übernahm Babbages Theorie auch methodologisch, einschließlich in *Das Kapital*, wo das Kapitel zu Maschinerie auf das Kapitel über die Arbeitsteilung folgt. Es existiert eine strukturelle Homologie zwischen dem Design der Maschinerie und der Arbeitsteilung, wie Marx' Argument hervorhebt: »Die Werkzeugmaschine ist also ein Mechanismus, der, nach Mittheilung der entsprechenden Bewegung, mit seinen Werkzeugen dieselben Operationen verrichtet, welche früher der Arbeiter mit ähnlichen Werkzeugen verrichtete«[32] In einer Fußnote bezieht er sich auf Babbages synthetische Definition der Maschine (»Die Vereinigung aller dieser einfa-

30 Babbage: On the Economy of Machinery, wie zitiert in Karl Marx: Das Elend der Philosophie. MEW, S. 153.

31 Marx: Grundrisse, MEGA II/1.2, Seite: 580, Absatz: Zelle 14ff

32 Marx: Das Kapital, MEGA II/5, Seite: 304, Absatz: Zelle 1ff

chen Instrumente, durch einen einzigen Motor in Bewegung gesetzt, bildet eine Maschine«[33]) und liefert seine eigene Umschreibung:

> »Die Maschine, wovon die industrielle Revolution ausgeht, ersetzt den Arbeiter, der ein einzelnes Werkzeug handhabt, durch einen Mechanismus, der mit einer Masse derselben oder gleichartiger Werkzeuge auf einmal operirt, und von einer einzigen Triebkraft, welches immer ihre Form, bewegt wird [...].«[34]

Von diesem Punkt aus in *Das Kapital* führt Marx ein analytisches Prinzip weiter aus, das zukünftig einen enormen Einfluss auf die Methodologie der Wissenschaften und Technologie des 20. Jahrhundert haben sollte.[35] Nachdem er den Glauben, dass Wissenschaft und nicht Arbeit der Ursprung der Maschine sei, angezweifelt hatte, invertiert Marx die Wahrnehmung der Dampfmaschine als den Hauptkatalysator der Industriellen Revolution. Stattdessen behauptet er, dass die Zunahme der Arbeitsteilung, ihre Werkzeuge und »Werkzeugmaschinen«, die »nach einer größeren Kraft als der des Menschen verlangten«, einer Energiequelle, zu finden in der Dampfkraft, hier ursächlich sind.[36] Nicht die Erfindung der Dampfmaschine (*Produktionsmittel*) löste die Industrielle Revolution aus (wie gerne in ökologischen Diskursen theoretisiert wird), sondern vielmehr die Entwicklung des Kapitals und der Arbeit (*Produktionsverhältnisse*), die nach einer mächtigeren Energiequelle verlangten:[37]

---

33 Ebd.: Seite: 306, Absatz: Zelle 27ff, Fußnote 95

34 Ebd.: Seite: 306, Absatz: Zelle 8ff

35 Vgl. Gideon Freudenthal / Peter McLaughlin (Hg.): The Social and Economic Roots of the Scientific Revolution: Texts by Boris Hessen and Henryk Grossmann, Berlin 2009.

36 »Die Erweiterung des Umfangs der Arbeitsmaschine und der Zahl ihrer gleichzeitig operirenden Werkzeuge bedingt einen massenhafteren Bewegungsmechanismus, und dieser Mechanismus, zur Ueberwältigung seines eignen Widerstands, eine mächtigere Triebkraft als die menschliche [...]« Marx: Das Kapital, MEGA II/10, Seite 337, Absatz: Zelle 26 ff.

37 Marx wird fälschlicherweise als Techno-Determinist angesehen, weil er der Maschinerie im Kapitalismus eine herausragende Stellung einräumt, aber wenn er überhaupt Determinist ist, dann ist er ein Determinist der Produktionsverhältnisse und nicht der Produktionsmittel, da die Arbeitsteilung und nicht die Technologie die treibende Kraft des Kapitals ist. »Die Einbeziehung der Arbeitskraft als Produktionskraft lässt somit bewusstes menschliches Handeln als einen bestimmenden Faktor der Geschichte zu: Es sind die Menschen, ebenso wie oder mehr als die Maschine, die Geschichte machen.« Donald MacKenzie: »Marx and Machine«, *Knowing Machines*, Cambridge 1998: 26.

> »Die Dampfmaschine selbst, wie sie Ende des 17. Jahrhunderts, während der Manufakturperiode, erfunden ward und bis zum Anfang der 80er Jahre des 18. Jahrhunderts fortexistirte [...], rief keine industrielle Revolution hervor. Es war vielmehr umgekehrt die Schöpfung der Werkzeugmaschinen, welche die revolutionirte Dampfmaschine nothwendig und darum möglich machte.«[38]

Das »mechanische Ungeheuer« der Industriefabrik war zunächst von der Arbeit heraufbeschworen und dann durch Dampfkraft beschleunigt worden, nicht andersherum.[39] Marx war eindeutig: Die Genesis der Technologie ist ein *aufstrebender Prozess*, getrieben von der Arbeitsteilung. Aus der Materialität der kollektiven Arbeit, aus den bewussten und unbewussten Formen der Kooperation heraus entwickeln sich ausgeweitete Apparaturen von Maschinen. Hier verortet sich Intelligenz in den Verzweigungen menschlicher Kooperation und weniger in individueller mentaler Arbeit. Maschinelle Intelligenz spiegelt, verkörpert und verstärkt die analytische Intelligenz der kollektiven Arbeit.[40]

Die Entfremdung des Wissens durch die Maschinerie

»Was aber von vorn herein den schlechtesten Baumeister vor der besten Biene auszeichnet, ist, daß er die Zelle in seinem Kopf gebaut hat, bevor er sie in Wachs baut«.[41] Dies ist Marx' Anerkennung der Arbeit als einer mentalen und individuellen Aktivität in *Das Kapital*. Die kollektive Arbeitsteilung, oder Arbeit im Allgemeinen, bleibt jedoch der *politische Erfinder* der Maschine.[42] Ein Prozess der Entfremdung von Fähigkeit und Wissen beginnt, sobald Maschinerie vor und anstelle von Arbeit auftaucht. Werkzeuge gehen aus den Händen der Arbeiter:innen in die Hände der Maschine; das Gleiche geschieht mit dem Wissen der Arbeiter:innen: »Mit dem Arbeitswerkzeug geht auch die Virtuosität in seiner Führung vom Arbeiter auf die Maschine über«[43]. Als solche ist die Maschine nichts als die

38 Marx: Kapital, MEGA II/5, Seite 305, Absatz: Zelle 1 ff.

39 Ebd.: MEGA II/5, Seite 311, Absatz: Zelle 24 ff.

40 Für das Konzept der analytischen Intelligenz, vgl. Lorraine Daston: »Calculation and the Division of Labour, 1750–1950«, *Bulletin of the German Historical Institute* 62 (Frühjahr 2018): 9–30.

41 Marx: Kapital: MEGA II/10, Seite: 129, Absatz: Zelle16 ff.

42 Hodgskin maß der Beobachtung (d.h. der geistigen Gestaltung) bei der Erfindung von Maschinen große Bedeutung bei.

43 Marx: Das Kapital: MEGA II/10, Seite: 378, Absatz: Zelle 9 f.

Kristallisierung des kollektiven Wissens. Marx verurteilt diese Entfremdung vom menschlichen Geist und unterstützt somit Owen:

> »Seit der allgemeinen Introduction von unbeseeltem Mechanism in britische Manufacturen, wurden Menschen mit weniger Ausnahme als eine secundäre und untergeordnete Maschine behandelt, und bei weitem mehr Aufmerksamkeit geschenkt der Vervollkommnung des Rohmaterials von Holz und Metallen als denen von Körper und Geist.«[44]

Die Einführung der Maschinerie markiert einen dramatischen dialektischen Wendepunkt in der Geschichte der Arbeit, da hier Arbeiter:innen aufhören, die *Subjekte* der Maschinen zu sein und beginnen, *Objekte* des Kapitals zu werden: »Das Arbeitsmittel macht den Arbeiter selbstständig – sezt ihn als Eigenthümer. Die Maschinerie – als Capital fixe – sezt ihn als unselbstständig, sezt ihn als angeeignet«[45]. Dieser Machtwechsel zwischen Mensch und Maschine im Viktorianischen Zeitalter ist auch der Beginn neuer Fantasiebilder, in denen die Maschinen Eigenschaften der Lebenden und die Arbeiter:innen jene der Automaten annehmen:[46]

> »[Es ist] die Maschine, die für den Arbeiter Geschick und Kraft besizt, [sie] ist selbst der Virtuose, die ihre eigne Seele besizt in den in ihr wirkenden mechanischen Gesetzen und zu ihrer beständigen Selbstbewegung [...] Die Thätigkeit des Arbeiters, auf eine blose Abstraction der Thätigkeit beschränkt, ist nach allen Seiten hin bestimmt und geregelt durch die Bewegung der Maschinerie, nicht umgekehrt. Die Wissenschaft, die die unbelebten Glieder der Maschinerie zwingt durch ihre Construction zweckgemäß als Automat zu wirken, existirt nicht im Bewußtsein des Arbeiters, sondern wirkt durch die Maschine als fremde Macht auf ihn, als Macht der Maschine selbst.«[47]

Die Überlegungen zur Entfremdung des Wissens von den Arbeiter:innen setzen sich in *Das Kapital* fort, wo Marx den Prozess der Wissensextraktion

44 Robert Owen: »Essays on the Formation of the Human Character« (1840), wie zit. in Marx: Grundrisse, MEGA II/1.2, Seite: 586, Absatz: Zelle 36 ff.

45 Marx: Grundrisse, MEGA II/1.2, Seite: 579, Absatz: Zelle 1 ff. Marx zitiert auch Hodgskin: »Sobald Theilung der Arbeit entwickelt, fast jede Arbeit eineseinzelnen Individuums ist ein Theil of a whole, having no value or utility of itself. There is nothing on which the labourer can seize: this is my produce, this I will keep to myself.« MEGA II/1.2: Seite: 584, Absatz: Zelle 40 ff.

46 Simon Schaffer: »Babbage's Dancer and the Impresarios of Mechanism«, in: Francis Spufford / Jenny Uglow (Hg.): Cultural Babbage, London 1997: 53–80.

47 Marx: Grundrisse, MEGA II/1.2, Seite: 571, Absatz: Zelle 20 ff.

in einer vollständigen Trennung der Wissenschaft als produktiver Agent von der Arbeit enden sieht:

> »Die Kenntnisse, die Einsicht und der Wille, die der selbstständige Bauer oder Handwerker, wenn auch auf kleinem Maßstab entwickelt, wie der Wilde alle Kunst des Kriegs als persönliche List ausübt, sind jetzt nur noch für das Ganze der Werkstatt erheischt. Die geistigen Potenzen der Produktion erweitern ihren Maßstab auf der einen Seite, weil sie auf vielen Seiten verschwinden. Was die Theilarbeiter verlieren, koncentrirt sich ihnen gegenüber im Kapital [...] Es ist ein Produkt der manufakturmäßigen Theilung der Arbeit ihnen die geistigen Potenzen des materiellen Produktionsprozesses als fremdes Eigenthum und sie beherrschende Macht gegenüberzustellen. Dieser Scheidungsprozeß beginnt in der einfachen Cooperation, wo der Kapitalist den einzelnen Arbeitern gegenüber die Einheit und den Willen des gesellschaftlichen Arbeitskörpers vertritt. Er entwickelt sich in der Manufaktur, die den Arbeiter zum Theilarbeiter verstümmelt. Er vollendet sich in der großen Industrie, welche die Wissenschaft als selbstständige Produktionspotenz von der Arbeit trennt und in den Dienst des Kapitals preßt [...].«[48]

Marx kommentiert die letztere Passage aus *Das Kapital* mit einer Fußnote zu Thompsons Werk *Inquiry into the Principles of the Distribution of Wealth*, deren Wiedergabe hier nötig erscheint:

> »Der Mann des Wissens und der produktive Arbeiter sind weit von einander getrennt, und die Wissenschaft, statt in der Hand des Arbeiters seine eignen Produktivkräfte [...] zu vermehren, hat sich fast überall ihm gegenübergestellt. [...] Kenntniß wird ein Instrument, fähig von der Arbeit getrennt und ihr entgegengesetzt zu werden.«[49]

Thompson bietet eine Definition der Wissensarbeit, die den Theorien des 20. Jahrhunderts zur Wissensgesellschaft und zur kognitiven Arbeit vorausgeht. Wie im vorherigen Kapitel dargelegt, schloss Thompson in seiner Definition der Arbeit stets »die Quantität des Wissens, unerlässlich für ihre Ausrichtung« ein, ohne welche die Arbeit »nichts anderes wäre als rohe Gewalt«.[50] In einer für den Owenismus typischen polemischen

48 Marx: Kapital, MEGA II/5, Seite: 294, Absatz: Zelle 29 ff.

49 Ebd.: MEGA II/5, Seite: 295, Absatz: Zelle 36 ff. Fußnote. Thompson: Principles of the Distribution of Wealth: 274.

50 Thompson: Principles of the Distribution of Wealth: 272.

Darstellung beschrieb Thompson die Maschinerie als Beleidigung für die »general intellectual powers« der Arbeiter:innen, die man zu »gedrillten Automaten« degradierte. Demzufolge ist die Fabrik ein Apparat, der die Arbeiter:innen »in Unkenntnis belassen soll über die geheimen Quellen, die die Maschine regulierten und um die generellen Kräfte des Geistes zu unterdrücken«, damit »die Früchte ihrer eigenen Arbeit durch hunderte Vorrichtungen von ihnen weggenommen werden können«.[51] In unterschiedlichen Abschnitten nutze Thompson die Ausdrücke »general intellect«, »general intellectual power«, »general knowledge« und »general power of the minds« in direkter Resonanz zu identischen oder äquivalenten Begriffen, die von Marx in *Grundrisse* genutzt wurden, wie »general social labour«, »general scientific labour«, »general productive forces of the human brain«, »general social knowledge« und »social intellect«.[52] Es ist bedeutend, wie in dem einleitenden Zitat zu diesem Kapitel angedeutet wurde, dass Thompson eine direkte Verbindung zwischen der Konstruktion eines primär *weißen* männlichen Intellekts und dem Problem einer Diskriminierung aufgrund von Gender oder *race*. Seiner Meinung nach sind Menschen rassistisch und chauvinistisch, da es ihnen an vernünftigem Wissen und Bildung mangelt:

> »Wieso also, könnte man entgegnen, ist die Versklavung der Schwarzen und der Frauen eingeführt worden? Weil im Allgemeinen die *Weißen* und im Speziellen die Männer die Gesetze gemacht haben: weil man keine Kenntnisse über diese Subjekte hatte und die *Weißen* und die Männer fälschlicherweise davon ausgingen, dass es in ihrem Interesse sei, Schwarze und Frauen zu unterdrücken.«[53]

Marx seinerseits erkannte ebenfalls diese Psychopathologien der industriellen Arbeit und die Taktik, die Arbeiter:innen so ungebildet wie möglich zu halten. Er zitierte Adam Smiths Mentor, den schottischen Philosophen Adam Ferguson, der ein Jahrhundert früher zur gleichen Schlussfolgerung gelangt war:

> »Die Unwissenheit ist die Mutter der Industrie wie des Aberglaubens. Nachdenken und Einbildungskraft sind dem Irrthum unterworfen; aber die Gewohnheit den Fuß oder die Hand zu bewegen hängt weder von dem einen, noch von

---

51 Ebd.: 292.
52 Ebd.: 272–362.
53 Ebd.: 303.

> der andern ab. So könnte man sagen, daß mit Bezug auf Manufakturen ihre Vollkommenheit darin besteht, sich des Geistes entschlagen zu können, in der Art, daß die Werkstatt als eine Maschine betrachtet werden kann, deren Theile Menschen sind.«[54]

Dies sollte dabei dienlich sein, uns daran zu erinnern, dass die öffentliche Mythologie einer künstlichen Intelligenz schon immer mit einer versteckten Agenda, die menschliche Dummheit zu fördern, einschließlich der Verbreitung von rassistischen und sexistischen Ideologien auf Seiten des Kapitals agiert hat.

Die Entwertung des Kapitals durch Wissensakkumulation

Was ist der ökonomische Wert von Wissen und Wissenschaft? Welche Rolle spielen sie in der kapitalistischen Akkumulation? Marx ging diesen Fragen in einer Zeit nach, in der mechanischer Einfallsreichtum, technische Intelligenz und riesigen Infrastrukturen wie Zugverbindungen und Telegraphennetzwerken überall erblühten. In einem Abschnitt zum *general intellect* betrachtete Marx Wissen aus drei Richtungen: erstens als »direkte Kraft der Produktion« (*unmittelbare Produktivkraft*); zweitens unter der Form der »gesellschaftlichen Kräfte der Produktion« (*gesellschaftliche Produktivkräfte*); und drittens als soziale Praxis (*gesellschaftliche Praxis*), was nicht per se abstraktes Wissen bedeutet:

> »Die Natur baut keine Maschinen, keine Locomotiven, Eisenbahnen, electric telegraphs, selfacting mules etc. Sie sind Producte der menschlichen Industrie; natürliches Material verwandelt in Organe des menschlichen Willens über die Natur oder seiner Bethätigung in der Natur. Sie sind *von der menschlichen Hand geschaffne Organe des menschlichen Hirns*; vergegenständlichte Wissenskraft. Die Entwicklung des capital fixe zeigt an, bis zu welchem Grade das allgemeine gesellschaftliche Wissen, knowledge zur unmittelbaren Productivkraft geworden ist, und daher die Bedingungen des gesellschaftlichen Lebensprocesses selbst unter die Controlle des general intellect gekommen, und ihm gemäß umgeschaffen sind.«[55]

54 Adam Ferguson zitiert von Marx: Das Kapital, MEGA II/5, Seite 295, Absatz: Zelle 11 f. Marx zitiert Ferguson ebenfalls, um zu zeigen, dass dieser bereits 1767 Folgendes erkannte: »thinking itself, in this age of separations, may become a peculiar craft«. Marx: Kapital, MEGA II/10, Seite: 327, Absatz: Zelle 40 ff.

55 Marx, *Grundrisse* MEGA II/1.2, Seite: 582, Absatz: Zelle 32 ff.; die englischen Ausdrücke kommen im Original so vor.

Der *general intellect* avanciert in einer Weise zu einem transformativen Agenten der Gesellschaft, die eindeutig den Optimismus von Thompson hinsichtlich der »Distribution des Wissens« als förderlich für »eine freiwillige Gleichheit in der Verteilung des Wohlstandes« teilt. Das »Maschinenfragment« enthält eine unaufgelöste Spannung zwischen *Wissen, das in der Maschinerie vergegenständlicht ist* (als »Entwicklung eines fixen Kapitals«) und *Wissen, das durch soziale Produktion ausgedrückt wird* (als »Entwicklung eines sozialen Individuums«). Marx wägt erst den Vorrang des Wissens im Produktionsprozess und danach den Vorrang der Praxis über das Wissen selbst. Die gleiche These taucht in *Das Kapital* auf, als Marx den Druck der industriellen Arbeit auf das Nervensystem der Arbeiter:innen vermerkt. Marx vergleicht den ökonomischen Wert der individuellen Fähigkeiten mit dem Wert der Wissenschaft. Ein realistischer Wettbewerb zwischen beidem ist unwahrscheinlich, da nach einem langen Prozess der »Separation der intellektuellen Begabungen« die speziellen Fähigkeiten der Arbeiter:innen angesichts der Übermacht der Wissenschaft, der natürlichen Energie und der gesellschaftlichen Arbeit, die die Maschinerie betreibt, verschwinden:

> »Die Scheidung der geistigen Potenzen des Produktionsprocesses von der Handarbeit und die Verwandlung derselben in Mächte des Kapitals über die Arbeit vollendet sich, wie bereits früher angedeutet, in der auf Grundlage der Maschinerie aufgebauten großen Industrie. Das Detailgeschick des individuellen, entleerten Maschinenarbeiters verschwindet als ein winzig Nebending vor der Wissenschaft, den ungeheuren Naturkräften und der gesellschaftlichen Massenarbeit, die im Maschinensystem verkörpert sind und mit ihm die Macht des ›Meisters‹ (master) bilden.«[56]

Im »Maschinenfragment« finden wir nicht nur die Erkenntnis von Wissen als einer fremden Macht, verkörpert in Maschinerie (wie auch bei Thompson), sondern auch den Versuch, das Ausmaß ihrer Wertsteigerung zu bewerten (was bei Thompson fehlt). Hier nutzt Marx ein Kriterium zur Bewertung der Wissensakkumulation, das sich aus dem Werk von Thomas Hodgskin, einem ricardianischen Sozialisten, vorgestellt in einem früheren Kapitel, ableiten lässt; Marx zitiert gern aus seinem Buch *Popular Political Economy* (1827) und ist voll des Lobes für *Labour Defended against the*

56 Marx, *Das Kapital* MEGA II/10, Seite: 381, Absatz: Zelle 1 ff.

Claims of Capital (1825). Hodgskin führte eine positive Betonung auf fixes Kapital als einer konkreten Akkumulation vergangener Arbeit, Wissen und Wissenschaft gegen die »Fiktion« eines zirkulierenden Kapitals ins Rennen. In *Grundrisse* findet sich ein Hinweis auf Hodgskins Ideen in Marx' Behauptung, dass Maschinerie die »angemessenste Form des fixierten Kapitals« sei:

> »Die Accumulation des Wissens und des Geschicks, der allgemeinen Productivkräfte des gesellschaftlichen Hirns, ist so der Arbeit gegenüber absorbirt in dem Capital und erscheint daher als Eigenschaft des Capitals und bestimmter des Capital fixe, so weit es als eigentliches Productionsmittel in den Productionsprocess eintritt. Die Maschinerie erscheint also als die adaequateste Form des Capital fixe und das Capital fixe [...] als die adaequateste Form des Capitals überhaupt.«[57]

Als modernere Form von Bacons Motto »Wissen ist Macht« vertraten die Autor:innen des Industriezeitalters wie Babbage, Thompson und Hodgskin die Ansicht, dass Wissen zweifelsfrei eine produktive und ökonomische Kraft ist. Für Hodgskin, wie auch für Thompson, sei hier erinnert, dass Arbeit primär mentale Arbeit, d.h. Wissen, ist. »Mentale Arbeit« ist

> »die Arbeit der Beobachtung und Sicherstellung durch welche Mittel die materielle Welt und den größten Wohlstand geben möge [...] Ohne mentale Arbeit kann es auch keine körperliche Geschicklichkeit geben; und keine Fähigkeit zur Erfindung von Maschinen. Daher ist sie essenziell für die Produktion.«[58]

Es ist beachtlich, dass für Hodgskin weder intellektuelle Hierarchien existieren noch eine Trennung von Hand und Geist besteht und es auch keine Arbeitsaristokratie gibt, die gefördert werden müsste: »sowohl mentale als auch körperliche Arbeit werden von fast allen Individuen vollführt«.[59] In der Tat zitiert Marx Hodgskin in *Das Kapital*, um zu betonen, dass Fähigkeit eine gemeinsame Ressource ist, die unter den Arbeiter:innen geteilt und von einer Generation an die nächste übergeben wird.[60] Hier ist Wissen eine Macht, die kollektiv erzeugt und geteilt wird; diese Macht konstituiert (gemeinsam mit Maschinerie und Infrastrukturen) den Kern

57 Marx, *Grundrisse* MEGA II/1.2, Seite: 571, Absatz: Zelle 20 ff. (Seite 573)
58 Hodgskin: *Popular Political Economy*: 45, 47.
59 Ebd.: 47.
60 »Leichte Arbeit ist übertragenes Können«. Ebd.: 48.

des fixierten Kapitals, das sich die Arbeiter:innen erneut zu eigen machen müssen (entgegen der »Fiktion« eines zirkulierenden Kapitals).[61]

Die visionärsten Passagen aus *Grundrisse* beziehen sich auf die Krise des Kapitalismus aufgrund der Krise der Zentralität der Arbeit, und daher auf die Arbeitswerttheorie; gemeint ist: da »unmittelbare Arbeit und ihre Quantität als das bestimmende Princip der Production [verschwinden] [...] gegen die allgemeine wissenschaftliche Arbeit, technologische Anwendung der Naturwissenschaften [...] [gegen die] aus der gesellschaftlichen Gliederung [...] hervorgehende allgemeine Productivkraft – die als Naturgabe der gesellschaftlichen Arbeit [...] erscheint«, gerät der Kapitalismus in die Krise.[62] Des Weiteren sagt Marx:

> »Das Capital ist selbst der processirende Widerspruch [dadurch], daß es die Arbeitszeit auf ein Minimum zu reduciren strebt, während es andrerseits die Arbeitszeit als einziges Maaß und Quelle des Reichthums sezt. Es vermindert die Arbeitszeit daher in der Form der nothwendigen, um sie zu vermehren in der Form der überflüssigen; sezt daher die überflüssige in wachsendem Maaß als Bedingung – question de vie et de mort – für die nothwendige. Nach der einen Seite hin ruft es also alle Mächte der Wissenschaft und der Natur, wie der gesellschaftlichen Combination und des gesellschaftlichen Verkehrs ins Leben, um die Schöpfung des Reichthums unabhängig (relativ) zu machen von derauf sie angewandten Arbeitszeit. Nach der andren Seite will es diese so geschaffnen riesigen Gesellschaftskräfte messen an der Arbeitszeit, und sie einbannen in die Grenzen, die erheischt sind, um den schon geschaffnen Werth als Werth zu erhalten. Die Productivkräfte und gesellschaftlichen Beziehungen – beides verschiedne Seiten der Entwicklung des gesellschaftlichen Individuums – erscheinen dem Capital nur als Mittel, und sind für es nur Mittel, um von seiner bornirten Grundlage aus zu produciren. In fact aber sind sie die materiellen Bedingungen, um sie in die Luft zu sprengen.«[63]

Was wie ein Widerspruch in Marx' System erscheint (die Tilgung der politischen Zentralität von Arbeit) ist im Grunde die Folge einer solchen Zentralität. Überall auf der Welt haben die Arbeiter:innen genug gearbeitet! Sie haben so viel für so lange Zeit produziert, dass ihre in der Vergangenheit

61 »Hodgskin nannte das zirkulierende Kapital eine ›Fiktion‹. Fixes Kapital war das aufgespeicherte Können vergangener Arbeit.« Maxine Berg: The Machinery Question and the Making of Political Economy, Cambridge 1980: 274.

62 Marx, *Grundrisse* MEGA II/1.2, Seite 574, Absatz: Zelle 41 ff. (Seite 577)

63 Marx, *Grundrisse* MEGA II/1.2, Seite 580, Absatz: Zelle 38 ff. (Seite 582)

akkumulierte Arbeit (in der Form von Maschinerie, Infrastrukturen und kollektivem Wissen) die Raten des Profits beeinflussen und die Wirtschaft drosseln. Dies ist die These der Produktivität der Arbeit, angeführt gegen die Unproduktivität des Kapitals, zu finden in Hodgskins Buch *Labour Defended against Capital*. Marx seinerseits versucht zu belegen, dass die Akkumulation von fixiertem Kapital (wie Maschinerie, Infrastruktur, kollektivem Wissen und Wissenschaft) tiefgreifende Nebenwirkungen auf Seiten des zirkulierenden Kapitals haben könnte (neben der Möglichkeit einer Überproduktionskrise). In *Grundrisse* untersucht Marx folglich die Hypothese, dass Wachstum des kollektiven und technischen Wissens die Dominanz des Kapitals unterminieren könne, wie Thompson und Hodgskins es sich vorstellten. Doch schließlich wird diese utopische Begeisterung in *Das Kapital* wieder verworfen durch eine realistische Kalkulation des relativen Mehrwerts, der als die Metrik der Maschinerie und auch der impliziten Metrik des Wertes des Wissens aufgenommen wird.

Die Entstehung des *Gesamtarbeiters*

In *Das Kapital* antwortet Marx auf die Maschinen-Frage, indem er einen erweiterten sozialen Akteur ins Rennen bringt, den kollektiven Arbeiter (*Gesamtarbeiter*), der im Zentrum des industriellen Theaters steht, wohingegen für die Bourgeoisie hier ein:e Maschinist:in mit einer Dampfmaschine zu verorten war. Die Figur des *Gesamtarbeiters* ersetzt den Persönlichkeitskult um den:die Erfinder:in (individuelle mentale Arbeit), aber auch die Idee eines *general intellect* (kollektive mentale Arbeit). Mit Rückgriff auf Babbages Arbeitstheorie der Maschine, welche die Maschine zur Verkörperung der Arbeitsteilung erklärt, bestätigt Marx den Gesamtarbeiter als den wahren *politischen Erfinder* der Technologie. Die zweideutige Hypothese der *Wissenstheorie des Wertes* in *Grundrisse* basiert daher nun auf einer empirischen Basis: Intelligenz ist logisch materialisiert in den Verzweigungen der Arbeitsteilung. Der *Gesamtarbeiter* ist eine Personifizierung des *general intellect* und, genau gesagt, seiner Mechanisierung.

Marx folgt der Arbeitstheorie von Babbage sowohl in *Grundrisse* als auch *Das Kapital* genau, doch nur in letzterem macht er Gebrauch von Babbages Prinzip der Modulation des Mehrwerts, was ihm dabei hilft, das Konzept des relativen Mehrwerts zu skizzieren und die Produktivität der Arbeit und Maschinerie zu messen. Das Babbage-Prinzip, zitiert von Marx, lautet wie folgt:

»Indem man das Machwerk in mehrere verschiedne Operationen theilt, deren jede verschiedne Grade von Gewandtheit und Kraft erheischt, kann der Manufakturherr sich genau das jeder Operation entsprechende Quantum von Kraft und Gewandtheit verschaffen. Wäre dagegen das ganze Werk von einem Arbeiter zu verrichten, so müßte dasselbe Individuum genug Gewandtheit für die delikatesten und genug Kraft für die mühseligsten Operationen besitzen«. (Ch. Babbage, l. c. ch. XIX.)[64]

Marx kehrt die Mystifizierung des »Meister-Herstellers« um, indem er in das Zentrum des Babbage-Prinzips den Gesamtarbeiter platziert, der natürlich nun zum Hauptakteuer der Arbeitsteilung wird. Der Gesamtarbeiter eignet sich Eigenschaften eines Superorganismus an:

»Die *spezifische Maschinerie der Manufakturperiode* bleibt der aus vielen Theilarbeitern kombinirte *Gesammtarbeiter* selbst. [...] In der einen muß er mehr Kraft entwickeln, in der andern mehr Gewandtheit, in der dritten mehr geistige Aufmerksamkeit u.s.w., und dasselbe Individuum besitzt diese Eigenschaften nicht in gleichem Grad. Nach der Trennung, Verselbstständigung und Isolirung der verschiednen Operationen werden die Arbeiter ihren vorwiegenden Eigenschaften gemäß getheilt, klassificirt und gruppirt. [...] Der Gesammtarbeiter besitzt jetzt alle produktiven Eigenschaften in gleich hohem Grad der Virtuosität und verausgabt sie zugleich auf‹s ökonomischste, indem er alle seine Organe, individualisirt in besondern Arbeitern oder Arbeitergruppen, ausschließlich zu ihren spezifischen Funktionen verwendet [...].«[65]

In Marx' Worten wird der *Gesamtarbeiter* zu einem »Element der Maschinerie«, einem »sozialen Mechanismus«, einem »kollektiv arbeitenden Organismus«.[66] Lebendige mechanische Metaphern begleiten die Reinkarnation des *general intellect* als *Gesamtarbeiter*. Die Vorgeschichte des Cyborgs kann zwischen den Zeilen von *Das Kapital* gelesen werden:

»Der aus vielen individuellen Theilarbeitern zusammengesetzte gesellschaftliche Produktionsmechanismus gehört dem Kapitalisten. [...] Die besondren Theilarbeiten werden nicht nur unter verschiedne Individuen vertheilt, sondern das

64 Marx, *Das Kapital* MEGA II/10, Seite: 315, Absatz: Zelle 25 ff.
65 Marx, *Das Kapital* MEGA II/5, Seite: 284, Absatz: Zelle 4 ff.
66 Vgl. Henning Schmidgen: »1818: Der Frankenstein-Komplex«, Nachwort in Bruno Latour: Aramis – oder Die Liebe zur Technik, Heidelberg: 2018, 303–319.

> Individuum selbst wird getheilt, in das automatische Triebwerk einer Theilarbeit verwandelt [...].«[67]

Das »Maschinenfragment« betonte nicht nur die zunehmend ökonomische Rolle des Wissens und der Wissenschaften, sondern auch die Rolle der sozialen Kooperation, das heißt, die zunehmende Rolle der *general machinery* der sozialen Verhältnisse über das Fabriksystem hinaus. In einem Schachzug, der dem Entwurf des *Gesamtarbeiters* innerhalb der Fabrik ähnelt, bringt Marx in *Grundrisse* das »soziale Individuum [...] als den großen Grundstein der Produktion und des Wohlstands« in einer Gesellschaft der Zukunft ins Spiel:

> »[Der Arbeiter] tritt neben den Productionsprocess, statt sein Hauptagent zu sein. In dieser Umwandlung ist es weder die unmittelbare Arbeit, die der Mensch selbst verrichtet, noch die Zeit, die er arbeitet, sondern die Aneignung seiner eignen allgemeinen Productivkraft, sein Verständniß der Natur, und die Beherrschung derselben durch sein Dasein als Gesellschaftskörper – in einem Wort die Entwicklung des gesellschaftlichen Individuums, die als der grosse Grundpfeiler der Production und des Reichthums erscheint.«[68]

Es scheint, dass Marx mit der Transmutation des *general intellect* in den Gesamtarbeiter ebenfalls die Theorie einer Implosion des Kapitals durch die Überproduktion des Wissens als fixiertes Kapital fallengelassen hat. Kapitalismus wird nun nicht mehr durch Akkumulation des Wissens kollabieren, da das Wissen selbst dem neuen Apparat dabei dient, die Extraktion eines Mehrwerts zu verbessern. Der Marx-Wissenschaftler Michael Heinrich hat angemerkt, dass *Das Kapital*, »wenn es um die Produktion eines relativen Mehrwerts geht, eine implizite Kritik am »Maschinenfragment« erkennen lässt.[69] Hier scheint Marx Babbages Prinzip von der Modulation eines Mehrwerts heranzuziehen, um die Theorie von einem relativen Mehrwert aufzustellen, die die Fähigkeit des Kapitals, die Ausbeutung in einem Gleichgewicht aufrecht zu erhalten, berücksichtigt. Laut Marx kann ein Mehrwert nicht nur durch die Reduzierung von Löhnen und Materialkosten gesteigert werden, sondern auch durch generelle Steigerung der Produktivität, das heißt, durch Umgestaltung der Arbeitsteilung und

67 Marx, *Das Kapital* MEGA II/5, Seite: 293, Absatz: Zelle 31 ff.
68 Marx, *Grundrisse* MEGA II/1.2, Seite: 580, Absatz: Zelle 38 ff. (Seite 581)
69 Heinrich: »Fragment on Machines«: 197.

Maschinen. Wenn, gemäß dem Babbage-Prinzip, die Arbeitsteilung ein Apparat ist, um das System der Fähigkeiten zu modulieren, und somit auch unterschiedliche Systeme der Bezahlung je nach Fähigkeit zu bilden, dann wird die Arbeitsteilung zu einer Modulation des relativen Mehrwerts. Da sie selber die Verkörperung der Arbeitsteilung ist, wird die Maschine dann zu einem Apparat, der die Arbeit diszipliniert und die Extraktion eines relativen Mehrwerts reguliert.[70] Wie in Babbages Vorstellung wird die Maschine zur Kalkuliermaschine – in diesem Fall zum Instrument, mit dem sich der Mehrwert messen lässt.

Die Maschine ist ein soziales Verhältnis, keine Sache

Im 20. Jahrhundert war Harry Braverman womöglich der erste Marxist, der die bahnbrechenden Experimente in Berechnung von Babbage und seinen Einfluss auf Marx' Theorie von der Arbeitsteilung wiederentdeckte.[71] Als Marx die Bücher von Thompson, Hodgskin und Babbage las, griff er nie auf die Vorstellung von mentaler Arbeit zurück, möglicherweise, um eine Arbeitsaristokratie aus talentierten Handwerker:innen, die man als politisches Subjekt von der Arbeiterklasse trennen könnte, nicht zu fördern. Für Marx ist Arbeit immer kollektiv: Es gibt keine individuelle Arbeit, die angesehener ist als andere, und daher ist mentale Arbeit immer generell; der Geist ist per Definition sozial. Statt von einer *Wissenstheorie der Arbeit* zu sprechen, die der bewussten Aktivität Vorrang einräumt, wie bei Thompson und Hodgskin der Fall, hält Marx an einer *Arbeitstheorie des Wissens* fest, die den kognitiven Import von Formen der Arbeit erkennt, die sozial, verteilt, spontan und unbewusst sind. Intelligenz entsteht aus der abstrakten Ansammlung der einfachen Gesten der Arbeiter:innen und ihren Mikroentscheidungen, selbst und besonders aus jenen, die unbewusst ablaufen.[72] In der allgemeinen Forschung zu Intellekt und der Geschichte

70 »Ein großer Vorteil, den wir aus der Maschinerie ziehen können, ist die Kontrolle, die sie gegen die Unachtsamkeit, den Müßiggang oder die Unehrlichkeit der menschlichen Mitarbeiter bietet.« Babbage: On the Economy of Machinery: 54.

71 Harry Braverman: Labor and Monopoly Capital: The Degradation of Work in the Twentieth Century, New York 1974.

72 Zum Begriff Mikroentscheidung vgl. Romano Alquati: »Composizione organica del capitale e forza-lavoro alla Olivetti«, Teil 2, *Quaderni Rossi* 3 (1963). Teilweise ins Englische übersetzt in Matteo Pasquinelli: »Italian Operaismo and the Information Machine«, *Theory, Culture, and Society* 32, No. 3 (2015): 55.

der Technologie sind dies die Zwischenwelten der kollektiven Intelligenz und der unbewussten Kooperation, doch auch die des »mechanisierten Wissens« und des »achtsamen Mechanikers«.[73] Am Ende ist es Babbage, der Marx ein operatives Paradigma liefert, mit dem er Hegels *Geist* überwinden kann und Wissen, Wissenschaften und den *general intellect* in der Produktion miteinander vermischen kann.

Wie schon hervorgehoben, verschwindet die Trennung zwischen körperlicher und mentaler Arbeit im Marxismus, weil, vom abstrakten Gesichtspunkt des Kapitals gesehen, alle entlohnte Arbeit unterschiedslos einen Mehrwert erzeugt; alle Arbeit ist abstrakte Arbeit. Jedoch nutzt das abstrakte Auge des Kapitals, das die Arbeitswerttheorie reguliert, ein spezifisches Instrument zum Messen dieser Arbeit: die Uhr. So muss etwas, das wie ein universales Gesetz erscheint, mit der Metrik einer sehr banalen Technologie arbeiten: schließlich sind Uhren nicht universal.[74] Maschinen können eine andere Metrik der Arbeit außer Zeit auferlegen, wie in jüngerer Zeit bei der Analyse sozialer Daten geschehen. Genauso wie neue Instrumente die neuen Domänen der Wissenschaft bestimmen, genauso bestimmen sie neue Domänen der Arbeit, nachdem sie selbst durch Arbeit erfunden worden sind.[75] Jede neue Maschine ist eine neue Konfiguration von Raum, Zeit und sozialen Verhältnissen und sie prognostiziert eine neue Metrik solcher Diagramme.[76] Im Viktorianischen Zeitalter befand sich eine Metrologie von mentaler Arbeit noch im Embryonalzustand. Eine rudimentäre Ökonometrie des Wissens entwickelt sich erst langsam im 20. Jahrhundert mit der *Ersten Theorie der Information*. Die These dieses Kapitels lautet, dass Marx' Arbeitswerttheorie nicht die Metriken für die Domänen des Wissens und der Intelligenz behoben hat, was anhand der Ausformulierung des maschinellen Designs und durch das Babbage-Prinzip untersucht werden musste.

---

73 Was im nächsten Jahrhundert zum Kern des Operationalismus werden wird: Management, Logistik und Informatik. Vgl. Sandro Mezzadra / Brett Neilson: The Politics of Operations: Excavating Contemporary Capitalism, Durham 2019.

74 Vgl. Antonio Negri: Time for Revolution, London 2003, 27.

75 Vgl. Peter Damerow / Wolfgang Lefèvre: »Tools of Science«, in Peter Damerow (Hg.): Abstraction and Representation: Essays on the Cultural Evolution of Thinking, Dordrecht 1996: 395–404.

76 Die Vorstellung, dass jede Maschine ihre eigene Maßeinheit für Arbeit festlegt, begründet eine Maschinentheorie der Arbeit, die hier nicht weiter ausgeführt werden kann.

In Anlehnung an Braverman und Schaffer könnte man hinzufügen, dass Babbage nicht nur die Arbeitstheorie der Maschine, sondern auch die *Arbeitstheorie der maschinellen Intelligenz* geliefert hat.[77] Tatsächlich waren Babbages Rechenmaschinen (»intelligente Maschinen« ihrer Zeit) die Implementierung des analytischen Auges des Meisters der Fabrik. Eng verwandt mit Jeremy Benthams Panopticon waren sie zeitgleich Instrumente der Überwachung und der Vermessung von Arbeit. Diesen Gedanken sollten wir berücksichtigen und auf das Zeitalter der künstlichen Intelligenz und ihre politische Kritik anwenden, auch wenn wir damit ihre Polarisierung umkehren, um die Infrastrukturen des Computing zu einer allgemeinen Verdichtung von Arbeit im Kollektiven zu erklären.[78]

77 Vgl. Schaffer: »Babbage's Intelligence«.

78 Vgl. Antonio Negri: »The Re-Appropriation of Fixed Capital: A Metaphor?«, in: David Chandler / Christian Fuchs (Hg.): Digital Objects, Digital Subjects, London 2019: 205–214; Fredric Jameson: An American Utopia: Dual Power and the Universal Army, London 2016.

5
Die Abstraktion von Arbeit

»Kybernetik setzt die Funktionen des Gesamtarbeiters [general worker], die in individuelle Mikroentscheidungen pulverisiert werden, global und organisch neu zusammen: das »Bit« verbindet den atomisierten Arbeiter mit den ›Zahlen‹ des ›Plans‹.«[1]

Die Bifurkation von Energie und Information

Mit ungewöhnlicher Einsicht forderte der französische Philosoph Gilbert Simondon einst das allgemeine Verständnis vom Industriezeitalter heraus. Er schrieb: »Die industrielle Modalität tritt in Erscheinung, wenn die Quelle der Information und die Quelle der Energie sich trennen, nämlich wenn das menschliche Wesen bloß Quelle der Information ist, und die Natur die Energie bereitstellen soll. Die Maschine unterscheidet sich insofern von dem Werkzeug, als sie ein Auslösegerät ist: Sie hat zwei verschiedene Eingangsstellen, die für die Energie und die für Information«.[2] Schließlich wird das Aufkommen des modernen Gedankens von Information normalerweise mit den Massenmedien wie der Presse, dem Telegraphen, dem Radio und dem Fernsehen verbunden – und sicher nicht mit einer industriellen Maschine. Stattdessen schlug Simondon vor, die industrielle Maschine bereits als *info-mechanisches Auslösegerät* zu betrachten, da hier erstmalig die Arbeit in Energie (zur Verfügung gestellt durch natürliche Quellen wie Wasser oder Kohle) und Information (die bewussten Bewegungen und Anweisungen der Arbeiter:innen, die die Maschine überwachten

1 Übersetzt nach der englischen Übersetzung des Autors. Italienisches Original: »La cibernetica ricompone globalmente e organicamente le funzioni dell'operaio complessivo polverizzate nelle microdecisioni individuali: il »bit« salda l'atomo operaio alle »cifre« del »Piano««. Romano Alquati: »Composizione organica del capitale e forzalavoro alla Olivetti«, Teil 2, *Quaderni Rossi* 3 (1963): 134

2 Gilbert Simondon: »Technical Mentality«, *Parrhesia* 7 (2009): 20, im Original veröffentlicht als »Mentalité technique«, *Revue Philosophique de la France et de l'étranger* 131, Nr. 3 (2006): 343–357.

und kontrollierten) aufgeteilt wurde. Nach Simondons Verständnis wäre das traditionelle Werkzeug eine Form, die Energie und Information weiterhin vereint: mit einem Hammer zum Beispiel gibt der vorindustrielle Handwerker noch immer Form und Bewegung durch dieselbe Geste. Diese vormoderne Einheit von Hand und Geist sollte durch die industrielle Teilung der Arbeit systematisch unterbrochen werden, wie in Kapitel Drei durch den Rückblick auf die Maschinen-Frage gezeigt worden ist. Obwohl oft zu hören ist, dass Automatisierung die Arbeit ersetze, hat Simondon veranschaulicht, wie die Automatisierung eigentlich zur Verschiebung von Arbeit und zu einer Spaltung in zwei konträre Linien und zur Hierarchisierung von körperlichen und mentalen Fähigkeiten führt.

Simondon verfasste seine Schriften am Ende der 1950er Jahre, zur Zeit eines ökonomischen Booms, weshalb er das Industriezeitalter unter dem Einfluss neuer Technologien wie der Kybernetik betrachtete, die auch den Erwartungen der Modernist:innen der Nachkriegszeit einen Aufschwung verlieh.[3] Damals war Information eine aufkommende Vorstellung, die auch die Definition von Arbeit beeinflusste. In jüngerer Zeit hat der schwedische Wissenschaftler Andreas Malm das Industriezeitalter angesichts der gegenwärtigen Sorgen aufgrund von Klimawandel und Umweltzerstörung von einem anderen Standpunkt aus untersucht: die Ökonomie der Energie.

Malm hat argumentiert, verständlicherweise, dass das Aufkommen eines industriellen Produktionsmodus durch eine stabile und fruchtbare Form der Energie angetrieben wurde, die man nach der Nutzung der Wasserkraft nun in Kohle fand.[4] Doch seiner Einschätzung nach trug Kohle zur Beschleunigung des industriellen Kapitalismus nicht nur aufgrund ihres energetischen Potenzials bei, sondern auch dank ihrer physikalischen Eigenschaften, wie Leichtigkeit, Homogenität und Messbarkeit, was perfekt zu den neuen abstrakten Dimensionen des Kapitals passte. Dampfmaschinen ersetzten Wassermühlen nicht, weil Kohle billiger oder leichter verfügbar war als Wasser, sondern da Kohle für einen stabileren Energiefluss sorgte, als Regenfälle, und es den Fabriken ermöglichte, näher an die urbanen Gebiete heranzurücken, in denen die Arbeiterklasse zu jener Zeit lebte. Dadurch hat

3 Vgl. Henning Schmidgen: »Thinking Technological and Biological Beings. Gilbert Simondon's Philosophy of Machines«, *Revista do Departamento de Psicologia UFF* 17 (2005): 11–18.

4 Andreas Malm: »The Origins of Fossil Capital: From Water to Steam in the British Cotton Industry«, Historical Materialism 21, Nr. 1, (2013): 15–68.

Malm den energetischen Grund für das langsame Aufkommen des fossilen Kapitalismus aus dem Zeitalter der Produzent:innen identifiziert. Fast 40 Jahre dauerte es, bis die Dampfmaschine sich gegen die Wassermühle durchsetzte: wenn Kohle in allen Ausformungen der Produktion genutzt wurde, dann weil es die geeignetste Form *abstrakter Energie* war, wobei »abstrakt« hier leicht berechenbar hinsichtlich Kosten, Transport, Lagerung, Leistungsfähigkeit und sozialer Organisation meint.

Darüber hinaus ist es auch der Dampfmaschine zu verdanken, dass Kohle zu einer Schlüsselkomponente des industriellen Kapitalismus geworden ist, gerade weil diese technologische Innovation das Potenzial der Kohleenergie in eine stabile und kontinuierliche Bewegung umwandeln konnte, wie Malm angemerkt hat:

> »Damit Kohle für alle Arten der Warenproduktion als universeller Treibstoff genutzt werden konnte, musste es in eine Quelle mechanischer Energie – und, genau genommen, in eine Quelle rotierender Bewegung, umgewandelt werden. Nur durch Verbindung des Kohleverbrennens mit der Rotation eines Rades konnte man fossile Energieträger dazu bringen, den generellen Wachstumsprozess anzufeuern: gesteigerte Produktion – und Transportation – aller möglichen Handelsgüter. Aus diesem Grund wird James Watts Dampfmaschine allgemeinhin als der fatale Durchbruch in eine wärmere Welt angesehen.«[5]

Das Aufkommen der Dampfmaschine und die Übernahme von Kohle waren jedoch keine autonomen Treiber der industriellen Entwicklung für sich: Sie sind die Antworten auf grundlegendere ökonomische Dynamiken wie die neue Herrschaft der Arbeitsausbeutung. Kapitalismus ging mit einem Bedürfnis nach einem noch geregelteren – noch abstrakteren – System der Organisation der Arbeitskraft einher. Dies schließt die Nutzung der Uhr zum genauen Messen der Arbeitszeit sowie die Umsetzung einer genauen Trennung der Arbeitsräume ein, was alles unter der Überwachung des Meisters der Fabrik möglich gemacht wurde. Die energetische Ergiebigkeit der Kohle und die mechanische Genauigkeit der Dampfmaschinen trugen zu einer Verfestigung der räumlich-zeitlichen Abstraktionen des industriellen Kapitalismus bei.

Wenn man Malms Analyse um die Erkenntnis von Simondon ergänzt, könnte man hinzufügen, dass die abstrakten Eigenschaften von Information

5 Ebd.: 18.

gemeinsam mit diesen räumlich-zeitlichen Abstraktionen und den neuen Charakteristika der fossilen Energie aufkamen, wie seine homogenen Kohlenstoffketten, die Kohle leichter quantifizierbar und berechenbar machte als traditionelle Quellen, z.B. Wasser und trierische Kraft. Was wir somit in den Gerätschaften der industriellen Maschine erkennen sollten, ist die gleichzeitige Bifurkation und die Kopplung von *abstrakter Energie* (oder standardisierter Bewegung) und *abstrakter Form* (oder In-formation), beides verstanden als quantifizierbare Operationen und Mittel der Produktion.[6]

Die Teilung der menschlichen Arbeit in abstrakte Energie und abstrakte Form war auch aufgrund der neuen Technologien der Kontrolle möglich: Rückkopplungsgeräte wie der Fliehkraftregler von James Watt (1788) und Regler wie die Lochkarte des Jaquardwebstuhls (1801).[7] Beim Fliehkraftregler handelt es sich um ein Gerät zur Aufrechterhaltung eines konstanten Outputs eines Motors, indem man die Treibstoffzufuhr in Echtzeit regulierte. Die Lochkarte war ein Datenmedium zur Speicherung von Instruktionen von Textilmustern. Noch präziser gesagt wandelte Watts Fliehkraftregler Motorimpulse in *abstrakte Bewegung* um – nämlich in konstante rotierende Bewegung – und die Lochkarten von Jacquard übersetzten körperliche Anweisungen in *Information* – also in berechenbares Wissen. Diese zwei Mittel können retrospektiv als die ersten kybernetischen Gerätschaften eingestuft werden. Watts Fliehkraftregler ist das erste Beispiel für ein Feedback-System für exakte Informationen, während die Lochkarte des Jacquardwebstuhls von IBM als Standardspeicherformat übernommen werden sollte, fast ohne jegliche Abwandlung durch das ganze 20. Jahrhundert hindurch.

Eine Anmerkung zur Kontroverse über abstrakte Arbeit

Es war Hegel, der Arbeit als eine Abstraktion bewertete, die Maschinen und Subjektivität formt, und der erstmalig während seiner Jenaer Vorträge 1805 bis 1806 eine Definition von »abstrakter Arbeit« bot, wobei er höchst-

6 Abstrakte Bewegung könnte auch als abstrakte Arbeit definiert werden, wie es Hegel ursprünglich in den Jenaer Vorlesungen tat; siehe unten. Vgl. auch die Kritik an Sohn-Rethel in Kapitel 8.

7 James Beniger: The Control Revolution: Technological and Economic Origins of the Information Society, Cambridge 1986: 17.

wahrscheinlich die Passagen von Adam Smith über die Arbeitsteilung und Erfindung von Maschinen interpretierte:

> »Sein Arbeiten selbst wird ganz mechanisch, oder gehört einer vielfachen Bestimmtheit an, aber je abstrakter sie wird, desto mehr ist er nur die abstrakte Tätigkeit, und dadurch ist er im Stande, sich aus der Arbeit heraus zu ziehen, und an die Stelle seiner Tätigkeit die der äußeren Natur zu substituieren – er braucht bloße Bewegung, und diese findet er in der äußeren Natur; oder die reine Bewegung ist eben das Verhältnis der abstrakten Formen des Raumes und der Zeit; – die abstrakte äußere Tätigkeit – *Maschine.*«[8]

Später, in *Philosophie des Rechts* (1820), fuhr Hegel fort, abstrakte Arbeit auf ähnliche Weise zu bestimmen: »Die Abstraktion des Produzierens macht das Arbeiten ferner immer mehr *mechanisch* und damit am Ende fähig, daß der Mensch davon wegtreten und an seine Stelle die *Maschine* eintreten lassen kann«.[9] In der Folge vereinnahmte Marx Hegels Interpretation und erklärte, dass die relevante soziale Abstraktion nicht nur die Arbeitsteilung, sondern die Lohnarbeit ist, d.h., die Herrschaft des Kapitals über Arbeit. Der Kapitalismus wandelte menschliche Arbeit effektiv in eine Abstraktion um, doch diese Abstraktion sei die Warenform. Unter dem industriellen Kapitalismus wurde die Arbeit in abstrakte Zeiteinheiten quantifiziert, zu einem generellen Äquivalent innerhalb der gesamten Gesellschaft gemacht und gehandelt, wie jede andere Ware auch, tatsächlich sogar als die eigentliche Substanz der Waren.[10] Marx betrachtete die *Abstraktion der Arbeit* vorrangig als eine Funktion des Kapitals, als ein Lohnverhältnis.

Doch im Industriezeitalter beeinflusste der Prozess der Abstraktion Raum, Zeit, Energie, Arbeit und Wissen auf unterschiedliche Weise, und diese Macht der Abstraktion kann nicht ausschließlich als Ausdruck des Techno-Kapitalismus bewertet werden. In der Tat beansprucht jede:r Abstraktion für sich. Doch bei wem liegt die Macht der Abstraktion letzten Endes tatsächlich? Wer oder was besitzt die politische Handlungsmacht, die die sozialen Abstraktionen der Geschichte formt?

---

8 Jenaer Systementwürfe III: Naturphilosophie und Philosophie des Geistes. Georg Wilhelm Friedrich Hegel, Rolf-Peter Horstmann (Hg.), Felix Meiner Verlag GmbH, Hamburg 1987, Seite 206 f. (224–225)

9 Hegel, Georg Wilhelm Friedrich. Grundlinien der Philosophie des Rechts Berliner Ausgabe 2013 Michael Holzinger (Hg.) § 198.

10 MEGA II/10, Seite: 48, Absatz: Zelle 13 ff.

Die Arbeit der Information

Der Historiker James Beniger behauptet, dass sich zwischen dem späten 19. und der Mitte des 20. Jahrhunderts die Informationstechnologien entwickelten, da die westlichen Länder sich in einem ökonomischen Aufschwung befanden und es notwendig war, die industrielle Produktion und Distribution zu verwalten. Anders ausgedrückt, die ökonomische Beschleunigung befeuerte die Transformation von analogen Medien zu numerischen Informationen. Die Genese der Paradigmen der Kybernetik und der Informationstheorie waren eine Antwort auf eine »Krise der Kontrolle« des westlichen Kapitalismus, der einen Warenüberschuss und eine neue riesige Verteilungsinfrastruktur regulieren musste. Statt von einer *Informationsrevolution* zu sprechen, wie oft geschieht, bedachte Beniger diese Entwicklung mit dem oxymoronartigen Ausdruck *Kontrollrevolution* (dies ist auch eine passende Beschreibung für den historischen Verlauf der Kybernetik zum Streben nach politischem Gleichgewicht).[11] Um eine wachsende Wirtschaft beherrschen zu können, musste eine abstraktere Definition von Information (also als messbares, berechenbares und übertragbares Wissen) eingeführt werden.

Dieser historische Prozess kann wiederum nicht nur aus der Sicht der Warenzirkulation eingerahmt werden, sondern auch von Arbeitsorganisation aus. Ohne Benigers Erkenntnis in Abrede zu stellen: Marxistische Darstellungen der postindustriellen Zeit haben die Rolle der Arbeitskämpfe und sozialen Konflikte bei der Förderung der technologischen Entwicklung betont, weniger die Bedeutung des ökonomischen Mehrwerts. Daneben haben sie die politische Neutralität der technischen Vorstellung von Information angezweifelt, wie der italienische Soziologie Romano Alquati es beispielsweise in seiner Untersuchung der Arbeitsbedingungen in der Olivetti Computerfabrik in den frühen 1960er getan hat.[12]

Olivetti war ein führendes Unternehmen, berühmt für die Produktion von Schreibmaschinen, elektronischen Rechenmaschinen und Großrechnern in den 1950er Jahren. Beispielhaft sei erwähnt, dass Olivetti im Jahr 1959 den Ela 9003 auf den Markt brachte, den ersten transistorenbasierten

11 Beniger: Control Revolution: 6.

12 Alquati: »Composizione organica del capitale«. Vgl. insbes. Matteo Pasquinelli: »Italian Operaismo and the Information Machine«, *Theory, Culture and Society* 32, Nr. 3 (2015): 49–68.

Handelsrechner, dessen futuristische graphische Nutzeroberfläche Ettore Sottsass entworfen hatte. In der Fabrik von Olivetti in Ivrea wandte Alquati zum ersten Mal mit Fokus auf die Arbeitsorganisation in der Kybernetik die Methode der Arbeiterbefragung (auf Italienisch *conricerca* [Mit-Untersuchung]) an. Die Befragung war eine Art der aktiven partizipatorischen Forschung, wenn auch streitlustiger, und fundierte auf der aktiven Miteinbeziehung der Arbeiter:innen; unter anderem wurden Einzel- und Gruppeninterviews intensiv genutzt.

So entdeckte Alquati, dass der kybernetische Apparat der Olivetti Fabrik in erster Linie eine Erweiterung ihrer internen Bürokratie war, die die Arbeiter:innen am Fließband und den Produktionsprozess im Allgemeinen durch die Mittel der »Kontrollinformation« überwachte. Die Schaltkreise der Kybernetik befähigten die Bürokratie nun endlich, in die Körper der Arbeiter:innen hineinzublicken und ihre Handlungen genau unter die Lupe zu nehmen. Auch wenn Alquati Kybernetik als Erweiterung der Bürokratie bewertete, drehte er die Top-Down-Perspektive um, die in der Idee der *Kontrollinformation* implizit ist. Neben *Kontrollinformation* schuf er auch den Ausdruck *Informationsaufwertung*, um den Informationsfluss zu beschreiben, der von den Arbeiter:innen generiert wird, und der, da er flussauf läuft, die Schaltkreise der Fabrik versorgt und den finalen Produkten ihre Form verleiht. So gesehen produzieren die Arbeiter:innen fortlaufend Informationen, die von der Maschinerie aufgesogen und schließlich in Form von Waren verdichtet werden:

> »Information ist essenziell für die Arbeitskraft; sie ist das, was der Arbeiter – mit den Mitteln des konstanten Kapitals – an die Mittel der Produktion auf Basis von Evaluationen, Messungen und Ausarbeitungen übermittelt, um an dem Gegenstand der Arbeit all die Modifikationen seiner Form auszuführen, die seinen verlangten Nutzwert ausmachen.«»[13]

Mit Alquati erhält die numerische Information womöglich zum ersten Mal die Definition von Arbeit. Alquati nahm wahr, dass der wichtigste Teil der

13 Übersetzt nach der englischen Übersetzung des Autors. Italienisches Original: »L'informazione è l'essenziale della forza-lavoro, è ciò che l'operaio attraverso il capitale costante trasmette ai mezzi di produzione sulla base di valutazioni, misurazioni, elaborazioni per operare nell'oggetto di lavoro tutti quei mutamenti della sua forma che gli danno il valore d'uso richiesto.« Alquati: »Composizione organica del capitale«: 121.

Arbeit aus einer Reihe von kreativen Handlungen, Messungen und Entscheidungen besteht, die die Arbeiter:innen konstant erbringen müssen, wenn sie vor der Maschine oder am Fließband stehen. Er bezeichnete als Information ganz genau jene innovativen »Mikroentscheidungen«, die Arbeiter:innen im Produktionsprozess treffen, die dem Produkt Form verleihen, aber auch den maschinischen Apparat selbst regulieren:

> »Die *produktive Arbeit* wird durch die Qualität der *Information* bestimmt, die durch den Arbeiter an die *Produktionsmittel* über die Vermittlung von *konstantem Kapital* ausgeführt und übermittelt werden, in einer Weise, die tendenziell *indirekt*, aber vollkommen *vergesellschaftet* ist.«[14]

Laut Alquati ist es insbesondere der numerische Aspekt der Kybernetik, der das Wissen der Arbeiter:innen in digitale Bits enkodieren und, in der Folge, digitale Bits in Zahlen für die ökonomische Planung transformieren kann (wie im einführenden Zitat dieses Kapitels angesprochen).[15]

Alquati beobachtete eine erweiterte Struktur, die Bürokratie, Management, kybernetische Maschinerie und die Arbeitsteilung miteinander verband: Dies war ein neues System, das den Platz des alten Fabrikmeisters eingenommen hatte. Kybernetik offenbarte die maschinistische Natur der Bürokratie und umgekehrt die bürokratische Rolle der Maschinen – das heißt, beide arbeiteten als Feedback-Apparate, um das Knowhow der Arbeiter:innen zu kontrollieren und einzufangen. Die Ergebnisse von Alquatis Forschung lassen sich folgendermaßen zusammenfassen: (1) Arbeit ist die Quelle der Information des industriellen kybernetischen Apparates; tatsächlich ist Information der wertvollste Bestandteil von Arbeit; (2) Information bedient den kybernetischen Apparat, verbessert stetig sein Design und fügt den Endprodukten Wert hinzu; (3) die numerische Dimension der Kybernetik erlaubt es uns, Arbeit in Wissen, Wissen in Information, Information in Zahlen und somit Zahlen in ökonomische Planung zu übersetzen; (4) der kybernetische Apparat der Fabrik wächst und verbessert sich dank den Beiträgen der vergesellschaftlichten Intelligenz

14 Übersetzt nach der englischen Übersetzung des Autors. Italienisches Original: »Il *lavoro produttivo si* defi nisce nella qualità delle informazioni elaborate e trasmesse dall'operaio ai *mezzi di produzione*, con la mediazione del *capitale costante* in modo tendenzialmente *indiretto*, ma completamente *socializzato*.« Alquati: »Composizione organica del capitale«: 121.

15 Siehe Fußnote 1 dieses Kapitels; Alquati: »Composizione organica del capitale«: 134.

der Arbeiter:innen. Zum ersten Mal macht die kybernetische oder automatisierte Fabrik auf deutliche Weise sichtbar, wie die Arbeit in messbares Wissen – d.h. Information – transformiert wird.

In den frühen 1960er Jahren begannen Alquati und der italienische *operaismo* die Transformation des Fordismus und seine zunehmend »abstrakte« Arbeitsteilung im ganzen Land zu bemerken. Darauf wurde auch schon klar das Bild der *sozialen Fabrik* des politischen Philosophen Mario Tronti hingedeutet. Im Jahr 1962 schrieb Tronti, dass »die gesamte Gesellschaft […] auf der höchsten Ebene der kapitalistischen Entwicklung zu einer Artikulation der Produktion wird, die Gesellschaft vollständig im Dienste der Fabrik lebt und die Fabrik ihr exklusives Herrschaftsgebiet über die gesamte Gesellschaft ausweitet«.[16] Informationstechnologien waren die materielle Infrastruktur, die das Regime des industriellen Kapitalismus in die Gesellschaft angeregt hat. Auch wenn der italienische *operaismo* stets nur ein nachrangiges Interesse für Wissenschaft und Technologien hatte, lieferte Alquati einen entscheidenden Beitrag zu diesem Thema. Er vertrat die Ansicht, dass jegliche technologische Innovation, einschließlich der Kybernetik, immer die Machtverhältnisse und die Klassenantagonismen eines bestimmten historischen Moments in sich trägt und dass dies daher im Zentrum von Untersuchungen stehen sollte:

> »Kapital ist immer akkumulierte vergesellschaftlichte Arbeit, die Maschine ist immer inkorporierte vergesellschaftlichte Arbeit. Das ist offensichtlich. Jede ›neue Maschine‹, jede Erfindung ist ein Ausdruck des allgemeinen Levels und der Qualität von Machtverhältnissen der Klassen zu jenem Zeitpunkt.«[17]

Letztlich ist es nicht schwer, das Aufkommen der Informationstechnologien als Teil der langen Evolution der räumlich-zeitlichen Abstraktionen zu erkennen, die im gesamten vergangenen Jahrhundert die Arbeitskraft diszipliniert haben. Information kam, um die Intelligenz, das Wissen und die Fähigkeiten zu vermessen, die zur Beherrschung des Produktionsprozesses

16 Mario Tronti: Workers and Capital, London 2019: 26.

17 Übersetzt nach der englischen Übersetzung des Autors. Italienisches Original: »Il capitale è sempre lavoro sociale accumulato, la macchina è sempre lavoro sociale incorporato. Ovvio. Ogni «nuova macchina", ogni innovazione esprime il livello generale e la qualità dei rapporti di forza fra le classi in quel momento.« Alquati: »Composizione organica del capitale«: 89.

und der sozialen Verhältnisse nötig waren.[18] Zufälligerweise bewegt sich diese Bedeutung nicht weit vom Ursprung des Ausdrucks »Information«, der als Ersatz für »Intelligenz« in den frühen Tagen der Informationstheorie eingeführt wurde. 1928 schlug der US-amerikanische Ingenieur Ralph Hartley von den *Bell Telephone Labs* vor, die Handlung der »Intelligenz« oder »Interpretation eines Signals«, die damals gängige Ausdrücke in der Telegraphie waren, mit einem Gedanken, der frei von jedem Bezug zu menschlichen Fähigkeiten und, essenziell, messbar war.[19] Diese ursprüngliche Rolle *menschlicher Intelligenz* in den Kommunikationswissenschaften kann als weiterer Beleg für das Interesse der Informationstheorie an der Automatisierung und der Loslösung von Fähigkeiten der mentalen Arbeit verstanden werden, doch auch als eine Bestätigung einer Bewegungsrichtung, die sich markanter Weise nach einem langen technologischen Zyklus in das Projekt der *künstlichen Intelligenz* entfaltet hat. Heutzutage erstreckt sich die »Intelligenz«, die die KI-Algorithmen enkodieren und vermessen, auf ein zunehmend weites soziales Feld, wie dieses Buch veranschaulichen soll. Diese Art der Intelligenz liegt sowohl der körperlichen und der mentalen Arbeit inne, dem expliziten und stillen Wissen, doch allem voran dem Vermögen der Kooperation und der Selbstorganisation, welche im Grunde ein politisches Handwerk ist. Jenseits des Horizontes von elektronischem Engineering gelangt Information schließlich an den Punkt, den Antagonismus zwischen Arbeiter:innen und Kapital zu messen und zu vermitteln – jene »Signale«, die zwischen diesen geschäftigen Feldlagern der sozialen Ordnung ausgetauscht werden.

18 Zu Energie und Information als Metriken der Arbeit vgl. Matteo Pasquinelli: »Labour, Energy, and Information as Historical Configurations: Notes for a Political Metrology of the Anthropocene«, *Journal of Interdisciplinary History of Ideas* 11, Nr. 22 (2023).

19 Ralph V. Hartley: »Transmission of Information«, *Bell System Technical Journal* 7 (1928). Vgl. auch Bernard D. Geoghegan: »Information«, in: Benjamin Peters: *Digital Keywords: A Vocabulary of Information Society and Culture*, Princeton 2016: 173–183.

TEIL II
Das Informationszeitalter

6
Die Selbstorganisation des kybernetischen Geistes

»Man ist korrekterweise ermahnt worden, dass die Geschichte der Gehirnmodelle in Wahrheit eine Geschichte von literarischen und materiellen Technologien ist; diese waren den Hirnforschern wohlbekannt und sind folglich von ihnen als Metaphern verwendet worden. In der metaphorischen Menagerie der Hirnwissenschaftler finden sich mentale Uhren, logische Klaviere, zylinderförmige Organismen, neuronale Telegraphen und zerebrale Computernetzwerke. Wie enden spezifische Technologien in diesem Zoo? Behauptungen, bestimmte Systeme seien in der Lage, Intelligenz zu imitieren oder diese gar zu zeigen, werden durch die soziale Hierarchie von Kopf und Hand weiter gefördert. Der menschliche Geist ist bekannt, da diese sozialen Konventionen bekannt sind.«[1]

»[Das] Wunder unserer Zeit, die elektrische Telegraphie, ist lange zuvor in der tierischen Maschine modelliert worden. Doch die Ähnlichkeit der beiden Apparate, des Nervensystems und des elektrischen Telegraphen, hat eine viel tiefere Basis. Es ist mehr als Ähnlichkeit; es ist eine Verwandtschaft dieser beiden, eine Übereinstimmung nicht nur in der Wirkung, sondern womöglich auch in der Ursache.«[2]

»Das Nervensystem [...] ist als Teil einer Umkehrung von inneren und äußeren Welten externalisiert worden. Schnellstraßen, Häuserblocks, Gesichter und Straßenschilder werden so empfunden, als seien sie Elemente eines schlecht funktionierenden zentralen Nervensystems.«[3]

---

1 Simon Schaffer: »OK Computer«, in: Michael Hagner (Hg.): Ansichten der Wissenschaftsgeschichte, Frankfurt a.M. 2001: 393–429.

2 Emil Du Bois-Reymond: »Über thierische Bewegung« (1887), 2 Bde., übersetzt von Laura Otis in: »The Metaphoric Circuit: Organic and Technological Communication in the Nineteenth Century«, *Journal of the History of Ideas* 63, Nr. 1 (2002): 105.

3 J. G. Ballard: The Atrocity Exhibition, kommentierte Ausgabe, San Francisco 1990, Anmerkung 44.

Eine Sozialgeschichte des Nervensystems

Im Jahr 2012 gewann der AlexNet-Algorithmus – ein riesiges künstliches neuronales Netzwerk – den Wettbewerb von ImageNet, der international als der Maßstab für Bilderkennungssoftware gilt. Seit diesem Zeitpunkt führen »tiefe« künstliche neuronale Netzwerke, auch bekannt als »Deep Learning«, die Revolution des maschinellen Lernens an und gelten als effektivste KI-Technik. Ihr Erfolg gab zudem der Hoffnung neuen Antrieb, dass die »Lösung« für KI womöglich in der geheimen Logik der Gehirnstrukturen zu finden ist – eine Idee, die sich bis zu den Anfangstagen der digitalen Computer zurückverfolgen lässt. Der Neurophysiologe Warren McCulloch und der Mathematiker Walter Pitts waren die ersten, die vorschlugen, biologische Neuronen in einem Gerät zu imitieren.[4] In ihrem Artikel von 1943 *A Logical Calculus of the Ideas Immanent in Nervous Activity* stellten sie künstliche neuronale Netzwerke als eine Imitation der Physiologie des Gehirns vor, jedoch verbarg ihre Idee auch eine externe »soziale« Genealogie, die in diesem Kapitel wiederentdeckt und freigelegt werden soll.[5] Anstatt als biomorphes Artefakt (d.h., ein Artefakt, das Lebensformen imitiert,) möchte dieses Kapitel künstliche neuronale Netzwerke von einem anderen und eher ungewöhnlichen Blickwinkel aus betrachten, nämlich als eine Technik der *Selbstorganisation von Informationen*. Diese Hypothese verbindet ihre Erfindung mit der Arbeitstheorie der Automatisierung, die im ersten Teil dieses Buches ausführlich vorgestellt wurde. Genauso wie das Design der Industriemaschinen aus der Nachahmung der Arbeitsorganisation entstanden ist, kann man künstliche neuronale Netzwerke in vergleichbarer Weise als Maschinen betrachten,

---

4 Warren McCulloch / Walter Pitts: »A Logical Calculus of the Ideas Immanent in Nervous Activity«, *Bulletin of Mathematical Biophysics* 5 (1943): 115–33. Schon lange bevor es den Ausdruck »künstliche Intelligenz« gab, diskutierte man künstliche neuronale Netzwerke als mögliche Architektur für Berechnungen. Turing hatte im Jahr 1947 begonnen, über intelligente Maschinerie zu spekulieren, während McCarthy den Ausdruck »Künstliche Intelligenz« im Jahr 1955 ins Spiel brachte (vgl. Einleitung dieses Buches). Alan Turing: »Lecture to the London Mathematical Society«, 20. Februar 1947, in: *Collected Works*, Bd. 1, Amsterdam 1985; Christof Teuscher: Turing's Connectionism: An Investigation of Neural Network Architectures, Berlin 2012, viii.

5 Margaret Boden bewertet den Artikel von McCulloch und Pitts als ein »abstraktes Manifest für die rechnergestützte Psychologie«, einen Grundlagentext, sowohl für den Zweig der konnektionistischen als auch der symbolischen KI. Margaret Boden: Mind as Machine: A History of Cognitive Science, Oxford 2006, 190.

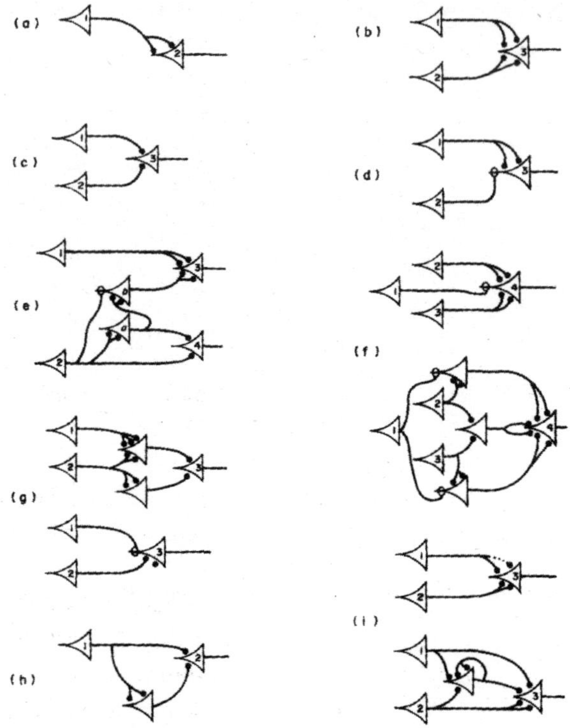

[Abb. 6.1] Skizze künstlicher Neuronen. Warren McCulloch und Walter Pitts, »A Logical Calculus of the Ideas Immanent in Nervous Activity«, Bulletin of Mathematical Biophysics 5, Nr. 4 (1943): 105.

die ihre Parameter – ihr internes Design – selbst organisieren und so die Organisation der externen Welt imitieren. Kybernetische Experimente der Selbstorganisation sind weniger ein »ontologisches Theater« des Lebendigen, wie Wissenschaftshistoriker Andrew Pickering sie definiert hat, sondern im Grunde ein Laboratorium des Sozialen.[6]

Im Jahr 1943 interpretierten McCulloch und Pitts Laborergebnisse auf eigene Weise und brachten den Vorschlag ein, das menschliche Gehirn

6 Andrew Pickering: The Cybernetic Brain: Sketches of Another Future, Chicago 2010; Andrew Pickering: »A Gallery of Monsters: Cybernetics and Self-Organization, 1940–1970«, in: Stefano Franchi / Güven Güzeldere (Hg.): *Mechanical Bodies, Computational Minds*, Cambridge 2005, 229–245.

als »Nervennetz«, das logische Operationen ausführt, zu formalisieren (siehe Abb. 6.1). Sie stellten sich ein Netzwerk aus rechnenden Knotenpunkten vor, das menschliche Schlussfolgerung imitieren konnte, indem sie menschliche Logik auf booleschen Logik mit den Operatoren UND, ODER und NICHT reduzierten. Die Analogie zwischen Gehirnanatomie, logischer Folgerung und Rechengeräten basierte auf der Beobachtung, dass biologische Neuronen eine »alles oder nichts« bzw. binäre Verhaltensweise an den Tag legten. Wenn die Summe der Impulse, welche ein Neuron von seinen stimulierenden und hemmenden Synapsen empfängt, ein gegebenes Limit überschreitet, feuert das Neuron ein Signal zu den Synapsen des folgenden Neurons; andernfalls bleibt es untätig.[7] Neu an dieser Idee war weniger die *Netzwerkform* an sich, sondern die *Schwellenwertlogik*, welche in einer derartigen Struktur die booleschen Operatoren sowie die progressiven Schritte der schlussfolgernden Argumentationsweise verkörpert. Man dachte, diese Maschinen würden durch die Anpassung des Verhaltens ihrer Knotenpunkte wie Gehirne »lernen«, also durch ihre Selbstorganisation komplexe Informationen aufzeichnen.

Einige Jahre zuvor, 1938, hatte der US-amerikanische Mathematiker und Kryptograph Claude Shannon demonstriert, dass elektrische Schaltkreise die booleschen logischen Operationen ausführen konnten. Er entwarf die Logikgatter UND, ODER und NICHT, die bald darauf in alle Transistoren und Mikrochips eingebaut wurden, womit die Grundlage für das Computerzeitalter geschaffen war.[8] Um zu verstehen, warum neuronale Netzwerke zur Schlüsselidee für KI geworden sind, ist es besser, Shannons Logikgatter zu untersuchen, statt sich die Physiologie des Gehirns anzusehen. Im Wesentlichen vertraten McCulloch und Pitts die These, dass die neuronalen Kreisläufe im Gehirn die gleichen Operationen ausführen wie Shannons elektrische Schaltkreise. Während Lehrbücher zum maschinellen Lernen immer wieder hervorheben, dass McCullochs und Pitts' Idee der künstlichen Neuronen durch die Strukturen und das Verhalten der Neuro-

---

7 »Um zu verstehen, wie Neuronen logische Behauptungen repräsentieren könnten, bedenken Sie zwei Beispiele. Angenommen, sowohl A und B wären stimulierende Fasern und dass ein Impulse entlang einer der beiden ausreichend wäre, um die synaptische Lücke zu überwinden. Diese physikalische Situation entspricht der formalen Aussage: »Wenn entweder A oder B wahr ist, dann ist C wahr.«« Steve Heims: The Cybernetics Group, Cambridge 1991, 42.

8 Claude Shannon: »A Symbolic Analysis of Relay and Switching Circuits«, *Transactions of the American Institute of Electrical Engineers* 57, Nr. 12 (1938): 713–23.

nen im Gehirn inspiriert worden sei, ist in Wahrheit das Gegenteil der Fall: in erster Linie sahen sie biologische Neuronen als technologische Artefakte. McCulloch und Pitts stellten sich implizit die Physiologie des Gehirns als homolog mit der Kommunikationstechnologie ihres Zeitalters vor, das aus elektromechanischen Auslösegeräten, Rückkopplungsmechanismen, mechanischem Fernsehen und insbesondere den Telegraphennetzwerken bestand. Auf einem Symposium von 1948 in Hixon zu zerebralen Mechanismen, das im nächsten Kapitel näher beleuchtet wird, rief McCulloch seine Kolleg:innen dazu auf »Neuronen als telegraphische Relais zu denken«.[9]

Wissenschafts- und Technologiehistoriker:innen stellt sich McCullochs und Pitts' künstliches neuronales Netzwerk nicht wie eine vollkommen neue Idee dar, sondern wie eine Ausarbeitung alter Vorstellungen. Beispielsweise hat Laura Otis gezeigt, dass die Analogie zwischen dem Nervensystem und den elektrischen Netzwerken bereits im 19. Jahrhundert bekannt und unter anderem vom Erfinder des Telegraphen, Samuel Morse, und dem Physiker Hermann von Helmholtz genutzt worden war.[10] Dass der Berliner Physiologe Emil Du Bois-Reymond in einem Vortrag zum Thema tierische Bewegung von 1851, aus dem zu Beginn dieses Kapitel zitiert wurde, ausführlich über Ähnlichkeit des Nervensystems und der elektrischen Telegraphennetzwerken referierte, mit einer visionären Inbrunst, die der Science-Fiction näher kommt als der Wissenschaft, belegt die damalige intellektuelle Atmosphäre. Die Prägung durch die Infrastruktur der Kommunikation ging über die »neuronale Telegraphie«-Analogie des 19. Jahrhunderts hinaus: Auch in den kybernetischen Projekten zu Selbstorganisation des 20. Jahrhunderts, die für die Evolution der künstlichen neuronalen Netzwerke entscheidend waren, lässt sich dieser Einfluss feststellen. Tatsächlich ist die Idee eines selbstorganisierenden Rechenvorgangs, der sich an die Umgebung anpassen und auf beständige Weise »lernen« kann, das entscheidende Element des »epistemischen Ensembles« der Kyber-

9 Lloyd A. Jeffress (Hg.): Cerebral Mechanisms in Behavior: The Hixon Symposium, New York 1951, 45.

10 Vgl. Laura Otis: »The Metaphoric Circuit: Organic and Technological Communication in the Nineteenth Century«, *Journal of the History of Ideas* 63, Nr. 1 (2002): 105–28. Vgl. auch Laura Otis: Networking: Communicating with Bodies and Machines in the Nineteenth Century, Ann Arbor 2001; und Christoph Hoffmann: »Helmholtz' Apparatuses: Telegraphy as Working Model of Nerve Physiology«, *Philosophia Scientiae* 7, Nr. 1 (2003): 129–49.

netik, welche den Weg zu maschinellem Lernen ebnete.[11] Aufgrund der akademischen Hegemonie der symbolischen KI und dem weit verbreiteten Anthropomorphismus der Technologie ist es schwierig, sich die gegenwärtige KI als eine Technik der Selbstorganisation von Informationen oder »spontanen Ordnung« aus Daten heraus vorzustellen. Dennoch ist dies eine realistische Beschreibung dessen, was maschinelles Lernen im Grunde tut. Die Verbindung zwischen dem selbstorganisierenden Rechenvorgang des 20. Jahrhunderts und der KI des 21. Jahrhunderts wird von einer komplexen Schicht technologischen Fortschritts verdeckt, unter der wir ihren Ursprung und ihre Entwicklung aus den Augen verloren haben. In diesem Kapitel werde ich anfangen, in dieser Schicht zu »graben« – bis in die Prähistorie des maschinellen Lernens hinein, in der soziale, kommunikative und rechnergestützte Netzwerke alle ein Teil der fortschreitenden (und verbandelten) Bewegung zur Selbstorganisation sind.

Mechanisierung der Selbstorganisation

In der zweiten Hälfte des 20. Jahrhunderts avancierte Selbstorganisation zum beliebten Thema in einer ganzen Reihe an Disziplinen, einschließlich Biologie, Chaostheorie, Neurowissenschaften, Thermodynamik und selbst der neoliberalen Ökonomie (man denke nur an das befremdliche Interesse an der »spontanen Ordnung« der Märkte). Wie ist diese weitverbreitete Suche nach den Prinzipien der Selbstorganisation zu interpretieren? Der erste Eindruck ist der von einer diversen Bewegung, die nach einem ontologischen Prinzip des Lebens Ausschau hält; doch solch eine Schatzsuche nach Prinzipien des »Lebens« scheint die »Prinzipien der Selbstorganisation« widerzuspiegeln, die man ebenfalls in den gesellschaftlichen Veränderungen der Nachkriegszeit entdecken kann.

Ursprünglich war es die moderne politische Philosophie (mit Spinoza und Kant), die Selbstorganisation und Autonomie für die Schlüsselkonzepte hielt, um den Gesellschaftsvertrag und individuelle Freiheit in Theorien aufgreifen zu können. Doch aus unbekannten Gründen verließ das Prinzip der Selbstorganisation in der Mitte des 20. Jahrhunderts die soziale Ontologie und wurde in ein extrasoziales Ideal für die vitalistische Philosophien

11 Vgl. auch Michael Castelle: »Deep Learning as an Epistemic Ensemble«, 2018, castelle.org.

umgedeutet (deren ausgeprägteste Manifestation findet sich in James Lovelocks Gaia-Hypothese, die den Planten Erde als Superorganismus versteht).[12] 1977 erhielt Ilya Prigogine den Nobelpreis für seine Studien zu selbstorganisierenden Strukturen in thermodynamischen Systemen weitab von einem Gleichgewicht.[13] Im gleichen Jahr kündete das Buch *Autonomous Technology* von Langdon Winners weitere Auswüchse im Diskurs zu Selbstorganisation an; nun bewertete man Technologie und weniger die Natur als vom Menschen »autonom« und gefährlich außer Kontrolle, wodurch gewisse frankensteinartige Narrative des Industriezeitalters wiederbelebt wurden.[14] Diese Beispiele verdeutlichen, dass das Konzept der Selbstorganisation über verschiedene Jahrhunderte und Disziplinen hinweg eine dicke ideologische Patina angesetzt hat. Wann und wie genau hat sich die gegenwärtige Vorstellung der Selbstorganisation verfestigt?

Interessanterweise, wie die Biologiephilosophin Evelyn Fox Keller anmerkt, bedurfte es der Kybernetik, die ein Zweig des elektromechanischen Maschinenbaus und keine Naturwissenschaft ist, um die Wissenschaftsdebatte zu Selbstorganisation im 20. Jahrhundert wieder neu in Schwung zu bringen.[15] In den 1940ern machte sich die Kybernetik den modernen Traum vom Bau »denkender Maschinen« zu eigen, wenn auch durch Übernahme einer anderen Technik aus dem vorherigen Jahrhundert. Im industriellen Zeitalter hatte Babbage die Automatisierung mentaler Arbeit durch eine »Maschine« vor Augen gehabt, die das Rechnen von Hand übernimmt und ausführt. Menschliches Schlussfolgern wurde daraufhin als eine logische Prozedur enkodiert, als eine lineare Abfolge von schrittweisen Operationen (was Alan Turing später mit dem Telegraphenband assoziierte, um sich so die nach ihm benannte Maschine zu erdenken). Kybernetiker:innen erprobten andere Wege zum Bau »intelligenter Automaten«. Ihr Ziel war es nicht, die Regeln der menschlichen Schlussfolgerung zu imitieren, sondern die Regeln, nach denen Organismen sich selbst

12 J. E. Lovelock: »Gaia as Seen through the Atmosphere«, *Atmospheric Environment* 6, Nr. 8 (1972): 579f.

13 Gregoire Nicolis / Ilya Prigogine: *Self-Organization in Non-Equilibrium Systems*, New York 1977.

14 Langdon Winner: Autonomous Technology: Technics-Out-of-Control as a Theme in Political Thought, Cambridge 1978.

15 Evelyn Fox Keller: »Organisms, Machines, and Thunderstorms: A History of Self-Organization«, Teil 1, *Historical Studies in the Natural Sciences* 38, Nr. 1 (2008): 45–75.

organisieren und an die Umgebung anpassen, nachzuahmen. Es ist wichtig, dass Selbstorganisation auch als Selbstreproduktion und Selbstreparatur verstanden wurde. Dies ist ein Schlüsselaspekt, den Kant in seiner Definition von »organischen Lebewesen« betonte, und der ein leitendes Prinzip für die Kybernetiker:innen bleiben sollte.[16]

Die Kybernetik behauptete von sich, in allen Organismen einen grundlegenden »Mechanismus« des Verhaltens gefunden zu haben, nämlich Information als ein Feedbackmedium im Austausch mit der Umgebung und der internen Selbstregulation. In einem der Grundlagentexte machten Arturo Rosenblueth, Norbert Wiener und Julian Bigelow geltend, dass die »groben Klassen des Verhaltens in Maschinen und in lebenden Organismen die gleichen sind«.[17] Auch wenn Unterschiede im engen Maßstab eingeräumt werden (bekanntermaßen haben Organismen keine Räder, etc.), vertrat der Artikel die Meinung, dass sowohl Maschinen als auch Organismen dank eines Informationsfeedbacks betrieben werden, welches ihren Gebrauch und ihren Zweck bestimmen. Tatsächlich war dieses Prinzip der Kybernetik bereits in der frühen Biologie von Jakob von Uexküll angenommen worden, der Organsimen als informationsverarbeitende Systeme betrachtete, die danach streben, sich der Umgebung anzupassen. Uexküll definierte den Austausch zwischen dem Nervensystem eines Tieres (*Innenwelt*) mit der äußeren Welt (*Außenwelt* oder *Umwelt*) als einen *Funktionskreis*. Man darf nicht vergessen, dass in Wieners Wortschöpfung der Ausdruck »Kybernetik« (vom griechischen Wort *kybernetes*, Steuermann) sich auf die Fähigkeit eines technischen, sozialen und lebenden Systems bezieht, sich selbst durch einen Informationsaustausch mit der Umgebung zu regulieren. Es ist recht offensichtlich, dass sowohl Uexküll und die Kybernetiker:innen aus den Kommunikationssystemen ihrer Zeit – Telegraph, Telefon und

16 »In einem solchen Produkte der Natur wird ein jeder Teil so, wie er nur durch alle übrige da ist, auch als um der andern und des Ganzen willen existierend, d. i. als Werkzeug (Organ) gedacht: welches aber nicht genug ist (denn er könnte auch Werkzeug der Kunst sein, und so nur als Zweck überhaupt möglich vorgestellt werden); sondern als ein die andern Teile (folglich jeder den andern wechselseitig) hervorbringendes Organ, dergleichen kein Werkzeug der Kunst, sondern nur der allen Stoff zu Werkzeugen (selbst denen der Kunst) liefernden Natur sein kann: und nur dann und darum wird ein solches Produkt, als organisiertes und sich selbst organisierendes Wesen, ein Naturzweck genannt werden können.« Immanuel Kant, Kritik der Urteilskraft 1790, S. 130

17 Arturo Rosenblueth / Norbert Wiener / Julian Bigelow: »Behaviour, Purpose and Teleology«, *Philosophy of Science* 10, Nr. 1 (1943): 18–24.

Radionetzwerke – eine Analogie für die Interaktion lebendiger Wesen mit ihrer Umgebung ableiteten.

Auch wenn Kybernetiker:innen Informationen zu Beginn in der Form als analoge elektromagnetische Signale dachten, wandten sie sich nach und nach den digitalen, diskreten und computerbasierten »bits« zu.[18] Für die Kybernetik waren es nicht nur Maschinen im Allgemeinen, sondern auch digitale Computer (d.h. endliche Automaten), die die Prinzipien der Selbstorganisation lebendiger Wesen imitieren konnten.[19] Der britische Psychiater Ross Ashby war der Haupttheoretiker zum Thema Selbstorganisation in der Kybernetik. Mit seinem Artikel »Principles of the Self-Organising Dynamic System« von 1947 wollte er demonstrieren, dass Selbstorganisation nicht nur eine Eigenschaft des Lebendigen war, sondern auch von »strikt determinierten« Maschinen, also Computern:[20]

> »Es ist allgemein bestritten worden, dass eine Maschine ›selbstorganisierend‹ sein könnte, d.h., dass sie determiniert sein kann und doch in der Lage ist, spontane Veränderungen der internen Organisation zu vollziehen. Die Frage, ob dies möglich ist, ist nicht nur von rein philosophischem Interesse, da dies ein fundamentales Problem in der Theorie des Nervensystems darstellt. Es gibt zahlreiche Belege, dass dieses System sowohl (a) ein streng determiniertes physisch-chemisches System ist und (b), dass es ›selbst-induzierte‹ interne Reorganisationen durchlaufen kann, die zu einer Verhaltensänderung führen. Zuweilen wurde die Meinung vertreten, dass diese beiden Voraussetzungen sich gegenseitig ausschließen. Ziel dieses Artikels ist es, zu belegen, dass eine Maschine zur gleichen Zeit (a) in ihren Handlungen streng determiniert und (b) dennoch eine selbst-induzierte Veränderung der Organisation aufweisen kann.«[21]

18 Dies ist der feine Unterschied zwischen den zwei Informationstheorien von Wiener und Shannon (die eine analog, die andere digital). Vgl. Ronald Kline: The Cybernetics Moment: Or Why We Call Our Age the Information Age, Baltimore 2015.

19 Laut Turing sind »diskrete Zustandsmaschinen [...] Maschinen, die sich durch plötzliche Sprünge oder Klicks von einem recht definiten Zustand in einen anderen springen«. Alan Turing: »Computing Machinery and Intelligence«, *Mind* 59, Nr. 236 (October 1950), in: B. Jack Copeland (Hg.): Essential Turing: Seminal Writings in Computing, Logic, Philosophy, Artificial Intelligence, and Artificial Life, Oxford 2004, 446.

20 Ein Portrait von Ashby und seinem Homöostat ist zu finden bei Pickering: »A Galery of Monsters«.

21 Ross Ashby: »Principles of the Self-organizing Dynamic System«, *Journal of General Psychology* 37 (1947): 125–128.

Ashby setzte seine Theorie in die Tat um, indem er den »Homöostat« erfand (der Name ist als Anerkennung der Homöostase lebendiger Systeme gedacht, wie sie 1926 von Walter Bradford Cannon definiert wurde). Das Gerät, das aus vier klumpigen elektro-mechanischen Einheiten zusammengebaut war, zeigte jedoch, was seine Fähigkeit zur »Selbstorganisation« betraf, eher das Gegenteil von einer willentlichen Anpassung zu externen Stimuli. Sarkastisch nannte Grey Walter die Erfindung *machina sopora* (Latein für »schlafende Maschine«), da »ihr Ziel darin bestand, still zu werden; sie änderte ihren Zustand nur, wenn sie von außen gestört wurde«.[22] In einem späteren Beitrag von 1960 *Principles of the Self-Organizing System* stellte Ashby Selbstorganisation vollständig unter mechanistische Paradigma, um sich so der Metaphysik zur Entstehung des Lebens zu entledigen: »Während in der Vergangenheit Biologen dazu tendiert haben, von Organisation als etwas Zusätzlichem zu denken, das den elementaren Variablen *hinzugefügt* wurde, betrachtet die moderne Theorie, basierend auf der Logik der Kommunikation, Organisation als eine Begrenzung oder Beschränkung.« Jedoch kam er auf eine Weise, die ein erleuchtendes Beispiel für den Wunsch ist, die Automatisierung möge die Menschheit ersetzen und Unsichtbarkeit erlangen, zu folgendem Schluss: »Ich denke, in Zukunft werden wir das *Wort* [›Organisation‹] seltener hören, obgleich die *Operationen*, denen sie entspricht, in der Welt der Computer und gehirnartigen Mechanismen in ihrer alltäglichen Bedeutung immer mehr zunehmen werden«.[23]

Kybernetiker:innen wie Ashby strebten nicht nach Selbstorganisation als einfachem Schlüssel zur Nachahmung von lebenden Strukturen, sondern insbesondere von Gehirnstrukturen. Folglich untersuchten sie die Selbstorganisation neuraler Netzwerke als den Schlüssel zu intelligentem Verhalten. Es kam zum Wendepunkt in dieser Debatte, als der Neuropsychologe Donald Hebb 1949 sein bedeutendes Buch *The Organisation of Behavior* veröffentlichte, in dem er behauptete, die grundlegende Regel der Selbstorganisation in neuralen Netzwerken erkannt zu haben.[24]

22 Grey Walter: *The Living Brain*, London 1953, 123; Pickering, *The Cybernetic Brain*, 164.

23 Ross Ashby: »Principles of the Self-Organizing System«, in: Heinz von Foerster and George Zopf (Hg.): Principles of Self-Organization, New York 1962, 255–257.

24 Donald Hebb: The Organisation of Behavior, New York 1949. In diesem Buch legte Hebb seine Theorie der Neuroplastizität als »konnektionistisch« fest, ein Ausdruck,

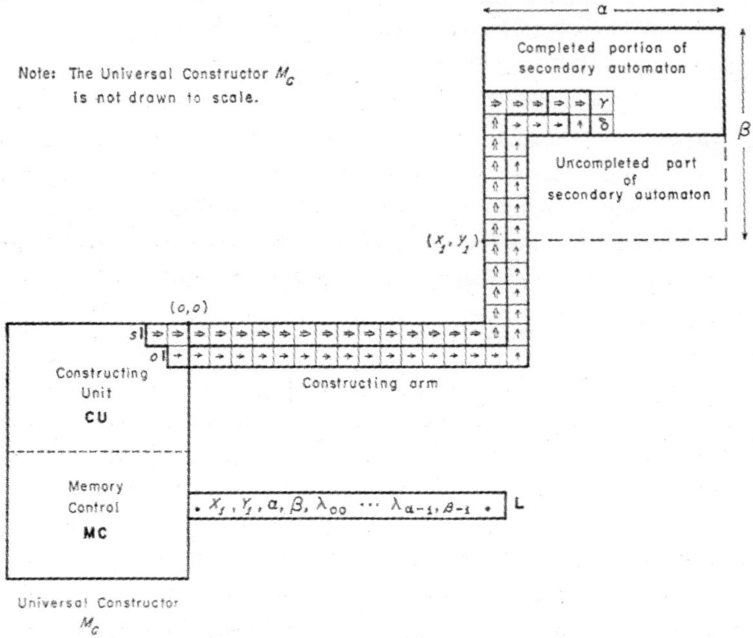

[Abb. 6.2] Ausführender Arm des *Universal Constructor*. John von Neumann, Theory of Self-Reproducing Automata (editiert von Arthur Burks), Urbana, Il: University of Illinois Press, 1966, 371.

Hebb zeichnete ein erstaunliches Phänomen auf, bei dem Neuronen, die zeitgleich stimuliert wurden, auch ihre Verbindung verstärkten:

> »Wenn eine Zelle wiederholt dabei assistiert, eine andere anzufeuern, dann entwickelt das Axon der ersten Zelle synaptische Knoten (oder vergrößert diese, wenn bereits vorhanden) in Kontakt mit dem Soma der zweiten Zelle [...] Die allgemeine Idee ist nicht neu, wonach beliebige zwei Zellen oder Systeme von Zellen, die wiederholt zur gleichen Zeit aktiv sind, wahrscheinlich mit einander ›assoziiert‹ werden, sodass Aktivität in der einen die Aktivität in der anderen begünstigt.«[25]

den Frank Rosenblatt später zweckentfremdete, um den »Konnektionismus« als Paradigma der künstlichen neuronalen Netzwerke zu definieren; vgl. Kapitel Neun.

25 Hebb: *Organisation of Behavior*, 63–70.

Seitdem ist diese Gehirnaktivität als hebbsche Lernregel von »Zellverbänden« und ist in dem berühmten Spruch übermittelt: »Neurons that fire together, wire together [Neuronen, die zusammen feuern, verdrahten sich].« Hebbs Theorie kann sowohl als erste kodifizierte Regel zur Neuroplastizität und als erste Regel der Selbstorganisation für Algorithmen maschinellen Lernens bewertet werden. Der Kognitionswissenschaftler Frank Rosenblatt betrachtete das erste operative künstliche neuronale Netzwerk – das Perzeptron – als eine selbstorganisierende Maschine und bemühte sich, die hebbsche Lernregel in ihrer Funktionsweise zu implementieren (siehe unten, sowie Kapitel Neun).

Exkurs: Theorien der Selbstorganisation und der frühe digitale Computer

Zu jener Zeit war der Forschungsbereich zum Thema Selbstorganisation größer als es heute den Anschein hat: Es ist ausreichend, sich daran zu erinnern, dass früher oder später alle großen Pioniere des digitalen Computers, wie John von Neumann, Konrad Zuse und Alan Turing, Selbstorganisation als Technik der Rechenvorgänge untersuchten. Von Neumann (der Designer der Hauptarchitektur digitaler Computer, die bis heute seinen Namen trägt) untersuchte während seiner Arbeit für das US-Militär radikale Formen der Automatisierung und stellte Überlegungen zu einer Maschine mit dem Namen *Universal Constructor* an, die sich selbst reparieren und reproduzieren konnte (selbstverständlich war die Armee daran interessiert, diese Erfindung auf selbst reproduzierende und selbst reparierende Fahrzeuge und Artillerieteile zu übertragen). Die Beobachtung des Reproduktionsprozesses bei »lebenden Organismen« regte zu ihrer Simulation in »rechnenden Maschinen« an und führte die fragliche Analogie zwischen organischen Zellen und Recheneinheiten ein.[26] Der *Universal Constructor* war eine Umsetzungsform der generellen Theorie zellulärer Automaten – d.h., eine Konfiguration aus Recheneinheiten, die sich wie organische

26 Es war insbesondere Erwin Schrödingers Vorlesung von 1943 »What Is Life?«, die die Verknüpfung der negativen Entropie der Photosynthese mit der Selbstreproduktion des Lebens durch einen Code inspirierte (DNA war noch nicht entdeckt worden). Vgl. auch Peter Asaro: »Heinz von Foerster and the Bio-Computing Movements of the 1960s«, in: Albert Müller / Karl H. Müller (Hg.): *An Unfinished Revolution? Heinz von Foerster and the Biological Computer Laboratory 1958–1976*, Wien 2007.

Zellen in einem zweidimensionalen Raum verändern und weiterentwickeln (vgl. Abb. 6.2). In diesem Raum sind die zellulären Automaten im Grunde Cluster von Elementen, die ihre Konfiguration ändern und sich in Übereinstimmung mit benachbarten »Zellen« bewegen; dabei entstehen geometrische Figuren, wodurch, so die Behauptung, Lebensformen in der natürlichen Umgebung imitieren. Beim Hixon-Symposium von 1948 rief Neumann die anderen Gesandten dazu auf, Rechenprozesse (einschließlich der Turing-Maschinen und den künstlichen neuronalen Netzwerken) als eine Form der Selbstorganisation zu verstehen. Denn er argumentierte, dass selbst reproduzierende Einheiten alle Standardoperationen der computergestützten Rechenprozesse durchführen könnten, einfach, indem sie sich wie biologische Zellen replizierten.[27] Die Vorstellung von zellulären Automaten sollte einen bleibenden Einfluss haben. Zuse, bekannt als Entwickler des ersten programmierbaren elektrischen Computers in Berlin im Jahr 1938, schlug vor, die Logik der zellulären Automaten auf Physik und die allgemeinen Gesetze des Universums anzuwenden. In seinem Buch *Rechnender Raum*, wird das Universum als aus diskontinuierlichen räumlichen Einheiten bestehend verstanden, die sich selbst als zelluläre Automaten organisieren – d.h. in Abstimmung mit dem Status und dem Verhalten der benachbarten Zelle.[28] Laut Zuse können die energetischen Interaktionen zwischen den Atomen als Einheiten der computergestützten Berechnung formalisiert werden; diesem Ansatz folgend könne man die Gesetze der Physik, z.B. der Gravitation, in einer kombinatorischen Weise umschreiben. In diesem Sinne betrachtete Zuse die Theorie des *Rechnenden Raumes* als ein Paradigma, das die Quantenphysik genauso ablösen würde, wie diese die klassische Physik verdrängt hatte.[29] Vom epistemologischen Standpunkt aus gesehen haben wir es hier erneut mit einem mechanischen Paradigma zu tun, das offen anstrebt, zu einem Paradigma der Natur zu werden; in diesem Fall nicht von biologischen Gesetzen, sondern von physikalischen. Konkret gesagt, wird ein endlicher Automat, wie der digitale Computer, zum ontologischen Modell für die Struktur des Universums an sich erhoben.

27 Vgl. auch Alex Galloway: »Creative Evolution: Nils Aall Barricelli's Mathematical Organisms«, *Cabinet* 42 (Sommer 2011).

28 Konrad Zuse: »Rechnender Raum«, *Elektronische Datenverarbeitung* 8 (1967), übers. als *Calculating Space*, Cambridge 1970.

29 Zuse: *Calculating Space*, 5.

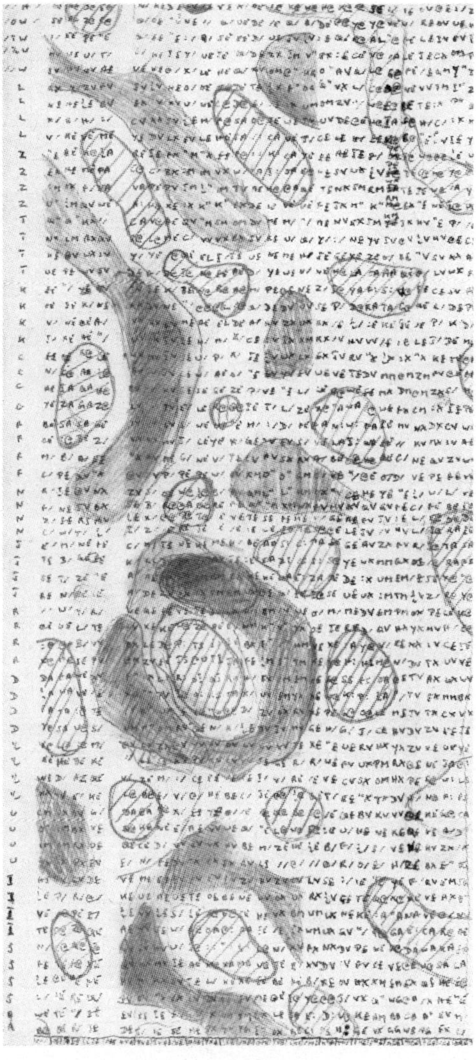

[Abb. 6.3] Darstellung von Tierfellmustern und Kalkulationen. Alan Turing, ca. 1950. Blatt AMT/K3/8, Turing Archive, King's College Cambridge, Auszug.

Turings Essay *The Chemical Basis of Morphogenesis* (veröffentlicht 1952, zwei Jahre vor seinem Tod) reiht sich ebenfalls in die Tradition der selbstorganisierenden Rechenprozesse ein.[30] In diesem späteren Beitrag stellte

30 Alan Turing: »The Chemical Basis of Morphogenesis«, *Philosophical Transactions of the Royal Society B.* 237, Nr. 641 (1952).

Turing sich die Moleküle von Organismen als selbstrechnende Akteure vor, die durch ihre Interaktion ihre komplexen autopoietischen Strukturen hervorbringen. Mit diesem Ansatz wollte er Tentakelmuster von Süßwasserpolypen, Blattanordnung von Pflanzen, Gastrulation von Embryos, Muster auf Tierhaut und die Phyllotaxis von Blumen als Formen der selbstorganisierenden Rechenprozesse modellieren. Um solche Muster zu generieren (seither bekannt als »Turing-Muster«) nutzte er einen der ersten Großrechner der Universität Manchester, dennoch führte er viele Berechnungen von Hand aus (vgl. Abb. 6.3). Turing warnte, dass »dieses Modell eine Vereinfachung und Idealisierung sein wird, folglich eine Verzerrung«, auch wenn er, wie alle Kybernetiker:innen es getan hätten, die Hoffnung äußerte, dass »die behandelten imaginären biologischen Systeme und die Prinzipien, die zur Sprache kamen, bei der Interpretation von echten biologischen Formen hilfreich sein mögen«.

Militärische Interessen an selbstorganisierenden Netzwerken

Selbstorganisationstheorien gehörten nicht nur zu den kybernetischen Träumen von lebenden Automaten, sondern zählten auch zum Handwerkszeug der Rationalität des Kalten Krieges.[31] Wie so oft war der Hauptsponsor der Forschung in diesem Bereich das US-Militär, das ein Interesse an der Logik der Selbstorganisation als einer alternativen, effizienteren Berechnungsmethode hatte. Ende der 1950er Jahre beschloss das *US Office of Naval Research* (ONR)[32] die Förderung einer Reihe von Symposien zu Selbstorganisation, welche eine historische Dokumentation der verbreiteten Rezeption von Forschung an künstlichen neuronalen Netzwerken jener Zeit darstellt. Seltsamerweise versäumte es selbst die monumentale geschichtliche Übersichtsarbeit der KI von Margaret Boden, die Existenz dieser weiteren Symposien wahrzunehmen, was zur Folge hat, dass wiederholt nur dem Workshop zu KI von 1956 in Dartmouth historische Bedeutung beigemessen wird.

Im Mai 1959 saß der Leiter des neu eingerichteten Zweigs zu Informationssystemen des ONR, Marshall Yovits, einer Konferenz in Kollaboration mit dem *Illinois Institute for Technology* zu »Selbstorganisierenden Syste-

31 Vgl. Paul Erickson et al.: How Reason Almost Lost Its Mind: The Strange Career of Cold War Rationality, Chicago: 2013

32 Forschungsabteilung der US-amerikanischen Marine

men« vor. Yovits lud sowohl Kybernetiker:innen des konnektionistischen als auch des symbolischen KI-Lagers ein.[33] Er antizipierte die anstehende Konfrontation dieser beiden Paradigmen und die Grenzen des symbolischen Lagers und behauptete, dass

> »eine gewisse Art von Problemen, meist solche, die inhärent nicht-numerische Informationsarten enthalten, nur effizient mit der Nutzung von Maschinen gelöst werden kann, die einen höheren Grad der Lernfähigkeit oder der Fähigkeit zur Selbstorganisation aufweisen. Beispiele für Probleme dieses Typus wären automatisches Ablesen von Graphiken, Spracherkennung, Mustererkennung, automatische Sprachübersetzung, Informationsgewinnung und Steuerung großer und komplexer Systeme. Für effiziente Lösungen derartiger Probleme wird möglicherweise eine Kombination aus einem stationären speicherprogrammierten Computer und einer selbstorganisierenden Maschine nötig sein.«[34]

Die Konferenz verdeutlichte die interdisziplinären Ambitionen der Kybernetik, da Yovits hervorhob, wie Wissenschaftler:innen aus den Bereichen der Naturwissenschaften wie Psychologie, Embryologie und Neurophysiologie zusammenarbeiteten, um die Merkmale selbstorganisierender biologischer Systeme zu verstehen, während andererseits »Mathematiker, Maschinenbauer und Physiker danach strebten, künstliche Systeme zu entwerfen, die selbstorganisierende Eigenschaften zeigten«.[35]

Der Tagungsbericht hilft dabei, ein Licht auf die Debatte zur Selbstorganisation jenseits der kanonischen Themen der Kybernetik zu werfen. Trotz der Vielzahl an dokumentierten Positionen verblieb das Hauptaugenmerk der Konferenz stets auf der Selbstorganisation von Rechennetzwerken. Der Elektrotechniker Belmont Farley eröffnete die Konferenz mit einem Überblick über die relevantesten visuellen »Systeme, die sich automatisch organisieren, um den Input aus der Umgebung in erkennbare Wahrnehmungsbilder oder Muster einordnen zu können«. Farleys Beitrag war

33 An der Konferenz nahmen auch Vertreter der symbolischen KI teil, Allen Newell, Cliff Shaw und Herbert Simon. Vgl. Stephanie Dick: »Of Models and Machines: Implementing Bounded Rationality«, *Isis* 106, Nr. 3 (2015): 623–634. Vgl. auch Shunryu Garvey: »The ›General Problem Solver' Does Not Exist: Mortimer Taube and the Art of AI Criticism«, *IEEE Annals of the History of Computing* (2021): 60–73.

34 Belegstelle fehlt im Original.

35 Marshall Yovits / Scott Cameron (Hg.): Self-Organizing Systems, New York 1960, v–vi.

die Fortsetzung seiner Studien, die er während des Zweiten Weltkriegs betrieben hatte, als er beim Luftangriff auf London dafür verantwortlich gewesen war, einen neuen Radartypus gegen die niedrig fliegende Luftwaffe zu testen, was zeigt, dass Selbstorganisation des Sichtfelds bereits für militärische Automatisierung von Interesse war. Zu den weiteren Vortragenden der Konferenz zählte der Zoologe Robert Auerbach, der sich um eine Beschreibung der »Organisation und Reorganisation von embryonischen Zellen« in mathematischer Form bemühte – insbesondere im Sinne eines »Informationstransfers (Induktion)« in lebenden Zellen, die »wachsende Automaten« genannt wurden. In dieses ausgedehnte Forschungsprojekt zur Erfassung des Prinzips der Selbstorganisation in der Natur brachte der britische Kybernetiker Gordon Pask die Idee ein, eine »natürliche Geschichte der Netzwerke« zu starten, mit der Absicht, die Gleichartigkeit der Eigenschaften der sozialen und natürlichen Netzwerke zu beweisen:

> »[Wenn] ein Beobachter irgendwelche selbstorganisierenden Potenziale, die ein Netzwerk haben könnte, nutzen möchte, dann muss er dieses Netzwerk so betrachten, als wäre er ein Naturkundler [...], wobei der Ausdruck ›Netzwerk‹ im generellen Sinne verwendet wird, um auf jegliche Gruppierung von miteinander verbundenen und messbar aktiven physikalischen Einheiten zu verweisen. Natürlich vorkommende Netzwerke, die, da selbstorganisierend, von Interesse sind, wären zum Beispiel ein Sumpf, eine Kolonie von Mikroorganismen, ein Forschungsteam oder ein Mann.«[36]

Dieses Symposium von 1959 ist ebenfalls hilfreich dabei, McCullochs und Pitts' ursprüngliche Vorstellung von künstlichen neuronalen Netzwerken in Relation zu betrachten; sie waren nicht einfach verschachtelte Maschinen mit Input und Output, sondern Systeme, die Neuroplastizität imitieren und verkörpern sollten. Eine Dekade nach dem Grundsatzpapier von 1943 nahm McCulloch an dem Symposium teil, um zu betonen, dass Selbstorganisation der Schlüssel für neuronale Netzwerke sei und dass das gleiche Prinzip für das Design eines »unfehlbaren Netzwerkes aus fehlbaren Neuronen« genutzt werden solle. McCullochs Intuition (die bis heute zugleich Stärke und Schwäche des maschinellen Lernens ausmacht) war, dass Rechenprozesse nicht akkurat sein müssen, um effizient zu sein, sondern stattdessen auf »der Redundanz der Kalkulation« basieren können.

36 Gordon Pask: »Natural History of Networks«, in: ebd., 232.

Im Paradigma der künstlichen neuronalen Netzwerke »wird die Information zu einer Menge sogenannter Neuronen gebracht, und diese lausigen Neuronen, die parallel Rechenprozesse ausführen, sind in der Lage mit der richtigen Antwort aufzuwarten, obwohl die einzelnen Neuronen sich schlecht verhalten«.[37]

Eine nachfolgende Veranstaltung, welche das ONR sponsorte, war das »Symposium zu den Prinzipien der Selbstorganisation«, einberufen durch Heinz von Foerster im Jahr 1960 in Kollaboration mit dem *Biological Computer Laboratory* der Universität von Illinois in Urbana-Champaign. Die Protokolle dieses Symposiums belegen, dass Mac Cullochs und Pitts' wie auch Rosenblatts künstliche neuronalen Netzwerke Teil einer größeren Anzahl ähnlicher Forschungsprojekte zur Selbstorganisation waren.[38] Die meisten Beiträge hatten einen Bezug zu dem Gebiet der neuronalen Netzwerke (man sagte auch »zufällige komplexe Netzwerke«) und behandelten Themen wie Lerntechniken, Fehlerbehebung, induktive Folgerung, verteilte Speicher, Mustererkennung und auch Prototypen von selbstorganisierenden Hardwareeinheiten oder Neuristoren (was man heute als neuromorphe Chips bezeichnen würde).

Besonders erwähnt werden sollte die Teilnahme des neoliberalen Ökonomen Friedrich Hayek, der im Jahr 1952 eine oft übersehene Abhandlung mit dem Titel *The Sensory Order* (vgl. Kapitel Acht) über Konnektionismus verfasste. Seine Anwesenheit signalisiert die sich überschneidenden Interessen des Militärs, der Ökonom:innen, der Kypbernetiker:innen und der Industriellen am Thema Selbstorganisation. Für ihren Teil waren die Kybernetiker:innen bestrebt, den Vorteil ihrer Theorien für Wirtschaft und Industrie zu beweisen. Es war kein Zufall, dass das Symposium mit Stafford Beers »Elektroenzephalogramm einer der größten Stahlwerke Großbritanniens« eröffnet wurde, welches sich die Organisation einer Fabrik als äquivalent zum Gehirn vorstellte.[39] Beer hatte bereits in seiner »Skizze einer kybernetischen Fabrik« aus seinem Buch *Cybernetics and Management* von 1959 vorgestellt, was die politische Absicht der Kybernetiker:innen

37 Für McCulloch musste das Gehirn wie eine Organisation von Informationen behandelt werden, welche von jeglicher energetischen und materiellen Dimension losgelöst war: Warren McCulloch: »The Reliability of Biological Systems«, in: Yovits / Cameron: Self-Organizing Systems, 265.

38 Heinz von Foerster / George Zopf (Hg.): Principles of Self-Organization, New York 1962.

39 Ebd.: ix.

veranschaulicht, Maschinen, Organismen und Arbeiter:innen alle auf die gleiche Weise zu formen. Trotz seiner späteren Kollaboration mit der sozialistischen Regierung unter Salvador Allende für das Projekt Cybersyn von 1971, hielt Beer an seiner betriebswirtschaftlichen Sichtweise auf die Wirtschaft fest. Offenbar lag sein Hauptinteresse bei dieser Konferenz auf der Selbstorganisation des industriellen Managements – dem Auge des Meisters – und nicht auf irgendeinem anderen Aspekt der Gesellschaft.

Das Ende des Cybersyn Projekts ist exemplarisch für das wechselhafte Schicksal der Politik der Selbstorganisation. Cybersyn war ein Kommunikationsnetzwerk für die Verwaltung der chilenischen Wirtschaft. Dieses System war ein Zeitgenosse des Arpanet (der Vorläufer des Internets, finanziert vom US-amerikanischen Verteidigungsministerium), jedoch weniger fortschrittlich. Arpanet war mit einem dezentralisierten Netzwerk ausgestattet, das auf paketvermittelter Kommunikation basierte, während Cybersyn ein zentralisiertes Netz aus Fernschreibern war, die mit einem einzigen Großrechner verbunden waren. Arpanet gründete auf dem Gedanken, dass ein dezentralisiertes Kommunikationsnetzwerk einen feindlichen Angriff überstehen würde, wie auch die neuronalen Netzwerke des Gehirns sich reorganisieren, wenn eine Verletzung vorliegt. Die US-Armee übernahm diese Idee der Netzwerkplastizität vor allen anderen. Das Cybersyn Projekt wurde eingestellt, als ein von der CIA unterstützter Staatsstreich dem Leben von Salavador Allende (und der chilenischen Demokratie) ein Ende setzte.[40]

Von linearer zu selbstorganisierender Information

Aus der Perspektive des heutigen Deep Learning ist es die Teilnahme von Frank Rosenblatt an diesen Konferenzen, die von äußerster Bedeutung zu sein scheint. Im Jahr 1957, im *Cornell Aeronautical Laboratory* in Buffalo, New York, entwickelte Rosenblatt das erste statistische künstliche neuronale Netzwerk *Perzeptron*, das, nach zahlreichen Verbesserungen an den Vorläufern, die Grundlagen für die Deep Learning-Architektur legen sollte. Rosenblatt nahm an diesen Konferenzen teil, um seine Prototypen zu verteidigen, bei denen es sich um recht fragile Experimente handelte. Aus

40 Vgl. Andrew Pickering: »The Science of the Unknowable: Stafford Beer's Cybernetic Informatics«, *Kybernetes* (2004); Eden Medina: Cybernetic Revolutionaries: Technology and Politics in Allende's Chile, Cambridge 2014

diversen theoretischen und technischen Einflüssen heraus (siehe Kapitel Neun) ersann Rosenblatt das Perzeptron als ein selbstorganisierendes Rechennetzwerk, das zur Erkennung eines Musters den optimalen Wert seiner Parameter findet, indem es diese graduell an die Input-Daten anpasst. Wie Rosenblatt bei einer dieser Konferenzen anmerkte, »wird die Organisation spontan erreicht, statt dass sie von vornherein in das System eingebaut ist«.

Wie sah das Perzeptron als Gerät aus? Einer der ersten Prototypen, das Mark I Perzeptron, war eine analog-digitale Maschine, die aus einem Input-Gerät mit 20x20 Fotozellen (»Retina« genannt) bestand, welche über Drähte mit einer Schicht künstlicher Neuronen verbunden waren, die in einem einzigen Output mündeten (eine Glühbirne, die an oder ausgeht, um zu signalisieren, ob ein Muster erkannt wurde oder nicht). Die Retina des Perzeptrons erfasste einfache Formen wie Buchstaben oder Dreiecke und gab elektrische Signale an eine Serie von künstlichen Neuronen weiter, welche diese zusammenfassen und sich ein Ergebnis entsprechend der kumulativen Logik merken konnten – wobei auf eine Weise die hebbsche Regel zur Bildung von Zellverbänden angewandt wurde, so wie Rosenblatt es ursprünglich vorgesehen hatte.

Bei der Konferenz »Self-Organising Systems« von 1959 befasste sich Rosenblatts Beitrag mit der Generalisierung von visuellen Stimuli, d.h., mit der Erkennung ähnlicher Muster in einer unruhigen Umgebung. Mit seinem Beitrag wollte er zeigen, »wie ein Gehirn, oder ein gehirnähnliches System, eine Ähnlichkeit unter einer Vielzahl an möglichen Transformationen eines sensorischen Musters oder Bildes eine Ähnlichkeit feststellen kann«. Das Problem, das er hier anspricht, ist die Fähigkeit eines statistischen neuronalen Netzwerkes zur Mustererkennung über die Fälle des Übungsdatensatzes hinaus zu generalisieren. Einfacher ausgedrückt war es »das Dilemma, die [Buchstaben] N und Z zu unterscheiden« bei unterschiedlicher visueller Orientierung. Die Art wie Rosenblatt sein Projekt darstellte, könnte noch heute verwendet werden, um die Arbeitsweise eines Algorithmus zum Deep Learning zu veranschaulichen:

> »Das System ist in der Lage, jene Transformationen, die in einer bestimmten Umgebung am häufigsten sind, zu ›abstrahieren‹ und sie auf neue Stimuli anzuwenden, die womöglich in ihrer Form sehr anders sind als alle, die es bisher gesehen hat. Das System scheint all die Ergebnisse rigider entworfener Systeme zu erzielen, gelangt jedoch spontan zu seiner Organisation, statt diese bereits

eingebaut zu haben. Im Grunde ist es ein System, das ›lernt, wie man lernt‹, in dem Sinne, dass es zeitlich vor einer vorkonditionierten Erfahrung in der Lage wäre, von einem gegebenen Stimulus zu dessen transformierter Version zu generalisieren, nur durch die langsame und mühselige Methode der benachbarten Generalisierung, während es, nachdem es eine passende präkonditionierende Sequenz gesehen hat (ohne die Stimuli, die zu Testzwecken genutzt wurden), die gleiche Aufgabe direkt und ohne Erfordernis einer wahrnehmbaren Lernperiode ausführt.«[41]

Wie Rosenblatt auf der Konferenz »Principles of Self-Organisation« von 1961 erklärte, unterschied sich das Design des Perzeptrons von vorherigen künstlichen neuronalen Netzwerken gerade aufgrund seines selbstorganisierenden Verhaltens, das durch sein »bestärkendes Kontrollsystem« möglich war.[42] Auch wenn es laut Rosenblatt ein »Gehirnmodell« war, ging es beim Perzeptron vielmehr um die Selbstorganisation von Informationen als um die Nachahmung organischer Strukturen. Es steht daher weniger für einen biomorphistischen Wandel als einen topologischen. Die Computerwissenschaftler Marvin Minsky und Seymour Papert tauften den Konnektionismus ein wenig abschätzig in den Begriff rechnergestützte Geometrie, da er auf der Kalkulation von räumlichen Verhältnissen basierte und nicht wirklich ein Beispiel »echter KI« war.

Diese topologische Wende markierte noch allgemeiner den Übergang vom Paradigma einer linearen Information zu einer der Selbstorganisation, unter welchem, so behaupte ich, die riesige Familie der Techniken des maschinellen Lernens betrachtet werden sollte. In der Tat wurde so eine zweite räumliche Dimension in ein Modell der Rechenprozesse eingeführt, das bis dahin hauptsächlich innerhalb der linearen Dimensionen numerischer Computer verstanden worden war. Statt eine visuelle Matrix mittels eines Top-Down-Algorithmus zu verarbeiten (wie in einem traditionellen Anweisungsprogramm, entsprechend dem Schema der Turing-Maschine), berechnete das Perzeptron die Pixel seiner visuellen Matrix mit einer von unten nach oben-Methode, entsprechend ihrer räumlichen Disposition.

41 Frank Rosenblatt: »Perceptual Generalization over Transformation Groups«, in: Yovits / Cameron: Self-Organizing Systems, 95.

42 Im Vergleich dazu stützte sich das Pandemonium-Netzwerk auf handgefertigten Knotenpunkten zur Extrahierung von vorbestimmten Eigenschaften. Oliver G. Selfridge: »Pandemonium: A Paradigm for Learning«, *Proceedings of the Symposium on the Mechanization of Thought Processes* 1 (1959): 511–529.

Mit Blick auf berechenbare Formen markierten künstliche neuronale Netzwerke wie das Perzeptron implizit die Bifurkation zwischen diesen beiden Paradigmen: Jene der *linearen Information* (im Großen repräsentiert durch Medien wie den Telegraphen und numerische Computer, wie auch durch symbolische KI) und jene der *selbstorganisierenden Information* (vertreten durch kybernetische Systeme, zellulare Automaten und letztlich durch konnektionistische KI). KI-Historiker Hubert und Stuart Dreyfus fassten diese epistemische Unterscheidung zwischen der symbolischen und konnektionistischen Schule ganz ähnlich zusammen:

> »Eine Fraktion betrachtete Computer als ein System zur Manipulierung mentaler Symbole; die andere als ein Medium zur Modellierung des Gehirns. Die eine wollte Computer nutzen, um eine formale Repräsentation der Welt zu realisieren; die andere, um die Interaktion von Neuronen zu simulieren. Die eine ging von Problemlösung als dem Paradigma der Intelligenz aus; für die andere war es das Lernen. Die einen wandten Logik an; die andere Statistik. Eine Schule war Erbe der rationalistischen, reduktionistischen Tradition der Philosophie, die andere sah sich als idealisierte, holistische Neurowissenschaft.«

Dieses Buch wird die Sage der linearen Information im 20. Jahrhundert von kybernetischen Rückkopplungsschleifen, sequentiellen Medien und symbolischer KI nicht neu aufwärmen, sondern erzählt die parallele Geschichte der selbstorganisierenden Information, die schließlich notwendig ist, um sich vom Nachlass des Biomorphismus und Forschungsparadigmen wie dem Künstlichen Leben zu emanzipieren.[43]

Rechnerartiges Denken und mechanische Analogien des menschlichen Geistes

Es besteht ein beachtliches Missverständnis bezüglich wissenschaftlicher Bestrebungen der Kybernetik. In der Realität war die Kybernetik keine Wissenschaft, sondern eine Schule des Maschinenbaus in Verkleidung – eine mit ausreichend Selbstbewusstsein, um ihre informationellen und rechnerbezogenen Analogien auf einige Aspekte der Natur und Gesellschaft auszuweiten. Es ist Anliegen dieses Buches, klarzustellen, dass Kybernetiker:innen, entgegen ihrer Beteuerung, Maschinen nach dem

43 Hubert Dreyfus / Stuart Dreyfus: «Making a Mind versus Modeling the Brain. Artificial Intelligence Back at a Branchpoint«, Daedalus 117 (1988): 15–44.

Vorbild von Organismen zu entwerfen (*Biomorphismus*), sich letztlich Organismen wie Maschinen ausmalten (*Technomorphismus*), die ihre eigene sie umgebende soziale Ordnung spiegelten (*Soziomorphismus*). Wie die Naturphilosophie aus früheren Jahrhunderten (Standardbeispiel ist La Mettries *L'homme Machine* von 1747) projizierten die Kybernetiker:innen auf die Ontologie der Natur und des Gehirns die technische Zusammensetzung ihrer Zeit, die aus Telegraphennetzwerken, elektromechanischen Auslösegeräten, Rückkopplungssystemen und mechanischen Fernsehern bestand. Kybernetiker:innen verfolgten keine wissenschaftliche und experimentelle, sondern eher eine spekulative (und oftmals naive) Methode der *Analogie*, indem vorgefertigte Regeln auf die Natur angewendet wurden, statt Hypothesen über neue Regeln aufzustellen. Die Beharrlichkeit, mit der McCulloch, Pitts und von Neumann behaupteten, dass Neuronen des Gehirns »schaltende Organe« seien, in ihrer Funktion äquivalent zu den elektromechanischen Auslösegeräten, ist ein anschauliches Beispiel für die anmaßenden Analogien der Kybernetiker:innen.[44]

Die Analogie zwischen Organismen und Maschinen erscheint auf den ersten Blick ein Fall von epistemischer Übersetzung zwischen den Disziplinen Maschinenbau und Biologie zu sein, doch tatsächlich verweist sie auf eine noch grundlegendere Haltung des kybernetischen Maschinenbaus: Was sind die ethischen Folgen, wenn man eine Industriemaschine wie einen Organismus, ein lebendiges Wesen, betrachtet? Wie auch die »Computerwissenschaft«, war die Kybernetik nicht eine Wissenschaft, sondern eine künstliche Sprache, eine Bedienungsanleitung für Maschinenbestandteile – eine »Maschinen-Semiotik«, die aus irgendwelchen Gründen gewaltvoll in eine Ontologie der Natur übersetzt worden ist.[45] Doch, wenn es stimmen

44 »Das Neuron wie auch die Vakuumröhre [...] sind somit zwei Fälle der gleichen generischen Entität, für das es sich anbietet, dies *schaltendes Organ* oder *Relais-Organ* [...] zu nennen. Die grundlegenden schaltenden Organe der lebenden Organismen, zumindest soweit wir sie hier betrachten, sind die Neuronen. Die grundlegenden schaltenden Organe der neusten Varianten der computergestützten Maschinen sind Vakuumröhren; in älteren Maschinen waren dies ganz oder teilweise elektromechanische Relais.« John von Neumann: »The General and Logical Theory of Automata«, in: Jeffress: Hixon Symposium, 12.

45 Zum Ausdruck »Maschinensemiotik« vgl. Kapitel Zwei in diesem Buch sowie Simon Schaffer: »Babbage's Calculating Engines and the Factory System«, *Réseaux* 4, Nr. 2 (1996): 280. In seinem gleichnamigen Buch bemühte sich Herbert Simon um eine Definition der »sciences of the artificial«, doch sind seine Ergebnisse alles andere als präzise. Herbert Simon: The Sciences of the Artificial, Cambridge 1969.

sollte, dass Technologie wissenschaftliche Paradigmen und Modelle des Universums beeinflussen kann, dann ist es genauso wahr, dass Technologie seine ganz eigenen Dämonen besitzt und durch externe Mächte innerhalb ihres eigenen Herrschaftsgebietes geformt wird. Kommunikationsnetzwerke, wie zum Beispiel Telegraphen sind nicht einfach technische Apparate, sondern soziale Institutionen. Kybernetiker:innen übertrugen die technische Zusammensetzung, die in ihrer eigenen Profession, in der Form ihrer Arbeit und ihres Wissens inbegriffen ist, auf ein neues Paradigma der Welt. Insbesondere projizierten sie Formen der Selbstorganisation auf die Natur, die bereits Teil der Arbeitsteilung und technischen Organisation der sie umgebenden Gesellschaft waren. Die Art und Weise, wie Kybernetiker:innen von sich behaupteten, die Selbstorganisation lebendiger Wesen zu imitieren, um Maschinen zu bauen, verriet viel mehr über die Organisation der Gesellschaft und die Arbeitsverhältnisse ihrer Zeit als über die Natur.

McCulloch behauptete einmal, dass »jeder Roboter eine mechanistische Hypothese über den Menschen aufstellt«.[46] Diese These der kybernetischen Epistemologie vertritt die Überzeugung, dass die Erfindung von Maschinen dabei behilflich sein könnte, Einsichten über die Tätigkeiten von Menschen zu erhalten, und folgt dabei der reduktionistischen Idee, wonach Maschinen und Menschen, da sie im gleichen Universum existieren, den gleichen physikalischen Regeln unterworfen seien. Doch das Wort »Roboter« an dieser Stelle ist aufgrund seines industriellen und feudalen Erbes entlarvend, und legt eine andere Bedeutung nahe. Interpretiert man alle möglichen Folgen, kann diese These tatsächlich implizieren, dass jede Form der Arbeitsautomatisierung etwas über die kognitiven Modelle eines gegebenen Zeitalters aussagt. Letzten Endes bestätigt sie eine der Hauptanliegen der historischen Epistemologie: dass die Organisation von Arbeit einer gegebenen Epoche die Formation von Technologien und Instrumenten beeinflusst, und im Anschluss ebenso die Form wissenschaftlicher Paradigmen, Konzepte der Natur und auch die Modelle des menschlichen Geistes gestaltet.

Was für das Industriezeitalter gezeigt worden ist, scheint ebenfalls auf das Informationszeitalter zuzutreffen: die *Produktionsmittel* (in diesem Fall

46 Warren McCulloch an Hans Lukas Teuber, 10. Dezember 1947. Zit. n. Ronald R. Kline: The Cybernetics Moment. Or Why We Call Our Age the Information Age, Baltimore 2015, 46. Der Begriff »Roboter« leitet sich vom tschechischen Wort der Feudalzeit für »Diener« ab.

nicht einfach Telegraphen und Computer, sondern auch künstliche neuronale Netzwerke) imitieren – in ihrem inneren Design – die *Produktionsverhältnisse*, also die ausgeweitete Organisation der Arbeit in der Gesellschaft. Informationstechnologien haben ihren Einfluss auf die Gesellschaft durch diese Adaption verstärkt, nicht durch die Macht eines technologischen *a priori* (wie Techno-Deterministen weiterhin behaupten), sondern durch ein soziales *a priori*, d.h., durch ihre angeborene Fähigkeit, soziale Kooperation zu vereinnahmen. Die *Arbeitstheorie der Automatisierung* aus dem 19. Jahrhundert wird also auch im Informationszeitalter bestätigt.

Letztlich ist es wenig überraschend, dass die erfolgreichste KI-Technologie, nämlich künstliche neuronale Netzwerke, diejenige ist, die soziale Kooperation am besten spiegeln und somit am besten in Besitz nehmen kann. Das Paradigma der konnektionistischen KI hat nicht über die symbolische KI den Sieg davongetragen, weil sie »smarter« ist oder Gehirnstrukturen besser imitieren kann, sondern vielmehr, da induktive und statistische Algorithmen die Logik der sozialen Kooperation effizienter übernehmen, als deduktive Algorithmen. Indem man die Evolution von linearer zur selbstorganisierenden Information nachverfolgt, kann die Geschichte der Datenanalyse, des maschinellen Lernens und der KI endlich ins rechte Licht gerückt und als cin großer Prozess der Selbstorganisation innerhalb der Technosphäre gesehen werden, welcher der Transformation der sozialen Ordnung folgt.

Die Disziplinen und Kategorien der Informationstheorie, der Kybernetik, der künstlichen Intelligenz und der Computerwissenschaften haben sich alle in den 1950er Jahren herauskristallisiert.[47] Obwohl das US-Militär, wie gezeigt worden ist, eine bedeutende Rolle bei der Finanzierung vieler dieser Projekte gespielt hat, wäre es falsch anzunehmen, dass ihnen der alleinige Dank für die Entstehung dieser Disziplinen gebührt. Tatsächlich möchte ich mit dem vorliegenden Buch diese verfestigte Genealogie aufbrechen. Entgegen einem techno-deterministischen und stark internalistischen Verständnis von Informationstechnologien habe ich einen ebenso starke

47 Die Informationstheorie von Shannon im Jahr 1948, die Kybernetik von Wiener 1948, die künstliche Intelligenz von McCarthy 1955, das maschinelle Lernen von Arthur Samuel 1959 und die Computerwissenschaft erst 1961 von George Forsythe vorgestellt. Vgl. George Forsythe: »Engineering Students Must Learn Both Computing and Mathematics«, *Journal of Engineering Education* 52 (1961); und, vor allem, Donald Knuth: »George Forsythe and the Development of Computer Science«, *Communications of the ACM* 15 (1972). Für weitere Quellen, siehe oben.

externalistische Hypothese in den Raum gestellt: Das Design der Informationsmaschinen war – sogar auf der Ebene der logischen Formen ihrer Algorithmen – eine Antwort auf Formen der sozialen Interaktion in ihrer Gesamtheit.[48] Anders formuliert waren es im 20. Jahrhundert nicht die Informationstechnologien, die maßgeblich die Gesellschaft umgestalteten, wie eine mythologisierte Vorstellung einer »Informationsgesellschaft« nahelegt; stattdessen waren es die sozialen Verhältnisse, die die Kommunikationsnetzwerke, die Informationstechnologien und die kybernetischen Theorien von innen heraus gebildet haben. Informationsalgorithmen wurden entsprechend zur Logik der Selbstorganisation entworfen, um ein soziales und wirtschaftliches Feld, das eine radikale Transformation durchlief, besser erfassen zu können.

Autonomie und Automatisierung

In der zweiten Hälfte des 20. Jahrhunderts kam der Ruf nach Autonomie als üblicher Slogan sowohl in der Kybernetik als auch in der sich entwickelnden Gegenkultur auf. Hochrangige Kybernetiker:innen, gefördert durch die US-Armee, diskutierten über »Prinzipien der Selbstorganisation« in Organismen und Maschinen, genauso wie antiautoritäre Bewegungen das gleiche für soziale und politische Institutionen ins Spiel brachten. Als solche debattierten diese beiden Tendenzen mit unterschiedlichen Absichten, die Fähigkeit eines Systems sich selbst neue Regeln über und gegen einen externen Herrscher zu geben (was tatsächlich die ursprüngliche Bedeutung von »Autonomie« ist). Beide Strömungen waren auf ihre eigene Weise Ausprägungen einer politischen Avantgarde und eine Reaktion auf die Herrschaft überholter Regime: Europäischer Faschismus, stalinistischer Totalitarismus und US-amerikanischer Kapitalismus. Die Ausdrücke »Kybernetik« und »beat generation« sind zufälligerweise beides Schöpfungen aus dem Jahr 1948. Einige Jahre später definierte Norbert Wiener sowohl Faschismus als auch westlichen Korporatismus als Ideologien des »unmenschlichen Gebrauchs menschlicher Wesen«, dem gegenüber Kybernetiker:innen

48 Ein anderes Verständnis findet sich in Friedrich Kittlers These, der Zweite Weltkrieg sei die treibende Kraft bei der Entwicklung des digitalen Computers gewesen. Vgl. Geoffrey Winthrop-Young: »Drill and Distraction in the Yellow Submarine. On the Dominance of War in Friedrich Kittler's Media Theory«, *Critical Inquiry* 28, Nr. 4 (2002): 825–854.

behaupteten, einen »menschlicheren Gebrauch menschlicher Wesen« anzubieten.[49] Doch während Kybernetiker:innen in Wahrheit der Vorherrschaft des US-Militärs während und nach dem Zweiten Weltkrieg den Rücken stärkten, war es die Gegenkultur und die Studierendenbewegung, die entschlossen den Vietnamkrieg und das Wettrüsten boykottierten. Ganz offensichtlich hatte das Projekt der Autonomie für diese verschiedenen Gruppen eine unterschiedliche Bedeutung. Für die antiautoritären Bewegungen stand Autonomie für die Freiheit zur Selbstbestimmung und war ein Mittel zur Konstituierung neuer Institutionen und alternativer Formen des Lebens. Für die Kybernetiker:innen ging es bei Autonomie um eine technologische Utopie, voll von Automatisierung und aufgeklärter gesellschaftlicher Kontrolle: Eine militärische und industrielle Fantasie, welche auch das Projekt KI mit einschloss. Dass sogar das Militär, die traditionellste aller hierarchischen Strukturen überhaupt, ein begründetes Interesse an Formen verteilter Kommunikation und selbstorganisierenden Netzwerken hatte, ist ein Hinweis auf tiefgreifendere Transformationen.

In den 1960er Jahren verurteilte die *Bewegung für Meinungsfreiheit* der Universität von Kalifornien, Berkeley, richtigerweise die ersten Großrechner als Technologien des Krieges und der sozialen Kontrolle in den Händen der Regierung und der Unternehmen. Medienwissenschaftler Fred Turner erinnert sich, dass der Aktivist Mario Savio, als er am 2. Dezember 1964 vor mehr als fünftausend Studierenden an der Universität von Kalifornien, Berkeley, eine aufwieglerische Rede hielt, darin »drei Sätze von sich gab, die nicht nur die Bewegung für Meinungsfreiheit von Berkeley, sondern auch die Militanz der Gegenkultur der 1960er Jahre in ganz Amerika und auch vielen Teilen Europas definieren sollte«:

> »Es kommt eine Zeit, in der uns die Abläufe der Maschine so verhasst werden wird, sie in uns einen solchen Widerwillen erzeugt, dass wir einfach nicht mehr mitmachen können, dass wir nicht einmal schweigend mitmachen können. Und dann müssen wir unsere Körper auf das Räderwerk, auf die Räder, auf die Hebel, auf all die Apparate heben und dem ein Ende machen. Und wir müssen den Leuten, die sie betreiben, den Leuten denen sie gehören, zeigen, dass die Maschine so lange vom Laufen abgehalten werden wird, bis wir frei sind.«[50]

49 Norbert Wiener: The Human Use of Human Beings, Boston 1950, 71.

50 Fred Turner: *From Counterculture to* Cyberculture: Stewart Brand, the Whole Earth Network, and the Rise of Digital Utopianism, Chicago: University of Chicago Press, 2010, 11.

Für Turner beschwört Savios Rede Erinnerungen an eine prädigitale Zeit herauf, mit Bildern von Arbeiter:innen, die physisch mit den Maschinen auf dem Boden der Fabrik Ringkämpfe austragen. Jedoch verband er den Begriff »Maschine« mit der Abhängigkeit der modernen Gesellschaft von Informationstechnologie, die begonnen hatte, die sozialen Verhältnisse ebenfalls in bedeutender Weise zu organisieren.[51]

Derartige Kritik an den Informationstechnologien wechselte eine Umkehr in der folgenden Dekade: Computerwissenschaften absorbierten die Bestrebungen der früheren Gegenkultur, während die Gegenkultur selbst behauptete, es gebe ein emanzipatorisches Potenzial der Informationstechnologien (und selbst zur sogenannten Cyberkultur mutierte). Die kontroverse Überlagerung der sozialen Autonomie und der technologischen Automatisierung schwang bereits mit, wenn auch im Untergrund, in den Debatten der 1960er Jahre. Komponenten der Gegenkultur, insbesondere solche, die von einer östlichen Spiritualität inspiriert waren, erzeugten eine naive Anziehung zur Kybernetik.[52] Die Zeitschrift *Whole Earth Catalog*, veröffentlicht in Kalifornien zwischen 1968 und 1972, wurde zur Repräsentation einer Verschmelzung und Synthese von kybernetischen und auch ökologischen Traditionen. Richard Brautigan hielt diese Konvergenz in seinem berühmten satirischen Gedicht *All Watched Over by Machines of Loving Grace* fest.[53] Andererseits verlangten europäische Stimmen wie Herbert Marcuse aus der Frankfurter Schule und die autonomistischen Marxist:innen die Automatisierung im Kampf um Emanzipation von der industriellen Arbeit zurück. In Italien lautete ein berühmter Slogan der *autonomia*: »Lavoro zero e reddito intero, tutta la produzione all'automazione« (keine Arbeit und volles Einkommen, alle Produktion der Automatisierung).

Die Ausdrücke »Autonomie«, »autonom«, »Automatisierung« und das noch ambivalentere »Autonomisierung« (was je nach Kontext »automatisiert werden« oder »autonom werden« bedeutet) sind nicht äquivalent und unterscheiden sich zudem von »Selbstorganisation«. Etymologisch bedeutet das griechische Wort *autonomia*, aus *autos* (»selbst«) und *nomos* (»Gesetz«), die Macht, sich selbst neue Gewohnheiten, Regeln

51 Ebd.: 11.

52 Vgl Pickering: *The Cybernetic Brain*.

53 Richard Brautigan: All Watched Over by Machines of Loving Grace, San Francisco 1967.

und Gesetze zu geben. Die Moderne erkennt diese Macht als eine an, die den legislativen Institutionen zugehörig ist, insbesondere zu der konstituierenden Versammlung, die die politische Ordnung des Staates begründet.[54] Autonomie ist zeitgleich eine konstituierende und eine destituierende Macht: Jedes Mal, wenn eine neue Regel erfunden wird, kann eine alte Regel untergraben, für nichtig erklärt oder von der neuen Erfindung inkorporiert werden. Doch das Gegenteil ist nicht weniger wahr: Jedes Mal, wenn eine Regel gebrochen wird, nimmt eine Anomalie Form an und eine neue Konstitution, eine neue Vision der Welt, wird impliziert.

In der Kybernetik wurde Autonomie als Fähigkeit eines technischen Systems aus multiplen Agenten definiert, eine neue Organisation und Gleichgewicht im Verhältnis zu externem Input zu finden, also die Fähigkeit, sich an die Umgebung anzupassen. Auf diese Weise sprach man davon, dass ein technisches System wachsende Eigenschaften zeigte, die von menschlichen Beobachter:innen als »intelligent« wahrgenommen werden mochten. Diese Fragen verfolgen die Träume von einer künstlichen Intelligenz noch bis heute: Kann ein endlicher Automat, also ein Computer, Eigenschaften der Autonomie zeigen? Kann ein Computer, programmiert auf die Befolgung strikter Regeln, gegen seine eigenen Kernanweisungen rebellieren und neue erfinden? Wenn Autonomie definiert wird als Macht, neue Regeln zu erfinden, dann kann Autonomisierung definiert werden als das blinde Folgen einer Regel, wie es auch bei computergestützten Rechenprozessen der Fall ist. In diesem Zusammenhang hat der österreichische Philosoph Ludwig Wittgenstein angemerkt, dass »das Befolgen von Regeln« für Menschen und für Maschinen immer eine andere Bedeutung haben wird.[55] Bedenkt man die gegenwärtigen Debatten zur Voreingenommenheit gegenüber KI und die Spekulationen über die Risiken einer »Superintelligenz«, fragt man sich doch, ob das Spiel der KI noch immer innerhalb der Domäne der Automatisierung (Folgen einer Regel) abläuft, und weniger im Bereich der Autonomie (also das Brechen von Regeln).

54 Während einer frühen Forschungsphase entdeckte der Systemtheoretiker Niklas Luhmann, dass die institutionelle Ordnung sich einer wachsenden normativen Rolle der technischen Apparturen stellen musste: Niklas Luhmann: *Recht und Automation in der öffentlichen Verwaltung. Eine verwaltungswissenschaftliche Untersuchung*, Berlin 1966.

55 Vgl. Stuart G. Shanker: Wittgenstein's Remarks on the Foundations of AI, London 1998.

Abschließend eine konkurrierende Behauptung: Technologien der Automatisierung waren schon immer eine Reaktion auf soziale Autonomie, und kybernetische Techniken der Selbstorganisation wie künstliche neuronale Netzwerke waren ganz ähnlich Avatare der entstehenden sozialen Verhältnisse ihrer Zeit. Rückblickend waren sowohl die Kybernetik als auch die sozialen Bewegungen der Nachkriegszeit direkt mit der Autonomisierung von Wissen und Information in Arbeitsprozessen und sozialen Verhaltensweisen verbunden, die das Aufkommen der neuen Medien und Technologien ausgelöst hatten. Diese Aspekte sind über die Jahre zu einer konventionellen Interpretation in den Theorien zur Wissensgesellschaft und Informationsökonomie geworden, bis hin zu dem Punkt, dass selbst neoliberale ökonomische Paradigmen, wie Hayeks spontane Ordnung der Märkte oder »Katallaktik« als Reaktion auf den steigenden Informationsaustausch in der Gesellschaft im Allgemeinen betrachtet werden können (siehe Kapitel Acht). Materialistische Historiker:innen berücksichtigen die dialektischen Beziehungen der beiden Bewegungen aufeinander – zwischen dem Drang nach sozialer Autonomie von neuen Generationen der Arbeiter:innen einerseits und dem Erscheinen neuer Technologien der Automatisierung andererseits. Abschließend waren die diversen Projekte der Automatisierung nach dem Zweiten Weltkrieg ein Weg, um die sich entwickelnden sozialen Kräfte zu verwalten, also um eine »Kontrollrevolution« zu organisieren (wie Beniger dies definierte) gegen eine noch rebellischere Gesellschaft.[56] Es war kein Zufall, dass, zumindest im globalen Norden, Studierende und Computerprogrammierer:innen in eine neue politische Subjektivität überführt wurden, vergleichbar mit der Bewegung der Industriearbeiter:innen, vor dem Hintergrund einer globalen Wirtschaft, die immer abhängiger wurde von Information, Wissen und Wissenschaft als den wichtigsten ökonomischen Motoren.

In den späten 1960er Jahren schlug der politische Philosoph Mario Tronti vor, eine These umzukehren, die damals im Marxismus als Gewissheit galt: Man hatte immer gedacht, dass die kapitalistische Entwicklung die Organisationen der Arbeiter:innen und ihre Politik formen würde. Doch konträr dazu behauptete Tronti, dass die kapitalistische Entwicklung, einschließlich der technologischen Innovation, immer durch die Kämpfe der

56 James Beniger: The Control Revolution. Technological and Economic Origins of the Information Society, Cambridge 1986.

Arbeiter:innen ausgelöst worden ist. Es ist interessant, dass für einen europäischen Intellektuellen wie Tronti »der Kampf der Arbeiterklasse seinen höchsten Entwicklungsstand zwischen den Jahren 1933 und 1947 erreichte, und dies vor allem in den Vereinigten Staaten«, wobei dies zufälligerweise gerade jene Jahre sind, in denen die Kybernetik und die digitale computergestützten Rechenprozesse ihren Aufstieg verzeichneten.[57] Radikale und unkonventionelle Perspektiven wie diese sollten untersucht werden, um die kombinierte Evolution von Gesellschaft und Technologie während des 20. und 21. Jahrhunderts zu schildern. Über alle historischen Transformationen hinweg, die dieses Buch analysieren möchte, macht es den Eindruck, als sei das Projekt KI nie jemals wahrhaft *biomorph* (danach strebend, die natürliche Intelligenz zu imitieren, wie zuvor erwähnt), sondern implizit *soziomorph* – mit dem Ziel also, die Formen der sozialen Kooperation und die kollektive Intelligenz zu enkodieren, um diese zu kontrollieren.[58] Das Schicksal der Automatisierung von Intelligenz kann nicht losgelöst vom politischen Drang nach Autonomie betrachtet werden: Schlussendlich war es die Selbstorganisation des sozialen menschlichen Geistes, die dem Projekt der KI Form und Dynamik verliehen hat.[59]

57 Mario Tronti: »Postscript of Problems«, in: Operai e capitale, 2nd ed., Turin 1971, übers. als *Workers and Capital*, London 2019, 294. Vgl. auch Raniero Panzieri: »Sull'uso capitalistico delle macchine nel neocapitalismo«, *Quaderni Rossi* 1 (1961): 53–72.

58 Vgl. auch Matteo Pasquinelli: »Abnormal Encephalization in the Age of Machine Learning«, *e-flux* 75 (September 2016).

59 Für einen Überblick zu den Ideen von einem sozialen Gehirn und einer kollektiven Intelligenz in der politischen Theorie der Gegenwart, vgl. Charles Wolfe: »The Social Brain: A Spinozist Reconstruction«, ASCS, Proceedings of the Ninth Conference of the Australasian Society for Cognitive Science 2009, 366–374.

7
Die Automatisierung der Mustererkennung

»Wie die Industrielle Revolution mit größeren und besseren Bomben endet, so beginnt eine intellektuelle Revolution mit größeren und besseren Robotern.«[1]

»Eine neue, grundlegend logische Theorie ist vonnöten, um die hochkomplexen Automaten zu verstehen und, im Besonderen, das zentrale Nervensystem. Es mag jedoch sein, dass in diesem Prozess die Logik eine Pseudomorphose zur Neurologie durchlaufen muss in einem weit größeren Ausmaß, als des andersrum der Fall ist.«[2]

Die Kontroverse über die *Gestalt-Wahrnehmung*

Im Kern des Einfalls, der den Weg für künstliche neuronale Netzwerke bereitet hat, liegt eine fortdauernde Kontroverse: Ist die menschliche Wahrnehmung ein Akt der Kognition, den man analytisch darstellen und somit mechanisieren kann oder nicht? Die Auseinandersetzung über diesen Punkt entwickelte sich in den 1940er Jahren bei den Macy-Konferenzen zwischen den Kybernetiker:innen (die behaupteten, dass das Wahrnehmungsfeld als Ganzes von Maschinen berechnet werden kann, wie simple elektrische Auslösegeräte) und den Vertretern der *Gestalt-Lehre* (die darauf beharrten, dass eine Maschine nie in der Lage wäre, das komplexe synthetische Vermögen des menschlichen Geistes nachzubilden).[3] Damit wurde ein neues Kapitel in der andauernden *Gestalt-Kontroverse* aus Europa aufgeschlagen; doch dieses Mal, von Nazi-Deutschland in die Vereinigten Staaten vertrieben, waren unter den Protagonist:innen zusätzlich zu den vorherigen Persönlichkeiten aus Philosph:innen, Psycholog:innen und Neurolog:innen auch

1 Lloyd A. Jeffress (Hg.): Cerebral Mechanisms in Behavior. The Hixon Symposium, New York 1951, 42.

2 Ebd.: 24.

3 Vgl. Claus Pias (Hg.): Cybernetics. The Macy Conferences 1946–1953; The Complete Transactions, Berlin 2016; Steve Heims: The Cybernetics Group, Cambridge 1991, Kap. 9–10. Steve Heims sprach von einer *Gestalten go to bits-Kontroverse.*

Mathematiker:innen und Ingenieur:innen.[4] Tatsächlich kam es im Nachgang zu dieser Debatte dazu, dass der Ausdruck *Gestalt-Wahrnehmung* sich graduell in militärischen Berichten und akademischen Publikationen in das gebräuchlichere »Mustererkennung« wandelte und den Experimenten mit künstlichen neuronalen Netzwerken Impulse verlieh.[5]

Kybernetiker:innen wie Warren McCulloch und Walter Pitts schlugen eine extreme Vereinfachung des Aktes der Wahrnehmung vor, die Kunsthistoriker:innen erschaudern lassen würde. Dennoch provozierte ihre Forschung einen Durchbruch in der »Automatisierung der Wahrnehmung«, die sich ein halbes Jahrhundert später zur wohlbekannten Ausnutzung von Sicherheitslücken in Softwaresystemen durch Deep Learning entfalten sollte.[6] Bevor Kybernetiker:innen die Fähigkeit der Wahrnehmung auf den simplen binären Akt der Klassifizierung reduzierten (ob ein Bild zu einer bestimmten Klasse gehört), hatten Vertreter:innen der *Gestalt-Lehre* wie Max Wertheimer, Kurt Koffka und Wolfgang Köhler bereits eine viel komplexere Theorie der Wahrnehmung ausgearbeitet. Die *Gestalt-Theorie* ist bekannt dafür, dass sie sich auf die Tatsache bezieht, wonach man das Ganze vor seinen Einzelteilen wahrnimmt – beispielsweise bleibt eine Melodie erkennbar, selbst wenn sie in einer anderen Tonleiter und mit anderen Tönen gespielt wird. Die Theorie verwies auf diverse Phänomene der Bildvervollständigung, wie die unbewusste Wahrnehmung einer Form in ihrer Gesamtheit, auch wenn nur begrenzte Informationen über seine Elemente zur Verfügung stehen (z.B. die Wahrnehmung eines Dreiecks im abstrakten Verhältnis von drei getrennten Elementen). Schließlich wurde die *Gestalt-Theorie* in den Prinzipien der *Prägnanz* formalisiert (Nähe,

4 Vgl. Mitchell G. Ash: Gestalt Psychology in German Culture, 1890–1967. Holism and the Quest for Objectivity, Cambridge 1998.

5 Das deutsche »Gestalt« wird oft mit »form« ins Englische übersetzt, obwohl es im Deutschen das markante Wort *Form* gibt. Die womöglich beste Übersetzung ins Englische ist »configuration«, was eine Form bezeichnet, die in ihrer allgemeinen Struktur und in ihren inneren Bedeutungen verstanden wird. Der Ausdruck »Mustererkennung« wurde durch den *Scientific American* im Jahr 1960 bekannt gemacht: Oliver G. Selfridge / Ulric Neisser: »Pattern Recognition by Machine«, Scientific American 203, Nr. 2 (1960): 60–69. Vgl. auch William D. Rowe: »Gestalt Pattern Recognition with Arrays of Predetermined Neural Functions«, *International Joint Conference on Artificial Intelligence* (1969): 117–140.

6 Paul Virilio macht von den Ausdrücken »automation of perception« und »artificial vision« im Zusammenhang mit dem neuronalen Netzwerk Perzeptron gebrauch; siehe dazu Paul Virilio: The Vision Machine, Indiana 1994. Vgl. Kapitel 9 des Buches.

Ähnlichkeit, Kontinuität, Verbundenheit etc.) und eindrücklich erfasst in dem Motto »Das Ganze ist etwas anderes als die Summe seiner Teile«.

Lehrbücher zu maschinellem Lernen wiederholen die Standardüberlieferung, wonach McCullochs und Pitts' Erfindung der künstlichen neuronalen Netzwerke von der Neurophysiologie des Gehirns inspiriert worden sei, übersehen dabei jedoch den breiteren intellektuellen Kontext, der auch ihre Konfrontation mit der *Gestalt-Schule* umfasst. Auch wenn künstliche neuronale Netzwerke als eine brillante Lösung zur Herausforderung der Automatisierung gewertet werden können, war es die *Gestalt-Schule*, die die Wahrnehmung einer visuellen Form als das eigentlich relevante Hauptthema etablierte. Das spezifische Problem, welches die *Gestalt-Theorie* von den Kybernetiker:innen durch eine rechnerbasierte Architektur zu lösen verlangte, war die Erkennung eines Musters, wie das eines Bildes. Doch ist die Erkennung eines Bildes gleichzusetzen mit logischem Denken? McCulloch und Pitts waren davon überzeugt und vertraten deshalb den Standpunkt, dass jedes visuelle Muster (selbst ein komplexes, verworrenes und unvollständiges) vollständig bestimmt werden kann, indem man die Verhältnisse seiner Elemente innerhalb des Sichtfeldes berechnet. In ihren Augen konnte die Erkennung (oder Klassifizierung) eines Musters mithilfe eines Algorithmus gelöst werden, der einen riesigen Input in einen einfachen binären Output (0 oder 1) berechnet, wodurch die simple binäre Frage repräsentiert wird: »Gehört dieses Bild zu einer bestimmten Klasse oder nicht?«

Nach kurzen Kabbeleien während der Macy-Konferenzen versammelte man sich zur Fortsetzung der *Gestalt-Kontroverse* bei einer dezidierten Veranstaltung: Das Hixon-Symposium zu »Zerebrale Mechanismen und Verhalten« fand 1948 am *California Institute of Technology* in Pasadena statt; Teilnehmer:innen waren neben McCulloch, von Neumann und Köhler auch berühmte Psycholog:innen wie Heinrich Klüver und Karl Lashley.[7] Das Hixon-Symposium war ein Wendepunkt in der Geschichte der computergestützten Rechenprozesse: Selbst John McCarthy räumte ein, dass sein gut gewählter Ausdruck »künstliche Intelligenz«, den er für die Dartmouth-Konferenz von 1956 erdachte, von seiner Teilnahme als Masterstudent der Mathematik an diesem früheren Symposium inspiriert worden war.[8]

7 Für den gesamten Tagungsbericht, vgl. Jeffress: Hixon Symposium.

8 Nils John Nilsson: *The Quest for Artificial Intelligence*, Cambridge 2009, 52. McCarthy pflegte ausschließlich sein Interesse an propositionaler Logik. Selbst noch 1979

Zu jenem Zeitpunkt gewann keine der beiden Fraktionen die Kontroverse für sich. Wie der Physiker und Wissenschaftshistoriker Steve Heims anmerkte, waren »auf eine Weise beide Romantiker, Köhler mit seinem Holismus und McCulloch mit seinem Mechanismus«.[9] Es ist unumstritten, dass es von Neumann war, der eine Synthese aus *Gestalt-Theorien* und computergestützter Logik vorschlug, die schließlich das Feld voranbrachte und zur Inspiration für Rosenblatts neuronales Netzwerk Perzeptron wurde, das statistische Kalkulation als Ersatz von McCullochs und Pitts' rigider Logik einbrachte. In diesem Kapitel wird der Einfluss der *Gestalt-Theorie* auf die Geschichte der KI erneut untersucht, insbesondere wird die Transformation von künstlichen neuronalen Netzwerken als Medien des logischen Denkens in Instrumente der Mustererkennung betont. Anschließend werden die *Gestalt-Kontroverse* und das Hixon-Symposium als eine alternative Geschichte der KI vorgeschlagen, welche die (fehlgeschlagenen) Vorhaben der symbolischen KI und ihre Ambitionen, deduktive Logik zu mechanisieren, nicht erneut verhandelt, sondern den Fokus auf die Abstammung vom Konnektionismus und der Automatisierung induktiver Logik lenkt.

Die *Gestalt-Kontroverse* ist ein kognitives Fossil aus ungelösten Problemen, das heutzutage im Innersten von Deep Learning vergraben ist; die Untersuchung dieser Auseinandersetzung kann hilfreich sein, die logische Form und die Grenzen zu verstehen, die die KI des 21. Jahrhunderts geerbt hat.[10] Die *Gestalt-Kontroverse* weist zudem auf ein *optisches Unterbewusstsein* hin, das noch immer im kontemporären maschinellen Lernen wirksam ist, da die Technik der Mustererkennung im Verlauf der letzten Jahrzehnte von Datensätzen aus visuellen zu nicht-visuellen Informationen ausgeweitet worden ist. Wie eine sonderbare Wendung des Schicksals ist es nun die

---

bestrebt, festzuhalten, dass »Maschinen, so simple wie Thermostate, eine Überzeugung zugesprochen werden kann«. John McCarthy: »Ascribing Mental Qualities to Machines«, in: Martin Ringle (Hg.): Philosophical Perspectives in Artificial Intelligence, Atlantic Highlands 1979.

9 Heims: Cybernetics Group, 241.

10 Der Google-Forscher François Chollet hat den Abstraction and Reasoning Corpus (ARC) als einen visuellen Test entworfen, der als für Menschen einfach, aber selbst für die aktuellen großen KI-Modell noch immer schwierig gilt. Ohne es einzuräumen, befasst sich der ARC mit Aufgaben, wie der Bildvervollständigung bei unvollständigen Informationen, welche zuvor von der *Gestalt*-Schule als Teil ihrer *Prägnanz*-Prinzipien Bedeutung erlangt hatten. Vgl. François Chollet: »On the Measure of Intelligence«, Preprint (2019), arxiv.org. Vgl. auch Hannes Bajohr: »The Gestalt of AI: Beyond the Holism-Atomism Divide«, *Interface Critique* 3 (2021): 13–35.

Mechanisierung der Wahrnehmung als Mustererkennung, die man wie die Mechanisierung von Kognition, bzw. wie künstliche Intelligenz behandelt. Trotz des Ursprungs in der Automatisierung der Sehfähigkeit ist es dennoch irreführend, anthropomorphe Metaphern der Wahrnehmung zu verwenden, um die Operationen der künstlichen neuronalen Netzwerke wie auch das gegenwärtige Deep Learning zu beschreiben. Wie schon oft wiederholt wurde, »sieht« die maschinelle Sehleistung nichts: Was ein Algorithmus »sieht«, also was er kalkuliert, sind die topologischen Verhältnisse unter numerischen Werten einer zweidimensionalen Matrix. Letzten Endes ist der Durchbruch, den künstliche neuronale Netzwerke herbeigeführt haben, weniger biomorpher als in diesem Falle, *topologischer* Natur. Anders ausgedrückt ging es hier weniger darum, die Struktur der neuronalen Netzwerke in der Retina des Auges nachzuahmen, sondern letztlich eher darum, Techniken der Selbstorganisation von Informationen zum Lesen der visuellen Matrix zu entwickeln.

Die Erfindung künstlicher neuronaler Netzwerke

Wie im vorherigen Kapitel umrissen, wurde die Erfindung von künstlichen neuronalen Netzwerken in dem bahnbrechenden Artikel von McCulloch und Pitts *Logical Calculus of the Ideas Immanent in Nervous Activity* (1943) in die Riege des Erstrebenswerten erhoben. Auf diesen Beitrag folgte ein weiterer Schlüsseltext, der eine direkte Antwort auf die *Gestalt-Kontroverse* war: *Wie erkennen wir Universalia?* (1947).[11] Während der erste Text die Idee von einem Netzwerk auf künstlichen Neuronen zur Automatisierung logischen Denkens vorstellte, weitet der zweite Beitrag seine Anwendung auf »die Wahrnehmung von auditiven und visuellen Formen« (siehe Abb. 7.1) aus. Der Übergang vom ersten Beitrag zum zweiten markiert einen logischen Ausbruch. Während der Artikel von 1943 neuronale Netzwerke als *deduktive Maschinen* für Aussagenlogik vorschlug, verweist der Beitrag von 1947 auf *induktive Maschinen* für die Automatisierung von Mustererkennung. Es ist sinnvoll, sich weiter vor Augen zu halten, dass in McCullochs

11 Zum theoretischen Hintergrund von McCulloch und Pitts, vgl. Tara Abraham: »(Physio)logical Circuits. The Intellectual Origins of the McCulloch–Pitts Neural Networks«, *Journal of the History of Behavioural Science* 38, Nr. 1 (2002): 3–25.

und Pitts' Beitrag von 1943 keine Rede von Computern ist, da diese zu der Zeit noch nicht zur gängigen Technologie gehörten.[12]

Damit die Geschichte der KI ins rechte Licht gerückt wird, ist es nötig an dieser Stelle den Unterschied zwischen deduktiver und induktiver Logik klarzumachen. Seit Leibniz' Vorstellung von einem *calculus ratiocinator* war das moderne Projekt des Strebens nach maschineller Intelligenz gegründet auf der Überzeugung, dass menschliche Logik durch Aussagenlogik ausgedrückt werden kann (wenn *x*, dann ist *y* wahr/falsch), die äquivalent ist zur boolschen Logik (den Operatoren UND, ODER und NICHT). Eine Proposition, die entsprechend dieser formalen Logik ausgedrückt wird, kann ohne Mühe in einen Mechanismus aus rotierenden Rädern, elektrischen Auslösegeräten oder elektronischen Gattern, wie Ventilen oder Transistoren, enkodiert werden. Bei näherem Hinsehen verfolgt diese Art der Logik eine lineare Form der Rationalität, die die Linearität geschriebener Sprache und Symbolmanipulation in Übereinstimmung mit den Regeln der *deduktiven Folgerung* nachbildet – einem Ansatz, der durch die Turing-Maschine und ihre Art der Ausführung von Instruktionen von einem eindimensionalen Band anschaulich verdeutlicht wird. Symbolische KI, Expertensysteme und Inferenzmaschinen sind allesamt exemplarisch für diese Neigung zu deduktiven Maschinen, die sich bis in die 1980er Jahre fortsetzte. Demgegenüber sind künstliche neuronale Netzwerke –

12 Zum Zeitpunkt der *Gestalt-Kontroverse* war der digitale Computer noch immer eine experimentelle Idee und keine technische Konvention, die man für selbstverständlich hielt. Aussagen wie »das menschliche Gehirn ist ein Computer« und »ein Computer kann denken« hatten damals eine andere Bedeutung als heute. Tatsächlich war das Design der Computer erst klar, *nachdem* die Idee von künstlichen neuronalen Netzwerken eingeführt worden war. Thomas Haigh und Mark Priestley haben zudem angemerkt, dass der Einfluss des Modells der Turing-Maschine auf das eigentliche Design des Computers überbewertet wird. Von Neumann zählte zu den ersten, die ein umsetzbares Design für die Turing-Maschine vorschlugen, das seither als die »Von-Neumann-Architektur« bekannt ist. Laut Haigh und Mark kopierte von Neumann jedoch hauptsächlich die »biologische Sprache« von McCulloch und Pitts bei der Beschreibung des EDVAC im Jahr 1945. Er nannte die Hauptkomponenten des EDVAC »Organe« und seinen Speicher »Gedächtnis« und bediente sich einer »abstrakten, von Neuronen inspirierten Notation, um die Kreisläufe im Computer zu beschreiben.« Vgl. Thomas Haigh / Mark Priestley: »Von Neumann Thought Turing's Universal Machine Was ›Simple and Neat‹, but That Didn't Tell Him How to Design a Computer«, *Communications of the ACM* 63, Nr. 1 (2019): 26–32; und John von Neumann: *Theory of Self Reproducing Automata*, Urbana 1966, 45.

zusammen mit allen Algorithmen des maschinellen Lernens – Beispiele für induktive Maschinen. Während deduktive Logik die Anwendung einer Regel, die Schlussfolgerung vom Generellen auf das Einzelne, ist, beinhaltet induktive Logik die Folgerung vom Einzelnen auf das Generelle, wodurch es Regeln der Klassifizierung bildet. Das Standardbeispiel ist die Bewegung von der Entdeckung, dass »jedes menschliche Wesen stirbt« zur Definition der Regel, dass »alle menschlichen Wesen sterblich sind«. Diese Gegenüberstellung von deduktiver und induktiver Logik ist der Schlüssel, um nicht nur die *Gestalt-Kontroverse*, sondern auch das Aufkommen des maschinellen Lernens nachzuvollziehen.

Heims' Bericht zufolge rief Klüver als Vorbereitung auf den Besuch der Macy-Konferenzen von New York durch den *Gestalt-Gelehrten* Köhler, der mit großer Spannung erwartet wurde, einen Wettbewerb unter den versammelten Wissenschaftler:innen aus: Sie sollten eine Theorie formulieren darüber, »wie ein Automat Gestalten wahrnehmen könnte«. Die Herausforderung wurde von McCulloch und Pitts angenommen, die, mit der finanziellen Unterstützung der Macy-Stiftung und Rockefeller-Stiftung, beabsichtigten, über ihren Beweis von 1943 hinauszugehen, wonach ein endliches Netzwerk aus vereinfachten Modell-Neuronen alles berechnen könnte, was sich unzweideutig mit Worten ausdrücken lässt.

Diesmal bestand ihr Ziel darin, neuronale Mechanismen für spezifische Gehirnfunktionen wie die Wahrnehmung zu entwickeln, idealerweise mit ausreichender Präzision für experimentelle Versuche.[13]

Als Ergebnis der Diskussion veröffentlichten McCulloch und Pitts im Jahr 1947 ihren Artikel *How We Know Universals: The Perception of Auditory and Visual Forms.*[14] Verglichen mit der vorherigen Veröffentlichung von 1943 geht es hier nicht um die Berechnung von Propositionen entsprechend einer linearen Logik, sondern um die Erkennung eines Musters in einer zweidimensionalen Matrix. McCulloch und Pitts ersannen ein »Gerät« durch das »zahlreiche Netze, verkörpert in speziellen Nervenstrukturen, dabei dienen, Informationen entsprechend nützlicher allgemeiner Charakteristika zu klassifizieren«.[15] Wie würde ein solches

13 Heims: *Cybernetics Group*, 224, 231.

14 Warren McCulloch / Walter Pitts: »How We Know Universals: The Perception of Auditory and Visual Forms«, Bulletin of Mathematical Biophysics 9, Nr. 3 (1947): 127–147.

15 McCulloch / Pitts, »How We Know Universals«, 127.

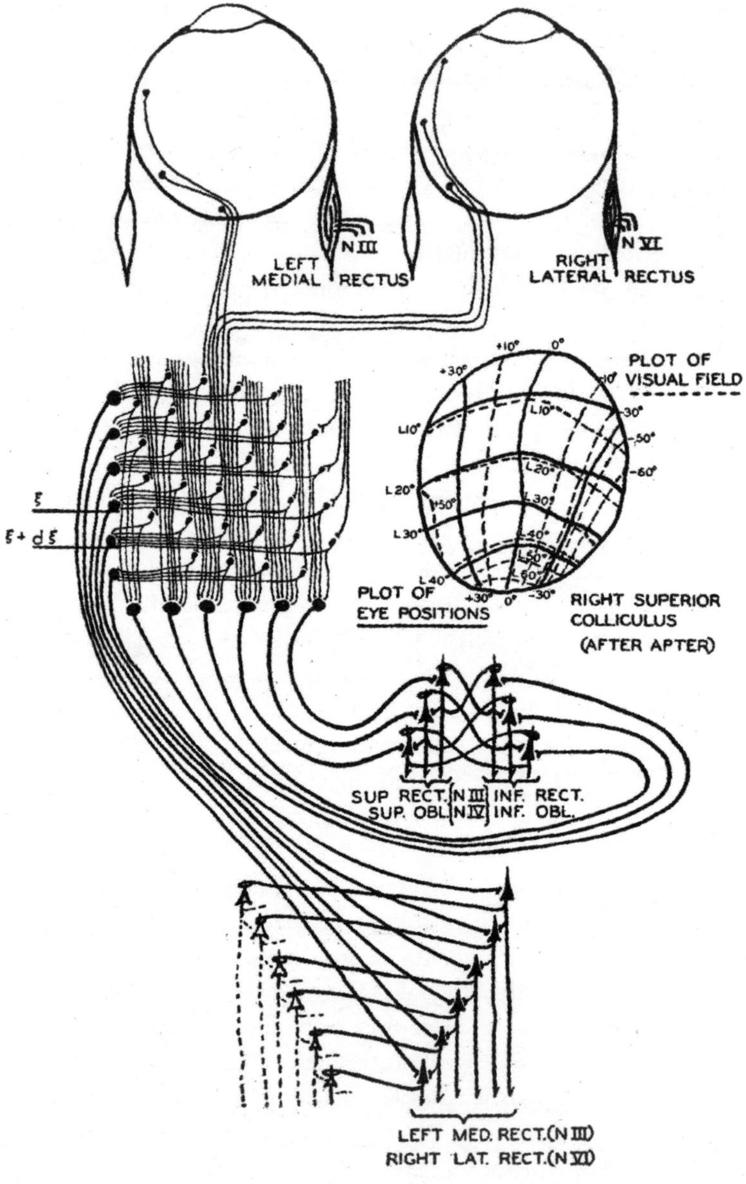

[Abb. 7.1] Darstellung der colliculi superiores des Mittelhirns. Warren McCulloch und Walter Pitts, *How We Know Universals: The Perception of Auditory and Visual Form*, Bulletin of Mathematical Biophysics 9, no. 3 (1947): 141.

»Gerät« aussehen? In Anbetracht des technologischen Entwicklungsstands der späten 1940er Jahre hätte es beispielsweise aus Fotorezeptoren bestehen müssen, die einen visuellen Input in ein digitales Bild umwandeln konnten, d.h., ein Gitter aus Pixeln, vermessen mit numerischen Werten. Wenn man den Farbaspekt außen vorlässt, dann hätte ein solches Gitter in binären Ziffern enkodiert sein müssen: Wert 1 für schwarze Pixel, Wert 0 für weiße Pixel. McCullochs und Pitts' Gerät zur Mustererkennung war ein Rechennetzwerk, das ein Gitter aus binären Nummern in den binären Output 1 (wahr), wenn ein Muster erkannt wurde, oder 0 (wenn kein Muster erkannt wurde), zerlegte.

Mathematisch ausgedrückt handelt es sich bei einem Gerät zur Mustererkennung um einen Algorithmus, der den gleichen Output für jeden Input errechnet, den ein Mensch als zur gleichen Musterart gehörig klassifiziert. Mit ihrem mathematischen Gerät wollten McCulloch und Pitts die Überzeugung der *Gestalt-Schule*, dass die menschliche Kognition einzigartig ist, infrage stellen und demonstrieren, dass Wahrnehmung algorithmisch beschrieben und automatisiert werden kann. Die ursprüngliche schriftliche Darstellung eines künstlichen neuronalen Netzwerks zur Mustererkennung liest sich folgendermaßen:

> »Zahlreiche Netze, verkörpert in speziellen Nervenstrukturen, dienen dazu, Informationen entsprechend nützlicher allgemeiner Charakteristika zu klassifizieren. Beim Sehen erkennen sie die Äquivalenz von Erscheinungen, die durch Ähnlichkeit und Kongruenz verbunden sind, wie jene eines einzelnen physikalischen Objektes, das von verschiedenen Orten aus gesehen wird. Beim Hören erkennen sie Klangfarbe und Akkord, unabhängig von der Tonhöhe. Die äquivalenten Erscheinungen teilen in allen Fällen eine allgemeine Figur und definieren eine Gruppe von Transformationen, welche die Äquivalente ineinander abwandeln, jedoch die Figur unverändert lassen. So bewegt beispielsweise eine Gruppe von Übertragungen ein Viereck von einem Ort an einen anderen; doch die Viereck-Figur bleibt unverändert. Diese Figuren sind die *geometrischen Objekte* von Cartan und Weyl, die *Gestalten* von Wertheimer und Köhler. Wir streben danach, generelle Methoden für den Entwurf von Nervennetzen zu finden, welche die Figuren auf eine solche Weise erkennen, damit der gleiche Output für jeden Input, der zu dieser Figur gehört, erzeugt wird.«[16]

16 Ebd.

McCulloch und Pitts zufolge wäre es selbst dann möglich, die Prinzipien der *Gestalt-Erkennung* zu berechnen, wenn sie augenscheinlich eine beachtliche Fähigkeit zur Abstraktion involvieren, wie bei dem Phänomen der Bildvervollständigung (wenn, um nochmal auf das obige Beispiel zu verweisen, in unvollständigen Linien oder unverbundenen Punkten ein Dreieck erkannt wird). Auch wenn es reduktionistisch erscheinen mag, haben McCulloch und Pitts eigentlich einen komplexen Dimorphismus der Dimension zwischen Wahrnehmung und Kognition eingebracht. *Gestalt-Theoretiker:innen* blieben dabei, dass Wahrnehmung und Kognition entlang eines kontinuierlichen Isomorphismus existieren: Die räumlichen Verhältnisse eines Objektes sind isomorph mit seinem Wahrnehmungsbild und daher mit seinem mentalen Abbild. Im Gegensatz dazu schlugen McCulloch und Pitts die Möglichkeit vor, die zweidimensionalen Verhältnisse eines Bildes in eine eindimensionale Repräsentation zu transformieren – im Grunde in einen Code oder eine logische Proposition – ohne den Inhalt oder die Qualität der Information zu untergraben.

Dies ist ein entscheidender Übergang in der Geschichte des Konnektionismus und der KI: McCulloch und Pitts argumentierten, dass Isomorphismus zwischen einem Bild und seiner logischen Repräsentation nicht notwendig ist. Die Form eines Dreiecks muss beispielsweise nicht als ein isomorphes Dreieck in einigen Teilen des Gehirns gespeichert werden, sondern kann über unterschiedliche Dimensionen verteilt werden (eine topologische Transformation, die man beim Deep Learning auch als »interne Repräsentation« bezeichnet).[17] Die beiden Wissenschaftler führten diese Hypothese weiter gegen die *Gestalt-Schule* ins Feld und argumentierten, dass eine visuelle Mannigfaltigkeit von einer linearen Informationsmaschine wie der von Turing berechnet werden kann:

> »Dieser Punkt richtet sich insbesondere gegen die *Gestalt-Psychologen*, die nicht begreifen wollen, dass eine Figur nur dadurch bekannt sein kann, dass sie topographisch auf neuronalen Mosaiken dargestellt wird, und gegen die Neurologen der Schule von Hughlings Jackson, die es für nötig halten, eine Figur erst an ein spezialisiertes Neuron zu verfüttern, dessen Aufgabe sowas wie das Lesen von Vierecken ist. Die Sprache, in der die Information an den Homunculus kommuniziert wird, der immer nach jeglicher unvollständiger Analyse der sensorischen

17 Auch aus diesem Grund warf Köhler dem neuronalen Modell von McCulloch und Pitts einen altmodischen »Dualismus« vor. Jeffress: Hixon Symposium, 69.

> Mechanismen und vor einer Analyse der motorischen sitzt, muss nicht und ist auch nicht dazu geneigt, nach dem Plan der Sprachen gebaut zu sein, die die Menschen untereinander verwenden.«[18]

McCullochs und Pitts' Paradigma der Wahrnehmung und Kognition war genauso atomistisch wie multidimensional: Es basierte auf der Idee, dass zum »Wahrnehmen« und »Verstehen« ein biologisches oder künstliches neuronales Netzwerk eine Vervielfältigung aus zwei Dimensionen zerlegen kann und diese auf eine andere Konfiguration von Dimensionen als die ursprünglichen projizieren kann. Auf visionäre Art und Weise forderten sie den berühmten Wahlspruch der *Gestalt-Theorie* heraus: »Das Ganze ist etwas anderes als die Summe seiner Teile«.[19] Sie wollten die holistische Komplexität der *Gestalt-Theorie* durch eine andere Art der Multidimensionalität ersetzen, die rein mathematisch war.

Was das Auge des Frosches seinem Gehirn berichtet

Auf dem Hixon-Symposium war Köhler der einzige Vertreter der *Gestalt-Schule*. Er nahm nicht daran teil, um eine mystische Macht des menschlichen Geistes zu verteidigen, sondern um physikalische Messungen der Gehirnaktivität während visueller Wahrnehmung vorzustellen, genau gesagt »Aufnahmen der elektrischen Ströme, die von den Köpfen menschlicher Probanden gemacht wurden, während diese sich im Zustand der Musterbetrachtung befanden«.[20] Köhlers Untersuchung bezeugt, dass die *Gestalt-Theoretiker:innen* der Suche nach neuronalen Korrelaten der Wahrnehmung nicht feindlich gegenüberstanden; sie verfolgten einfach eine traditionelle Methode der wissenschaftlichen Versuche, statt der Denkweise in Analogien der Kybernetiker:innen. Wie Heims auch angemerkt hat:

> »Die *Gestalt-Psychologen* ergaben sich nicht dem Mystizismus, der politischen Reaktion oder dem Vitalismus, welchen gemein war, dass sie nach Ganzheit hungerten. Sie bestanden auf empirischen Studien von Phänomenen und suchten nach fundamentalen Regeln zur Beschreibung von strukturellen Charakteristika

18 McCulloch / Pitts: »How We Know Universals«.

19 Ursprünglich formuliert von Kurt Koffka. Köhler: Principles of Gestalt Psychology, New York 1935, 176.

20 Wolfgang Köhler: »Relational Determination in Perception«, in: Jeffress, Hixon Symposium, 200.

> der Erfahrung, selbst als sie die beliebte Opposition zu atomistischen und mechanischen Analysen der Welt unterstützten.«[21]

Insbesondere Köhler stützte sich auf das Modell der Kraftfelder, das sich aus der Physik ableitete und unter anderem von seinem engen Freund Max Planck inspiriert worden war, um die Phänomene der visuellen Wahrnehmung zwischen Augen und Gehirn zu erklären.

Beim Hixon-Symposium prallte die *physikalische Hypothese* der Kraftfelder, die der *Gestalt-Theorie* zugrunde lag, auf die *rechenprozessbasierte Analogie* von Gehirnen als endliche Automaten. Köhler griff McCullochs reduktionistischen Ansatz bezüglich des Gehirns an, indem er behauptete, dass Nervenimpulse, wenn sie von Histologi:innen oder Neurophysiolog:innen gesehen und vermessen werden, nicht wie logische Propositionen aussehen, sondern einfach wie [...] Impulse![22] Der Sicht der Kybernetiker:innen auf das Gehirn als »maschinelle Anordnung« stellte Köhler die Theorie der Kraftfelder entgegen, um die strukturelle Kontinuität der Form (Isomorphismus) zwischen dem Stimulus der Wahrnehmung, seiner neurologischen Entsprechung und den höheren Funktionen der Kognition (wie die Fähigkeit zur Einsicht) zu erläutern:[23]

> »Kontinuität ist eine *strukturelle* Eigenschaft des Sehfeldes. Es ist darüber hinaus eine *strukturelle* Tatsache, dass in diesem Feld umfasste partikulare Wahrnehmungsbilder als Flecken, Figuren und Dinge getrennt sind. Wir haben festgestellt, dass in beiden dieser Eigenschaften der makroskopische Aspekt des kortikalen Prozesses der visuellen Erfahrung ähnelt. In diesem Rahmen sind die Sehkraft und ihre kortikale Entsprechung isomorph.«[24]

Im Gegensatz zum übereifrigen Enthusiasmus der Kybernetiker:innen für die Ähnlichkeit von neuronalen Korrelaten und logischen Operatoren,

---

21 Heims: Cybernetics Group, 108.

22 Vgl. Köhlers Bemerkung an McCulloch in: Jeffress: Hixon Symposium, 66.

23 Wolfgang Köhler: »Review of *Cybernetics or Control and Communication in the Animal and the Machine* by Norbert Wiener«, *Social Research* 18, Nr. 1 (1951): 127. Zum Thema Isomorphismus vgl. Abraham Luchins / Edith Luchins: »Isomorphism in *Gestalt Theory*: Comparison of Wertheimer's and Köhler's concepts«, Gestalt Theory 21, Nr. 3 (1999): 208–234.

24 Wolfgang Köhler: The Place of Value in a World of Facts, New York 1938, 217. Vgl. Wolfgang Köhler: Dynamics in Psychology, New York 1940.

begegnete Köhler den eigenen Entdeckungen mit Vorsicht.[25] Des Weiteren, auch wenn der Ausdruck einen anderen Eindruck wecken mag, war der *Gestalt-Isomorphismus* keine monotone Idee, sondern eine, die die Prinzipien der Plastizität wie Selbstorganisation und Selbstreparatur im weiteren Sinne mit einschloss.[26] Die *Gestalt-Schule* hielt die Vorstellung vom menschlichen Geist als einem endlichen Automaten für ungeeignet für die Beschreibung dieser höheren Fähigkeiten des Geistes zur Synthese und Abstraktion durch Selbstorganisation.

Im gegnerischen Lager war der lauteste und auffälligste Angreifer der *Gestalt-Lehre* Norbert Wiener, der den Holismus als »pseudo-wissenschaftlichen Quälgeist« verunglimpfte. Folglich behauptet Wiener: »[W]enn ein Phänomen nur als Ganzes erfasst werden kann und vollkommen unempfindlich gegenüber einer Analyse ist, dann gibt es kein geeignetes Material für jegliche Beschreibung dieses Phänomens; denn das Ganze steht uns niemals zur Verfügung«.[27] Wiener teilte die ideologische rechnerische Sicht auf den menschlichen Geist von McCulloch und Pitts ohne zu zögern:

> »Es ist eine bemerkenswerte Tatsache, dass der menschliche Geist und die tierischen Nervensysteme, die dafür bekannt sind, dass sie die Arbeit von Rechensystemen ausführen können, Elemente enthalten, die perfekt dafür geeignet sind, wie Relais zu handeln. Diese Elemente sind die sogenannten *Neuronen* oder Nervenzellen.«[28]

25 »Sollte wirklich belegt werden, dass das Sehen von Mustern eine Sache der Kontinuitätsphysik ist, dann wären wir doch sehr geneigt zu glauben, dass dies auch bei anderen analogen Fakten in anderen Bereichen der Psychologie der Fall ist. Nur da ich verstehe, dass wir es mit einem großen Problem der Psychophysik im Allgemeinen zu tun haben, tendiere ich dazu, langsamer vorzugehen. Es mag sein, dass nun das die Entsprechung des Sehens von Mustern im Kortex zu verorten und für Experimente zugänglich geworden ist. Doch noch können wir uns nicht sicher sein, dass dies der Fall ist.« Vgl. Köhler: »Relational Determination in Perception«, 229.

26 Zu Organizismus und Plastizität vgl. Kurt Goldstein: Der Aufbau des Organismus. Einführung in die Biologie unter besonderer Berücksichtigung der Erfahrungen am kranken Menschen, Den Haag 1934, übers als The Organism. A Holistic Approach to Biology Derived from Pathological Data in Man, New York 1939.

27 Norbert Wiener: »Some Maxims for Biologists and Psychologists« (1950), in: P. Masini (Hg.): Collected Works with Commentaries, Bd. 4: Cybernetics, Science, and Society; Ethics, Aesthetics, and Literary Criticism; Book Reviews and Obituaries, Cambridge, 1985, 454–456.

28 Norbert Wiener: Cybernetics. Or Control and Communication in the Animal and the Machine, Cambridge 1961 [1948], 120.

Die Idee von künstlichen Neuronen und dem Projekt der Automatisierung der *Gestalt-Wahrnehmung* war bereits diskutiert worden, als Wiener im Jahr 1948 sein Buch *Cybernetics* veröffentlichte, welches die erste Zusammenstellung von digitalem Rechenwesen und Informationstheorien war. 1951, einige Jahre nach dem Hixon-Symposium, verfasste Köhler eine strenge Rezension von Wieners Buch und dessen Kapitel über *Gestalt and Universals*, in der er den Standpunkt vertrat, dass, auch wenn es wahr ist, dass Maschinen besser als Menschen in Kalkulation seien, eine solche Kalkulation nicht gleichbedeutend mit Denken oder mit der tatsächlichen Fähigkeit zur Einsicht in ein Problem ist:

> »Im Verhältnis der menschlichen Wesen zu den berechenden Maschinen, scheint es, dass das Denken im eigentlichen Sinne des Wortes die Aufgabe des Menschen bleibt. Hervorragende Ingenieure und Mathematiker bauen in ein solches Instrument mechanisch erzwungene Wege der Operation ein, die als faktisch verlässlichen Ersatz für gewisse quantitative Aktivitäten des menschlichen Geistes wie Addition und Multiplikation dienen können. Es ist nicht weiter verwunderlich, dass, solange es um Geschwindigkeit geht, die ersetzenden Operationen der Maschinen allem, was der menschliche Geist erreichen könnte, weit überlegen sind. Zugleich scheinen diese Operationen generell anders zu sein, als jene eines menschlichen Geistes, der mit einem mathematischen Problem befasst ist [...] Die Maschine kann nichts wissen, denn innerhalb ihrer Funktionen findet sich nichts, das mit der Einsicht in die Bedeutung eines Problems verglichen werden kann.«[29]

Mitte der 1950er Jahre luden der Neurophysiologe Jerome Lettvin und der Biologe Humberto Maturana McCulloch und Pitts dazu ein, an ihren Studien der Neuronen eines Froschauges mitzuarbeiten. Ihre Schlussfolgerung wurde später 1959 in dem berühmten Artikel *What the Frog's Eye Tells the Frog's Brain* veröffentlicht, der für viele den Todesstoß für die *Gestalt-Kontroverse* repräsentiert.[30]

Ihre Untersuchung ging von der einfachen Beobachtung aus, dass der optische Nerv höherer Tiere aus weniger Fasern besteht, als die Retina. Dies legt nahe, dass der Stimulus einer Komprimierung unterzogen wird, bevor er das Gehirn erreicht. Die Frage, die sich stellt, lautet, was genau mit

29 Köhler: »Review of Cybernetics«, 128.

30 J. Y. Lettvin et al.: »What the Frog's Eye Tells the Frog's Brain«, *Proceedings of the IRE* 47, Nr. 11 (1959): 1940–1951.

dem Stimulus zwischen der Retina, dem optischen Nerv und dem visuellen Kortex geschieht. Die Wissenschaftler:innen wählten den Frosch als ihren Modellorganismus. Sie maßen den Reiz im optischen Nerv mithilfe einer Elektrode, während sie dem Auge des Frosches Formen mit hohem Kontrast vorhielten. Auf diese Weise zeichneten sie vier Typen des neuronalen Verhaltens oder »Operationen« auf: »1) durchgehende Kontrasterkennung; 2) Erkennung der Netzkonvexität; 3) Erkennung sich bewegender Ränder; 4) Erkennung der Netzverdunklung«.[31] Zur besseren Veranschaulichung soll die zweite Operation näher betrachtet werden, nämlich die Erkennung der Netzkonvexität, die womöglich am intuitivsten zu verstehen ist: Hier geht es um die Wahrnehmung eines kleinen Objektes, das sich durch ein Sichtfeld bewegt, z.B. ein fliegendes Insekt, was zur Nahrungsgewinnung und zum Überleben des Frosches entscheidend ist. Daher wurde dieser Vorgang umgangssprachlich als »Käferdetektor« bezeichnet:

Entgegen der Vorrangigkeit der Gehirnfunktionen der *Gestalt-Theorie* behaupteten die Autoren, dass das Auge bereits grundlegende Aufgaben der Kognition durchführt, wie die Mustererkennung, und Signale an das Gehirn sendet, die bereits wohlgeformte *Konzepte* und nicht bloße *Perzepte* sind. Sie verteidigten die Ansicht, dass das Auge bereits eine Sprache der »komplexen Abstraktion« anwendet, statt nur ein Sinnesmedium zu sein. Sie kamen zu dem Schluss, dass »das Auge mit dem Gehirn in einer Sprache spricht, die bereits hochorganisiert und interpretiert ist, statt ein mehr oder weniger akkurates Abbild der Distribution von Licht auf die Rezeptoren zu übermitteln«.[32] Was das Auge an das Gehirn sendet, wäre nicht eine Form, die analog zu Perzept ist (die dann die Verhältnisse der *Gestalt* behalten würde), sondern eine semantische Proposition – ein Teil einer Information, die das Muster, das im Perzept anzutreffen ist, interpretiert. Der gemeinsame Artikel nahm auch Ergebnisse aus dem Beitrag von McCulloch und Pitts von 1947 auf, einschließlich der Beobachtung, dass ein Bild durch Kalkulierung der Verhältnisse der Elemente entsprechend einer räumlichen Logik logisch definiert und »wahrgenommen« werden kann.

»Durch Transformation des Bildes aus einem Raum aus einfachen separaten Punkten zu einem kongruenten Raum, in dem jeder äquivalente Punkt durch die Überscheidung von bestimmten Qualitäten in seiner Nachbarschaft beschrieben

31 Ebd.:1943.
32 Ebd.: 1950.

> wird, können wir somit mit Blick auf die Verteilung von Kombinationen dieser Qualitäten das Bild wiedergeben. Kurz gesagt, jeder Punkt wird in definitiven Kontexten gesehen. Der Charakter dieser Kontexte, genetisch eingebaut, ist das physiologische synthetische *a priori*.«[33]

Ein digitales Bild setzt sich nicht einfach aus separaten Punkten zusammen, sondern aus räumlichen Verhältnissen zueinander, die man als »Verteilung von Kombinationen« beschreiben kann. Es ist bemerkenswert, dass die Autoren hier offenbar nahelegen, dass es nicht das neuronale Netzwerk per se ist, welches das »physiologische synthetische *a priori*« des Gedankens bildet, sondern eher die räumliche Logik, die das neuronale Netzwerk verarbeitet.

Der Biomorphismus der frühen künstlichen neuronalen Netzwerke (hier die Imitation von biologischen neuronalen Netzwerken) muss letztlich hinterfragt werden. Das menschliche Organ, das McCulloch und Pitts am häufigsten untersuchten und sich als ein Netzwerk aus logischen Operatoren vorstellten, war nicht das Gehirn, sondern das Auge; und vom Auge erbten ihre künstlichen neuronalen Netzwerke implizit eine bestimmte Hierarchie des Verhaltens. Im Essay von 1947 von McCulloch und Pitts sollte die Kooperation unter den Knotenpunkten des künstlichen neuronalen Netzwerkes die kombinatorische Geometrie des Gesichtsfeldes auflösen, nicht eine propositionale Logik eines Syllogismus, wie in ihrer Veröffentlichung von 1943. In der *Gestalt-Kontroverse* findet man dann auch nicht ein Modell der Kognition, das mechanisiert werden soll, sondern eher mehrere Modelle der Wahrnehmung, da die Elemente des Wahrnehmungsfeldes und weniger mentale Zustände hier in berechenbaren Bedingungen repräsentiert wurden. Die Entwicklung von künstlichen neuronalen Netzwerken setzte sich fort, indem vorrangig die Neuronen des Auges statt des Gehirns untersucht wurden: erst waren es Lettvins Frösche, dann David Hubles und Torsten Wiesels Katzen (dies wurde zu Inspiration von *convolutional neural networks* wie AlexNet); die Geschichte der konnektionistischen KI hat sich also an Tieren und ihren Sehorganen schuldig gemacht.[34]

Von einer mathematischen Perspektive aus ging es bei der *Gestalt-Kontroverse* zum einen um die Transformation eines Bildes in ein logisches

33 Ebd.

34 D. H. Hubel / T. N. Wiesel: »Receptive Fields of Single Neurones in the Cat's Striate Cortex«, *Journal of Physiology* 124, Nr. 3 (1959): 574–91.

Konstrukt und zum anderen um die Tatsache, dass ein logisches Konstrukt menschlichen Denkens womöglich die wahrscheinlichkeitstheoretischen Eigenschaften der Bildwahrnehmung teilt.[35] Liest man zwischen den Zeilen, so verwies die *Gestalt-Kontroverse* schon damals auf eine logische Form, die sich erst im maschinellen Lernen des 21. Jahrhunderts voll ausbilden sollte: Die Idee einer räumlichen und statistischen Dimension der Information jenseits der linearen Modalität der Turing-Maschine. Logische Gatter und Wahrnehmungsfelder – die grundlegenden Konzepte jeweils der Kybernetik und der *Gestalt-Schule* – waren zwei gegensätzliche Ideale, die die aufstrebende KI letztlich überwand und in immer abstraktere Konstrukte miteinander verschmolz: Gegenwärtig wird die innere Logik maschinellen Lernens beispielsweise mittels Entitäten wie multidimensionalen Vektoren, latenter Raum und statistischer Distribution beschrieben. Die visuelle Matrix (und mit ihr die Bildfläche moderner Ikonologie) hat sich seitdem in diese fortgeschrittenen logischen Formen, in diese weitläufigen Verästelungen der statistischen Schlussfolgerung, weiterentwickelt, deren vollkommenes Verständnis noch aussteht.

Die Sprache des Gehirns ist nicht die Sprache der Mathematik

Wie der Epistemologe David Bates geschrieben hat, wurde der Skeptizismus der *Gestalt-Schule* gegenüber einem rechnerischen Reduktionismus dennoch von einer zentralen Figur der US-amerikanischen Kybernetik aufgenommen: dem Universalgelehrten John von Neumann. Als Schlüsselfigur des Manhattan-Projektes und leidenschaftlicher Antikommunist[36] übernahm von Neumann in der Kontroverse die Rolle eines Mediators. Dadurch führte er eine Synthese von *Gestalt-Theorie* und logischen neuronalen Netzwerken herbei und ebnete auf diese Weise den Weg für Rosenblatts Idee von statistischen neuronalen Netzwerken. Von Neumann erhielt sich ein starkes Interesse an der mathematischen Analyse biologischer neuronaler Netzwerke, ohne jedoch zu behaupten, dass das Gehirn

35 Der Wissenschaftshistoriker Peter Galison hat die Beziehung zwischen den »mimetischen« und den »logischen« Traditionen bei der Konstruktion von wissenschaftlichen Bildern untersucht. Vgl. Peter Galison: Image and Logic. A Material Culture of Microphysics, Chicago 1997.

36 David Bates: »Creating Insight: Gestalt Theory and the Early Computer«, in: Jessica Riskin (Hg.): Genesis Redux: Essays in the History and Theory of Artificial Life, Chicago 2007, 237–259.

eine Maschine sei, noch dass eine Maschine ein Gehirn in perfekter Weise nachahmen könne. Stattdessen vertrat er die Ansicht, dass, wenn man die Anzahl ihrer Einheiten (Neuronen in Gehirnen im Verhältnis zu Schaltern in Maschinen) bedenke, das Ausmaß menschlicher Kognition nicht mit mechanischen Rechenprozessen verglichen werden könne: »Die Anzahl der Nervenzellen im menschlichen zentralen Nervensystem ist auf etwa 10 Milliarden geschätzt worden [...] und niemandem ist ein Schaltorgan mit 10 Milliarden Einheiten untergekommen; daher würde man zwei unbekannte Objekte miteinander vergleichen«.[37] Wie wir sehen werden, reduzierte von Neumann letzten Endes nicht das Gehirn auf einen Computer, das Biologische auf das Logische, sondern stellte sich stattdessen Zwischenmodelle und Implementierungen vor, um eine Domäne in die andere zu übertragen.

Von Neumann stimmte McCulloch und Pitts darin zu, dass »alles, was sich mit Worten beschreiben lässt, auch mit der neuronalen Methode gemacht werden kann«, aber glaubte nicht, »dass jeder Schaltkreis, den man auf diese Weise entwirft, tatsächlich so in der Natur vorkommt«.[38] Während er McCullochs und Pitts' Bemühen, biologische Neuronen in formal zu erfassen, sodass keine Erläuterung mehr nötig ist, nachempfinden konnte, gab er zugleich der *Gestalt-Schule* darin recht, dass die systemische Natur der Formenwahrnehmung von einer Art ist, die sich nicht ohne Weiteres in propositionalen Bedingungen und deduktiver Logik beschreiben lässt, es sei denn, man lässt die Größe der Beschreibungen in langatmige und ausschweifende Code-Skripte ausarten. Wie von Neumann erläutert, trägt die arithmetische Logik manifeste Grenzen ihrer Größe bei ihrer Repräsentation der Welt in sich:

> »Angenommen, man möchte den Umstand beschreiben, dass man erkennt, dass es sich um ein Dreieck handelt, wenn man ein Dreieck ansieht, und man dies erkennt, egal, ob es groß oder klein ist. Es ist recht einfach, zu beschreiben, was damit geometrisch gemeint ist: Ein Dreieck ist eine Gruppe von drei Linien, die auf bestimmte Weise angeordnet sind. Schön und gut, doch man erkennt auch etwas als ein Dreieck, dessen Seiten gebogen sind, oder wenn nur die Eckpunkte angedeutet sind, oder wenn das Innere schattiert ist und das Äußere nicht. Viele

37 Von Neumann: Theory of Self Reproducing Automata, 37. Vgl. auch John von Neumann: »The General and Logical Theory of Automata«, in: Jeffress: Hixon Symposium, 3.

38 Von Neumann: Theory of Self Reproducing Automata, 46.

> verschiedene Sachen können als ein Dreieck erkannt werden, die alle einen Hinweis auf ein Dreieck in sich tragen, doch je mehr Details man versucht bei der Beschreibung mit zu berücksichtigen, desto länger wird die Beschreibung. [Hinsichtlich] der gesamten visuellen Maschinerie der Interpretation eines Bildes, etwas in ein Bild zusammenzusetzen, gelangt man in Gebiete, die man sicherlich nicht mit diesen [logischen] Bedingungen ausdrücken kann.«[39]

Gegen McCulloch und Pitts vertrat von Neumann die Ansicht, dass das Gehirn die Komplexität jedes Bildes erkennen kann, eben aufgrund seiner probabilistischen Logik. Arithmetische Logik wäre demnach eine Vereinfachung und eine Annäherung an die tatsächliche Arbeitsweise des Gehirns und könnte nur zum Teil dessen Eigenschaften erfassen. Als Folge dessen definierte von Neumann die arithmetische Logik als Metasprache (»Zweitsprache« oder »Shortcode«). Auch beobachtete er, ähnlich wie Köhler, dass das Nervensystem diese Erstsprache unter Verwendung der statistischen Eigenschaften von Stimuli (»kompletter Code«) spricht, statt exakter Markierungen (»Shortcode«).

Angesichts dieser probabilistischen Dynamik folgerte von Neumann kontraintuitiv, dass im Nervensystem eine »Verschlechterung« der arithmetischen Präzision tatsächlich in einer »Verbesserung der Logik«[40] resultieren kann. Er und andere betonten, dass biologische neuronale Netzwerke mit einer Fehlertoleranz operierten, die jede deterministische berechnende Maschine aus dem Gleichgewicht bringen würde. Ein einziger Fehler im Computerprogramm bringt die gesamte Maschine zum Stillstand. Doch solche Fehler stören Organismen nicht weiter. Somit ist es die gleiche probabilistische Natur von Organismen, die sie tolerant für Fehler machen und es ermöglichen, uneindeutige und komplexe Figuren ohne Schwierigkeit wahrzunehmen:

> »Die Tatsache, dass natürliche Organismen eine derart radikal andere Einstellung gegenüber Fehlern haben und sich so anders verhalten, wenn ein Fehler auftritt, ist wahrscheinlich mit einigen weiteren Eigenschaften natürlicher Organismen verbunden, die unseren Automaten gänzlich fehlen. Die Leistungsfähigkeit eines natürlichen Organismus, trotz einer großen Fehlerhäufigkeit (wozu unsere künstlichen Automaten nicht in der Lage sind), verlangt womöglich ein

39 Ebd.: 46–47.

40 John von Neumann: The Computer and the Brain. Silliman Memorial Lectures, New Haven 1958, 80.

> sehr hohes Maß an Flexibilität und vom Automaten die Fähigkeit, sich selbst zu beobachten und zu reorganisieren. Und diese erfordert vermutlich eine sehr beachtliche Autonomie von Teilen. Im zentralen Nervensystem des Menschen sehen wir eine starke Autonomie der Teile. Diese Autonomie der Teile eines Systems hat Auswirkungen, die man im Nervensystem des Menschen, nicht aber in künstlichen Automaten beobachten kann.«[41]

Heute besteht Einigkeit darüber, dass biologische neuronale Netzwerke trotz Irrtümern, Fehlern und Schäden laufen können, und genau genommen auch dank dieser.[42] Kybernetiker:innen stießen auf diese Idee der Neuroplastizität in den Kognitionswissenschaften jener Zeit, insbesondere in den Werken des Neurologen Karl Lashly (der auch auf dem Hixon-Symposium vortrug) und Kurt Goldstein (der als Mitglied der exilierten *Gestalt-Schule* in die USA ausgewandert war). Lashley untersuchte die Auswirkungen von künstlich induzierten Gehirnverletzungen auf das Gedächtnis von Laborratten, während Goldstein die Fähigkeit von Veteranen des Ersten Weltkrieges, ihre Erinnerungen nach realen Gehirntraumata neu zu organisieren, erforschte.[43] Doch es war eher Goldstein als Lashley, der ein systematischeres Modell von Neuroplastizität lieferte. Seine Theorie zur Fähigkeit des Gehirns, sich nach einem Trauma zu reorganisieren, stand zudem in enger Verbindung zur Debatte über die Verortung des Gedächtnisses. Eine entscheidende These, die von einem der Vorreiter einer holistischen Neurologie stammt, Constantin von Monakow, besagte, dass das Gedächtnis verteilt sei, statt an einem Ort verankert, und dass es daher für das Gedächtnis möglich sei, sich nach einer Gehirnverletzung zu erholen (siehe Kapitel Acht). Von Neumann gab diese Theorien weiter:

41 Von Neumann: Theory of Self Reproducing Automata, 73.

42 Zum Einfluss dieser Idee auf die Genese des Deep Learning vgl. Yann LeCun et al.: »Optimal Brain Damage«, *Neural Information Processing Systems* 2 (1989): 598–605.

43 Das Kapitel zu den »Pathologien von Maschinen« in Wieners *Cybernetics* spiegelt diese Debatten zur Neuroplastizität wider. Vgl. auch die Einleitung in Matteo Pasquinelli (Hg.): Alleys of Your Mind. Augmented Intelligence Trauma, Lüneburg 2015; David Bates: »Unity, Plasticity, Catastrophe: Order and Pathology in the Cybernetic Era«, in: Andreas Killen / Nitzan Lebovic (Hg.): Catastrophe. History and Theory of an Operative Concept, Berlin 2014, 252; Matteo Pasquinelli: »What an Apparatus Is Not. On the Archeology of the Norm in Foucault, Canguilhem, and Goldstein«, *Parrhesia* 22 (Mai 2015): 79–89.

»Das Hauptproblem mit dem Organ des Gedächtnisses scheint darin zu bestehen, dass es an keinem bestimmten Ort ist. Es ist niemals banal, irgendwas im Gehirn zu verorten, da das Gehirn über eine beachtliche Fähigkeit zur Reorganisation verfügt. Selbst wenn eine Funktion in einem bestimmten Teil des Gehirns verortet wurde, kann es sein, dass man nach Entfernung dieses Teils feststellt, dass das Gehirn sich neu geordnet hat, Zuständigkeiten neu verteilt wurden und die Funktion wieder ausgeführt werden kann.«[44]

Es war diese Vorstellung von einem verteilten Gedächtnis im menschlichen Gehirn, die eine Delokalisierung des Speichers in Maschinen nahelegte. Neuronale Netzwerke, mit ihrer verteilten Architektur, waren die perfekten Kandidaten, um dies umzusetzen. Wie Rosenblatt in *Neurodynamics* einräumte, war es der Kommentar von von Neumann zum verteilten Gedächtnis, der zur wichtigsten Anregung für das Perzeptron wurde (siehe Kapitel Neun).[45]

Aus dieser Perspektive betrachtet verfolgte von Neumann eine andere Methode der Fragestellung als andere Kybernetiker:innen. Entgegen dem Platonismus und Intuitionismus, der damals auch im Ingenieurswesen verbreitet war, hielt von Neumann an einer konstruktivistischen Perspektive auf Sprache, Logik und Mathematik fest. Er war überzeugt, dass diese Konzepte nicht inhärent oder immanent waren, sondern eher Ergebnisse einer historischen Entwicklung.

»Es ist schlicht angebracht, zu erkennen, dass Sprache zu einem großen Teil ein historischer Zufall ist. Die grundlegenden Sprachen der Menschheit werden uns traditionellerweise in verschiedenen Formen übermittelt, doch gerade ihre Vielzahl beweist schon, dass es bei ihnen nichts Absolutes oder Notwendiges gibt. Genau wie Sprachen wie Griechisch oder Sanskrit historische Tatsachen sind und keine absoluten logischen Notwendigkeiten, ist es nur vernünftig, anzunehmen, dass Logik und Mathematik vergleichbare historische, zufällige Formen der Ausdrucksweise sind. Vielleicht haben sie essenzielle Varianten, d.h., sie können in anderen Formen als jenen existieren, an die wir gewöhnt sind. Tatsächlich deuten die Natur des zentralen Nervensystems und des Nachrichtensystems, das es übermittelt, darauf hin, dass genau dies der Fall ist.«[46]

---

44 Von Neumann: Theory of Self Reproducing Automata, 49. Vgl. auch Von Neumann: *The Computer and the Brain*, 63–68.

45 Frank Rosenblatt: Principles of Neurodynamics. Perceptrons and the Theory of Brain Mechanisms, Buffalo 1961, 10. Zu Lashley vgl. Seite 4.

46 Von Neumann: The Computer and the Brain, 82.

Diese historische Relativierung von Mathematik und Logik ist entscheidend, um von Neumanns Herangehensweise an die rechnerische Theorie des menschlichen Geistes und das Projekt zum Bau denkender Automaten zu verstehen. Von Neumann vertrat eine feinere Position als der Funktionalismus oder die These von der *multiplen Realisierbarkeit des menschlichen Geistes*, welche besagt, dass das gleiche operative Modell der Intelligenz über verschiedene Substrate aus Neuronen, Auslösegeräten, Transistoren, etc. implementiert werden könne. Stattdessen machte von Neumann sich für eine Methode der gegenseitigen Implementierung zwischen künstlichen und natürlichen Welten stark, nämlich für die Methode des *Modellierens*.[47] Natürlich war von Neumann dem Gebrauch von Computern als Modellmaschinen zum Studium des Gehirns gegenüber positiv eingestellt.

Dessen ungeachtet war er am Ende seines Lebens, als er 1956 von der Universität Yale eingeladen wurde, seine Silliman-Seminare zu halten, bestrebt, diesen Punkt unzweideutig klarzumachen. Seine Seminarreihe *The Computer and the Brain* schließt mit dem deklarativen Titel *The Language of the Brain [Is] Not the Language of Mathematics*. In dieser Vortragsreihe gestand er der »Zweitsprache« der Mathematik eine Schlüsselrolle bei dem Wissen über die »Erstsprache des Gehirns« zu. Doch statt den Computationalismus[48] von McCulloch, Pitts und Wiener zu wiederholen, machte von Neumann, selbst kein Romantiker, am Ende eine bemerkenswerte Einwendung: Er kehrte die Beziehung zwischen Logik und Natur, Computer und Gehirn, um, sodass er schließlich vorschlug, dass die Forschung der Neurophysiologie eines Tages die Logik vollkommen neu gestalten könnte. In einer Einleitung zur Anthologie der Vorträge, kurz vor seinem Tod im Jahre 1957, schrieb von Neumann vorausschauend: »Ich vermute, dass eine tiefgründigere mathematische Untersuchung des Nervensystems in der Tat womöglich die Art und Weise, wie man Mathematik und Logik angemessen einordnet, verändern könnte«.[49]

Von Neumanns abschließender Gedanke war die Erkenntnis der dialektischen Beziehung von allen Gedankensystemen mit der Natur und der externen Welt. Diese Erkenntnis schloss Frieden mit den Grenzen jedes

47 John von Neumann: »The General and Logical Theory of Automata«, in Jeffress, Hixon Symposium, 3.

48 Computertheorie des Geistes, wonach Kognition und Bewusstsein auf Rechenvorgängen im Gehirn beruhen

49 Von Neumann: The Computer and the Brain, 2.

Systems der Formalisierung und räumte die materiellen Beschränkungen, einschließlich der historischen, durch technologische und wissenschaftliche Abstraktionen ein. Diese Einsichten überwanden den üblichen Reduktionismus der kybernetischen Mentalität. Modelle des menschlichen Geistes und von Maschinen müssen nicht zueinanderpassen; oft arbeiten sie dadurch, dass sie die Welt modellieren, statt diese auf feste Repräsentationen zu reduzieren. Eine Epistemologie, die die Flexibilität und die Grenzen des Modellierens anerkennt, ist empfehlenswert und dennoch keine ausreichende Bedingung für eine progressive Philosophie des Geistes. Wie im nächsten Kapitel deutlich werden wird, versuchte der neoliberale Ökonom Friedrich Hayek tatsächlich, das Modell-Denken in ein Kernprinzip des ökonomischen Individualismus zu verwandeln.

8
Hayek und die Epistemologie des Konnektionismus

»Der menschliche Geist wird daher für mich zu einem kontinuierlichen Strom der Impulse; die Bedeutung jedes einzelnen Beitrages eines solchen wird durch den Ort in dem Muster der Kanäle, durch die sie innerhalb des Musters von allen verfügbaren Kanälen fließen, bestimmt – wobei die neu eintreffenden afferenten Impulse, eingerichtet durch externe oder interne Stimuli, diesen Fluss lediglich in die Richtung umleiten, in welche auch immer der Strom sich bewegen soll [...] Ich mochte es, diesen Fluss der ›repräsentativen‹ neuronalen Impulse, der in hohem Maße die Struktur der Welt reflektiert, in der das zentrale Nervensystem lebt, mit einem Kapitalbestand zu vergleichen, der durch Eingaben versorgt wird und der einen kontinuierlichen Strom von Erträgen ausschüttet – nur dass glücklicherweise der Bestand dieses Kapitals nicht aufgebraucht werden kann.«[1]

»Beim homo sapiens geht es um Mustererkennung – Gabe und Gefahr zugleich.«[2]

Einführung des *classifier*

Die systematischste Abhandlung über Konnektionismus, oder, wie später deutlich wurde, das Paradigma der künstlichen neuronalen Netzwerke haben wir nicht etwa Kybernetiker:innen sondern einem neoliberalen Ökonom zu verdanken.[3] In seinem Buch *The Sensory Order* von 1952

1 Friedrich Hayek, »The Sensory Order after 25 Years«, in W. B. Weimer / D. S. Palermo (Hg.): Cognition and the Symbolic Processes, Bd. 2, Hillsdale 1982, 287–293. Ursprünglich eine Vorlesung, gehalten 1977.

2 William Gibson: Pattern Recognition, New York 2003, 22.

3 Donald Hebb führte den Begriff »konnektionistisch« in seinem Buch The Organization of Behavior. A Neuropsychological Theory, New York 1949 ein. Rosenblatt übernahm den Ausdruck 1958, um seine Theorie der künstlichen neuronalen Netzwerke zu definieren: Frank Rosenblatt: »The Perceptron. A Probabilistic Model for Information Storage and Organization in the Brain«, *Psychological Review* 65, Nr. 6 (1958).

legte Friedrich Hayek eine konnektionistische Theorie des menschlichen Geistes vor, die bereits sehr viel fortschrittlicher war, als die Theorie der symbolischen KI, deren Entstehung übertrieben im Jahr 1956 mit dem hochrangigen Workshop in Dartmouth gefeiert wurde.[4] In *The Sensory Order* lieferte Hayek eine Synthese aus *Gestalt-Prinzipien* und der Idee von neuronalen Netzwerken von Warren McCulloch und Walter Pitts, um »das Nervensystem als ein Instrument der Klassifizierung«[5] zu beschreiben. Er ging so weit, über die Möglichkeit eines Gerätes zu spekulieren, das eine ähnliche Funktion erfüllen könnte, wobei er (im Jargon des gegenwärtigen maschinellen Lernens) einen *classifier* Algorithmus beschrieb. Im Jahr 1958 definierte Frank Rosenblatt das Perzeptron (das erste operative künstliche neuronale Netzwerk für Mustererkennung) als »konnektionistisch« und räumte ein, dass die Arbeiten von »Hebb und Hayek« seine Arbeit »am meisten bereichert« hätten.[6] Während Donald Hebb ein für seine Theorie zu Zellverbänden bekannter Neuropsychologe war, dessen Doktrin der Neuroplastizität in dem Spruch »Neuronen, die zusammen feuern, verdrahten sich« erfasst wird, und uns in Kapitel Sechs beschäftigt hat, war Hayek ein Ökonom, der die Selbstorganisation des Geistes in vergleichbarer Weise untersuchte, jedoch mit der Absicht, eine politische Überzeugung zu unterstützen: nämlich die spontane Ordnung des Marktes. Doch die Auffassung, nach der Hayek Erfinder des Konnektionismus ist, ist eine Vereinfachung, die übersieht, wie viel er selbst der Neurologie und der Kybernetik seiner Zeit zu verdanken hatte. Es wäre angebrachter zu sagen, dass Hayek Mustererkennung entwendete und sie in ein neoliberales Prinzip der Marktregulierung umwandelte.

Hayek begann 1920 mit der Arbeit an seiner Theorie des menschlichen Geistes, als er als Assistent im Labor des Neuropathologen Constantin von Monakow in Zürich arbeitete, und setzte die Weiterentwicklung dieser Theorie über eine lange Liste von Veröffentlichungen während seiner

4 Friedrich Hayek: The Sensory Order. An Inquiry into the Foundations of Theoretical Psychology, Chicago 1952. *The Sensory Order* ist eine Ausarbeitung des Manuskripts »Beiträge zur Theorie der Entwicklung des Bewusstseins« (Contributions to the Theoriy of the Development of Consciousness), das Hayek bereit im Jahr 1920 auf Deutsch geschrieben hatte.

5 Hayek: The Sensory Order, Kap. 3, 55.

6 Rosenblatt: »The Perceptron«.

Karriere fort.[7] Er lieferte eine beeindruckende Synthese von Ideen aus der Neurophysiologie, der holistischen Neurologie, der *Gestalt-Psychologie*, Systemtheorie, Empiriokritizismus und Kybernetik – auch wenn er dieses ganze Instrumentarium der Kognitionswissenschaften nur aufbot, um dadurch neoliberale Prinzipien natürlich und universell erscheinen zu lassen.[8] Ein eindrückliches Beispiel dafür ist, dass Hayek die Dezentralisierung des Wissens über den Markt in gleicher Weise beschrieb, wie die Theorien von Constantin von Monakow und Kurt Goldstein zur Neuroplastizität die Dezentralisierung der kognitiven Funktionen als über das Gehirn verteilt beschrieben.

Wie in Kapitel Sechs gesehen, trug in den 1940er bis 1960er Jahren die Theorie zur Selbstorganisation der Märkte zu den Theorien der Selbstorganisation in Rechennetzwerken bei und umgekehrt. Erwähnt werden muss jedoch, dass Hayeks Theorie von der spontanen Selbstordnung des Marktes Teil eines ideologischen Staatsstreiches war. Tatsächlich sah nichts weniger spontan aus, als eine Marktordnung innerhalb der Einflusssphäre einer Nuklearmacht.[9] Wie zuvor erwähnt, betonen die Wissenschaftler:innen der Geschichte und Technologie üblicherweise den Einfluss des US-Militärs bei der Finanzierung der Entwicklung der Kybernetik und der künstlichen Intelligenz. Doch auch eine andere Front des Kalten Krieges muss beachtet werden, um das Bild zu vervollständigen: Die Bildung neoliberaler Doktrinen als Reaktion auf die sozialistische Kalkulationsdebatte (Erläuterung untenstehend) und der Keynesianischen politischen Richtlinien.[10] Genau wie

7 Vgl. Friedrich Hayek: »Scientism and the Study of Society«, Teil 1, *Economica* 9, Nr. 35 (1942): 267–291; Friedrich Hayek: »The Theory of Complex Phenomena«, in: Mario A. Bunge (Hg.): The Critical Approach to Science and Philosophy. Essays in Honor of Karl R. Popper, New York 1964; Friedrich Hayek: »Rules, Perception and Intelligibility«, *Proceedings of the British Academy* 48 (1963): 321–344; Friedrich Hayek: »The Primacy of the Abstract«, in: Arthur Koestler / J. R. Smythies (Hg.): Beyond Reductionism. The Alpbach Symposium, London 1969

8 Bei der Besprechung von Hayeks Nachlass bei der Konzeptualisierung von Informationen ist Philip Mirowski und Edward Nik-Khah aufgefallen, dass »der Platz der Information in der Ökonomie bei hitzigen Debatten über die Politik und die Möglichkeiten des Sozialismus zur Sprache gebracht wurde«. Philip Mirowski / Edward Nik-Khah: The Knowledge We Have Lost in Information. The History of Information in Modern Economics, Oxford 2017, 65.

9 Vgl. Hayeks Besuch in Chile 1977 und sein Treffen mit dem Diktator Augusto Pinochet.

10 Zum Thema Rationalität des Kalten Krieges vgl. Paul Erickson et al.: How Reason Almost Lost Its Mind. The Strange Career of Cold War Rationality, Chicago 2013.

auch die dezentrale Topologie des militärischen Netzwerkes Arpanet (der Vorläufer des Internets) als eine Reaktion auf die militärische Bedrohung durch die Sowjets entworfen wurde, entstand Hayeks Konnektionismus, neben anderen Anregungen, als Reaktion auf sozialistisch-zentralisierte Planung und Keynesianismus.[11] Hayek mit diesem Wissen im Hinterkopf zu lesen, ist hilfreich, um die Einflüsse der ökonomischen Rationalität auf die frühen Paradigmen künstlicher Intelligenz hervorzuheben und die Zirkulation solcher Ideen durch Modelle des menschlichen Geistes, des Marktes und der Maschinen in den Jahren nach dem 2. Weltkrieg nachzuverfolgen, doch auch, um den Einfluss der politischen und gesellschaftlichen Kräfte bei der Schaffung solcher Modelle wahrzunehmen. Ein kompetitives Marktnetzwerk hat die Form von Hayeks neuronalen Netzwerken gebildet, die dann zu Techniken der Preiskalkulation erhoben wurden, da, wie Hayek im einleitenden Zitat dieses Kapitels einräumt, sie implizit als »Kapitalbestand, der durch Eingaben versorgt wird und der einen kontinuierlichen Strom von Erträgen ausschüttet« gedacht wurde.[12] In diesem Sinne war Hayeks Theorie des menschlichen Geistes nichts weiter als eine Variante des *merkantilen Konnektionismus*.

Ziel dieses Kapitels ist es, Hayeks epistemologisches Projekt wieder »aus luftigen Höhen« zurückzuholen, sozusagen, und darzulegen, dass seine konnektionistische Theorie des menschlichen Geistes dazu genutzt wurde, eine bestimmte (ideologische) Sicht auf den Markt zu stützen. Dazu ist eine schematische Rekonstruktion Hayeks Argumentation von seinen ökonomischen Paradigmen zurück bis hin zu seiner Theorie der Kognition nötig. Hayek versuchte, folgende Linien der Argumentation zu vermitteln: 1) Bei dem ökonomischen Problem geht es um das begrenzte Wissen der freien Individuen, die den optimalen Preis für Waren auf Grundlage unvollständiger Informationen festlegen; 2) Wissen wird durch den Akt der Klassifizierung oder Mustererkennung erreicht, nämlich aus der universellen Fähigkeit, Kategorien zu bilden aus Wahrnehmungen, die unterschiedlich und unvollständig zu sein scheinen; 3) Klassifizierung findet durch die Selbstorganisation von Verbindungen im Gehirn oder durch neuronale Netzwerke statt – anders ausgedrückt: Wissen wird nicht durch das Aufstellen von Propositionen und Repräsentationen gebildet, sondern

11 Slava Gerovitch: »InterNyet. Why the Soviet Union Did Not Build a Nationwide Computer Network«, *History and Technology* 24, Nr. 4 (Dezember 2008): 335–350.

12 Hayek: »The Sensory Order after 25 Years«.

wird durch eine Topologie der Verbindungen zur Entscheidungsfindung ausgeführt (etwas in eine Klasse einzuordnen oder nicht); und 4) Der menschliche Geist ist eine dynamische mentale Ordnung von Verbindungen, die im Verhältnis steht aber nicht gleichbedeutend ist mit der externen Ordnung – nach dessen Logik Wissen keine rigide Repräsentation ist, sondern ein Annäherungsmodell der Welt, das sich konstant neu gruppiert. Nach Hayeks politischer Intention bieten Konnektionismus und neuronale Netzwerke letztlich ein relativistisches Paradigma zur Rechtfertigung des »methodologischen Individualismus« des Neoliberalismus.[13]

Die dezentralisierte und stille Rationalität des Marktes

1945 schaltete sich Hayek mit dem Essay *The Use of Knowledge in Society* in die sozialistische Kalkulationsdebatte ein. Ausgelöst hatte die Debatte Ludwig von Mises der österreichischen Wirtschaftsschule mit seiner Behauptung, dass bei Abwesenheit eines Warenpreises als Buchungseinheit rationale ökonomische Kalkulationen unter der zentralisierten Bürokratie sozialistischer Wirtschaftssysteme nicht möglich wären. Auf der anderen Seite der Debatte kam es vor, dass marxistische Ökonom:innen wie Oskar Lange die Wichtigkeit solcher Einheiten der Kalkulation wie Geld und Arbeitszeit zur Bildung der Preise infrage stellten. Hayek gab seinem Mentor Mises recht, stellte das antisozialistische Argument jedoch anders auf: die ökonomische Ordnung war, so seine Behauptung, eher eine Sache des spontanen Wissens als eine der mathematischen Genauigkeit. Hayeks Meinung nach war die Preisbildung von Waren eine spontane Ordnung, die aus stillschweigendem Wissen erwächst – d.h. »ein Problem des Nutzens von Wissen, das niemandem in voller Gänze zur Verfügung steht«. Daher waren weder zentralisierte Institutionen noch technische Apparaturen der Kalkulation in der Lage, dieses Wissen effizient zu erfassen und zu verkörpern. Hayeks berühmte Passage über die dezentralisierte Rationalität des Marktes lautet wie folgt:

13 Vgl. Francesco Di Iorio: Cognitive Autonomy and Methodological Individualism. The Interpretative Foundations of Social Life, Berlin 2015; Francesco Di Iorio: »The Sensory Order and the Neurophysiological Basics of Methodological Individualism«, in: William N. Butos (Hg.): The Social Science of Hayek's the Sensory Order. Advances in Austrian Economics, Bd. 13, London 2010.

> »Der sonderbare Charakter des Problems einer rationalen ökonomischen Ordnung wird genau von der Tatsache bestimmt, dass das Wissen der Umstände, das wir für uns nutzen müssen, niemals in konzentrierter oder integrierter Form vorliegt, sondern einzig als verstreute Stückchen unvollständigen und häufig widersprüchlichen Wissens, das all die einzelnen Individuen besitzen. Das ökonomische Problem der Gesellschaft ist daher nicht bloß ein Problem des Nichtwissens, wie man ›gegebene‹ Ressourcen bereitstellen kann – wenn ›gegeben‹ hier als einem einzigen Geist zur Verfügung stehend gemeint ist, der dann ganz bewusst das Problem, gestellt von diesen ›Daten‹, löst. Das Problem besteht vielmehr darin, zu wissen, wie man die bestmögliche Nutzung der Ressourcen, die jedem Mitglied der Gesellschaft bekannt ist, sicherstellen kann, zu Zwecken, deren relative Bedeutung nur diesen Individuen bekannt ist. Oder, kurz gesagt, es ist das Problem des Nutzens von Wissen, das nicht jedem in seiner Totalität zur Verfügung steht.«[14]

Philip Mirowski und Edward Nik-Khah sind überzeugt, hierin »das erste Gebot des Neoliberalismus« gefunden zu haben. Märkte existieren nicht, um gegebene physikalische Ressourcen zu allokieren, sondern vielmehr dienen sie dazu, etwas, das man als Wissen bezeichnet, zu integrieren und zu zerstreuen«[15]. Interessanterweise stammt die Idee, wonach Wissen über ein System verteilt ist und nicht von einer einzigen Komponente in ihrer Gesamtheit besessen wird ursprünglich nicht von Hayek; vielmehr haben wir es hier mit einer Ableitung aus der Theorie der Nicht-Lokalisierung von Gehirnfunktionen von Monakow zu tun, mit dem, wie oben erwähnt, Hayek 1920 als Assistent zusammengearbeitet hat. Monakow entwickelte seine Hypothese, nach der die kognitiven Funktionen (einschließlich des Gedächtnisses) nicht auf ein bestimmtes Gebiet beschränkt, sondern über das gesamte Gehirn verteilt sind. Er formte den Begriff »Diaschisis« (Griechisch für »ganz geschockt«), um zu beschreiben, wie ein verletztes Gehirn durch neuronale Reorganisation kognitive Funktionen wieder herstellen kann.[16] Monakows holistisches Gehirnmodell (heute würde man von einem Modell der »Neuroplastizität« sprechen) wurde von einem anderen

14 Friedrich Hayek: »The Use of Knowledge in Society«, *American Economic Review* 35, Nr. 4 (1945): 519–530.

15 Mirowski / Nik-Khah: The Knowledge, 63.

16 Walther Riese / Ebbe C. Hoff: »A History of the Doctrine of Cerebral Localization. Sources, Anticipations, and Basic Reasoning«, *Journal of the History of Medicine and Allied Sciences* 5, Nr. 1 (1950): 50–71.

Autor weiter systematisiert, der von Hayek gelesen und oft zitiert wurde, nämlich dem *Gestalt-Neurologen* Kurt Goldstein.[17]

Hayeks Idee, dass der Markt ein Ort verteilten Wissens ist, entspringt daher nicht von der Studie ökonomischer Phänomene, sondern wurde von ihm aus der holistischen Neurologie und den frühen Theorien der Neuroplastizität abgeleitet. In *The Sensory Order* bezieht sich Hayek zudem auf die Idee des Neurophysiologen Karl Lashley vom »Äquipotenzial« des Gehirns, die Ähnlichkeiten zu denen Vorstellungen von Monakow und Goldstein aufweist:

> »Gewisse mentale Prozesse, die normalerweise auf Impulsen beruhen, die in bestimmten Fasern ablaufen, können, wenn diese Fasern zerstört worden sind, möglicherweise durch den Gebrauch anderer Fasern neu erlernt werden. Einige Assoziationen können effektiv durch einige alternative Konnektionsbündel erzeugt werden, sodass, sollte irgendeiner dieser Wege durchtrennt werden, die übrigen noch immer in der Lage sind, das Ergebnis zustande zu bringen. Solche Ergebnisse sind beobachtet und unter den Namen ›vikariierendes Funktionieren‹ oder ›Äquipotenzial‹ beschrieben worden.«[18]

Von Neumann, wie auch andere Kolleg:innen, hatte nahegelegt, dass die holistische Neurologie nicht nur Hayeks Idee des verteilten Wissens über dem Markt beeinflusste, sondern auch die Architektur des verteilten Speichers in Rechenmaschinen.[19] In seinem Werk *Neurodynamics* von 1961 räumte

17 Kurt Goldstein: The Organism. A Holistic Approach to Biology Derived from Pathological Data in Man, New York 1939. Zu Goldsteins Einfluss auf die Kybernetik vgl. David Bates: »Creating Insight. Gestalt Theory and the Early Computer«, in: Genesis Redux: Essays in the History and Philosophy of Artificial Life (2007): 237–59. Zu Goldsteins Einfluss auf die französische Philosophie vgl. Matteo Pasquinelli: »What an Apparatus Is Not. On the Archeology of the Norm in Foucault, Canguilhem, and Goldstein«, *Parrhesia* 22 (Mai 2015).

18 Hayek: The Sensory Order, 148.

19 »Das Hauptproblem mit dem Organ des Gedächtnisses scheint darin zu bestehen, dass es an keinem bestimmten Ort ist. Es ist niemals banal, irgendwas im Gehirn zu verorten, da das Gehirn über eine beachtliche Fähigkeit zur Reorganisation verfügt. Selbst wenn eine Funktion in einem bestimmten Teil des Gehirns verortet wurde, kann es sein, dass man nach Entfernung dieses Teils feststellt, dass das Gehirn sich neu geordnet hat, Zuständigkeiten neu verteilt wurden und die Funktion wieder ausgeführt werden kann. Die Flexibilität des Gehirns ist sehr ausgeprägt, was eine Lokalisierung erschwert. Ich vermute, dass die Gedächtnisfunktion noch weniger fest verortet ist, als alles andere.« Von Neumann: Theory of Self Reproducing Automata, 49. Vgl. auch von Neumann: The Computer and the Brain, 63–8.

auch Rosenblatt ein, dass Lashleys und von Neumanns Anmerkungen zur verteilten Architektur des Gehirns eine der Hauptinspirationsquellen für das neuronale Netzwerk Perzeptron gewesen waren.[20]

Neben der Dezentralisierung des Wissens in seinem ökonomischen Paradigma führte Hayek noch eine weitere wichtige Dezentralisierung durch: die Mobilisierung von stillschweigendem Wissen.[21] Hayek ließ sich sehr von Gilbert Ryles Artikel *Knowing How and Knowing That* von 1945 beeinflussen, der dafür berühmt wurde, dass darin der Status des Knowhows und der Fähigkeiten gegenüber angeblich »höheren« Formen des bewussten und verfahrenstechnischen Wissens verteidigt wurde.[22] Hayek schreibt:

> »Das ›Knowhow‹ besteht in der Fähigkeit, in Übereinstimmung mit Regeln zu handeln, die wir vielleicht entdecken können, die wir aber nicht wiedergeben können müssen, um sie zu befolgen [...] Regeln, die wir nicht benennen können, regulieren daher nicht nur unsere Handlungen. Sie steuern auch unsere Wahrnehmung, und insbesondere unsere Wahrnehmung der Handlungen anderer Leute. Ein Kind, das grammatikalisch korrekt spricht, ohne die Regeln der Grammatik zu kennen, versteht nicht nur die Schattierungen in den Bedeutungen, welche von anderen durch das Befolgen der Grammatikregeln ausgedrückt werden, sondern mag auch in der Lage sein, einen grammatikalischen Fehler in der Ausdrucksweise anderer zu korrigieren.«[23]

Was wir als zweckgerichtetes Verhalten erkennen, ist ein Verhalten, das einer Regel folgt, die uns zwar vertraut ist, die wir aber nicht explizit kennen müssen. In vergleichbarer Weise erkennen wir, ob jemands Annäherung freundlich oder feindlich gemeint ist, ob jemand ein Spiel spielt oder uns

20 Frank Rosenblatt: Principles of Neurodynamics. Perceptrons and the Theory of Brain Mechanisms, Buffalo 1961, 10. Zu Lashley: 4. Vgl. Karl Lashley: »The Relation between Mass Learning and Retention«, *Journal of Comparative Neurology* 41, Nr. 1 (1926): 1–58; Karl Lashley: Brain Mechanisms and Intelligence, Chicago 1929.

21 Stillschweigendes Wissen drückt sich in Fähigkeiten aus, die sich nur schwer verbalisieren und übertragen lassen: z.B. Fahrradfahren oder ein Musikinstrument spielen. Vgl. Vgl. Michael Polanyi: Personal Knowledge. Towards a Post-Critical Philosophy, Chicago 1958.

22 Gilbert Ryle: »Knowing How and Knowing That. The Presidential Address«, in: Aristotelian Society (Hg.): Proceedings of the Aristotelian Society, Bd. 46, New York 1945, 1–16. Vgl. auch Hayek: »The Primacy of the Abstract«, in: Koestler / Smythies: *Beyond Reductionism*.

23 Friedrich Hayek: »Rules, Perception, and Intelligibility«, *Proceedings of the British Academy* 48 (1962), Nachdruck in Friedrich Hayek: Studies in Philosophy, Politics, and Economics, London 1967, 44–45.

etwas verkaufen oder mit uns schlafen möchte, ohne dabei zu wissen, woran wir das eigentlich festmachen.[24]

Die holistische Neurologie jener Zeit vertrat eine ähnliche Position. Beispielsweise war für Goldstein das Unbewusste nicht der Ort der primitiven Instinkte, die den bewussten Geist antreiben, wie es bei der freudschen Interpretation noch der Fall gewesen war, sondern vielmehr ein Ort der abstrakten Verhaltensweisen, die genauso wichtig waren wie die bewussten. Aus diesem Grund wird das Unbewusste zu einem Ort der Regeln, die noch gemacht werden, ein Ort der embryonischen Abstraktionen, die noch perfektioniert werden müssen.[25] Dank dieser Studien konnte Hayek verkünden, dass unbewusste Verhaltensweisen ebenfalls die Macht besitzen, Gewohnheiten, Normen und Abstraktionen zu bilden. Ganz ähnlich kommentierten Mirowski und Nik-Khah, dass »es für Hayek vor allem die Rationalität war, die zum großen Teil unbewusst ist [...] Für ihn war das Wissen nicht länger eine Entropie oder Feenstaub; nun erschien es wie ein riesiger eingetauchter Eisberg, von dem neun Zehntel nicht zu sehen waren«[26]. Auch wenn das Bild faszinierend ist, ist die Analogie einer verborgenen Rationalität keine korrekte Wiedergabe von Hayeks Position. Indem er die übliche Topologie des menschlichen Geistes umkehrte, schlug Hayek vor, dass das stillschweigende Wissen nicht unterbewusst ist, sondern vielmehr »supra-bewusst« oder »meta-bewusst«.[27] Er betonte die Existenz metabewusster Regeln, die genauso abstrakt sind wie die bewussten:

> »Obgleich es offensichtlich ist, dass wir uns mentaler Prozesse oft nicht bewusst sind, da sie nicht auf die Ebene des Bewusstseins vorgedrungen sind, sondern auf etwas ablaufen, das (sowohl physiologisch als auch psychologisch) niedriger liegt, gibt es keinen Grund, warum die bewusste Ebene die höchste sein sollte und es gibt beachtlichen Anlass zu der Annahme, dass, um bewusst zu sein, Prozesse von einer supra-bewussten Ordnung angeleitet werden müssen, die nicht Gegenstand ihrer eigenen Repräsentationen sein kann. Womöglich sind mentale Vorgänge

24 Hayek: »Rules«, 55.

25 Kurt Goldstein / Martin Scheerer: »Abstract and Concrete Behavior. An Experimental Study with Special Tests«, *Psychological Monographs* 53, Nr. 2 (1941). Goldsteins Modell der »abstrakten Einstellung« oder des »kategorischen Verhaltens« änderte sich jedoch beträchtlich in den 1960ern.

26 Mirowski / Nik-Khah: The Knowledge, 68–9.

27 Hayek: »Rules«, 61.

> also unbewusst und nicht kommunizierbar, weil sie sowohl auf zu hohen als auch auf zu niedrigen Ebenen ablaufen.«[28]

Was Hayeks Einschätzung entgeht, ist, dass diese dezentralisierte und unbewusste Rationalität nicht nur in Märkten, sondern auch in anderen Formen menschlicher Organisation und Kooperation zu finden ist. Marx erkannte Arbeitsteilung in den Werkstätten und Betrieben zum Beispiel als Formen spontaner und unbewusster Rationalität.[29] Kapital, laut Marx, beutet Arbeiter:innen nicht nur individuell aus, sondern durch soziale Kooperation, die durch Arbeitsteilung und Maschinerie ausgeweitet wird. Wie in Kapitel Vier gezeigt, schrieb Marx die Macht der Arbeitsteilung der Figur des *Gesamtarbeiters* zu, der etwas anderes ist, als die Summe der individuellen Aufgaben; ganz ähnlich wertete Hayek den Markt als eine spontane Form der Selbstorganisation, die mehr ist, als die bloße Summe ihrer individuellen Tauschgeschäfte. Der Unterschied der beiden liegt darin, dass Marx, der Richtungsvorgabe von Charles Babbage folgend, sich bewusst war, dass die spontane Rationalität der Arbeit vom Fabriksystem und den technologischen Erfindungen vereinnahmt werden konnte, wohingegen Hayek davon ausging, dass eine Vereinnahmung der Rationalität des Marktes durch einen technischen oder institutionellen Apparat nicht möglich, oder, falls doch, illiberal wäre. Hayek konnte nicht vorhersehen, dass beim Übergang ins nächste Jahrhundert digitale Netzwerke und riesige Datenzentren, die genau die künstlichen neuronalen Netzwerke nutzten, die von den Kybernetiker:innen diskutiert worden waren, in der Lage sein sollten, soziales Verhalten und kollektive Rationalität in Echtzeit zu ermitteln, zu berechnen und dadurch ein hocheffizientes Regime des Wissensextraktivismus in weltweitem Maßstab einzuführen.

Die Fähigkeit zur Klassifizierung; oder: Was ist ein Muster?

Während seiner gesamten Karriere definierte Hayek Klassifizierung in Interaktion mit der Welt und in der Generierung von neuen Ideen (einschließlich jener »Ideen«, die für die Ökonom:innen am wichtigsten waren: Warenpreise) als die Haupteigenschaft des menschlichen Geistes.

28 Ebd.

29 Vgl. Matteo Pasquinelli: »On the Origins of Marx's General Intellect«, *Radical Philosophy* 2, Nr. 6 (Winter 2019): 43–56.

Bereits in ihrem Artikel von 1947 theoretisierten McCulloch und Pitts künstliche neuronale Netzwerke für die »Wahrnehmung auditiver und visueller Formen«, doch in Hayeks Buch *The Sensory Order* von 1952 findet sich die erste systematische Abhandlung über Konnektionismus und die Klassifizierung als einer allgemeinen Fähigkeit des menschlichen Geistes. Noch heute ist Hayeks Darstellung eine gültige Einleitung für die Definition von *classifier* Algorithmen des maschinellen Lernens:

> »Die Phänomene, mit denen wir uns hier befassen, werden in der Psychologie allgemeinhin unter dem Titel ›Unterscheidung‹ diskutiert. Dieser Ausdruck ist leicht irreführend, da er eine Art von ›Erkenntnis‹ von physischen Unterschieden zwischen den Ereignissen, die es unterscheidet, nahelegt, obwohl wir es mit einem Prozess zu tun haben, der die fraglichen Distinktionen erst *erschafft*. Gleiches gilt für alle anderen Wörter, die man verwenden könnte, wie ›aussortieren‹, ›differenzieren‹ oder ›klassifizieren‹. Der einzige angemessene Ausdruck, der einigermaßen frei von missverständlichen Konnotationen ist, wäre wohl ›Gruppierung‹. Für die Zwecke der folgenden Diskussion ist es dennoch dienlich, den Ausdruck ›klassifizieren‹ gemeinsam mit den entsprechenden Nomen ›Klassen‹ und ›Klassifizierung‹ in einer speziellen technischen Bedeutung zu übernehmen [...] Mit ›Klassifizierung‹ soll der Prozess gemeint sein, in dem in jedem Fall, zu dem ein bestimmtes wieder auftretendes Ereignis stattfindet, der gleiche besondere Effekt erzeugt wird [...] All die unterschiedlichen Ereignisse, die, wann auch immer sie eintreten, den gleichen Effekt auslösen, werden als Ereignisse der gleichen Klasse gewertet werden, und der Umstand, dass jedes einzelne von ihnen den gleichen Effekt erzielt, wird dann das einzige Kriterium dafür sein, das sie als zur selben Klasse zugehörig bestimmt.«[30]

In *The Sensory Order* folgt auf obige Passage eine Mutmaßung Hayeks darüber, dass Maschinen dieses Prinzip der Klassifizierung verkörpern könnten. Er führte Beispiele von analogen Maschinen an, die in ihrer Einfachheit dabei helfen können, die grundlegende statistische Logik früher künstlicher neuronaler Netzwerke wie dem Perzeptron von Rosenberg zu verdeutlichen:

> »Vielleicht können wir uns eine Maschine denken, die für die Durchführung von einfachen Prozessen der Klassifizierung dieser Art konstruiert wurde. Wir können uns zum Beispiel eine Maschine ausmalen, die verschieden große Bälle ›sortiert‹, die in ihr platziert wurden, indem sie sie auf verschiedene Fächer

30 Hayek: *The Sensory Order*, 48.

verteilt [...] Eine andere Art von Maschine, die diese einfachsten Klassifizierungen durchführt, könnten wir uns in ähnlicher Weise so vorstellen, dass sie die individuellen Signale sortiert, die durch einen beliebigen einer großen Anzahl von Drähten oder Röhren ankommt. Hier wollen wir jedes ankommende Signal, das durch einen einzelnen Draht oder eine einzelne Röhre ankommt, als das gleiche wiederkehrende Ereignis bewerten, das immer zur gleichen Handlung der Maschine führt. Die Maschine würde genauso auf Signale reagieren, die durch andere Röhren oder Drähte kommen und eine jede Gruppe, auf die die Maschine in der gleichen Art reagiert, würde als Ereignisse der gleichen Klasse gewertet werden. So eine Maschine würde sich wie ein vereinfachter Telefonaustausch verhalten, bei dem jeder einer Anzahl von hinführenden Drähten permanent mit, angenommen, einer bestimmten Glocke, verbunden ist, sodass jedes Signal, das über einen beliebigen dieser Drähte eingeht, genau diese Glocke zum Läuten bringen würde. All die Drähte, die mit einer Glocke verbunden sind, würden dann Signale überbringen, die zu der gleichen Klasse gehören. Ein tatsächliches Beispiel für eine Maschine dieser Art sehen wir in bestimmten statistischen Maschinen zur Sortierung von Karten, auf denen eingestanzte Löcher statistische Daten repräsentieren.«[31]

Diese mechanische Analogie macht es leichter, klarzumachen, dass die Konstruktion von Klassen durch den menschlichen Geist (Konzepte, Kategorien, Muster, Preise, etc.) für Hayek nicht einfach die Gruppierung von Wahrnehmungen und mentalen Ereignissen ist, die ähnlich erscheinen. Hayek behauptete vielmehr, dass der menschliche Geist Klassen nicht einfach durch das Erkennen von Ähnlichkeiten definiert, sondern oftmals durch die *Etablierung* solcher Ähnlichkeiten (auch unter beliebigen Elementen). Das bedeutet, dass für Hayek (wie für die Kybernetiker:innen) die Etablierung einer Klasse eine pragmatische und weniger eine abstrakte Geste ist, sehr ähnlich wie die Aneignung einer individuellen Gewohnheit oder einer sozialen Konvention durch Wiederholung. Für Hayek werden verschiedene Ereignisse als Teil derselben Klasse erkannt, wann auch immer sie, in allen ihren Fällen, denselben Effekt im Nervensystem oder als Bewegungsreaktion auslösen: Also muss dasselbe Wahrnehmungsmuster dieselbe bewusste Idee/dasselbe Bewegungsmuster auslösen.

Innerhalb der Vorstellung von Klassen schloss Hayek wahrnehmbare und ästhetische Kategorien wie Gestalt und Muster ein, jedoch auch ethische

31 Ebd.

und politische wie Gewohnheit und Norm. Die *Gestalt-Theorie* hatte einen bleibenden Einfluss auf Hayek hinterlassen, so sehr, dass sein theoretischer Rahmen als eine Übersetzung von *Gestalt* Prinzipien in das ökonomische und soziale Feld verstanden werden kann.[32] In der deutschen Literatur und Wissenschaft hatte die Vorstellung von *Gestalt* (oder Wahrnehmungskonfiguration) seit dem 18. Jahrhundert eine Rolle gespielt, von Goethe zu Mach, bevor sie in der Psychologie der Wahrnehmung der *Gestalt-Schule* zur Wissenschaft erhoben wurde. Wie im vorherigen Kapitel dargelegt, hinterfragten die Kybernetiker:innen beim Hixon-Symposium von 1948 die Wahrnehmung von Gestalt als ausschließlich menschliche Fähigkeit und traten für eine Mechanisierung unter Techniken wie den künstlichen neuronalen Netzwerken von McCulloch und Pitts zur Mustererkennung ein. Tatsächlich verdrängte der technischere Ausdruck »Muster« nach und nach das deutsche Wort »Gestalt«, welches die Diaspora der vor den Nazis geflohenen Wissenschaftler:innen mit in die USA gebracht hatten.[33]

Doch es ist der *Gestalt-Theorie* zu verdanken und nicht der Kybernetik, dass Hayek die Definition von Klasse und Muster auf das ökonomische Gebiet ausweiten konnte. Bereits in *The Sensory Order* streckte er das Verständnis von Muster über die visuelle Sphäre hinaus und deckte dabei jeweils *Muster innerhalb des Gehirns, topologische Muster, Bewegungsmuster, temporale Muster, Verhaltensmuster, Muster der Bewegungsreaktion, Muster der Einstellungen und Neigungen, Muster nervöser Impulse*, etc. ab. Er entwickelte ein großes Repertoire an Verständnis von Mustern, das Form, Vorlage, *Schablone*, Gießform, Schemata, Abstraktion, Norm, Gewohnheit, Neigung, Vereinbarung, Regel und Folgerung umfasste. Jedoch begann Hayek in *The Theory of Complex Phenomena* (1961) zum ersten Mal, den vorausschauenden Namen »Mustererkennung« für die Definition von Klassifizierung zu verwenden.[34] Die wohl visionärsten Passagen in

32 Vgl. auch Nicolò De Vecchi: »The Place of Gestalt Psychology in the Making of Hayek's Thought«, *History of Political Economy* 35, Nr. 1 (2003): 135–162.

33 Innerhalb der englischen Tradition erwähnte Hayek N. R. Hanson: Patterns of Discovery, Cambridge 1958; G. H. Hardy: Mathematician's Apology, Cambridge 1941, 14: »ein Mathematiker, wie ein Maler oder Poet, ist ein Schöpfer von Mustern.«

34 Friedrich Hayek: »The Theory of Complex Phenomena«, in: M. Bunge (Hg.): The Critical Approach and Philosophy. Essays in Honor of K. R. Popper, New York 1964. Der Ausdruck »Mustererkennung« wurde salonfähig durch Oliver G. Selfridge / Ulric Neisser: »Pattern Recognition by Machine«, *Scientific American* 203, Nr. 2 (1960): 60–69.

Hayeks Schriften sind wohl jene, in denen mathematische Gleichungen multidimensionale Muster beschreiben (was in Wahrheit das ist, womit die Gleichungen künstlicher neuronaler Netzwerke Differenzialrechnungen berechnen).[35] Zum Beispiel schreibt er:

> »Viele der Muster der Natur können wir erst erkennen, *nachdem* sie von unserem Geist entworfen worden sind. Die systematische Konstruktion solcher neuen Muster ist die Angelegenheit der Mathematik. Die Rolle, welche die Geometrie mit Blick auf einige visuelle Muster spielt, ist lediglich das bekannteste Beispiel dafür. Die große Stärke der Mathematik besteht darin, dass sie uns dazu befähigt, abstrakte Muster zu beschreiben, die nicht von unseren Sinnen wahrgenommen werden können, und Aussagen zu treffen zu allgemeinen Eigenschaften der Hierarchien oder Klassen von Mustern von hochabstrakter Art. Jede algebraische Gleichung oder Reihe solcher Gleichungen definiert in diesem Sinne eine Klasse von Mustern, wobei die individuelle Manifestation dieser Art von Muster partikularisiert wird, wenn wir Variablen für die definiten Werte einsetzen.«[36]

Wie andere moderne Philosoph:innen unterschied Hayek nicht zwischen der Fähigkeit, eine Klasse zu erfinden und Verhalten zu ändern: Die Ausbildung von Gewohnheiten und Normen folgt der gleichen Logik wie der Bildung von Ideen. Hayek weitete in diesem Sinne die Fähigkeit zur Bildung von Klassen und Mustern auf die Praxis und auf soziale Verhaltensweisen aus:

> »Die Leute zeigen das gleiche Verhalten gegenüber Dingen, nicht, weil diese Dinge im physikalischen Sinne identisch sind, sondern da sie gelernt haben, diese als zur gleichen Gruppe zugehörig zu klassifizieren, weil sie sie für den gleichen Gebrauch einsetzen können oder von ihnen das erwarten, was für die betroffenen Leute ein äquivalentes Ergebnis wäre.«[37]

Dennoch ist es für jegliche Epistemologie nicht ausschlaggebend, wie eine Definition von Wissen an sich lauten könnte, sondern die Fähigkeit für ihre Erfindung. Wie erfindet der menschliche Geist neue Ideen? Hayek musste nicht nur eine Definition von Klassifizierung oder Mustererkennung liefern, sondern auch klarstellen, wie neue Klassen und Muster zustande

35 Später schrieb Hayek auch über »Muster in multidimensionalen Räumen«. Hayek: »Rules«, 53.

36 Hayek: »Theory of Complex Phenomena«.

37 Hayek: »Scientism and the Study of Society«, 277.

kommen. Für Hayek schaffen und zerstören menschliche Wesen kontinuierlich Klassen und Muster in ihren alltäglichen Handlungen. Insbesondere der Bruch mit traditionellen und gewohnten Klassen, durch welche die Realität wahrgenommen wird, und die Ausbildung von Neuem aus unerwarteten Konstellationen sollte als der Modus Operandi der Wissenschaft bedacht werden (entgegen einem Szientismus und einer »ingenieurshaften Art des Geistes«):[38]

> »Die Idee, dass Wissenschaft das System der Klassifizierung, welche unsere Sinneseigenschaften repräsentieren, aufbricht und ersetzt, ist weniger verbreitet, dennoch ist dies genau das, was Wissenschaft tut [...] Dieser Prozess der Reklassifizierung von ›Objekten‹, die unsere Sinne bereits auf eine Weise klassifiziert haben, des Tausches für die ›sekundären‹ Eigenschaften, nach denen unsere Sinne externe Stimuli anordnen, in eine neue Klassifizierung, basierend auf den bewusst eingeführten Verhältnissen zwischen Klassen von Ereignissen, ist womöglich der charakteristischste Aspekt des Verfahrens der Naturwissenschaften überhaupt. Die gesamte Geschichte der modernen Wissenschaften stellt sich als ein Prozess heraus, bei dem eine progressive Emanzipation von den immanenten Klassifizierungen der externen Stimuli stattfindet, bis sie schließlich vollkommen verschwinden.«[39]

Angesichts der Synthese von Psychologie, Mathematik, Kybernetik, Soziologie und der Wissenschaftsphilosophie in seiner Theorie des Konnektionismus kann man Hayek getrost als den Ökonomen der Mustererkennung definieren, oder noch besser, als den Ökonomen, der Mustererkennung in ein Marktprinzip des Neoliberalismus umwandelte.

Neuronale Netzwerke als Modelle des menschlichen Geistes

Wie wird eine Gruppe unterschiedlicher Reize mit derselben Klasse assoziiert, also als ein wiederkehrendes Muster erkannt? Was ist der zerebrale Prozess, der Klassifizierung ermöglicht? Hayeks Konnektionismus lieferte eine empirische Erklärung für das Verhältnis zwischen Wahrnehmung und Kognition. Beeinflusst von McCullochs und Pitts' Idee von neuronalen Netzwerken vereinfachte Hayek Kognition auf einen einfachen Akt der Entscheidung (anstelle von Intuition oder *Einsicht*, wie in der *Gestalt-*

38 Ebd.: 269.
39 Ebd.: 271–2.

Schule).[40] Im Modell von McCulloch und Pitts filtert eine Struktur aus fortschreitenden Schichten von Knoten (die aus vielen Neuronen oder Schaltern bestehen) eine große Menge Input in einen einzelnen binären Output (ein einzelnes Neuron oder ein einzelner Schalter), der entscheidet, ob die Gruppe der eingegangenen Stimuli zu einer gegebenen Klasse gehören oder nicht. Die Lösung ist recht elegant: Ein Knoten führt Berechnungen mit einem großen Input durch, die am Ende einen einzigen binären Output ergeben, der ›ja‹ oder ›nein‹ bedeutet. Wie bei der Ausführungsart des maschinellen Lernens wird der Endknoten einer gegebenen Klasse per Konvention zugewiesen (z.B. zu der Bezeichnung ›Apfel‹).[41] Dabei gilt, dass das Modell nicht isomorph ist, was bedeutet, dass keines der Teile dem Wissen ähnelt, das es interpretiert: Es gibt keinen lokalisierten Bereich des Netzwerkes, der beispielsweise die generelle Form des Apfels in seinen erkennbaren Proportionen speichert. Die korrekte Klassifizierung der Reize hängt von dem übergreifenden Verhalten der berechnenden Struktur ab.

Dennoch setzte sich Hayeks Konnektionismus nicht für eine rechenbasierte Theorie des menschlichen Geistes ein. Es wäre nicht verkehrt, seine Theorie in Abgrenzung von McCulloch und Pitts *logischem Konnektionismus* und Rosenblatts *statistischem Konnektionismus* als *Gestalt-Konnektionismus* zu bezeichnen. Hayek behauptete, dass der menschliche Geist (der aus seiner Sicht eine mentale Ordnung, ein selbstorganisiertes Netzwerk aus Entitäten wie den Neuronen war) nur ein *Modell* statt einer Repräsentation der Welt bereitstellen kann (eine Ordnung der Sinneswahrnehmung, die aus Verhältnissen unter Qualia zusammengesetzt ist). Hayek schrieb, dass »was wir als Geist bezeichnen, daher eine bestimmte Ordnung einer Reihe von Ereignissen ist, die in irgendeinem Organismus stattfinden und die auf irgendeine Weise mit der physischen Ordnung der Ereignisse in der Umgebung verbunden, nicht aber identisch sind mit diesen«.[42] 1945 umrissen die Kybernetiker Arturo Rosenblueth und Norbert Wiener die Erzeugung von Modellen in ähnlichen Worten:

40 Zum Verständnis der Einsicht in der Gestalt-Schule vgl. David Bates: »Creating Insight. Gestalt Theory and the Early Computer«, in: Jessica Riskin (Hg.): Genesis Redux. Essays in the History and Philosophy of Artificial Life, Chicago 2007, 237–260.

41 Zur Sage des Modell-Denkens in der Geschichte der KI, vlg. auch Jean-Pierre Dupuy: The Mechanization of the Mind. On the Origins of Cognitive Science, Cambridge 2000.

42 Hayek: The Sensory Order, 16.

> »Partielle Modelle, unperfekt wie sie sind, sind die einzigen Wege, die von der Wissenschaft zu dem Verständnis des Universums entwickelt worden sind. Mit dieser Aussage soll nichts schlecht geredet werden, sondern damit ist eher die Erkenntnis gemeint, dass das Hauptwerkzeug der Wissenschaften der menschliche Geist ist und dass der menschliche Geist begrenzt ist.«[43]

Die Konstruktion eines Modells ist die Implementierung einer gegebenen Umgebung innerhalb der internen Parameter und Begrenzungen einer anderen Umgebung, doch im Prozess der Übersetzung werden einige Elemente zerstreut, geschätzt und verzerrt. Hayek räumte zudem ein, dass eine mentale Ordnung oftmals eine partielle, oft falsche, Interpretation der Wirklichkeit ist:

> »Wir haben gesehen, dass die Klassifizierung der Stimuli, die unsere Sinne vornehmen, sich auf ein System von erworbenen Verbindungen stützt, das die bestehenden Beziehungen zwischen den korrespondierenden physischen Stimuli partiell und unzulänglich reproduziert. Das ›Modell‹ der physischen Welt, das auf diese Weise geformt wird, wird uns nur eine sehr verzerrte Reproduktion der in dieser Welt existierenden Beziehungen geben; und die Klassifizierung dieser Ereignisse durch unsere Sinne wird sich oft als falsch erweisen, sie wird nämlich Erwartungen auslösen, die sich nicht durch Ereignisse bewahrheiten.«[44]

Es ist aufschlussreich, dass nach Babbage noch ein weiterer politischer Ökonom im Einzugsgebiet der Geschichte des Rechenwesens zu finden ist: Babbage schlug gestützte Rechenvorgänge als die Automatisierung von mentaler Arbeit im Industrieprozess vor, während Hayek darauf beharrte, dass eine Berechnung von Transaktionen des Marktes unmöglich wäre und, in jedem Fall, im Widerspruch zur Autonomie des Marktes an sich stehen müsse. Der theoretische Unterschied und die historische Lücke zwischen Babbage und Hayek spiegelt den Unterschied zwischen symbolischer und konnektionistischer KI, zwischen der Vorstellung der Kognition als auf Repräsentation basierend und dagegen als auf Modellierung gegründet. Babbages Projekt der Automatisierung mentaler Arbeit als Rechnen per Hand fand ihre volle Blüte in der Turing-Maschine und den deduktiven Algorithmen symbolischer KI: Numerische Manipulation wurde zur Symbolmanipulation, ohne dabei

43 Arturo Rosenblueth / Norbert Wiener: »The Role of Models in Science«, *Philosophy of Science* 12, Nr. 4 (1945): 316–321.

44 Hayek: The Sensory Order, 145.

Platz zu lassen für Interpretation der Bedeutung oder der Möglichkeit zur Adaption. Während Babbages Datenverarbeitung dadurch zustande kam, dass man dem Wunsch nach Genauigkeit folgte, um Fehler in den logarithmischen Tabellen zu korrigieren, lässt sich im Konnektionismus eine flexible und adaptive Epistemologie feststellen (einschließlich in Hayeks Variante). Nach Hayek und von Neumann betonte Rosenblatt, dass sein neuronales Netzwerk Perzeptron eine Vereinfachung und eine Zuspitzung spezifischer Eigenschaften des menschlichen Geistes war, ohne dabei zu beanspruchen, dass ultimative Paradigma der Intelligenz zu sein.[45]

Der Markt als Modell neuronaler Netzwerke

Es ist bekannt, dass Hayek sich zusätzlich zur Theorie der Mustererkennung *ante litteram* einer technischen Definition von Information bediente. In seinem Essay von 1945 *The Use of Knowledge in Society* nahm er Shannons mathematische Theorie der Kommunikation von 1948 vorweg und lieferte eine operative Definition von Informationen als Einheiten der Kommunikation – präziser ausgedrückt, in diesem Fall als »Preissignale«. Hayek ist auch dafür bekannt, dass er den Markt als einen Computer beschrieb – oder, in der Sprache jener Zeit, als eine Art verteiltes Telegraphennetzwerk, als »eine Art Maschine zur Registrierung von Veränderungen, oder ein System der Telekommunikation« (man beachte, dass der Computer damals noch nicht zur geläufigen Technologie gehörte):

> »Wir müssen auf das Preissystem als einen solchen Mechanismus für die Kommunikation von Information blicken, wenn wir seine wahre Funktion verstehen wollen, eine Funktion, die selbstverständlich ihre Arbeit weniger perfekt ausführt, je starrer die Preise werden [...] Der bedeutendste Umstand dieses Systems ist die Ökonomie des Wissens, mit der es läuft, oder wie wenig der individuelle

45 »Perzeptrons sind nicht dazu gedacht, als eine detaillierte Kopie eines echten Nervensystems zu dienen. Sie sind vereinfache Netzwerke, entworfen, um uns die Untersuchung der regulierten Verhältnisse zwischen der Organisation eines Nervennetzes, der Organisation seiner Umgebung und den »psychologischen« Leistungen, dessen ein Netzwerk fähig ist, zu untersuchen. Es kann sogar sein, dass Perzeptrons Teilen von ausgeweiteteren Netzwerken in biologischen Systemen entsprechen; in diesem Fall sind die gewonnen Ergebnisse direkt anwendbar. Wahrscheinlicher ist jedoch, dass sie eine extreme Vereinfachung des zentralen Nervensystems repräsentieren, in der einige Eigenschaften verstärkt, andere abgeschwächt sind.« Rosenblatt: Neurodynamics, 28.

Teilnehmer wissen muss, um in der Lage zu sein, die richtige Handlung zu ergreifen. Verkürzt auf symbolhafte Art gesagt, werden nur die allerwichtigsten Informationen weitergegeben und auch nur an diejenigen, die davon betroffen sind. Es ist mehr als eine Metapher, wenn das Preissystem als eine Art Maschine zur Registrierung von Veränderung oder als ein System der Telekommunikation beschrieben wird, das es den individuellen Produzenten ermöglicht, lediglich die Bewegung von einigen wenigen Signalen im Auge zu behalten, wie ein Ingenieur die Zeiger einiger Ziffernblätter beobachtet, um ihre Handlungen an die Veränderungen anzupassen, über die sie wohl nie mehr wissen werden, als sich in der Bewegung der Preise widerspiegelt.«[46]

Im Gegensatz zum überheblichen Lobgesang der Kybernetiker:innen auf vollständige Automatisierung, war Hayek sich sicher, dass das schiere Ausmaß der Komplexität des Marktes die Hardware-Grenzen eines jeden beliebigen Apparates der Kalkulation und der überschaubaren Gleichungen sprengen würde. Zwei Dekaden später, aus dem gegnerischen Lager der sozialistischen Kalkulationsdebatte, konterte der Ökonom Oskar Lange, dass die Innovationen diese Grenze überwunden hätten, und sprach sich so für die Nutzung neuer leistungsstarker Computer zur Lösung mathematischer Probleme der Ökonomie aus: »Wo soll das Problem sein?«, entgegnete Lange auf Hayek. »Lassen Sie uns die simultanen Gleichungen in den elektronischen Computer eingeben, und wir werden die Lösung in weniger als einer Sekunde in Händen halten.«[47] Lange betrachtete den Computer als neues Instrument des Wissens, das eine neue Perspektive auf die Ökonomie eröffnet, da »der Computer eine Funktion erfüllt, die der Markt nie in der Lage war zu übernehmen«[48]. Implizit schlug Lange vor, den Computer als technischen Mediator zwischen den Problemen der Spontanität des Marktes und jenen der zentralisierten Planung zu verwenden. Diese spezielle Einsicht Langes wurde und wird oft in einer links-akzelerationistischen[49] Rhetorik zitiert, um im Allgemeinen die öffentliche Nutzung des algorith-

46 Friedrich Hayek: »The Use of Knowledge in Society«, *American Economic Review* 35, Nr. 4 (1945): 519–530.

47 Oskar Lange: »The Computer and the Market«, in: C. H. Feinstein (Hg.): Socialism, Capitalism, and Economic Growth. Essays Presented to Maurice Dobb, Cambridge 1967, 158–161

48 Ebd.: 161.

49 Philosophische Denkschule, wonach der Kapitalismus als sich beschleunigender Prozess der Deterriorialisierung nicht überwunden werden kann; Folge ist eine posthumanistische Welt.

mischen Planens im Zeitalter von »big data« gegen den privaten Gebrauch von besagter Planung durch Unternehmen zu unterstützen; zum Beispiel hat sich Frederik James dafür ausgesprochen, die Rechenleistung der globalen Logistikriesen wie Walmart oder Amazon zu nationalisieren.[50] Doch auf welche spezifische Art von Rechentechnik bezog sich Lange? Folgender Auszug seiner Argumentation, der oft übersehen worden ist, spricht nicht von einer deterministischen Art der Nutzung von Computern, sondern eher von etwas, das an einen Trainingsprozess von künstlichen neuronalen Netzwerken erinnert:

> »Der Marktmechanismus und der Trial-and-Error-Prozess, die ich in meinem Essay vorgeschlagen habe, haben in der Tat die Rolle eines berechnenden Gerätes bei der Lösung eines Systems aus simultanen Gleichungen gespielt. Die Lösung wurde durch einen Prozess der Wiederholung gefunden, von dem angenommen wurde, dass er konvergent ist. Die Wiederholungen basierten auf einem Rückmeldungsprinzip, das derart ablief, damit graduell die Abweichungen vom Gleichgewicht ausgeschlossen wurden. Es war vorgesehen, dass der Prozess wie ein Servomechanismus abläuft, der durch Rückmeldungshandlungen automatisch die Störungen beseitigt [...] Der gleiche Prozess kann mithilfe einer elektronischen analogen Maschine verkörpert werden, die den Wiederholungsprozess simuliert, der in den *tâtonnements* [inkrementellen Annäherungen] der Marktmechanismen inbegriffen ist. Eine derartige elektronische Entsprechung (Servomechanismus) simuliert die Arbeitsweise des Marktes. Diese Aussage kann man jedoch auch umkehren: Der Markt simuliert den elektronischen, analogen Computer. Anders formuliert: Der Markt kann als ein Computer *sui generis* gedacht werden, der dazu dient, ein System simultaner Gleichungen zu lösen. Es arbeitet wie eine analoge Maschine: ein Servomechanismus, basierend auf dem Rückmeldungsprinzip. So kann man den Markt als eines der ältesten historischen Gerätschaften zur Lösung simultaner Gleichungen betrachten. Interessant ist dabei, dass der Lösungsmechanismus nicht über physische, sondern über soziale Prozesse abläuft. So zeigt sich, dass der soziale Prozess womöglich auch als Basis für die Arbeit von Rückmeldungsgerätschaften dienen kann, die zur Lösung von Gleichungen durch Wiederholung führen.«[51]

50 Leigh Phillips / Michal Rozworski: The People's Republic of Walmart. How the World's Biggest Corporations Are Laying the Foundation for Socialism, London 2019. Vgl. auch Fredric Jameson: Archaeologies of the Future. The Desire Called Utopia and Other Science Fictions, London 2005, 153 Anmerkung 22.

51 Lange: »The Computer and the Market«, 159.

Im Einklang mit Hayeks Tradition des Konnektionismus stellte Lange den Markt als eine soziale Maschine vor, die simultane Gleichungen durch inkrementelle Annäherung (*tâtonnements*) löst, auf eine Art, die mit einem lernenden Algorithmus verglichen werden kann, der seine Parameter mit Trial-and-Error-Anpassungen ändert. Langes Beispiel der Annäherungs-Techniken zur Lösung von Marktgleichungen klingt ganz sicher nicht nach zentralisierten sozialistischen Ökonomien, sondern stattdessen in unserer Zeit nach den Trainingsalgorithmen der künstlichen neuronalen Netzwerke (wie Backpropagation und Gradient Descent, etc.). Wie die beiden Auszüge von Hayek und Lange gezeigt haben, haben die Modelle des Marktes und die Computation in den ökonomischen Debatten des 20. Jahrhunderts zuweilen ihre Positionen getauscht, doch das eigentliche Thema, um das es nach wie vor ging, bleibt die Handlungsfähigkeit und die Autonomie der zugrundeliegenden sozialen Prozesse.

Zu einer politischen Epistemologie neuronaler Netzwerke

Hayeks Geständnis, dass er sich den konnektionistischen Geist wie Bestandskapital vorstellt, das in beständigem Austausch mit dem Markt steht, scheint im Zeitalter der KI ein Beleg für die verlockende Theorie der »realen Abstraktion« des marxistischen Wissenschaftlers Alfred Sohn-Rethel zu sein. In seinem Buch *Intellectual and Manual Labour* von 1970 skizzierte Sohn-Rethel eine »Kritik der Epistemologie«, die die Warenform als den Ursprung des abstrakten Denkens an sich postulierte. Sohn-Rethel behauptete, dass der Austausch von Waren in der Antike, vermittelt durch Geld, der erste Fall abstrakten Denkens wie bei der Philosophie gewesen sei, da Geld, wie auch Philosophie, ein Prinzip von abstrakter Gleichheit zwischen materiellen Dingen eingeführt habe. Eine Ware, die gegen eine andere ausgetauscht wird, ist für Sohn-Rethel ein paradigmatisches Beispiel von ›reale Abstraktion‹, nämlich eine Abstraktion, die über einem Ding als Mittel zum Zweck ausgedrückt wird. Dies passiere sogar dann, wenn der Akt des Austausches unbewusst ist (sowohl Marx als Hayek würden dem zustimmen). Auf diese Art wäre dann die Abstraktion des Tausches der Märkte der Entwicklung philosophischer und wissenschaftlicher »bewusster« Abstraktionen vorausgegangen und hätte diese beeinflusst.

Sohn-Rethel war überzeugt, dass die grundlegenden Ideen der Philosophie und der analytischen Mathematik historisch aufkamen, als das erste gepresste Geld (hergestellt aus *elektron*, einer natürlich vorkommenden Legierung aus Gold und Silber, das in Kleinasien im Überfluss vorhanden war) als ein stabiles allgemeines Äquivalent in den alten griechischen Kolonien in Umlauf gebracht wurde.[52] Seiner Erzählung nach erweckte die numerische Form des Geldes, sobald es der Kontrolle der Despoten entzogen worden war, schlagartig die Philosophie als erste Form der säkularen Abstraktion zum Leben (Religion und Mythologie waren bereits tätige Regime der Abstraktion). Ein paar Generationen, nachdem die *elektron*-Münzen in Umlauf gebracht worden waren und den Handel befeuert hatten, wurden die griechischen Kolonien Zeugen der ersten Generation der hochkarätigen westlichen Philosophen, darunter Thales, Anaximander und Anaximenes. Sohn-Rethel behauptete, dass die für die vorsokratischen Philosophen typischen Vorstellungen von Identität, Substanz, Teilbarkeit und Unendlichkeit ein Echo der gleichen Eigenschaften waren, die in den neuen metallischen Medien des Handels gemessen werden mussten. Jedoch ging für ihn das säkulare Denken als eine bewusste und kritische Reaktion auf die Missstände hervor, die das Geld in die griechische Gesellschaft einschleppte.

Die Entstehung symbolischer Formen bloß auf das monetäre allgemeine Äquivalent zu reduzieren, bereitet nur allzu leicht den Weg hin zu fatalistischen Deutungen des schädlichen Einflusses des Kapitalismus auf die mentale Ordnung, und schafft eine Situation, in der es schwierig, wenn nicht gar unmöglich wird, außerhalb der Logik des Kapitals zu denken. In seiner Darstellung der Entstehung konzeptueller Werkzeuge betont Sohn-Rethel einzig den Einfluss der Sphäre der Zirkulation (händlerischer Austausch) und minimierte somit die Sphäre der Produktion (die soziale Arbeitsteilung). Auf diese Weise übersah er die Aktivität der Reflexion von Arbeit durch Werkzeuge und Sprache, was, laut anderen materialistischen Epistemologien (einschließlich jener von Jean Piaget und Peter Damerow) zur Entstehung mathematischer Abstraktionen führte, lange bevor händlerischer Austausch stattfand.[53] Anders ausgedrückt war die reale Abstrakti-

52 Marc Shell hat auf den ironischen Zufall in dem Ausdruck »elektronisches Geld« hingewiesen, der zur vollständigen Dematerialisierung der ursprünglich wertvollen Substanz führt. Vgl. Marc Shell: Money, Language, and Thought. Literary and Philosophical Economies from the Medieval to the Modern Era, Berkeley 1982.

53 Für einen ausführlichen Überblick zu den Epistemologien von Jean Piaget und Peter Damerow vgl. Jürgen Renn: The Evolution of Knowledge. Rethinking Science for the Anthropocene, Princeton 2020.

on der sozialen Arbeitsteilung schon lange vor einer realen Abstraktion des monetären Austausches und Lohnarbeit anzutreffen: Abstraktes Denken existierte in Gesellschaften, in denen Geld nicht zirkulierte, doch in denen die Arbeitsteilung und insbesondere die Sklaverei umgesetzt wurde. Hayek wäre es ganz recht gewesen, wenn man die Disziplin der Philosophie als einen Spiegel der Abstraktionen des Marktes ohne jeglichen Bezug zur potenziellen Autonomie der Arbeit und dem Herstellen von Werkzeug betrachtet hätte. Wenn also Hayeks ausgefeilter Konnektionismus daher nichts weiter ist, als eine veredelte Version der ›Rationalität des Marktes‹, wie würde dann wohl eine alternative Epistemologie von neuronalen Netzwerken, die nicht ein Echo des neoliberalen Geistes sind, aussehen?

In den *Grundrissen* lieferte Marx eine Kritik an Hegels Epistemologie[54], die sich auch auf Hayeks händlerische Epistemologie ausweiten lässt. In der Einleitung zu diesem Werk (geschrieben 1857, ein Jahrzehnt vor *Das Kapital*) stellt Marx die Dialektik von abstrakten und konkreten Ideen als »die Methode der politischen Ökonomie« dar, wodurch ihm eine Synthese des deutschen Idealismus und der britischen politischen Ökonomie gelingt. Indem er die gegebenen Kategorien der Alltagssprache infrage stellt, wie Hegel selbst in dem Buch *Phänomenologie des Geistes* zu tun rät, betont Marx, dass ein bekannter Ausdruck wie »Arbeit« das Ergebnis einer langen Kombination von verschiedenen Abstraktionen ist, statt eine einfache und originäre Vorstellung, von der die Reflexion starten sollte.[55] Laut Marx beginnt die »wissenschaftlich korrekte Methode« mit der Dekomposition einer Idee (Vorstellung) in einfachere Konzepte (Begriffe) und dann bewegt man sich wieder von diesen einfacheren Konzepten zur Wiederzusammensetzung des Ganzen »als einer reichen Totalität von vielen Bestimmungen und Beziehungen«.[56] Hayeks Beschreibung der Methode der Wissenschaft als das Schaffen und Zerstören von Abstraktionen (Klassen, Mustern etc.), wodurch die Realität wahrgenommen wird, scheint nicht so verschieden von Marx' zu sein, obwohl ihre politischen Schlüsse ganz offensichtlich auseinandergehen. Die Kreation von neuen Ideen ist für Hayek eine subjektive Angelegenheit, die Ausübung von individueller Freiheit, während dies für Marx durch die sozialen Verhältnisse der Produktion beeinflusst wird und

54 Siehe MEGA II/1.1 Seite: 35, Absatz: Zelle 39 ff.
55 Karl Marx: Grundrisse, MEGA II/1.1 Seite: 35, Absatz: Zelle 39 ff. sowie Seite 38, Absatz: Zelle 36 ff.
56 Ebd.: MEGA II/1.1 Seite: 35, Absatz: Zelle 39 ff.

oftmals direkt mit der Logik des Kapitals verbunden ist. Marx bediente sich des Beispiels der Arbeit, die eine alte, bekannte und simple Kategorie zu sein scheint, die vom modernen Kapitalismus in etwas Abstraktes verfremdet worden ist. Tatsächlich kam der industrielle Kapitalismus laut Marx durch die Auferlegung von »abstrakter Arbeit« auf, also von Arbeit, die unberührt ist von der Spezifität von »konkreter Arbeit«, Arbeit die in eine Ware umgewandelt wird, in ein generelles Äquivalent von Arbeit, die jeder Arbeiter vollbringen kann.[57] Im Unterschied zu vorindustrieller konkreter Arbeit wird die abstrakte Arbeit in abstrakten Zeiteinheiten gemessen und die Arbeiter:innen werden proportional zu diesen Zeiteinheiten bezahlt.[58] Historisch gesehen wurde die Arbeiterklasse im modernen Sinne als ein neues politisches Subjekt konstituiert, indem man ihr das generelle Äquivalent von abstrakter Arbeit im Industriezeitalter aufzwang.[59]

Anders als Hayek hinterfragte Marx die politische Genealogie der Kategorien des ökonomischen Denkens. Für ihn sind die Kategorien des Denkens – insbesondere die der Arbeit – nicht neutral, sondern intrinsisch für die kapitalistische Logik. Daher tragen sie zu einer gewissen Normalisierung, Beherrschung und Ausbeutung der Gesellschaft bei. Doch wenn man sich nicht gerade einem politischen Fatalismus hingeben möchte, muss man erkennen, dass die Fähigkeit zur Abstraktion niemals ausschließlich ein Attribut der Macht war. Um abstrakte Arbeit im kapitalistischen Sinne anzufechten, muss man bedenken, dass die Fähigkeit zur Abstraktion dem menschlichen Geist in seiner dialektischen Beziehung mit der Welt, durch Werkzeuge und Techniken, eigen ist, und nicht bloß zu einem Herrscherapparat gehört, sei dieser nun kapitalistisch oder andersartig. Wie die politischen Philosophen Michael Hardt und Antonio Negri berechtigterweise anmerken »ist Abstraktion sowohl für das Funktionieren von, als auch für die Kritik an Kapital unerlässlich«.[60] Jede Abstraktion, jede Klassifizierung, ist das Ergebnis einer sozialen Arbeitsteilung von Widersprüchen und Konflikten, die Wissen generieren. In vergleichbarer Weise bleiben Hayeks neuronale Netzwerke und künstliche neuronale Netzwerke ganz Allgemein eine Erweiterung dieser sehr sozialen Teilung abstrakter Arbeit.

57 MEGA II/1.1, Seite: 225, Absatz: Zelle 24 ff.

58 Arbeit, die im Wert einer Ware repräsentiert wird, ist abstrakte Arbeit, welche auf Basis der sozial notwendigen Arbeitszeit gemessen wird.

59 Ebd.: MEGA II/1.1, Seite 38, Absatz: Zelle 36 ff.

60 Michael Hardt / Antonio Negri: Commonwealth, Cambridge 2009, 127.

9
Die Erfindung des Perzeptrons

»Dass wir es geschafft haben, das Perzeptron zu entwickeln, bedeutet, dass zum ersten Mal ein nicht-biologisches Objekt eine Organisation seiner externen Umgebung auf aussagekräftige Weise zustande bringen wird [...] Mein Kollege [Marshall Yovits] hält nichts von dem Gerede über mechanische Gehirne, das heutzutage überall zu hören ist. Er zieht es vor, unsere Maschine als selbstorganisierendes System zu bezeichnen, doch, ganz im Vertrauen gesagt, das ist genau das, was auch auf jedes Gehirn zutrifft.«[1]

»Die Rolle des Experimentierens gewinnt zunehmend an Bedeutung, da die Systeme, die bedacht werden müssen, an Komplexität gewinnen, während der Umfang, der durch bloße logische Schlussfolgerung erreicht werden kann, immer weniger in der Lage ist, ein vollkommenes Verständnis der Leistung des Systems zu vermitteln. Das heißt nicht, dass ich mich dafür ausspreche, eine theoretische Analyse zu unterlassen, sondern vielmehr, dass, ganz im Geiste Galileos, die Theorie zu allen Zeiten durch Experimente abgeglichen werden muss, und dass durch die Interaktion von Theorie und Experiment das Wissen über die nächsten angebrachten Schritte entstehen wird.«[2]

»Fehler sind Standard, doch Instrumente bringen eine Leistung. Ein Prinzip der Wissenschaftsstudien ist, dass Nicht-Zustimmung instruktiv ist, nicht pathologisch, und dass Zustimmung nicht zwangsläufig ist, sondern erläutert werden sollte. Die adäquate Funktion von Instrumenten benötigt eine vergleichbare Analyse. Dann lautet die ›entscheidende Frage‹, wie man überhaupt bewertet, ob ein Instrument arbeitet, und, tatsächlich, was sie eigentlich sind.«[3]

---

1 »Rival«, *New Yorker*, 6. Dezember 1958, 44.

2 Frank Rosenblatt: »Analytic Techniques for the Study of Neural Nets«, IEEE Transactions on Applications and Industry 83, Nr. 74 (September 1964): 285.

3 Simon Schaffer: »Easily Cracked: Scientific Instruments in States of Disrepair«, *Isis* 102, Nr. 4 (2011): 707.

»Eine Organisation der externen Umgebung auf aussagekräftige Weise«

Im Jahr 1958, zwei Jahre nach dem Dartmouth-Workshop zu KI, verlieh die *New York Times* dem Projekt einer neuen »denkenden Maschine« reißerische Überschriften: Das künstliche neuronale Netzwerk *Perzeptron*.[4] Sein Erfinder, der Psychologe Frank Rosenblatt (damals erst 30 Jahre alt) und sein Sponsor Marshall Yovits vom *US Office of Naval Research*, bemühten sich um positive Berichterstattung, um die Ausgaben von Steuergeldern zu rechtfertigen. Voller Lob für die Erfindung berichtete die Zeitung in überzeichneter Weise, dass »die Navy den Embryo eines elektronischen Rechners enthüllt hat [...] von dem sie erwartet, dass er laufen, sprechen, sehen, schreiben, sich selbst reproduzieren kann und über Bewusstsein seiner Existenz verfügt«. Das Ganze war großes Kino für das Militär, doch einige Übertreibungen des Artikels sahen schon die beängstigenden zukünftigen Errungenschaften von tiefen neuronalen Netzwerken voraus. Zum Beispiel ist es geradezu unheimlich, wie hellseherisch der Artikel mit Blick auf Gesichtserkennung und Verarbeitung natürlicher Sprache war, was beides etwa ein halbes Jahrhundert später aufkommen sollte: »Später werden Perzeptronen in der Lage sein, Menschen zu erkennen und sie beim Namen zu nennen und ohne Verzögerung Gesprochenes einer Sprache in gesprochener oder schriftlicher Form einer anderen Sprache wiederzugeben«.[5]

Im selben Jahr behandelte der *New Yorker* das Thema auf eine etwas nüchternere Weise in Form eines Interviews mit Rosenblatt, der klarstellte, dass das Perzeptron kein »mechanisches Gehirn« war, wie der Hype zu glauben machte, sondern eine selbstorganisierende Maschine, die gewissermaßen in der Lage sei, »eine Organisation der externen Umgebung auf aussagekräftige Weise« zu liefern. Indem sie das hebbsche Prinzip der Neuroplastizität paraphrasierte (Neuronen, die gemeinsam feuern, verdrahten sich) lieferte das Magazin eine – für jene Zeit – korrekte Darstellung von der Arbeitsweise eines künstlichen neuronalen Netzwerkes:

> »Die herausragende Eigenschaft des Perzeptrons besteht darin, dass es mit seiner Umgebung interagiert und dabei Konzepte bildet, die ihm nicht zuvor durch

4 1949 begrüßte das Time Magazine Ashbys Homeostaten mit der gleichen Rhetorik: »bisher wohl das von Menschen entworfene Gerät, das einem synthetischen Gehirn am nächsten kommt.« »The Thinking Machine«, *Time*, 24. Januar 1949.

5 »New Navy Device Learns by Doing«, *New York Times*, 8. Juli 1958.

> einen menschlichen Agierenden bereitgestellt worden sind. Biologen behaupten, dass nur biologische Systeme sehen, fühlen und denken können, doch das Perzeptron verhält sich so, als sehe, fühle und denke es. Sowohl Computer als auch Perzeptronen verfügen über ein sogenanntes Gedächtnis: Doch bei letzterem ist es so, dass dieses Gedächtnis nicht einfach ein Lager von absichtlich ausgewählten und gesammelten Fakten ist, sondern ein freier, unbestimmter Bereich von Assoziierungs-Einheiten, die auf möglichst willkürliche Weise einen sensorischen Input, auch Auge genannt, mit einer sehr großen Anzahl an Antwort-Einheiten verbinden. Hält man ein Dreieck vor das Auge des Perzeptrons, dann nehmen die Assoziierungs-Einheiten, die mit dem Auge verbunden sind, das Bild des Dreiecks auf und übermitteln es über eine willkürliche Abfolge von Linien zu den Antwort-Einheiten, wo das Bild registriert wird. Wenn das Dreieck beim nächsten Mal vor das Auge gehalten wird, wird sein Bild über den gleichen Weg gehen, den schon das frühere Bild genommen hat. Es ist bedeutend, dass, wenn einmal eine bestimmte Antwort erschaffen worden ist, all die Verbindungen, die zu dieser Antwort führen, verstärkt werden, und wenn ein Dreieck mit einer anderen Größe oder Form vor das Perzeptron gehalten wird, sein Bild den gleichen Weg nehmen wird, den schon das erste Dreieck genommen hat.«[6]

Was für eine Art künstliches neuronales Netzwerk war das Perzeptron? Rosenblatt tat sich schwer damit, die Arbeitsweise des Perzeptrons in einfachen Worten zu beschreiben und beklagte später, dass der Medienrummel die »wissenschaftliche Vertraulichkeit«[7] verdorben habe. Auf dem *Cornell Aeronautical Laboratory* in Buffalo, New York, wurde das Projekt als »Project PARA: Perceiving and Recognising Automaton [wahrnehmender und erkennender Automat]« geführt. Die Navy, als Hauptunterstützerin des Projekts, war grundlegend an der Automatisierung der Zielklassifizierung interessiert, wie der Wiedererkennung feindlicher Schiffe und Fahrzeuge durch Radar, Sonar oder visuelle Daten (Abb. 9.1 und 9.2).[8] Rosenblatt plante neben Photo-Perzeptronen eine neue Geräteklasse zu entwerfen, die mit der gleichen Logik arbeitete, darunter die Phono-Perzeptronen (zur Worterkennung in hörbaren Gesprächen) und Radio-Perzeptronen (zur

6 »Rival«, 44.

7 Frank Rosenblatt: Principles of Neurodynamics. Perceptrons and the Theory of Brain Mechanisms, Washington 1962, vii (ursprünglich veröffentlicht als Technical Report VG-1196-G-8, Cornell Aeronautical Laboratory, 15. März 1961).

8 Vgl. Nicholas Pryor: »The Perceptron as an Adaptive Classification Device«, US Naval Ordinance Laboratory, White Oak / Silver Spring 1961.

[Abb. 9.1] Beispiele für Zielklassifizierung. Albert Murray, »Perceptron Applications in Photo Interpretation«, Photogrammetric Engineering 27, Nr. 4 (1961): 633.

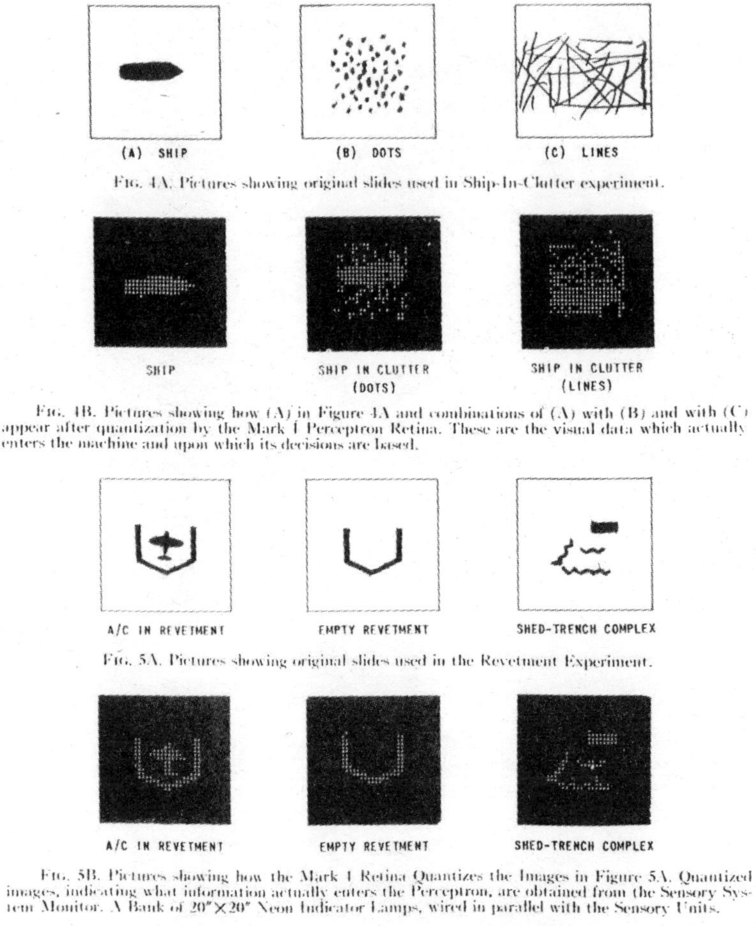

[Abb. 9.3] Beispiele für Zielklassifizierung. Albert Murray, »Perceptron Applications in Photo Interpretation«, Photogrammetric Engineering 27, Nr. 4 (1961): 634.

Objekterkennung in Radar- und Sonarsignalen).[9] Technisch ausgedrückt war das Perzeptron ein statistisches neuronales Netzwerk zur Musterer-

9 Vgl. Frank Rosenblatt: »The Perceptron. A Perceiving and Recognizing Automaton (Project PARA)« Report Nr. 85-460-1, Cornell Aeronautical Laboratory, 2. Januar 1957. Siehe auch die visuellen Beispiele in Albert Murray: »Perceptron Applications in Photo Interpretation«, Photogrammetric Engineering 27, Nr. 4 (1961).

[Abb. 9.3] Mark I Perceptron. Quelle: Frank Rosenblatt, Principles of Neurodynamics: Perceptrons and the Theory of Brain Mechanisms, Buffalo, NY: Cornell Aeronautical Laboratory, 1961, iii.

kennung, das heißt, ein selbstorganisierendes Rechennetzwerk zur Klassifizierung von Stimuli in einer binären Weise, wie in den vorangegangenen Kapiteln kurz erwähnt.

Das Mark I Perzeptron

Die erste Umsetzung des Perzeptrons war eine Computersimulation, geschrieben in der Programmiersprache SHARE und betrieben, im Jahr 1957, auf einem IBM 704, auf einem der ersten kommerziellen Großrechner. In den ersten Versuchen gab man dem Computer eine Reihe von gestanzten Karten, und ganz offenbar hatte er sich nach etwa 50 Durchläufen »selbst beigebracht, Karten, die an der linken Seite markiert waren, von solchen mit einer Markierung an der rechten zu unterscheiden«.[10] Für Rosenblatt galt dies als Beleg, dass eine komplexere Architektur des Perzeptrons entworfen werden könne, um komplexere Muster zu erkennen. Kurz nach dem Artikel der *New York Times* nahm diese Idee in Form eines klobigen Stückes Hardware Gestalt an, das erst 1960 komplett fertiggestellt werden sollte: Das legendäre Mark I Perzeptron, das inzwischen im Smithsonian National Museum of American History in Washington, DC (siehe Abb. 9.3) seine Ruhestätte gefunden hat. Der Mark I war der gleiche digitale Computer, den schon John von Neumann in den 1940ern für die Kalkulationen des Manhattan-Projekts genutzt hatte, jedoch wurde dieser Computer in der Umsetzung um die analogen Module des Perzeptrons ergänzt. Auch wenn der Mark I tausendmal langsamer war als der IBM 704, ermöglichte dieser Hardware-Software-Hybrid den Programmierer:innen, das Netzwerk per Hand neu zu verknüpfen, was schneller ging, als ein Programm umzuschreiben. Die Bedienungsanleitung lieferte folgende Beschreibung:

> »Das Mark I Perzeptron ist ein Gerät zur Erlernung und Erkennung von Mustern. Es kann lernen, ebene Muster in Gruppen auf Basis geometrischer Ähnlichkeiten und Unterschiede zu klassifizieren. Zu den Eigenschaften, die es zur Unterscheidung und Generalisierung nutzen kann, zählen Position im Sichtbereich, geometrische Form, Anzahl der Häufigkeit und Größe. Falls unter den vielen möglichen Klassifizierungsgrundlagen eine ganz bestimmte gewünscht wird, kann diese allgemein durch eine Sitzung des *erzwungenen Lernens* oder durch einen Prozess des *Fehlerbehebungstrainings,* dem Perzeptron vermittelt werden. Lässt man das Perzeptron mit seinen Mitteln allein, kann es noch immer die ihm gezeigten Muster in Klassen einteilen; Grundlage dabei ist die Bildung einer eigenen Klasse. Diesen Prozess der Formierung nennt man üblicherweise *spontanes Lernen.*«[11]

Das Mark I Perzeptron implementierte ein simples neuronales Netzwerk aus drei Schichten von Einheiten, die in einer Abfolge miteinander verbunden waren: »Sensorische oder S-Einheiten, Assoziations- oder A-Einheiten, Responsive oder R-Einheiten« (siehe Abb. 9.4).[12] Die Input-Ebene (auch

10 Pryor: »Perceptron as an Adaptive Classification Device«, 7.

11 John Hay / Ben Lynch / David Smith: »Mark I Perceptron Operators' Manual«, Buffalo 1960, 1.

12 Ebd., 3. Bei den gegenwärtigen Bezeichnungen des maschinellen Lernens zählt nur die zentrale Schicht und das einfache Perzeptron wird als einschichtiges neuronales Netzwerk bezeichnet.

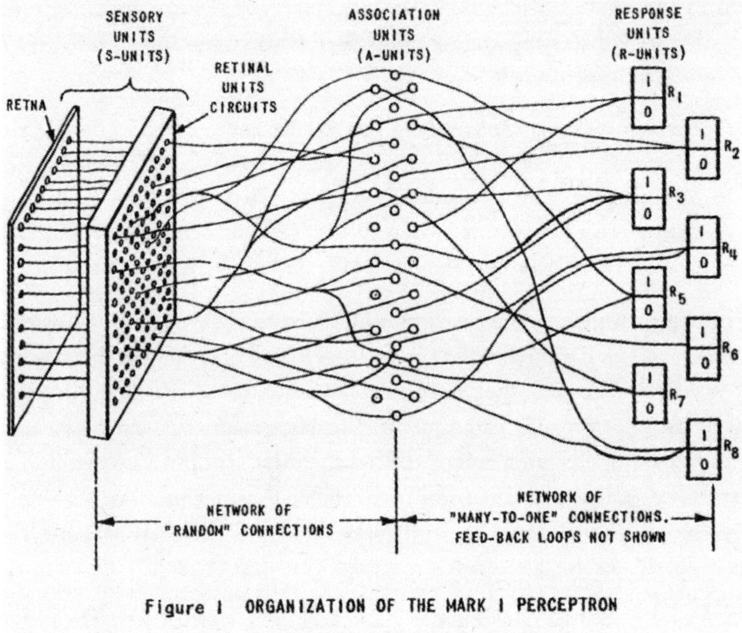

[Abb. 9.4] Darstellung des Aufbaus des Mark I Perzeptrons (ohne Rückkopplungskreise). Frank Rosenblatt, Mark I Perzeptron Operators' Manual. Buffalo, NY: Cornell Aeronautical Laboratory, 1960.

»Retina« genannt) war eine 20 mal 20 Pixel-Kamera, ausgestattet mit insgesamt 400 Fotorezeptoren. Diese sensorischen Einheiten waren mit festen Gewichten willkürlich oder topologisch mit einer Schicht aus 512 assoziativen Einheiten verbunden.[13] Die assoziativen Einheiten waren ihrerseits mit acht responsiven Einheiten (R-Einheiten oder Output) über Gewichte verbunden, die automatisch angepasst werden konnten (bei diesen »Gewichten« handelte es sich um analoge Potenziometer, die auch per Hand reguliert werden konnten). Wie Warren McCullochs und Walter Pitts' künstliche Neuronen, funktionierten assoziative und responsive Einheiten gemäß einem Schwellenwert: Ihre Input-Werte sollten sich summieren und sie sollten nur Signale abgeben, wenn die Summe über einem bestimmten

13 Hay et al.: »Mark I Perceptron Operators' Manual«.

Schwellenwert läge (siehe Abb. 9.5).[14] In der Bedienungsanleitung wird dies als eine Umsetzungsart der hebbschen Regel dargestellt, doch scheint dies etwas zu großzügig bemessen:

> »A-Einheiten jedoch unterscheiden sich von den anderen in der Hinsicht, dass, wenn sie sich anschalten, die Exzitation, welche sie an die R-Einheiten weiterleiten, einen Wert hat, der von dem komparativen Erfolg abhängig ist, den diese A-Einheit in der Vergangenheit dabeigehabt hatte, am Schalten ihrer R-Einheit beteiligt zu sein. Diese Werte bilden das Gedächtnis des Perzeptrons.«[15]

In diesem komplexen Wirrwarr von Drähten reicht es, sich vor Augen zu halten, dass die Parameter, die trainiert werden konnten, die Potenziometer waren, die die A-Einheiten mit den R-Einheiten verbanden. Insgesamt waren es 512 x 8 = 4096 Parameter. Präzise gesagt, betrieb das Mark I Perzeptron parallel acht einfache Perzetpronen, wobei jedes einzelne ein bestimmtes Muster erkennen sollte. Bei einer Retina von 20 mal 20 Pixeln besaß jedes simple Perzeptron 400 Parameter. Sicherlich war dies mit Blick auf algorithmische Komplexität schon eine sehr beachtliche Nummer an Variablen, die mit den damaligen Mitteln durch eine inkrementelle Annäherung berechnet werden sollten. Heutzutage, um eine Vorstellung vom anderen Ausmaß der Komplexität zu geben, reichen drei Zeilen eines Pythoncodes aus, um den Algorithmus des Perzeptrons auf einem Desktop-PC laufen zu lassen, während ein großes Modell wie GPT4 aus etwa einer Billion Parametern besteht (was ein riesiges Datenzentrum für Training und Anwendung erfordert).

Die Willkürlichkeit der ursprünglichen Verbindungen und Gewichte war für Rosenblatt unverzichtbar, um zu demonstrieren, dass das Perzeptron die Fähigkeit zur Selbstorganisation an den Tag legt, auch wenn die Ausgangsform sich in einem chaotischen Zustand befindet. Rosenblatt war zuversichtlich, was die Rechenlösung des Perzeptrons betraf; er sagte: »Es ist klar, dass das Perzeptron mit einer beeindruckend geringen Anzahl an Einheiten – im Gegensatz zu den etwa 10^{10} Nervenzellen des Gehirns –

14 »All die Untereinheiten sind derartig, dass sie nur dann angehen und den Reiz an die nächste Schicht weitergeben, wenn die Summe ihres Input-Reizes einen bestimmten Schwellwert übertrifft. Beim Mark I ist es so, dass die Input-Signale der S-Einheiten in Form von Licht vorliegen, während die der Input für die restlichen Einheiten elektrisch ist.« Hay et al.: »Mark I Perceptron Operators' Manual«.

15 Hay et al.: »Mark I Perceptron Operators' Manual«, 3.

Nov. 22, 1966 F. ROSENBLATT **3,287,649**

AUDIO SIGNAL PATTERN PERCEPTION DEVICE

Filed Sept. 9, 1963 4 Sheets-Sheet 1

FIG. 1

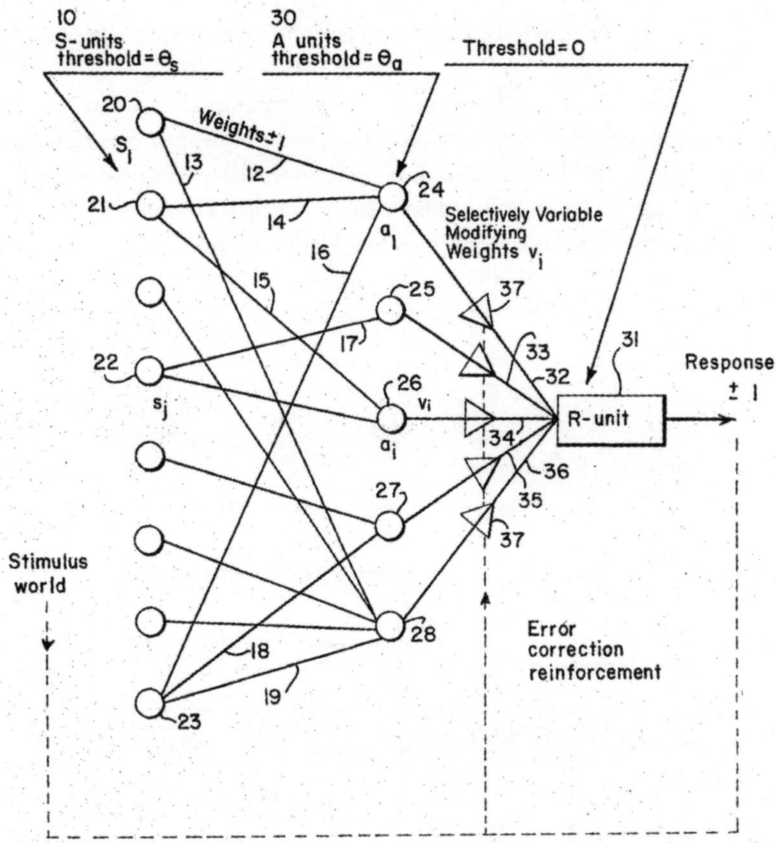

[Abb. 9.5] Rosenblatts Skizze des einfachen Perzeptrons in dem US-Patent US3287649A. Eingereicht 1963, bewilligt 1966. Das Patent ist nach 20 Jahren im Jahr 1983 ausgelaufen.

zu hochentwickelten Aktivitäten in der Lage ist«.[16] Die Architektur des Perzeptrons konnte variieren und unterschiedliche Konfigurationen mit mehreren Schichten und Funktionen annehmen. Schon in Rosenblatts Beiträgen war eindeutig, dass das Erraten der optimalen Konfiguration des Rechennetzwerkes ein Handwerk für sich darstellte und einen Teil der Experimentierpraxis ausmachte.

Eine gute Architektur für das Perzeptron zu erraten war nur der eine Teil des Problems: Der andere Teil bestand darin, einen Trainingsalgorithmus und eine Fehlerbehebungstechnik zu entwerfen, um den optimalen Wert der Parameter, die durch die Netzwerkverbindungen ausgedrückt wurden, zu finden.[17]

Der Trainingsprozess basierte auf der Annahme, dass, sollte es eine Lösung geben (wenn die Gruppe von Bildern sich linear in zwei Gruppen aufteilen ließe), die Parameter sich in einer endlichen Anzahl an Schritten in die optimalen Werte konvergieren lassen würden. Der folgende Verlauf einer schrittweisen Annäherung war der Hauptalgorithmus zum Training des Perzeptrons, bei dem es sich im Grunde um eine automatisierte Version der Technik der Differenzialrechnung handelt:

»1. Beginnen Sie mit einem Perzeptron mit willkürlichen Gewichten und einer Übungseinstellung Übungseinheit
2. Für den Input eines Beispiels der Übungseinstellung berechnen Sie den Output des Perzeptrons
3. Wenn der Output des Perzeptrons nicht mit dem Output, der als für dieses Beispiel korrekt bekannt ist, übereinstimmt:
   a. Wenn der Output 0 hätte sein müssen, aber 1 ist, verringern Sie die Gewichte, die einen Input von 1 haben.
   b. Wenn der Output 1 hätte sein müssen, aber 0 ist, verstärken Sie die Gewichte, die einen Input von 1 haben.
4. Gehen Sie zum nächsten Beispiel in der Übungseinheit und wiederholen Sie die Schritte 2 bis 4, bis das Perzeptron keine Fehler mehr macht.«[18]

16 Frank Rosenblatt: »The Design of an Intelligent Automaton«, *Research Trends, Cornell Aeronautial Laboratory* 6, Nr. 2 (1957): 4.

17 Der Trainingsalgorithmus für das Perzeptron war von einer Prozedur inspiriert, die getestet worden war in B. G. Farley / W. Clark: »Simulation of Self-Organizing Systems by Digital Computer«, *Transactions of the IRE Professional Group on Information Theory* 4 (1954): 76–84.

18 Andrey Kurenkov: »A Brief History of Neural Nets and Deep Learning«, 27. September 2020, skynettoday.com.

Beim gegenwärtigen Deep Learning werden noch feinere Algorithmen verwendet (wie den Gradient Descent), doch das Trial-and-Error-Prinzip ist das gleiche: 1) man präsentiert dem neuronalen Netzwerk ein Bild; 2) man prüft, ob der Output korrekt ist; 3) falls nicht, werden die Parameter um kleine Werte vergrößert oder verkleinert; 4) man wiederholt den Vorgang, bis das neuronale Netzwerk den korrekten Output berechnet. Wieder einmal liegt das Problem darin, den effizientesten Prozess zu finden, der sich dem Endergebnis mit der geringsten Anzahl an Schritten annähert. Das Design des Trainingsalgorithmus ist eine weitere Ebene der Abstraktion und des Problemlösens, die sich von der Struktur des neuronalen Netzwerkes unterscheidet. So gesehen ist das, was viele noch immer »künstliche Intelligenz« nennen, bloß eine Technik der mathematischen Optimierung. Wir haben es noch immer mit brachialen Annäherungsversuchen zu tun, deren Logik in riesigen Modellen mit Billionen von Parametern sogar noch »brachialer« geworden ist. Es ist bemerkenswert, dass letztendlich im Kern der fortschrittlichsten Techniken der »künstlichen Intelligenz« Prozeduren der Annäherung zu finden sind, die sich nicht wirklich von jenen unterscheiden, die Differenzial- und Integralrechnung seit der Antike bestimmen (siehe Kapitel Eins).

Wozu war das Mark I Perzeptron in der Lage? Wenn es um Mustererkennung geht, nicht viel. Es konnte ein schwarzes Quadrat auf der linken Seite des Sehfeldes von einem auf der rechten Seite des Sehfeldes unterscheiden und differenzierte einfache Buchstaben, wenn diese in der Mitte der 20 mal 20 visuellen Matrix ausgerichtet waren. Seine Fähigkeit zur Mustererkennung (wie Marvin Minsky und Seymour Papert in ihrer berühmten Kritik dargelegt haben, die untenstehend erläutert wird) war primitiv und auf regelmäßige Figuren beschränkt. Rosenblatt und sein Team waren sich der Grenzen des Perzeptrons bewusst, setzten jedoch darauf, dass Architekturen mit mehr Schichten (wie das Deep Learning letztlich bewiesen hat) in der Lage wären, komplexere Aufgaben der Erkennung zu bewältigen:

> »Es scheint vernünftig, zu erwarten, dass eine Maschine, ähnlich dem Perzeptron mit einer logischen Tiefe von 3 oder mehr (erzeugt durch zwei oder mehr Ebenen von A-Einheiten, wobei jede Ebene für die Exzitation der nächsten sorgt) noch leistungsfähiger ist als das Perzeptron.«[19]

19 Pryor: »The Perceptron as an Adaptive Classification Device«, 6.

Es sollte erwähnt werden, dass Rosenblatt bereits in 1958 räumliche Beschränkungen vor Augen hatte, die den Filtern ähnlich sind, welche die Grundlage für die Idee der *convolution neural networks* bei der Entstehung des Deep Learning.[20] Insbesondere erwähnte er in *Neurodynamics* die Studie von David Hubel und Torsten Wiesel des Kortex von Katzen und ihrer topologischen Einschränkungen, was später zur Inspiration für Kunihiko Fukushimas neuronales Netzwerk »Neokognitron« (1980), Yann Le Cuns Architektur, bekannt als »LeNet«, (1989) und schließlich AlexNet (2012) werden sollte.[21]

Des Weiteren war Rosenblatt sich der logischen Grenzen von statistischen neuronalen Netzwerken bei der Imitation menschlicher Intelligenz bewusst; er schrieb: »Statistische Trennbarkeit allein schafft keine zufriedenstellende Basis für Abstraktion höherer Ordnung. Ein System, das prinzipiell fortschrittlicher ist als das Perzeptron, scheint an dieser Stelle notwendig zu sein«.[22] Bis zum heutigen Tag fehlt es an einer vollständigen Theorie des statistischen Lernens, weshalb sich künstliche neuronale Netzwerke und Deep Learning noch immer in der epistemischen Phase von *Experimenten* befinden. Anders ausgedrückt sind sie Maschinen mit unbekannten Möglichkeiten und unvorhersehbaren Fehlschlägen.

Gehirnmodelle und experimentelle Methoden

Das einfache Perzeptron war nicht das erste künstliche neuronale Netzwerk, aber das erste *adaptive*, d.h., es war nicht nur in der Lage, Muster zu erkennen, sondern auch zu *lernen*, wie man diese erkennt (und es konnte in anderen Konfigurationen neu verkabelt werden, um *auf andere Weise zu ler-*

20 »Durch eine passende Organisation der Ausgangspunkte, bei der die räumliche Verteilung begrenzt ist, [...] lässt sich zeigen, dass die A-Einheiten ganz besonders sensibel auf die Lokalisation von Konturen reagieren werden und die Leistungsfähigkeit verbessert wird.« Frank Rosenblatt: »The Perceptron: A Probabilistic Model for Information Storage and Organization in the Brain«, *Psychological Review* 65, Nr. 3 (1958): 404. Diese Idee wurde ebenfalls von Minsky und Papert in ihrem Buch *Perceptrons* aufgegriffen, das nachstehend besprochen wird. Vgl. H. D. Block / Bruce Knight / Frank Rosenblatt: »Analysis of a Four-Layer Series-Coupled Perceptron«, Reviews of Modern Physics 34 (Januar 1962): 135–142.

21 Rosenblatt: Neurodynamics, 515 f. David Hubel / Torsten Wiesel: »Receptive Fields of Single Neurons in the Cat's Striate Cortex«, *Journal of Physiology* 148, Nr. 3 (1959): 574–591.

22 Rosenblatt: »The Perceptron: A Probabilistic Model«, 405.

nen). Auch wenn seine Errungenschaften primitiv waren, gilt das Perzeptron dennoch als erster *classifier* Algorithmus. Wie zuvor dargelegt, war die Architektur der neuronalen Netzwerke bereits bekannt: Um die Fähigkeit der Selbstorganisation und Adaption von Gehirnneuronen zu demonstrieren, beabsichtigte Rosenblatt, die Arbeit des Perzeptrons mit zufälligen Werten beginnen zu lassen. Darauf wandte Rosenblatt einen Fehler-Korrektur-Algorithmus an, um diese Werte graduell anzupassen und an ein optimales Äquilibrium mit externen Daten anzunähern. Auf diese Weise erlangte er »Intelligenz« als eine spontane Ordnung, ausgehend vom Chaos.

Die Begeisterung für neuronale Netzwerke und Theorien der Selbstorganisation (siehe Kapitel Sechs) sorgte von Anfang an für ungute Gefühle und Neid innerhalb der »künstlichen Intelligenzia«, besonders in den Kreisen der symbolischen KI, deren Vertreter:innen um die gleichen Fördergelder des Militärs warben.[23] Um dieser negativen Reaktion entgegenzuwirken, machte Rosenblatt sich 1961 daran, seine Forschungsarbeit in der ausführlichen Monographie *Principles of Neurodynamics* zu systematisieren, die, wenn auch selten erforscht, noch immer eine der besten Quellen zum Verständnis der Ursprünge künstlicher neuronaler Netzwerke ist. Doch der Essay *Analytic Techniques for the Study of Neural Nets* liefert ein besseres Bild von Rosenblatts Forschungsperspektive. Um die experimentelle Natur der künstlichen neuronalen Netzwerke zu verteidigen, bedient sich Rosenblatt in diesem späteren Text auf polemische Art der Methode Galileos gegen die von Aristoteles, die seiner Meinung nach noch immer in anderen Studien zu Gehirnmodellen angewandt wurde. Theoretiker:innen der symbolischen KI glaubten beispielsweise, dass es möglich sei, die Regeln des menschlichen Geistes ohne Umschweife und ganz ohne experimentelle Versuche in die Regeln der Maschine zu enkodieren:

> »Man glaubte während der beiden Jahrtausende nach Aristoteles, dass die fundamentalen Regeln der Natur durch die Anwendung bloßer Vernunft aufgedeckt werden können, dass es der Philosoph sei, nicht der Experimentator, der die notwendige Ordnung der Natur durch die schiere Kraft des Intellekts entschlüsseln könne [...] Dann, zu Beginn des 17. Jahrhunderts, verlieh die Veröffentlichung von Galileos »Discourses on Two New Sciences« zum ersten Mal der Doktrin

23 Eine Parodie auf den Wettstreit um militärische Fördergelder der verschiedenen KI-Forschungsgruppen findet sich bei Louis Fein: »The Artificial Intelligentsia«, Wescon Technical Papers, Bd. 7 (11.1, Teil 7) (1963), 1–7.

der experimentellen Methode eine Stimme. Galileos Werk, das sich für eine klare Alternative zu Aristoteles Rationalismus einsetzte, hatte eine Periode des wissenschaftlichen Wachstums und der Entdeckungen in den physikalischen Wissenschaften zur Folge, die noch immer nicht abgeschlossen ist [...] Es mag durch Zufall dazu kommen, dass diese Ergebnisse auf dem Gebiet des Ingenieurswesens ihre Anwendung erfahren, doch für gegenwärtige Zwecke möchten wir nahelegen, nicht als Erfinder, sondern als Entdecker zu arbeiten, und die Art der Theoretisierung, die zu wissenschaftlichen Entdeckungen führt, wird vermutlich dazu tendieren, sich von der Art des Theoretisierens, wie es für die technische Synthese nützlich ist, sehr zu unterscheiden.«[24]

Die Art wie Rosenblatt die Rolle des »Entdeckers« statt des »Erfinders« beanspruchte, mag naiv erscheinen, doch es war auf seine Weise eine Verteidigung der experimentellen und wissenschaftlichen Methode gegen die »Ingenieurs-Mentalität« so vieler Kybernetiker:innen. Rosenberg bekannte sich zur experimentellen Kultur der Forschung zu künstlichen neuronalen Netzwerken, insbesondere in Abgrenzung zur selbstbeweisenden Logik der symbolischen KI. In der Einleitung von *Neurodynamics* gibt Rosenblatt ganz vergleichbar die Methode der »experimentellen Epistemologie« von McCulloch wieder, um zu bekräftigen, dass

> »ein Perzeptron in erster Linie ein Gehirnmodell ist und keine Erfindung zur Mustererkennung. Als Gehirnmodell besteht sein Nutzen darin, uns zu befähigen, die physischen Bedingungen des Aufkommens von unterschiedlichen psychologischen Eigenschaften zu bestimmen. Es ist in keinerlei Hinsicht ein ›vollständiges‹ Modell, und wir sind uns der Vereinfachungen vollkommen bewusst, die aus den biologischen Systemen abgeleitet worden sind; doch es ist zumindest ein analysierbares Modell.«[25]

Sich hier eher auf die Seite der Gehirnwissenschaftler:innen statt der Computeringenieur:innen zu stellen, war für Rosenblatt eine Möglichkeit, den provisorischen, partiellen und unvollständigen Charakter des Perzeptrons als *experimentelles Modell* zu verfechten. Ganz ähnlich wie Hayek vertritt Rosenblatt den Standpunkt, dass ein Modell des Gehirns immer

24 Frank Rosenblatt: »Analytic Techniques for the Study of Neural Nets«, *Proceedings of the American Institute of Electrical Engineers (AIEE) Joint Automatic Control Conference* 1962, 91.

25 Rosenblatt, Neurodynamics, viii.

eine Implementierung darstellt, also eine Vereinfachung und Zuspitzung einer seiner Eigenschaften, als er erläutert:

> »Perzeptronen sind nicht dazu gedacht, als detaillierte Kopie eines echten Nervensystems zu dienen. Sie sind vereinfachte Netzwerke, entworfen, um uns die Untersuchung der regulierten Verhältnisse zwischen der Organisation eines Nervennetzes, der Organisation seiner Umgebung und den ›psychologischen‹ Leistungen, dessen ein Netzwerk fähig ist, zu untersuchen. Es kann sogar sein, dass Perzeptronen Teilen von ausgeweiteteren Netzwerken in biologischen Systemen entsprechen [...] Wahrscheinlicher ist jedoch, dass sie eine extreme Vereinfachung des zentralen Nervensystems repräsentieren, in der einige Eigenschaften verstärkt, andere abgeschwächt sind.«[26]

Das Perzeptron war eine Maschine, die aus zahlreichen Parametern bestand, die justiert werden mussten, um ein ungefähres Ergebnis zu erreichen. Wenn wissenschaftliche Experimente sich für gewöhnlich darauf stützen, Modelle aus ein paar Parametern zu testen, dann kann man Rosenblatts neuronales Netzwerk für die experimentelle Simulation par excellence halten, bedenkt man eine sich steigernde Anzahl an zu bestimmenden Parametern. Diese experimentelle Dimension fehlte der symbolischen KI, deren Algorithmen stattdessen oft auf der gegenteiligen Annahme beruhten, nämlich, dass eine begrenzte Anzahl an Regeln in der Lage sei, unbegrenzte Intelligenz zu projizieren, ohne der kritischen Rolle, die die Implementierung innehat, große Beachtung zu schenken.[27] Die numerischen Parameter des Perzeptrons waren keine *Repräsentation* der Welt wie bei der symbolischen KI; sie waren einfach relationale und partielle Elemente bei der Konstruktion eines *nicht-isomorphen* Modells der Welt. Diese Eigenschaft sollte später beim Deep Learning sprunghaft ansteigen, mit algorithmischen Modellen wie GPT4 mit Billion an Parametern. Tatsächlich ist es trotz der scheinbaren Einfachheit der Architektur der Fall, dass ein neuronales Netzwerk eine Anzahl an Operationen erfordert, die nur durch Hinzufügen einiger Schichten und Verbindungen exponentiell ansteigt. Wenn man über die Geschichte der Rechenprozesse vom Blickpunkt der algorithmischen Komplexität aus schreibt, also die Größe der Kalkulierungen und Ressourcennutzung, dann

26 EBd. 28.

27 Zur Rolle der technischen Implementierung bei der symbolischen KI vgl. Stephanie Dick: »Of Models and Machines. Implementing Bounded Rationality«, *Isis* 106, Nr. 3 (2015): 623–634.

markierten die statistischen neuronalen Netzwerke wie das Perzeptron eine Hürde, die zu jener Zeit nicht erfolgreich genommen werden konnte, was einem Mangel von Rechenleistung zuzuschreiben ist.

Von symbolischer Logik zum Vektorraum

Das erste internationale Symposium zum neu eingerichteten Forschungsgebiet der KI fand im November 1958 beim National Physical Laboratory in Teddington, West London, unter dem Titel *Mechanisation of Thought Processes* (Mechanisierung von Gedankenprozessen)[28] statt. Zwar nimmt diese Veranstaltung eine Schlüsselrolle in der Geschichte von KI ein, hat bisher jedoch wenig Beachtung erfahren; an dieser Stelle soll aus Platzgründen nur Rosenblatts Beitrag genauer betrachtet werden. Rosenblatt nahm an dem Symposium statt, um den mathematischen Gedankengang hinter dem Perzeptron zu erläutern und zu verteidigen, nämlich das Theorem der statistischen Trennbarkeit von Daten in einem multidimensionalen Raum. Rosenblatt stach unter dem rigiden Computationalismus anderer KI-Wissenschaftler:innen heraus, die an dem Symposium teilnahmen, da er erklärte, dass die Mathematik des Perzeptrons mehr gemein habe mit der »Mathematik der Teilchenphysik«, also Statistik, als mit der »Mathematik digitaler Computer«.[29] Rosenblatt rief seine Kolleg:innen dazu auf, sich bei der Modellierung des Gehirns von dem Paradigma der digitalen Rechenprozesse zu lösen, da »Boolesche Algebra, oder symbolische Logik, zwar gut zur Untersuchung von vollständig beschreibbaren logischen Systemen geeignet ist, aber zusammenbricht, sobald wir versuchen, sie auf Systeme anzuwenden, zu denen uns vollständige Informationen fehlen«.[30] Zugunsten seiner These zog Rosenblatt auch die Autorität von von Neumann heran, der gerade ein Jahr zuvor verstorben war. Wie schon in Kapitel Sieben erwähnt, betonte von Neuman in einer seiner letzten Vorlesungen:

28 Vgl. auch Herbert Bruderer: »The Birth of Artificial Intelligence. First Conference on Artificial Intelligence in Paris in 1951?«, in: Arthur Tatnall / Leslie Christopher (Hg.): International Communities of Invention and Innovation, Advances in Information and Communication Technology, Bd. 491, Berlin 2016.

29 Frank Rosenblatt: »Two Theorems of Statistical Separability in the Perceptron«, *Symposium on the Mechanization of Thought*, National Physical Laboratory, Teddington, UK, November 1958, Bd. 1, H. M. Stationery Office, London 1959.

30 Rosenblatt: »Two Theorems of Statistical Separability in the Perceptron«, 422.

> »Logik und Mathematik im zentralen Nervensystem [...] müssen in struktureller Sicht essenziell anders sein als die Sprachen, auf die sich unsere allgemeine Erfahrung bezieht [...] Wenn wir Mathematik sprechen, dann diskutieren wir womöglich eigentlich eine *Zweitsprache*, die auf einer *Erstsprache* basiert, in der das zentralen Nervensystem in Wahrheit spricht. Daher ist die äußere Form *unserer* Mathematik nicht zwingend relevant bei der Klärung der Frage, welche mathematische oder logische Sprache unser zentrales Nervensystem *eigentlich* verwendet [...][31]

Von Neumann argumentierte, dass es im Gehirn weniger »logische Tiefe« gebe, als in einem Computer, der wahrscheinlich Millionen an sukzessiven logischen Schritten benötige, um einen einzigen Gedankenprozess zu imitieren (wie bereits erwähnt ist dies bekannt als Problem der »kombinatorischen Explosion«). In Übereinstimmung mit von Neumann kam Rosenblatt ähnlich zu dem Schluss, dass »wenn man mit dem Gehirn zu tun hat, eine andere Art der Mathematik, vorrangig statistischer Natur, darin involviert zu sein scheint [, da das] Gehirn den Eindruck erweckt, dass es direkt oder *intuitiv* zu vielen Ergebnissen gelangt, statt analytisch«. Aus diesem Auszug geht klar hervor, dass Rosenblatt das Perzeptron nicht als logische, sondern als statistische Maschine konzeptualisieren wollte, nämlich als Maschine, die sich sehr vom Paradigma der booleschen und binären Rechenprozesseunterschied, das in jenen Jahren aufkam. Die Genealogie des Perzeptrons weist auf eine Abstammungslinie hin, die zwar verwandt, aber dennoch verschieden von der des digitalen Computers ist.

Die Erfindung des Perzeptrons verdichtet in sich tatsächlich Einflüsse, die aus diversen Disziplinen stammen, wie der Neurologie, Psychologie, Maschinenbau, Kybernetik, Mathematik und Statistik. Rosenblatts Buch *Neurodynamics* ist die beste Quelle, um eine derartige Ballung von Ideen zu belegen. Außer von Neumann sprach Rosenblatt seinen Dank für die Beiträge von Nicolas Rashevsky, McCulloch und Pitts sowie Minsky für seine Idee der logischen neuronalen Netzwerke aus; Albert Uttley schrieb er die Anregung für das probabilistische Modell des verteilten Gedächtnisses zu; dank Ross Ashby kam er auf die Theorie der Selbstorganisation in Maschinen; bei Donald Hebb und Hayek fand er den Gedanken der Selbstverstärkung in Nervenbahnen; und die *Gestalt-Theoretiker:innen* hatten die holistische Wahrnehmung und das verteilte Gedächtnis beigetragen, um

31 Zit. n. Rosenblatt: »Two Theorems of Statistical Separability«.

nur einige zu nennen.[32] Doch wieso genau begründete das Perzeptron den Durchbruch in Bezug auf diese Tradition? Kurz gefasst war das Perzeptron als eine technische Form ein elektromechanisches Rechennetzwerk, doch als mathematische Form drückte es einen neuartigen Trick aus: Seine justierbaren Parameter standen für Koordinaten in einem multidimensionalen Vektorraum. Diese Eingebung hat weniger mit Neurophysiologie als mit Statistik zu tun. Rosenblatts Erfindung bestand darin, dass er, wie weiter unten noch erläutert wird, die statistische Technik einer multidimensionalen Analyse (welche in den 1950er Jahren in der US-Psychologie vorherrschend war) auf Bilderkennung anwandte. Diese Technik definiert seitdem die logische Form im Zentrum des maschinellen Lernens.[33]

Der mathematische »Trick«, Bilderkennung mithilfe von multidimensionaler Analyse zu bewerkstelligen, kann folgendermaßen nachgestellt werden. Jedes digitale Bild in einem Übungsdatensatz ist eine zweidimensionale Matrix aus numerischen Werten, die Pixel repräsentieren. Doch jedes Bild ist nicht nur eine zweidimensionale Matrix, sondern kann zudem als ein einzelner Punkt in einem multidimensionalen Raum definiert werden, dessen Koordinaten die Werte jedes Pixels sind. Zum Beispiel hat man bei der Auflösung des Mark I Perzeptrons ein Bild aus 20 mal 20 Pixel, das einem einzelnen Punkt in einem multidimensionalen Raum aus 400 Dimensionen entspricht. Die Projektion von digitalen Bildern auf einen multidimensionalen Raum enthüllt unerwartete Eigenschaften. In einem derartigen multidimensionalen Raum ist es zum Beispiel so, dass Punkte, die näher beieinanderliegen, ähnliche Bilder kennzeichnen, währenden weiter voneinander entfernte Punkte unähnliche Bilder anzeigen. Folgt man des Weiteren der Progression eines Wertes entlang einer einzelnen Dimension, können Bilder entsprechend eines spezifischen Gradienten der Ähnlichkeit angeordnet werden. Daher kann in einem

32 Animiert durch Kurt Goldsteins Neuroplastizität und Fähigkeit zur Abstraktion (siehe Kapitel Acht), zog Rosenblatt zudem einen Vergleich zwischen einigen Verhaltensweisen des Perzeptrons und jenen von Personen mit einer Gehirnschädigung. »In seinem »symbolischen Verhalten« zeit das Perzeptron einige überraschende Ähnlichkeiten mit den gehirngeschädigten Patienten von Goldstein.« Frank Rosenblatt: »The Perceptron. A Probabilistic Model for Information Storage and Organization in the Brain«, *Psychological Review* 65, Nr. 3 (1958): 404.

33 Andere Algorithmen des statistischen Lernens und der multidimensionalen Analyse wie die Support Vector Machine von Vladimir Vapnik sind einige Jahre nach Rosenblatts Perzeptron unabhängig in der Sowjetunion entwickelt worden.

derartigen multidimensionalen Raum Mustererkennung durchgeführt werden, indem ein Cluster aus Punkten (die für eine Klasse ähnlicher Bilder stehen) von allen übrigen Punkten (die für andere Bilder stehen) separiert wird. Dann kann eine Grenze (in technischen Worten auch »Hyperebene«) gezogen werden, um diesen Datenraum in zwei Regionen zu trennen, um so festzulegen, welche der Bilder zu einer Klasse gehören und welche nicht. Die Separation des Datenraumes in zwei Regionen wird binäre Klassifizierung genannt (daher stammt auch der Ausdruck »classifier-Algorithmus«).

Rosenblatts Theoreme der statistischen Trennbarkeit behaupteten, dass ein Perzeptron diesen Vorgang der Klassifizierung selbstständig automatisieren und eine Hyperebene zur linearen Trennung des Vektorraumes in zwei Regionen finden könne: Eine mit den Bildern, die dem »zu lernenden« Muster entsprächen, die anderen ohne. Die Parameter der mathematischen Funktion der Hyperebene sind die Gewichte der Netzwerkverbindungen. Die Gewichte des Perzeptrons zeichnen die Hyperebene ein und richten seine Neigung über den Hyperraum aus, bis die beiden Cluster perfekt voneinander getrennt sind. Im Falle eines einfachen Perzeptrons (mit 400 Gewichten zwischen den assoziativen und den Output-Einheiten), würden die Hyperebenen durch eine lineare Gleichung mit 400 Unbekannten definiert werden. Die Werte dieser Gleichung (die die Gewichte des neuronalen Netzwerkes sind) werden vom Trainings-Algorithmus durch die oben erwähnte schrittweise Prozedur der Annäherung gefunden.

Das Perzeptron markiert eine entscheidende Episode in der Geschichte der kulturellen Techniken: Es umfasst nicht nur den Prozess der Analogdigitalumsetzung der Bildebene in eine zweidimensionale numerische Matrix, sondern seine Vektorisierung in eine statistische Matrix auf multiplen Dimensionen. Durch diese Methode konnte die menschliche Fähigkeit der Bilderkennung übertragen und auf ein Problem der mathematischen Optimierung in einem Vektorraum reduziert werden.[34] Seit damals hat sich der Einfluss dieser Methode jedoch weit über Bilderkennung hinaus ausgeweitet: Vektorisierung in multiplen Dimensionen wird inzwischen auf alle

34 Es gibt noch andere Möglichkeiten, um eine Vektorraum aufzutrennen. Support Vector Machines beispielsweise sind Algorithmen, die sich von künstlichen neuronalen Netzwerken unterscheiden, aber darauf abzielen, ähnliche Hyperebenen in einem multidimensionalen Raum zu berechnen.

möglichen Arten von Daten angewendet und gilt als die epistemische Form der »Intelligenz«, welche das maschinelle Lernen im allgemeinen verkörpert, welche eine Form der *statistischen Intelligenz* ist.[35] Das Charakteristikum der »Intelligenz«, welche in den KI-Systemen anthropomorphisiert wird, besteht letztlich in dem Trick, Daten auf einen multidimensionalen Raum zu projizieren, um Operationen der Clusterbildung, Klassifizierung und Vorhersagen durchzuführen. Im Kern zeigt maschinelles Lernen die Qualität einer geometrischen und räumlichen »Intelligenz«.

Die neuen Vektoren des menschlichen Geistes

In den 1950er Jahren kam Psychometrie als einflussreiche Unterdisziplin in den Abteilungen der Psychologie der US-amerikanischen Universitäten auf. Dies stellt einen recht reduktionistischen Wandel in der Erforschung der Psyche dar, ging es hier doch hauptsächlich um die Quantifizierung und statistische Vermessung persönlicher Eigenschaften, kognitiver Fähigkeiten und Arbeitsfähigkeiten. Schließlich wurde es zur allgemeinen Übung für viele Studierende, Daten aus psychologischen Tests in Vektoren zu übertragen, um Ähnlichkeiten und Kovarianzen zu kalkulieren sowie Muster unterschiedlicher Art ausfindig zu machen.

Auf der Suche nach den Ursprüngen des Perzeptrons fand der KI-Wissenschaftler Jonathan Penn vor kurzem heraus, dass Rosenblatt bereits psychometrische Techniken der multidimensionalen Analyse in seiner Doktorarbeit anwandte, um Persönlichkeitsprofile auswerten zu können. Im Jahr 1953 bat Rosenblatt zweihundert Studierende der Universität Cornell, einen Fragebogen zu ihrer Kindheit auszufüllen und dabei eine Zahlenskala für ihre Antwort zu nutzen, wobei er der typischen Überzeugung der Psychometrie folgte, dass »Persönlichkeiten objektiv klassifiziert werden können«.[36] In der Tradition der Psychometrie von Alfred Binet, Lewis Terman, Charles Spearman und insbesondere Louis Leon Thurstone analysierte Rosenblatt die Ergebnisse durch eine Methode der Faktorenanalyse, um die Ähnlichkeit zwischen den numerischen Matrizen

35 Für einen geschichtlichen Überblick über statistische Methoden in der Mustererkennung, Datenwissenschaften und der prädiktiven Analyse vgl. Matthew L. Jones: »How We Became Instrumentalists (Again). Data Positivism since World War II«, *Historical Studies in the Natural Sciences* 48, Nr. 5 (2018): 673–684.

36 »Machine Computes Tests«, Cornel Alumni News, 1. Dezember 1953.

jedes Fragebogens zu berechnen.[37] Auf diese Weise wollte der 25-jährige Rosenblatt die mathematische Präsenz von Clustern mit ähnlichen Antworten belegen und somit demonstrieren, wie es sich für einen überzeugten Psychometriker gehört, dass unterscheidbare Persönlichkeiten existieren. Vermutlich gegen Ende seines Doktorabschlusses fiel Rosenblatt auf, dass die numerischen Matrizen der kognitiven Tests genauso aussahen wie die numerischen Matrizen digitaler Bilder, und zog in Betracht, die gleichen Techniken der multidimensionalen Analyse auf die visuelle Mustererkennung anzuwenden. Es ist offensichtlich, dass Rosenblatts Perzepton Muster der Ähnlichkeit in numerischen Bildern in gleicher Weise berechnete, wie die Psychometrie die Muster der Ähnlichkeit in den numerischen Matrizen der psychologischen Profile berechnete.[38] Dies ist ein weiteres Beispiel für die auf Nachahmung und Experimenten beruhende Genealogie der KI, was jedoch auf eine spezifische und faszinierende Modalität der technologischen Innovation verweist, in der Metrik die Automatisierung vorwegnimmt: Tatsächlich zweckentfremdete Rosenblatt die Werkzeuge, die zur Quantifizierung einer kognitiven Aufgabe genutzt wurden, für die Automatisierung der kognitiven Aufgabe an sich.

Während er seinen Doktor machte, hatte Rosenblatt eine weitere Idee, die als Vorläufer des Perzeptrons diente: Er plante, die statistische Analyse mit einer neuen kalkulierenden Maschine zu automatisieren, die damals Electronic Profile Analyzing Computer (EPAC) genannt wurde.[39] Die Zeitschrift *American Scientist* beschreibt sie folgendermaßen:

37 Louis Leon Thurstone: The Vectors of Mind. Multiple Factor Analysis for the Isolation of Primary Traits, Chicago 1935; Louis Leon Thurstone: Multiple-Factor Analysis. A Development and Expansion of the Vectors of Mind, Chicago 1947.

38 Es ist wahrscheinlich, dass Rosenblatt auch dadurch beeinflusst war, dass »Musterwahrnehmung« ein geläufiger Test in der Psychometrie ist. Beispiele für Ähnlichkeiten zwischen visuellen und nicht-visuellen Datenmatrizen finden sich bei Thurstone: The Vectors of Mind.

39 »Der Zweck des EPAC war es, gesammelte Daten aus einer bezahlten, sechshundert Punkte langen Umfrage unter mehr als 200 Bachelorstudierenden der Cornell Universität zu verarbeiten. Die Umfrage wurde auf Papier durchgeführt und dann in den Computer eingegeben. Diese Daten sollten genutzt werden, um die Brauchbarkeit von Rosenblatts K-Koeffizienten gegenüber einer neuen Grundlinie zu testen: dem komplexen Zusammenhang zwischen dem Persönlichkeitstypus und den familiären Beziehungen währen der ersten 12 Lebensjahre eines Studierenden. Bei den Fragen ging es um persönliche Beziehungen zwischen dem Studierenden, den Eltern und den Geschwistern sowie um andere Zusammensetzungen aus dieser Liste.« Jonathan Penn: »Inventing Intelligence. On the History of Complex Information Processing

> »Ein ›Idioten-Gehirn‹, ein elektronischer Computer, der nur eine Art von Problemen lösen kann, wurde von einem 25-jährigen Psychologiestudenten der Universität Cornell entworfen und gebaut. Die Maschine unterstützt ihren Erfinder Frank Rosenblatt bei der Vorbereitung von Daten für seine Doktorarbeit an der Universität. Eine Problemstellung, zu deren Lösung ein Desktopcomputer etwa 15 Minuten benötigt, kann durch diese Maschine in zwei Sekunden bewältigt werden. Rosenblatt untersucht die Idee, wonach man Persönlichkeiten auf wissenschaftliche und objektive Weise klassifizieren kann.«[40]

Als Vorläufer des Mark I Perzeptrons war Rosenblatts EPAC das erste Experiment der Automatisierung multidimensionaler Analysen, eine Aufgabe, die üblicherweise an menschliche »Rechner:innen« (oft Frauen) in den Laboren der damaligen Psychologie übertragen worden war. Man kann sagen, dass Rosenblatt auf gleiche Art, wie Babbage eine Rechenmaschine an die Stelle menschlicher Rechner:innen setzte, einen Computer anstelle von Statistiker:innen nutzte, wodurch er das heutige Verständnis von maschinellem Lernen formte. Während seiner Doktorarbeit wollte Rosenblatt die Psychometrie mithilfe von Computern voranbringen, doch in Wahrheit war es die Psychometrie, die dabei half, die Matrizen der künstlichen neuronalen Netzwerke zu kalkulieren und dazu beitrug, dass ein neues, diesmal statistisches, Modell des synthetischen menschlichen Geistes gebildet wurde.

Es ist von historischer Bedeutung, dass das Perzeptron die Automatisierung der statistischen Werkzeuge ausgerechnet in jenen Jahren voranbrachte, als diese zur vorherrschenden Methode in der US-Psychologie wurden. Diese Institutionalisierung der Statistik in der US-Psychologie zwischen den Jahren 1940 und 1955 wurde auch von dem deutschen Psychologen Gerd Gigerenzer untersucht und bestätigt. Daneben beobachtete Gigerenzer ein weiteres kritisches Phänomen, nämlich die Transformation der Werkzeuge der psychologischen Analyse in eine eigenständige Theorie des menschlichen Geistes:

---

and Artificial Intelligence in the United States in the Mid-Twentieth Century«, Diss., Cambridge University, 2020, 89; Frank Rosenblatt: »The K-Coefficient. Design and Trial Application of a New Technique for Multivariate Analysis«, Diss., Cornell University 1956.

40 »Editor Miscellany«, *American Scientist* 42, Nr. 1 (Januar 1954): 32.

> »Die Eroberung neuer Territorien in der Psychologie durch Statistiker begann in den 1940er Jahren […] In den frühen 1950ern boten schon die Hälfte der Fachbereiche Psychologie der führenden US-amerikanischen Universitäten Kurse in den Methoden von Ronald Fisher an und hatten inferenzielle Statistik als Voraussetzung für den Masterstudiengang festgelegt. Im Jahr 1955 wurde in mehr als 80 % der Artikel in bedeutenden Fachzeitschriften inferenzielle Statistik angewandt, um ihre Schlussfolgerungen aus den Daten zu rechtfertigen […] Daher verwende ich 1955 als grobe Zeitangabe für die Institutionalisierung des Werkzeugs in die Curricula, Lehrbücher und Leitartikel […] In der experimentellen Psychologie erlangte inferenzielle Statistik fast die gleiche Bedeutung wie wissenschaftliche Methodik an sich. Die inferenzielle Statistik ihrerseits lieferte einen großen Beitrag zu den neuen Konzepten für mentale Prozesse, die die sogenannte kognitive Revolution seit den 1960er Jahren befeuert hat. Theorien der Kognition wurden von Ausdrücken wie Restrukturierung und Einsicht befreit, und der neue menschliche Geist wird inzwischen so beschrieben, als wenn er zufällig Stichproben von Nervenzellen nimmt, Wahrscheinlichkeiten berechnet, Varianzanalysen kalkuliert (analyses of variance; ANOVA), Entscheidungskriterien aufstellt und Nützlichkeitsanalysen durchführt. Nach der Institutionalisierung der inferenziellen Statistik wurde eine große Anzahl kognitiver Prozesse, bewusst oder unbewusst, elementar und komplex, derart reinterpretiert, als würden sie ›intuitive Statistik‹ beinhalten.«[41]

Gigerenzer bietet eine realistische Periodisierung, die ebenfalls mit der Übernahme statistischer Techniken in der Forschung zu künstlichen neuronalen Netzwerken kompatibel ist. Bedenkt man Rosenblatts Doktorabschluss (1956) und seinen ersten Beitrag über das Perzeptron (1957), dann sind die 1950er zweifellos die Jahre, in denen die statistischen Werkzeuge der multidimensionalen Analyse einen interdisziplinären Sprung vollführt haben und seither auf die künstlichen neuronalen Netzwerke und die Automatisierung der Mustererkennung angewendet werden. Genau dies ist der Weg, über den die Psychometrie in die Geschichte der KI eingedrungen ist und ihr eine statistische Mentalität auferlegt hat.

Dieses Vorrücken ist nicht weiter verwunderlich, berücksichtigt man, dass bereits zu Beginn des Jahrhunderts die Psychologie versucht hatte, die menschliche Intelligenz auf statistische Weise zu quantifizieren. Ohne

41 Gerd Gigerenzer: »From Tools to Theories. A Heuristic of Discovery in Cognitive Psychology«, Psychological Review 98, Nr. 2 (1991): 258, 255.

Frage wurde die Automatisierung der Intelligenz im 20. Jahrhundert durch ihre Vermessung im 19. Jahrhundert durch die Einführung der Standardmetrologie der kognitiven Fähigkeiten (wie das Lösen eines Puzzles oder Erkennen eines Bildes) vorbereitet, und weniger durch die Untersuchung der Logik des Geistes. Wie der Wissenschaftshistoriker Simon Schaffer hervorhebt:

> »Seit der Aufklärung stützen sich Neurologie, Anthropologie und Physiologie oftmals auf solche Messungen: Sauerstofffluss, Pulsrate, elektrodermale Aktivität, phrenologische Karten, zerebrale Thermometrie oder – am hartnäckigsten – Schädelkapazität wurden alle als Zeichen für die zugrundeliegende Gehirnaktivität und daher für den intellektuellen, sozialen und moralischen Rang verwendet. Es besteht kein Zweifel, dass die Instrumente zur Durchführung solcher Messungen dann zur Quelle von neurologischen Metaphern werden. Doch diese Art der zerebralen Metrologie umfasst eine umfangreichere Geschichte als jene, die die Kraniometrie mit den neueren Strategien der Intelligenztestung und Psychometrie verbindet.«[42]

In welchem Maße könnte man die Leistung einer Maschine als »intelligent« bewerten, also als kommensurabel (messbar unter gleichen Bedingungen) mit der menschlichen Intelligenz? Seit dem Turing-Test werden Maschinen als »intelligent« bewertet, indem man ihr Verhalten mit sozialen Konventionen vergleicht. Die Kybernetik untersuchte diese Frage auf eine andere Art, nämlich indem sie einen gemeinsamen »Mechanismus« (ob nun logisch oder physiologisch) zwischen Menschen und Maschinen voraussetzte. Doch in den Jahrzehnten vor der Kybernetik oder den Computerwissenschaften hatte die Psychometrie die menschliche Intelligenz bereits in ein quantifizierbares (und potenziell berechenbares) Objekt verwandelt. Im frühen 20. Jahrhundert schlug Spearman die statistische Messung der »Allgemeinen Intelligenz« (oder den G-Faktor) als Korrelation zwischen unzusammenhängenden Aufgaben in einem Fähigkeitstest

42 Schaffer hat auch angemerkt, dass »Urteile, wonach Maschinen intelligent seien, auch Techniken zur Messung von Gehirnleistung mit einbezogen haben. Diese Techniken zeigen, wie willkürliches Verhalten mit dem Status jener verknüpft ist, die sich für ihre soziale Legitimität auf Intelligenz stützen.« Simon Schaffer: »OK Computer«, in: Michael Hagner (Hg.): Ansichten der Wissenschaftsgeschichte, Frankfurt a.M. 2001, 393–429.

vor.[43] Für Spearman demonstrierten diese mathematischen Korrelationen die Existenz einer zugrundeliegenden kognitiven Fähigkeit, die der allgemeine Menschenverstand als »Intelligenz« bezeichnen würde.[44] Spearmans Analyse basierte auf zwei Faktoren: Der generellen Intelligenz (*g*) und der spezifischen Fähigkeit (*s*). Ein paar Dekaden später kritisierte Thurstone Spearmans Reduktion der Intelligenz auf nur zwei Faktoren und schlug die Berücksichtigung von mehreren Faktoren vor und nannte bis zu sieben Intelligenzattribute oder »primäre mentale Fähigkeiten«.[45] Es gab große Begeisterung für die Flexibilität dieser statistischen Techniken, die potenziell in der Lage waren, die Nummer ihrer Dimensionen zu skalieren und die komplexesten Aspekte des Geistes und der Welt zu modellieren. 1935 veröffentlichte Thurstone ein Buch mit dem visionären Titel *The Vectors of Mind*, das die Studierenden mit einer zugänglichen Einführung in die Multifaktorenanalyse versorgen sollte, indem er die Psychologie immer näher an die Mentalität der Statistik heranrücken ließ.[46]

Eine derartige quantitative Messung der Intelligenz, abstrahiert von sozialen Umständen und frei von jeglichem historischen Kontext, unterstützte jedoch eine meritokratische soziale Ordnung und verhalf unter anderem dazu, die fragwürdige Praxis der Ermittlung des Intelligenzquotienten (IQ) zu verankern. Diese Techniken waren und sind noch immer dienlich, soziale Hierarchien und eine rassistische Aufspaltung der Gesellschaft aufrechtzuerhalten, und die Arbeiter:innen zu disziplinieren. Man darf nicht vergessen, dass die Pseudowissenschaft der Psychometrie vom englischen Statistiker Francis Galton mit der rassistischen und eugenischen Agenda ins Leben gerufen worden ist, eine Korrelation zwischen Intelligenz und

43 »1904 [...] zeigte Spearman, dass Begabungstests an Kindern hochgradig korrelierten. Er dachte sich die Methode der Faktoranalyse aus den Hauptkomponenten aus, und suchte, in dem vektoriellen Raum, den diese Tests erschlafften, die orthogonale Axe, die sukzessive das Maximum der Varianz des Clusters aus Punkten, die den Ergebnissen jedes Kindes entsprachen. Aufgrund der Korrelation zwischen den Tests, bewahrte sich die erste dieser Achsen den Hauptanteil der totalen Varianz. Es war eine Art Durchschnitt aus den unterschiedlichen Tests. Spearman nannte dies Allgemeine Intelligenz oder den G-Faktor.« Alain Desrosières: The Politics of Large Numbers. A History of Statistical Reasoning, Cambridge 1998, 145.

44 Charles Spearman: »General Intelligence. Objectively Determined and Measured«, *American Journal of Psychology* 15, Nr. 2 (1904): 201–92.

45 Alexander Beaujean / Nicholas Benson: »The One and the Many. Enduring Legacies of Spearman and Thurstone on Intelligence Test Score Interpretation«, *Applied Measurement in Education* 32, Nr. 3 (2019): 198–215.

46 Thurstone: The Vectors of Mind.

Ethnie zu belegen.[47] Wahrscheinlich ist es kein Zufall, dass ein System zur mathematischen Diskriminierung zwischen Menschen unterschiedlicher Klassen und »Rassen« nach und nach dafür genutzt wurde, Menschen mit Maschinen gleichzusetzen.

Der G-Faktor von Spearman trug zur Verdinglichung von »Intelligenz« als neues wissenschaftliches »Objekt« bei, das sich statistisch messen ließ. Wie oben erwähnt, hatte Gigerenzer auch einen ähnlichen Vorgang der Verdinglichung eines Werkzeugs der Befragung in ein Paradigma des Denkens auf dem Gebiet der Psychologie beobachtet – ein Prozess, den er als »Vom-Werkzeug-zur-Theorie-Heuristik« definiert.[48] Wie er darlegt, erfuhren die »statistischen Werkzeuge« der Psychometrie innerhalb der Psychologie zur Mitte des 20. Jahrhunderts letztlich »eine Umwandlung in Theorien des menschlichen Geistes« in der Psychologie. Gemeinsam mit Daniel Goldstein beschrieb Gigerenzer, wie die Übernahme der statistischen Werkzeuge allmählich auch die Rechner-Metapher des Geistes populär werden ließ, was zur Plausibilität beitrug. Ihrer Meinung nach war es besonders der Einfluss der statistischen Werkzeuge wie die Neyman-Pearson Theorie der Hypothesentestung und Roland Fishers Varianzanalyse (ANOVA), welche zur Verfestigung der Metapher vom menschlichen Geist als Computer in der zweiten Hälfte des 20. Jahrhunderts beitrugen.[49]

Die Transformation eines Mittels der Untersuchung in ein Modell des menschlichen Geistes wird auch im Falle des Perzeptrons verdeutlicht, in welchen eine statistische Technik implizit zu einem Modell des Gehirns wurde (und schließlich zum Modell kollektiven Wissens). Die Erfindung von statistischen neuronalen Netzwerken setzte in ihrer Konstruktion den »Geist als einen intuitiven Statistiker« voraus und erhob andererseits die Statistik zum Modell des neuen künstlichen Geistes.[50] Seitdem sind statistische Werkzeuge nicht nur zum Modell für »Intelligenz« in der Psychologie geworden, sondern auch zum Modell für »künstliche Intelligenz«

47 Vgl. Stephen Jay Gould: The Mismeasure of Man, New York 1981. Zu KI als Technologie des Weißseins vgl. auch Yarden Katz: Artificial Whiteness: Politics and Ideology in Artificial Intelligence, New York 2020. Zum rassistischen Subtext des Automatisierungsdiskurses vgl. Neda Atanasoski / Vora Kalindi: Surrogate Humanity. Race, Robots, and the Politics of Technological Futures, Durham 2019.

48 Gerd Gigerenzer: »From Tools to Theories«.

49 Gerd Gigerenzer / Daniel G. Goldstein: »Mind as Computer. Birth of a Metaphor«, *Creativity Research Journal* 9, Nrn. 2–3 (1996): 138.

50 Ebd.

in der Entwicklung der Arbeitsautomatisierung. Letzten Endes hat ein umfassender statistischer Blick auf die Welt und auf die Gesellschaft einen Automatisierungsprozess durchlaufen, sozusagen, da dieser zunehmend durch KI normalisiert und naturalisiert wurde.

Den Vektorraum hacken

In ihrem Buch *Perceptrons* von 1969 demonstrierten Marvin Minsky und Seymour Papert auf mathematische Weise, dass Rosenblatts einfaches Perzeptron bestimmte Muster nicht erkennen konnte, und stellten dadurch seine Fähigkeit zur Generalisierung hin zu anderen Aufgaben der menschlichen Intelligenz infrage.[51] Insbesondere wurde die Behauptung aufgestellt, dass bestimmte Bilder, waren sie erst einmal in den multidimensionalen Raum projiziert, nicht von einem einfachen Perzeptron linear getrennt werden könnten: vor allem könne das Perzeptron nicht zwischen verbundenen und nicht verbundenen Figuren unterschieden. Dieses Theorem wurde mithilfe von seltsam geformten Bildern veranschaulicht, die das Perzeptron zur Ausgabe der falschen Klassifizierung verleiten könne; auf dem Buchcover waren zudem zwei verschlungene Spiralen abgebildet, die auch das menschliche Auge in die Irre führen konnten (zwar sahen sie auf den ersten Blick hin identisch aus, doch die eine war ohne Unterbrechung, während die andere aus zwei getrennten Spiralen bestand). Logisch ausgedrückt erklärte das Theorem, dass das Perzeptron, reduziert auf nur zwei Input-Neuronen die logischen Funktionen UND, ODER und NICHT »lernen« konnte, jedoch nicht das komplexere XODER (exklusives ODER).[52]

Zum ersten Mal hatte man den Vektorraum eines künstlichen neuronalen Netzwerkes »gehackt« und seine Schwachstellen offengelegt. Die Schlussfolgerung von Minsky und Papert traf nur auf die einfachste Klasse von Perzeptronen zu (mit nur einer Schicht aus Neuronen), doch man reagierte darauf, als gelte dies für alle Konfigurationen künstlicher neuronaler Netzwerke, was einen zerstörerischen Effekt auf das gesamte

51 Marvin Minsky / Seymour Papert: Perceptrons: An Introduction to Computational Geometry, Cambridge 1969.

52 Bereits 1960 äußerte Minsky große Zweifel an willkürlich verbundenen neuronalen Netzwerken und der Logik von selbstorganisierenden »Zellverbänden«. Vgl. Vgl. Marvin Minsky / Oliver Selfridge: Learning in Random Nets, Bd. 46, MIT Lincoln Laboratory, 1960. Minskys Doktorarbeit thematisierte neuronale Netzwerke: Neural Nets and the Brain Model Problem, Diss., Princeton University, 1954.

Forschungsgebiet zur Folge hatte. So wurde der erste »KI-Winter« ausgelöst, bei dem es genau genommen, darum ging, den »MIT-Winter« auf andere Forschungsgemeinschaften abzuwälzen. Minskys und Paperts Haltung war ein wenig herrisch und aufmüpfig: Augenscheinlich wollten sie die Fördergelder des Militärs zurück zum MIT lenken, eine nicht gerade bedürftige Institution, und belegen, dass künstliche neuronale Netzwerke keine wahre »künstliche Intelligenz« ausmachen, da andere Technologien den rechtschaffenen Weg zu diesem Ziel beschreiten würden. Man sollte sich in Erinnerung rufen, dass Rosenblatt bereits in seiner Monographie *Neurodynamics* von 1961 unterschiedliche Konfigurationen von »vielschichtigen Perzeptronen« vorschlug, die diese Einschränkungen überwinden könnten, doch es konnte kein Konvergenztheorem bewiesen werden, und ein effizienter Trainingsalgorithmus (wie den Gradient Descent) war damals noch unbekannt. Wie der Computerwissenschaftler Richard Forsyth jedoch anmerkt, entdeckte man nur zwei Jahre nach der Veröffentlichung von *Perceptron*, im Jahr 1971, dass »ein einfaches Mark I Perzeptron, modifiziert durch den Einbau eines Expansionsrekorders, nun erlernen konnte, das exklusive ODER-Problem zu lösen«, aber »dies hatte keine Auswirkungen auf den weitverbreiteten Glauben der Computerwissenschaftler:innen, dass Neurocomputing etwas war, das man probiert hatte, woran man jedoch gescheitert war.«[53] Neben anderen Punkten bemerkten Minsky und Papert (wie auch schon Rosenblatt), dass künstliche neuronale Netzwerke nicht zwischen Figur und Hintergrund unterscheiden können: Bei ihrer Rechenverarbeitung des Sehfeldes erhält jeder Punkt auf unklare Weise die gleiche Priorität, was beim menschlichen Sehen nicht der Fall ist. Dies geschieht, da künstliche neuronale Netzwerke kein »Konzept« von Figur und Hintergrund haben, was sie durch eine statistische Verteilung von Korrelationen ersetzen (wohingegen das Figur-Hintergrund-Verhältnis ein Modell der Kausalität voraussetzt). Dieses Problem ist mit Deep Learning nicht verschwunden: Man hat festgestellt, dass große *convolutional neural networks* wie AlexNet, GoogleNet und ResNet-50 noch immer zu Textur in Verhältnis zu Form tendieren. Es kann beispielsweise vorkommen, dass die Netze zwischen dem Bild eines Elefanten und einer Katze nicht aufgrund ihrer jeweiligen

53 Richard Forsyth: »The Strange Story of the Perceptron«, *Artificial Intelligence Review* 4, Nr. 2 (1990): 147–155.

Form differenzieren, sondern aufgrund der Textur ihrer Haut bzw. ihres Fells. Dieser Textur-gegen-Form-Bias tritt auf, da selbst die *convolutional neural networks* (die gerade zur Extrahierung von Ecken, Formen und Details entworfen wurden) noch immer eine statistische Verteilung der gesamten Datenmenge verarbeiten, und nicht nur die »bedeutungsvollen« Teile (wie es der menschliche Geist gemäß der *Gestalt-Schule* tut). Dies galt umso mehr für das einfache Perzeptron von Rosenblatt jener Tage, doch das Problem der Auflösung beim Rendern allgemeinen Wissens setzt sich vermutlich auch in Modellen mit großen *Foundation Models* wie dem aktuellen GPT fort.[54]

Man kann behaupten, dass Minsky und Papert die erste Gegen-Methode zum Hacken einer »intelligenten Maschine« und die entsprechenden »adversarial patches« erfanden, wie man sie heutzutage nennt, nämlich die gefälschten Bilder, die tiefe neuronale Netzwerke zur Bilderkennung austricksen können.[55] Als Kniff war ihre Kritik sehr erfolgreich darin, so die militärische Finanzierung sowie die Forschung an neuronalen Netzwerken bis in die späten 1980er hinein aus der Bahn zu werfen. Sieht man von den Dingen ab, die in dieser Kontroverse auf dem Spiel standen, trugen Minsky und Papert dennoch zu einer Kritik an dem Wissensparadigma, das künstliche neuronale Netzwerke verkörpern, und an der Offenlegung der Grenzen des multidimensionalen Modellierens bei.

Doch es gibt in der KI-Community, einschließlich der kritischen KI-Studien, die Tendenz, sich innerhalb der »Perzeptronen«-Kontroverse zu positionieren, und dabei Standpunkte und philosophische Traditionen heranzuziehen, die als eine von zwei Alternativen entweder eine symbolische oder eine konnektionistische KI als das rationalere oder progressivere Paradigma verteidigen, oder einer Variante eine größere Befähigung zum logischen Denken zuschreiben. Andere Auffassungen lassen beide Schulen unter der gleichen instrumentalistischen Agenda des Militärs und seiner Machtgenealogie verschmelzen. Dieses Buch hat einen anderen

54 Das Konzept des »operationalen Bildes« ist seit einiger Zeit im Gebrauch, um die nicht-menschliche Dimension solcher »Bilder« zu betonen. Vor allem Andreas Broeckmann hat vorgeschlagen, solche Bilder als »optisches Kalkulieren« zu definieren, auch auf dem Gebiet des maschinellen Lernens. Dennoch bleiben Bilder noch immer komplexe Artefakte. Sie sind nie rein retinal, neuronal, technisch oder logisch, sondern immer intrinsisch sozial. Andreas Broeckmann: »Optical Calculus«, Images beyond Control Conference, FAMU, Prag, 6. November 2020.

55 Tom Brown et al.: »Adversarial Patch«, NIPS Workshop, 2017, arxiv.org.

Ansatz vorgeschlagen, nämlich besagte Abstammungslinien der KI von der (externalistischen) Perspektive der Arbeitsautomatisierung, statt als ein (internalistisches) Problem der rechnenden Logik, Aufgabenerfüllung und Menschenähnlichkeit zu studieren und bewerten. Weder die deduktiven Algorithmen noch die statistischen Techniken sind sonderlich gut darin, die menschliche Intelligenz zu imitieren, da es in der menschlichen Intelligenz keine innere Logik zu entdecken gibt. Menschliche Kognition und Aufgaben der Maschine können untersucht und verglichen werden, da Intelligenz, ob nun »natürlich« oder »künstlich«, extrovertiert, kontextuell und durch Übereinkünfte situiert ist. Maschinen können als »denkend« wahrgenommen werden, da sie das Theater des Menschen nachstellen.

Die Übernahme von statistischen Werkzeugen durch das maschinelle Lernen ist ein Gegenbeweis, in all seinem widersprüchlichen Erbe, dass der Master-Algorithmus der »künstlichen allgemeinen Intelligenz«, verstanden als der Traum technologischen Singularität und einer Alphamaschine *alpha machine* von einer großen Gemeinschaft aus Ingenieur:innen und Computerwissenschaftler:innen, ganz klar gesagt eine auf Daten prognostizierte statistische Illusion ist. Anders ausgedrückt, existiert der Master-Algorithmus nicht als ein Algorithmus, sondern nur als eine originäre ausgeweitete soziale Form.

Die soziale Berechnung von Wissen

Die zu dem Zeitpunkt wenig bekannte Geschichte des Perzpetrons sollte erst in den 1980ern durch den französischen Theoretiker Paul Virilio in seinem Buch *The Vision Machine* wiederentdeckt werden. Darin wurde es als Teil einer Reihe von Projekten aus dem industriellen und militärischen Bereich zur »Automatisierung der Wahrnehmung« vorgestellt. Doch diese militärischen Ursprünge sollten nicht davon ablenken, das Perzeptron in der größeren Genealogie von Arbeitsautomatisierung, sozialer Kontrolle und Wissensextraktivismus zu sehen. Gemeinsam mit der bekannten Automatisierung körperlicher und mentaler Arbeit war das Perzeptron Vorreiterin bei der Automatisierung einer anderen Form der Arbeit: Die *Arbeit der Wahrnehmung* oder *Überwachung*. Das ist die Aufgabe von Überwachungsmaschinen (*Maschinenarbeit* bei Marx), aber auch von Arbeitsräumen und den Fließbändern mit ihrer klaren disziplinarischen

Funktion, wenn die Arbeit unter den Augen einer Autorität stattfindet, wie Meister:innen, Wächter:innen oder Polizist:innen. Wie der Medienwissenschaftler Jonathan Beller zusammenfassend schreibt, heißt »zu schauen, zu arbeiten« und dies schon seit geraumer Zeit; doch »schauen bedeutet auch, Arbeit zu organisieren«, und auch dies hat das Auge des Meisters seit langem getan.[56] Optische Medien wie das Kino oder die Fotografie waren in der Vergangenheit oft an der Automatisierung des Blickes und der Überwachung von Arbeit beteiligt, und Experimente der Mustererkennung wie das Perzeptron haben diese vorherigen Regime der Maschinensicht mit einer neuen Eben verbunden.

Wie in Kapitel Zwei gesehen, verfolgte das Industriezeitalter die Mechanisierung der körperlichen Arbeit mit Werkzeugmaschinen und Dampfmaschinen, und mit Babbage die Mechanisierung der mentalen Arbeit unter der Form von Rechnen per Hand und Symbolmanipulation (was nach wie vor recht »manuelle« Tätigkeiten sind, wie der Name andeutet). In der Mitte des 20. Jahrhunderts erweiterten die Großrechner die Automatisierung der mentalen Arbeit als Kalkulierung und Symbolmanipulation in der Staatsverwaltung, Großfirmen und wissenschaftlicher Forschung. Verglichen mit dieser historischen Entwicklung wurde die Arbeit der Überwachung auf andere Art mechanisiert. Ein neuartiger Aspekt des Perzeptrons (und generell der Algorithmen zur Mustererkennung) liegt in der Tatsache, dass zum ersten Mal eine Maschine danach strebte, eine so hochspekulative Fähigkeit wie die Handlung des Erkennens, also Interpretierens, eines Bildes zu vollführen, im Gegensatz zu der Manipulation von Symbolen mit einer gegebenen Bedeutung. Rosenblatt definierte das Perzeptron als eine Maschine zur »Interpretation der Umgebung«, und behauptete, dass die »Konzeptualisierung der Umgebung der erste Schritt ist, hin zum kreativen Denken«, und in dieser Hinsicht, tatsächlich, das Perzeptron auch als einer *Interpretationsmaschine* definiert werden kann.[57]

Im heutigen technischen Jargon des maschinellen Lernens ist das Perzeptron ein *classifier* – also ein Algorithmus zur statistischen Unterscheidung von Bildern, der diesen in einer gegebenen kulturellen Taxonomie

56 Jonathan Beller: The Cinematic Mode of Production. Attention Economy and the Society of the Spectacle, Lebanon 2006, 2.

57 Rosenblatt: »Two Theorems«, 423 f. Für ein modernes Verständnis von Interpretationsmaschinen vgl. Larry Lohmann: »Interpretation Machines. Contradictions of Artificial Intelligence in 21st-Century Capitalism", *Socialist Register* 57 (2020).

eine Klasse oder Kategorie zuweist (auch als »Label« bekannt). Dies, womöglich der wichtigste Aspekt der *classifier*, hat mit ihrer internen Logik nichts zu tun, sondern mit der Assoziation ihres Outputs mit einer externen Konvention, die die Bedeutung eines Bildes oder anderen Symboles in einer gegebenen Kultur festlegt. Die *Gestalt-Theorie*, Kybernetik und die symbolische KI beabsichtigten alle, die *internen Regeln* der Wahrnehmung aufzudecken, doch die entscheidende Eigenschaft eines *classifiers* wie dem Perzeptron ist es, die *externen Regeln*, also die sozialen Konventionen, zu erfassen. Am Ende ist ein künstliches neuronales Netzwerk eine *extrovertierte Maschine*, eine Maschine, die nach außen hin entwirft, da die Interpretation eines Bildes beispielsweise, immer mehr durch Erfahrung und soziale Faktoren beeinflusst wird, als durch interne physiologische Kreisläufe.

Ein Klassifizierungs-Algorithmus wie das Perzeptron automatisiert Vernunft nicht als eine Fähigkeit der *symbolischen Manipulation*, sondern eher als ein *situiertes Wissen*, das Teil eines kulturellen Erbes eines gegebenen Kontextes ist. Das Erkennen von Bildern oder die Klassifizierung von Mustern ist eine spezielle Art der mentalen Arbeit: Es handelt sich um einen hochgradig sozialen Akt, der zur gleichen Zeit stillschweigendes und explizites Knowhow, wissenschaftliche und traditionelle Taxonomien und umgangssprachliche und technische Grammatiken auf den Plan ruft – kurz gesagt, Wissenserzeugung als einen historischen und oftmals konfliktbehafteten Prozess. Auch wenn die industrielle Aufgabe der Maschinenüberwachung hochgradig kodifiziert sein kann, bleibt die Mustererkennung »in freier Wildbahn« eine Geste der offenen Interpretation und ist keine strikte regelbasierte Prozedur. Aus diesen Gründen hat eine Maschine, die zur Automatisierung eines solchen epistemischen Durcheinanders entworfen worden ist (siehe das Projekt der selbstfahrenden Autos) damals wie heute mit großen Schwierigkeiten zu kämpfen. Darüber hinaus erinnern uns die jüngsten Debatten zu Gender, Klasse und rassistischen Vorurteilen in den Systemen des maschinellen Lernens daran, was Semiotiker:innen, Sprachphilosoph:innen und Kunsthistoriker:innen schon immer gewusst haben: Dass Bildinterpretation eine Handlung ist, die unauflösliche politische Implikationen in sich trägt. Mit Blick darauf haben die Wissenschaftler kritischer KI-Studien Michael Castelle und Tyler Reigeluth nahegelegt, das maschinelle Lernen mit der Theorie des Lernens als einem sozialen Prozess von dem sowjetischen Psychologen Lev

Vygotsky zu vergleichen.[58] Die semiotische Struktur des *classifier*, der im Grunde eine *Imitierungsmaschine* ist, bestätigt, was auch Vygotsky vertritt: Dass es bei Intelligenz keine innere Logik zu entdecken gibt, da Intelligenz in seinem Wesen ein sozialer Prozess ist.

Zusammenfassend lässt sich sagen, dass Rosenblatts ursprüngliches Experiment der Automatisierung der Mustererkennung mit einer kleinen Matrix von 400 Dimensionen, nach dem Entwurf von *convolutional neural networks* in den 1980ern und dem Erfolg des Deep Learning in den 2010er Jahren, zur algorithmischen Modellierung enormer Bestände an spontanem Wissen, Massenkommunikation und kulturellem Erbe geführt hat. Das Perzeptron war ein Experiment der visuellen Mustererkennung, das im Anschluss auf die Analyse von nicht-visuellen Daten erweitert wurde, weiterentwickelt als neue »Mustererkennung« von Datensätzen kultureller, sozialer und wissenschaftlicher Art. Im Zeitalter des Deep Learning ist die Architektur des vielschichtigen Perzeptrons nicht mehr Modell des biologischen Gehirns, sondern des kollektiven Geistes, der letztlich seine ursprüngliche Ontologie zum Ausdruck bringt, die von der Psychometrie geformt worden ist. Tatsächlich ist in der Geschichte der KI wohl jener Moment am bedeutendsten, an dem mit Rosenblatts Perzeptron künstliche neuronale Netzwerke die Techniken der multidimensionalen Analyse von Psychometrie und Statistik geerbt haben. Dies ermöglichte nicht nur die Mustererkennung, sondern auch die Computerverarbeitung von Daten mit viel höheren Dimensionen – eine Eigenschaft, die etwa ein halbes Jahrhundert später zum Schlüssel für »big data« werden sollte. Wie bekannt ist, verweist der schlecht gewählte Ausdruck »big data« auf Daten, die nicht nur eine enorme Größe haben, sondern auch sehr divers hinsichtlich ihrer Typologie sind – in Statistik als »Dimensionen« wiedergegeben. Heutzutage sammeln Unternehmen wie Google, Amazon, Facebook und Twitter beispielsweise Daten, die eine ausschweifende Mannigfaltigkeit an Dimensionen über ihre Nutzer:innen definieren, wie Aufenthaltsorte, Alter, Gender, Nationalität, Sprache, Bildung, Beschäftigung, Anzahl der Kontakte, sowie politische Orientierung, kulturelle Interessen etc. Die breite Streuung der sozialen Dimensionen, die diese Plattformunternehmen analysieren können, ist schwindelerregend und übersteigt jegliche Vorstellungskraft

58 Michael Castelle / Tyler Reigeluth: »What Type of Learning Is Machine Learning?«, in: Michael Castelle / Jonathan Roberge: The Cultural Life of Machine Learning: An Incursion into Critical AI Studies, Berlin 2020.

gut ausgebildeter Statistiker:innen. Der Aufstieg des maschinellen Lernens ist daher auch die Reaktion auf die *Dimensionalitäts-Explosion* der sozialen Daten und nicht einfach auf das Problem eines Informationsüberflusses.

Schließlich ist maschinelles Lernen innerhalb der letzten Dekade zu einem ausufernden algorithmischen Modellieren des kollektiven Wissens geworden, eine »soziale Berechnung«, das beabsichtigt, individuelles Verhalten, Leben der Gemeinschaften und kulturelles Erbe in Form von riesigen Architekturen statistischer Korrelationen zu enkodieren.[59] Dies hat dabei geholfen, ein monopolistisches Regime des Wissensextraktivismus mit globalem Ausmaß und neue Techniken zur Automatisierung von Arbeit und Management zu etablieren. Wie es nur bei wenigen weiteren Artefakten unserer Epoche der Fall ist, ist KI zum Exempel für eine einzigartige Konzentration von Macht als Wissen geworden.

59 Eine allgemeine Kartographie der Produktionspipeline der KI und ihre Grenzen findet sich bei vgl. Matteo Pasquinelli / Vladan Joler: »The Nooscope Manifested. Artificial Intelligence as Instrument of Knowledge Extractivism«, *AI and Society* 36 (2021), nooscope.ai.

Fazit: Die Automatisierung der Allgemeinen Intelligenz

»Wir wollen die richtigen Fragen stellen. Wie funktionieren die Werkzeuge? Wer finanziert sie, wer stellt sie her und wie werden sie eingesetzt? Wen machen sie reich und wen lassen sie verarmen? Welche Zukunftsszenarien machen sie möglich und welche verhindern sie? Wir suchen nicht nach Antworten. Wir suchen nach Logik.«[1]

»Wir leben im Zeitalter der digitalen Daten, und in diesem Zeitalter ist die Mathematik zum Parlament der Politik geworden. Das soziale Gesetz ist nun mit Modellen, Theoremen und Algorithmen verwoben. Mit den digitalen Daten ist die Mathematik zum vorherrschenden Mittel geworden, durch das die menschlichen Wesen sich mit der Technologie abstimmen […] Schließlich ist Mathematik eine menschliche Aktivität. Wie jede menschliche Aktivität auch trägt sie sowohl die Möglichkeit der Emanzipation als auch der Unterdrückung in sich.«[2]

»Dieselbe Wichtigkeit, die der Bau von Knochenreliquien für die Erkenntniß der Organisation untergegangner Thiergeschlechter, haben Reliquien von Arbeitsmitteln für die Beurtheilung untergegangner ökonomischer Gesellschaftsformationen. Nicht was gemacht wird, sondern wie, mit welchen Arbeitsmitteln gemacht wird, unterscheidet die ökonomischen Epochen […]. Die Arbeitsmittel sind nicht nur der Gradmesser der Entwicklung der menschlichen Arbeitskraft, sondern auch der Index der gesellschaftlichen Verhältnisse, unter denen gearbeitet wird.«[3]

Es wird der Tag kommen, an dem die gegenwärtige KI als ein Archaismus gilt, der als technisches Fossil neben anderen erforscht werden kann. In dem oben zitierten Auszug aus *Das Kapital* schlägt Marx eine ähnliche Analogie vor, die in den heutigen Studien der Wissenschaft und Technologie ihren Nachhall findet: Genauso wie fossile Knochen etwas über die

1 Vgl. »Disruption: A Manifesto«, *Logic Magazine*, Ausg. 1, März 2017.
2 Politically Mathematics collective: »Politically Mathematics Manifesto«, 2019, politicallymath.in.
3 Karl Marx, MEGA II/5, Seite: 131, Absatz: Zelle 1ff (Zeile 20)

Art der vergangenen Spezies und das von ihnen bewohnte Ökosystem verraten, genauso enthüllen die technischen Artefakte die Form der Gesellschaft, die diese umgibt und benutzt. Diese Analogie ist meiner Meinung nach bedeutend für alle Maschinen und zudem für das maschinelle Lernen, dessen abstrakte Modelle in Wahrheit eine Vergegenständlichung der sozialen Verhältnisse und des kollektiven Verhaltens enkodieren, wie in diesem Buch durch eine Neuformulierung der Arbeitstheorie der Automatisierung des 19. Jahrhunderts für das Zeitalter der KI zu zeigen, versucht worden ist.

Dieses Buch begann mit der einfachen Frage: Welche Verhältnisse existieren zwischen Arbeit, Regeln und Automatisierung, d.h., bei der Erfindung neuer Technologien? Zur Beantwortung dieser Frage sind Praktiken, Maschinen und Algorithmen aus verschiedenen Perspektiven beleuchtet worden – ausgehend von der »konkreten« Dimension der Produktion und der »abstrakten« Dimension der Disziplinen wie der Mathematik und der Computerwissenschaft. Beabsichtigt war jedoch nicht, die Trennung des konkreten von dem abstrakten Bereich zu wiederholen, sondern ihre Koevolution im Laufe der Geschichte zu betrachten, um letztlich Arbeit, Regeln und Automatisierung dialektisch als *materielle Abstraktionen* zu untersuchen. In Kapitel Eins wurde dieser Aspekt betont, indem hervorgehoben wurde, wie altertümliche Rituale, Zählwerkzeuge und »soziale Algorithmen« alle zur Bildung mathematischer Ideen beigetragen haben. Zu bekräftigen, wie in der Einleitung dieses Buches geschehen, dass *Arbeit eine logische Aktivität* ist, ist kein Ausdruck der Kapitulation angesichts der Mentalität der Industriemaschinen oder korporativen Algorithmen, sondern vielmehr der Anerkennung dessen, dass menschliche Praxis ihre eigene Logik ausdrückt (eine *Anti-Logik*, würden einige behaupten) – eine Kraft des Spekulierens und Erfindens, bevor die Technikwissenschaft diese vereinnahmt und entfremdet.[4]

Die These, Arbeit sei von alleine »mechanisch« geworden, bevor sie durch Maschinerie ersetzt worden ist, ist ein altes fundamentales Prinzip, das schlicht in Vergessenheit geraten ist. Wie in Teil Eins des Buches dargelegt, lässt sie sich mindestens bis zu Adam Smiths Darstellung in

4 Zur Debatte über den Arbeitsprozess: Harry Braverman: Labor and Monopoly Capital. The Degradation of Work in the Twentieth Century, New York 1974; David Noble: Forces of Production. A Social History of Industrial Automation, New York 1984.

the Wealth of Nations (1776) zurückverfolgen, was Hegel bereits in seiner Vortragsreihe in Jena kommentierte (1805–06). Hegels Verständnis von *abstrakter Arbeit* als einer Arbeit, die der Maschinerie ihre *Form* verleiht, war bereits der britischen politischen Ökonomie geschuldet, noch bevor Marx seine eigene radikale Kritik an diesem Konzept beigesteuert hatte. Wie jedoch in Kapitel Zwei gezeigt wurde, war es dann an Charles Babbage, diese Erkenntnis von Adam Smith in eine konsistente *Arbeitstheorie der Automatisierung* zu systematisieren. Babbage vervollständigte diese Theorie mit dem *Prinzip der Arbeitskalkulation* (seither bekannt als das *Babbage-Prinzip*), um darauf zu verweisen, dass die Teilung der Arbeit auch eine präzise Berechnung der Arbeitskosten erlaubt. Teil Eins dieses Buches kann als eine Exegese der *zwei Prinzipien der Arbeit* von Babbage und ihrem Einfluss auf die allgemeine Geschichte der politischen Ökonomie, der automatisierten Berechnung und der maschinellen Intelligenz verstanden werden. Auch wenn es anachronistisch klingen mag, teilen sich Marx' Theorie der Automatisierung und der Extraktion des relativen Mehrwerts einige gemeinsame Überzeugungen mit den ersten Projekten maschineller Intelligenz.

Marx stürzte die industrielle Perspektive – »das Auge des Meisters« –, die Babbages Prinzipien inhärent war. In *Das Kapital* argumentiert er, dass die *sozialen Verhältnisse der Produktion* (die Teilung der Arbeit innerhalb des Lohnsystems) die Entwicklung der *Mittel der Arbeit* (Werkzeugmaschinen, Dampfmaschinen etc.) vorantrieben und nicht umgekehrt, wie technodeterministische Auslegungen immer mal wieder behaupten, indem die Industrielle Revolution ausschließlich um die technologischen Innovationen herum zentriert wird. Aus diesen Prinzipien der Arbeitsanalyse schuf Marx noch etwas Weiteres: Für ihn war die Kooperation der Arbeit nicht nur ein Prinzip zur Erklärung des Designs von Maschinen, sondern auch zur Definition der politischen zentralen Bedeutung dessen, was er als *Gesamtarbeiter* bezeichnete. Die Figur des *Gesamtarbeiters* ermöglichte es, die maschinistische Dimension der lebendigen Arbeit anzuerkennen und sich dem »enormen Automaten« der Industriefabrik auf gleicher Komplexitätsebene zu stellen. Und schließlich war sie auch notwendig, um die ambivalente Idee des *general intellect,* dem ricardianische Sozialisten wie William Thompson und Thomas Hodgskin nachhingen, in einer solideren Haltung zu verankern, wie in Kapitel Vier gezeigt.

Vom Fließband zur Mustererkennung

Dieses Buch hat eine ausgedehnte Geschichte der Arbeitsteilung und ihrer Metrik als eine Möglichkeit angeboten, die operativen Prinzipien der KI auf lange Sicht zu identifizieren. Wie gezeigt worden ist, wurde mit Ende des 19. Jahrhunderts die Verwaltung der Arbeit umso aufwändiger, je mehr sich die Arbeitsteilung in der globalisierten Welt ausbreitete, was neue Techniken der Kommunikation, Kontrolle und »Intelligenz« erforderte. Während man in einer Manufaktur die Verwaltung der Arbeit noch mithilfe eines simplen Ablaufplans skizzieren und mit der Uhr messen konnte, war es hochkomplex, das, was Émile Durkheim bereits 1893 als die »Teilung sozialer Arbeit« definierte, zu visualisieren und quantifizieren.[5] Die »Intelligenz« des Meisters der Fabrik konnte den gesamten Produktionsprozess nicht mehr auf einen Blick überschauen; jetzt waren nur die Infrastrukturen der Kommunikation in der Lage, diese Rolle der Überwachung und Quantifizierung auszuführen. Neue Massenmedien wie Telegraphen-, Telefon-, Radio- und Fernsehnetzwerke ermöglichten die Kommunikation über Länder und Kontinente hinweg, eröffneten aber auch neue Perspektiven auf die Gesellschaft und kollektive Verhaltensweisen. Wie in Kapitel Fünf dargelegt, beschrieb James Beniger das Aufkommen der Informationstechnologien zutreffend als eine »Kontrollrevolution«, die sich in der Periode als notwendig für die Steuerung des ökonomischen Wachstums und des kommerziellen Überschusses im Globalen Nordens erwies. Nach dem Zweiten Weltkrieg wurde die Herrschaft über diese ausgeweitete Logistik Angelegenheit einer neuen Disziplin des Militärs, welche Mathematik mit Management verband: *operations research*. Jedoch sollte auch bedacht werden, dass die Transformationen der Arbeiterklasse innerhalb und über Länder hinweg, geprägt von Zyklen städtischer Konflikte und dekolonialer Kämpfen, zu den Faktoren zählen, die zum Aufstieg dieser neuen Technologien der Kontrolle beigetragen haben. In Kapitel Sechs wurde die historische Koinzidenz zwischen kybernetischen Projekten der Selbstorganisation und sozialem Streben nach Selbstorganisation nach dem Zweiten Weltkrieg, wie es durch gegenkulturelle und antiautoritäre Bewegungen verdeutlicht worden ist, nachgezeichnet.

5 Vgl. Émile Durkheim: *De la division du travail social*, Paris 1893, übers. als *The Division of Labor in Society*, New York 1984.

Der Maßstabswechsel in der Arbeitszusammensetzung vom 19. zum 20. Jahrhundert wirkte sich auch auf die *Logik der Automatisierung* aus, also auf die wissenschaftlichen Paradigmen, die in diese Transformation involviert waren. Die vergleichsweise simple industrielle Arbeitsteilung und ihre offenbar geradlinigen Fließbänder lassen sich leicht mit einem einfachen Algorithmus vergleichen, einer regelbasierten Prozedur mit einer »wenn, dann«-Struktur, welche ihre Entsprechung in der logischen Form der *Deduktion* findet. Nicht zufällig ist die Deduktion die logische Form, die sich durch Leibniz, Babbage, Shannon und Turing in der elektromechanischen Berechnung und schließlich in der symbolischen KI erstarkt ist. Deduktive Logik ist zur Modellierung einfacher Prozesse brauchbar, doch nicht von Systemen mit einer Vielzahl an autonomen Agenten, wie Gesellschaft, Markt oder menschliches Gehirn. In diesen Fällen ist deduktive Logik unpassend, da sie jede Prozedur, jede Maschine und jeden Algorithmus in eine exponentielle Anzahl an Instruktionen ausarten lassen würde (siehe Kapitel Sieben). Aufgrund ähnlicher Bedenken begann die Kybernetik die Erforschung der Selbstorganisation von Lebewesen und Maschinen, um Ordnung in hochkomplexen Systemen zu simulieren, die sich nicht einfach nach hierarchischen und zentralisierten Methoden organisieren ließen. Dies war im Grunde die vernünftige Erklärung für den Konnektionismus und künstliche neuronale Netzwerke (wie in Kapitel Neun besprochen) und ebenfalls für die frühe Forschung zu verteilten Kommunikationsnetzwerken wie dem Arpanet (dem Vorläufer des Internets).

Während des gesamten 20. Jahrhunderts verzeichneten viele weitere Disziplinen die wachsende Komplexität der sozialen Verhältnisse. Die Zwillingskonzepte von *Gestalt* und *Muster* beispielsweise, wie von Kurt Lewin bzw. von Friedrich Hayek angewendet und zuvor in diesem Buch beschrieben, waren ein Beispiel dafür, wie Psychologie und Ökonomie auf die neue Zusammenstellung der Gesellschaft reagierten. Lewin führte holistische Vorstellungen wie das *Kraftfeld* und den *hodologischen Raum* ein, um Gruppendynamiken in unterschiedlichen Skalen zwischen dem Individuum und der Massengesellschaft kartieren zu können.[6] Zur gleichen Zeit, wie in Kapitel Acht dargelegt, kaperte Hayek die grundverschiedene

6 Vgl. Kurt Lewin: »Die Sozialisierung des Taylorsystems. Eine grundsätzliche Untersuchung zur Arbeits- und Berufspsychologie«, *Schriftenreihe Praktischer Sozialismus*, Bd. 4, Berlin 1920. Vgl. auch Simon Schaupp: »Taylorismus oder Kybernetik? Eine

Idee des Musters, um eine Theorie des Marktes und des Geistes, basierend auf radikalem Individualismus, zu entwerfen.

Das französische Denken hat sich in dieser Richtung als besonders fruchtbar und progressiv erwiesen. Die Philosophen Gaston Bachelard und Henri Lefebvre schlugen zum Beispiel die Methode der *Rhythmusanalyse* vor, eine Untersuchung von sozialen Rhythmen im städtischen Raum (was Lefebvre gemäß den vier Typologien der Arrhythmie, Polyrhytmie, Eurhythmie und Isorhytmie beschrieb).[7] In vergleichbarer Weise befasste sich die französische Archäologie mit der Erforschung von erweiterten Formen des sozialen Verhaltens in altertümlichen Zivilisationen. Zum Beispiel brachte der Paläoanthropologe André Leroi-Gourhan gemeinsam mit anderen die Idee von Operationsketten (chaîne opératoire) ein, um zu erklären, wie prähistorische Menschen Utensilien produzierten.[8] Als diese lange Tradition der *Diagrammatisierung* des sozialen Verhaltens in den französischen Denkschulen ihren Höhepunkt erreichte, schrieb Gilles Deleuze sein berühmtes *Postskriptum über die Kontrollgesellschften*, in der erklärt wurde, dass Macht sich nicht länger mit der Disziplinierung von Individuen befasse, sondern mit der Kontrolle von *Dividuen*, also mit den Fragmenten eines erweiterten und dekonstruierten Körpers.[9]

Lewins Kraftfelder, Lefebvres urbane Rhythmen und Deleuzes Dividuen können als Vorankündigung der Prinzipien der algorithmischen Verwaltung verstanden werden, die sich mit der Netzwerkgesellschaft und seinen riesigen Datenzentren seit den späten 1990er Jahren etabliert hat. Die Inbetriebnahme des Algorithmus PageRank von Google – eine Methode zur Organisierung und Durchsuchung des chaotischen Hypertextes des Internets – gilt für gewöhnlich als erste großskalierte Ausarbei-

kurze Ideengeschichte der algorithmischen Arbeitssteuerung«, *WSI-Mitteilungen* 73, Nr. 3, (2020): 201–208.

7 Gaston Bachelard: La dialectique de la durée, Paris 1936, übers. als The Dialectic of Duration, New York 2016; Henri Lefebvre: Éléments de rythmanalyse, Paris 1992, übers. als Rhythmanalysis: Space, Time and Everyday Life, London 2004. Bachelard übernahm den Ausdruck »rhythmanalysis« von dem portugiesischen Philosophen Lucio Alberto Pinheiro dos Santos.

8 Vgl. Frederic Sellet: »Chaîne opératoire. The Concept and Its Applications«, *Lithic Technology* 18, Nrn. 1–2 (1993): 106–112.

9 Gilles Deleuze: »Postscript on the Society of Control«, *October* 59 (1992); David Savat: »Deleuze's Objectile. From Discipline to Modulation«, in: Mark Poster / David Savat (Hg.): Deleuze and New Technology, Edinburgh 2009.

tung von »big data« aus digitalen Netzwerken.[10] Diese Techniken zur Netzwerkkartografie sind inzwischen allgegenwärtig: Beispielsweise nutzt Facebook das Open Graph Protokoll, um die Netzwerke der menschlichen Beziehungen zu quantifizieren, was die Aufmerksamkeitsökonomie seiner Plattform befeuert.[11] Das US-Militär greift auf seine eigenen kontroversen Techniken der Lebensmusteranalyse zurück, um die sozialen Netzwerke in Kriegsgebieten zu kartografieren und Ziele für Drohnenangriffe ausfindig zu machen, von denen bekannt ist, dass diesen unschuldige Zivilist:innen zum Opfer fallen.[12] Seit Kurzem haben Plattformen der Gig Economy und Logistikriesen wie Uber, Deliveroo, Wolt und Amazon begonnen, ihre Ausliefernden und Fahrenden via Geolokalisierungs-Apps zu verfolgen.[13] All diese Techniken sind Teil des neuen Feldes der »Menschenanalyse« (auch bekannt als »soziale Physik« oder »Psychographie«), was nichts anderes ist, als die Anwendung von Statistik, Datenanalyse und maschinellem Lernen auf das Problem der Arbeitskraft in der postindustriellen Gesellschaft.[14]

10 Matthew L. Jones: »Querying the Archive: Data Mining from Apriori to PageRank«, in: Lorraine Daston (Hg.): Science in the Archives, Chicago 2017; Matteo Pasquinelli: »Google's PageRank Algorithm. A Diagram of Cognitive Capitalism and the Rentier of the Common Intellect«, in: Konrad Becker / Felix Stalder (Hg.): Deep Search, London 2009.

11 Irina Kaldrack / Theo Röhle: »Divide and Share: Taxonomies, Orders, and Masses in Facebook's Open Graph«, *Computational Culture* 4 (November 2014); Tiziana Terranova: »Securing the Social: Foucault and Social Networks«, in: S. Fuggle / Y. Lanci / M. Tazzioli (Hg.): Foucault and the History of Our Present, London 2015.

12 Grégoire Chamayou: A Theory of the Drone, New York 2014, Kap. 5: »Pattern-of-Life Analysis«. Vgl. auch Matteo Pasquinelli: »Metadata Society«, in: Rosi Braidotti / Maria Hlavajova (Hg.): *Posthuman Glossary*, London 2018; Matteo Pasquinelli: »Arcana Mathematica Imperii. The Evolution of Western Computational Norms«, in: Maria Hlavajova / Simon Sheikh (Hg.): Former West, Cambridge 2017.

13 Andrea Brighenti / Andrea Pavoni: »On Urban Trajectology. Algorithmic Mobilities and Atmocultural Navigation«, *Distinktion. Journal of Social Theory* 24, Nr. 1 (2001): 40–63.

14 L. M. Giermindl et al.: »The Dark Sides of People Analytics. Reviewing the Perils for Organisations and Employees«, *European Journal of Information Systems* 33, Nr. 3 (2022): 410–435. Vgl. auch Alex Pentland: Social Physics: How Social Networks Can Make Us Smarter, London 2015.

Die Automatisierung der Psychometrie oder: Allgemeine Intelligenz

Werden attraktive Konzepte wie »Muster«, »Gestalt« oder »Modell« nicht in eine ökonomische Perspektive eingebaut (eine Gelegenheit, die sich Hayek ganz vorbildlich nicht entgehen ließ), so wandelt sich ihr Nutzen schnell in eine selbstreferentiell-kulturalistische Übung ab. Die Teilung der Arbeit wie auch das Design von Maschinen und Algorithmen sind nicht per se abstrakte Formen, sondern Mittel zur Messung von Arbeit und sozialem Verhalten und um Menschen je nach ihrer Produktionsfähigkeit unterschiedlich zu behandeln. Wie die in Kapitel Zwei umrissenen Prinzipien von Babbage andeuten, ist in jeder Teilung von Arbeit eine Metrik enthalten: Die Vermessung der Performativität und Effizienz der Arbeiterschaft, doch auch ein Urteil über Klassen der Fähigkeit, welche eine implizite soziale Hierarchie enthalten. Metriken der Arbeit wurden eingeführt, um zu bewerten, was produktiv ist und was nicht, um eine soziale Asymmetrie zu erzeugen, während eine Äquivalenz zum Geldsystem verlautbart wird. In der Moderne haben Fabriken, Baracken und Krankenhäuser die Disziplin und Organisation von Körper und Geist mit ähnlichen Mitteln verfolgt, wie schon Michel Foucault und andere vorausgeahnt hatten.

Am Ende des 19. Jahrhunderts fand die Metrologie der Arbeit und des Verhaltens einen Verbündeten in einem neuen Forschungsfeld der Statistik: Psychometrie. Ziel der Psychometrie war es, die Talente der Bevölkerung beim Lösen einfacher Aufgaben zu messen, wobei statistische Vergleiche auf Grundlage kognitiver Tests statt einer Messung der physischen Leistungsfähigkeit wie im früheren Feld der Psychophysik durchgeführt wurden.[15] Als Teil des kontroversen Erbes von Alfred Binet, Charles Spearman und Louis Thurstone kann Psychometrie als einer der Hauptentstehungsquellen der Statistik gelten, welche nie eine neutrale Disziplin gewesen ist, sondern sich mit der »Vermessung des Menschen«, den Institutionen der Verhaltensnormen und der Repression von Abnormalitäten befasst.[16]

15 Das Wort »Statistik« beschreibt ursprünglich das Wissen, das der Staat über seine eigenen Angelegenheiten und Territorien hat: ein Wissen, das geheim gehalten werden musste. Michel Foucault: *Security, Territory, Population. Lectures at the Collège de France 1977–1978*, London 2009, 274.

16 Zum Einfluss der Gehirnmetrologie auf die Geschichte der KI siehe Simon Schaffer: »Urteile, wonach Maschinen intelligent seien, haben auch Techniken zur Messung von Gehirnleistung mit einbezogen. Diese Techniken zeigen, wie Verhalten nach

Die Transformation der Metrik der Arbeit in die *Psychometrie der Arbeit* ist ein Schlüsselmoment sowohl für das Management als auch für die technologische Entwicklung im 20. Jahrhundert. Es ist vielsagend, wie in Kapitel Neun angesprochen, dass Frank Rosenblatt beim Entwurf des ersten künstlichen neuronalen Netzwerkes Perzeptron nicht nur durch Theorien der Neuroplastizität, sondern auch durch Werkzeuge der multivariablen Analyse inspiriert war, die in den 1950er Jahren in die US-Psychologie importiert wurde.

Von dieser Perspektive aus sollte mit diesem Buch verdeutlicht werden, wie das Projekt der KI im Grunde aus der Automatisierung der Psychometrie der Arbeit und des sozialen Verhaltens heraus entstanden ist, weniger von dem Abenteuer, das »Enigma« der Intelligenz zu lösen. In einer kompakten Zusammenfassung der Historie der KI ließe sich sagen, dass die Mechanisierung des *general intellects* des Industriezeitalters in die »künstliche Intelligenz« des 21. Jahrhunderts erst dank der statistischen Vermessung von Fähigkeiten, wie Spearmans »allgemeinen Intelligenzfaktor«und seiner anschließenden Automatisierung in künstliche neuronale Netzwerke möglich wurde.

Hielt man die Maschine im Industriezeitalter für die Verkörperung von Wissenschaft, Wissen und des *general intellects* der Arbeiterschaft, so avancierten die künstlichen neuronalen Netzwerke zu den ersten Maschinen, die den *general intellect* in statistische Werkzeuge enkodierte – zu Beginn insbesondere, um Mustererkennung als eine der Kernaufgaben einer »künstlichen Intelligenz« zu automatisieren. Kurz gefasst handelt es sich bei der gegenwärtigen Form der KI, dem maschinellen Lernen, um die Automatisierung der statistischen Metriken, ursprünglich eingeführt um kognitive, soziale und arbeitsbezogene Fähigkeiten in Zahlen auszudrücken. Die Anwendung der Psychometrie durch die Informationstechnologien ist kein Phänomen, das nur bei maschinellem Lernen auftritt. Der Datenskandal um Facebook und Cambridge Analytica, bei dem die Beratungsfirma Gelegenheit hatte, die persönlichen Daten von Millionen von Facebook-Nutzer:innen ohne deren Zustimmung zu sammeln, ist eine

---

eigenem Ermessen mit dem Status jener verknüpft ist, die sich für ihre soziale Legitimität auf Intelligenz stützen.« Simon Schaffer: »OK Computer«, in: Michael Hagner (Hg.): *Ansichten der Wissenschaftsgeschichte*, Frankfurt a.M. 2001, 393–429. Zur frühen Metrologie des Nervensystems vgl. Henning Schmidgen: *The Helmholtz Curves. Tracing Lost Times*, New York 2014.

Erinnerung daran, wie Psychometrie riesigen Ausmaßes noch immer von unternehmerischen und staatlichen Akteuren benutzt wird, um kollektives Verhalten vorherzusagen und zu manipulieren.[17]

Bedenkt man, dass es sich um die Erben der statistischen Werkzeuge der Biometrie des 19. Jahrhunderts handelt, ist es nicht weiter verwunderlich, dass tiefe künstliche neuronale Netzwerke vor einiger Zeit fortschrittliche Techniken der Überwachung hervorgebracht haben, wie die Gesichtserkennung und die Analyse von Lebensmustern. Wissenschaftler:innen der kritischen KI-Studien wie Ruha Benjamin und Wendy Chun haben die rassistischen Ursprünge dieser Techniken der Identifikation offengelegt und dass dies, wie die Psychometrie, geradezu den technischen Beweis für den sozialen Bias der KI repräsentiert.[18] Richtigerweise haben sie die Macht der Diskriminierung im Kern des maschinellen Lernens ausfindig gemacht und gezeigt, wie dies im Einklang steht mit den Apparaten der Normativität der Moderne, einschließlich den fragwürdigen Taxonomien der Medizin, der Psychiatrie und des Strafrechts.[19]

Die Metrologie der Intelligenz bahnte sich im späten 19. Jahrhundert ihren Weg, wobei ihre implizite und explizite Agenda der sozialen und rassistischen Segregation noch immer im Kern der KI wirkt, um Arbeit und produktive Hierarchien des Wissens zu reproduzieren. Das logische Grundprinzip der KI ist daher nicht nur die Automatisierung von Arbeit, sondern auch die Bestärkung dieser sozialen Hierarchien auf indirektem Wege. Indem sie implizit festlegt, was sich automatisieren lässt und was nicht, hat die KI in jedem Stadium ihrer Entwicklung eine neue Metrik der Intelligenz auferzwungen. Doch die menschliche und die maschinelle Intelligenz miteinander zu vergleichen, trägt ebenfalls ein Urteil darüber in sich, welches menschliche Verhalten oder welche soziale Gruppe intelligenter ist, welche Arbeiter:innen ersetzt werden können, und welche nicht. Letztlich ist die KI nicht bloß ein Werkzeug zur Automatisierung von Arbeit, sondern auch

17 Luke Stark: »Algorithmic Psychometrics and the Scalable Subject«, *Social Studies of Science* 48, Nr. 2 (2018): 204–231.

18 Ruha Benjamin: Race after Technology. Abolitionist Tools for the New Jim Code, Cambridge 2019; Wendy Chun: Discriminating Data. Correlation, Neighborhoods, and the New Politics of Recognition, Cambridge 2021.

19 Zur Überschneidung von Kolonialismus, Rassismus und digitalen Technologien vgl. Jonathan Beller: The World Computer. Derivative Conditions of Racial Capitalism, Durham 2021; Seb Franklin: The Digitally Disposed. Racial Capitalism and the Informatics of Value, Minneapolis 2021.

zum Durchsetzen von Standards der mechanischen Intelligenz, die mehr oder weniger sichtbar soziale Hierarchien des Wissens und der Fähigkeiten propagieren. Wie es auch bei allen vorherigen Formen der Automatisierung der Fall war, ersetzt die KI nicht einfach Arbeiter:innen, sondern vertreibt und restrukturiert sie in eine neue soziale Ordnung.

Die Automatisierung der Automatisierung

Wirft man einen genauen Blick darauf, wie statistische Werkzeuge (erdacht, um kognitive Fähigkeiten zu bewerten und die Produktivität der Menschen voneinander zu unterscheiden) sich in Algorithmen weiterentwickelt haben, wird ein weiterer tiefgreifender Aspekt der Automatisierung deutlich. Tatsächlich zeigt die Untersuchung der Metrologie der Arbeit und des Verhaltens, dass die Automatisierung in einigen Fällen dadurch zustande kommt, dass die Messinstrumente selber in kinetische Technologien transformiert werden. Werkzeuge der Quantifizierung der Arbeit und sozialen Diskriminierung sind selber zu »Robotern« geworden. Vor der Psychometrie konnte man sich darauf beziehen, wie die Nutzung der Uhr zur Messung der Arbeitszeit in der Fabrik später von Babbage für die Automatisierung von mentaler Arbeit in die *Difference Engine* eingebaut wurde (siehe Kapitel Zwei). Kybernetiker wie Norbert Wiener hielten die Uhr noch immer für das Schlüsselmodell des Gehirns und auch des Computers. Mit Rücksicht darauf merkte der Wissenschaftshistoriker Henning Schmidgen an, wie die Zeitmessung der Nervenreize zur Verfestigung der Gehirnmetrologie und auch zu McCullochs und Pitts' Modell der neuronalen Netzwerke beitrug.[20] Die Theorie der Automatisierung, welche dieses Buch nachgezeichnet hat, verweist somit nicht nur auf das Entstehen von Maschinen aus der Logik des Arbeitsmanagements, sondern auch aus den Instrumenten und Metriken, damit das menschliche Leben generell quantifizierbar ist und zur Produktivität angehalten werden kann.

Mit diesem Buch sollte veranschaulicht werden, dass KI der Höhepunkt einer langen Evolution der Arbeitsautomatisierung und Quantifizierung der Gesellschaft ist. In der Tat scheinen die Modelle des maschinellen Lernens

---

20 Henning Schmidgen: »Cybernetic Times. Norbert Wiener, John Stroud, and the »Brain Clock« Hypothesis«, *History of the Human Sciences* 33, Nr. 1 (2020), 80–108. Zur Kybernetik und der »Messung von Rationalität« vgl. Orit Halpern: Beautiful Data: A History of Vision and Reason since 1945, Durham 2015, 173.

sich nicht grundlegend vom Design der Industriemaschinen abzuheben, sondern sind vielmehr homolog zu diesen: Fraglos werden sie von der gleichen analytischen Intelligenz von Aufgaben und kollektivem Verhalten bestimmt, wenn auch mit einem höheren Maß an Komplexität (d.h. Anzahl der Parameter). Wie Industriemaschinen, deren Design sich über Routineaufgaben und Anpassungen nach dem Trial-and-Error-Prinzip entwickelt hat, passen die Algorithmen des maschinellen Lernens ihr internes Modell an die Muster in den Trainingsdaten mittels eines vergleichbaren Trial-and-Error-Prozesses an. Man kann sagen, dass das Design einer Maschine genauso wie das Modell eines statistischen Algorithmus einer ähnlichen Logik folgt: Beide basieren auf der Imitation von externen Konfigurationen von Raum, Zeit, Verhältnissen und Operationen. Im Laufe der Geschichte der KI galt dies für das Perzeptron von Rosenblatt (dessen Ziel es war, die Bewegungen des Blicks und der räumlichen Verhältnisse des Sehfeldes aufzuzeichnen) genauso wie für jeden anderen modernen Algorithmus des maschinellen Lernens (z.B. *support vector machine*, bayessches Netz, Transformer).

Während die Industriemaschinen das Diagramm der Arbeitsteilung in einer vorherbestimmten Form in sich verkörpern (man denke an die Komponenten und die begrenzten »Freiheitsgrade« eines Webstuhls, einer Drehbank oder eines Baggers im Bergbau), können die Algorithmen des maschinellen Lernens (insbesondere neuste KI-Modelle mit einer riesigen Anzahl an Parametern) komplexe menschliche Aktivitäten imitieren.[21] Wenn auch mit einem problematischen Maß an Schätzung und Bias, ist ein Modell des maschinellen Lernens ein adaptives Artefakt, das die unterschiedlichsten Aufgabenzusammensetzungen enkodieren und reproduzieren kann. Zum Beispiel ist ein und dasselbe Modell des maschinellen Lernens in der Lage, die Bewegung von Roboterarmen am Fließband und die Handlungen von Fahrer:innen in selbstfahrenden Autos nachzuahmen; das gleiche Modell kann zwischen Sprachen hin- und herübersetzen und genauso Bilder umgangssprachlich beschreiben.

21 In der Mechanik beschreibt der *degree of freedom* (DOF) [Grad der Freiheit] eines Systems wie einer Maschine, eines Roboters oder eines Fahrzeugs die Anzahl der unabhängigen Parameter, die ihre Konfiguration oder ihren Zustand definieren. Bei Fahrrädern spricht man normalerweise von zwei Freiheitsgraden. Ein Roboterarm kann viele Grade haben. Ein riesiges Modell des maschinellen Lernens wie GPT kann mehr als eine Billion Grade der Freiheit in sich vereinen.

Das Aufkommen großer Grundmodelle in den letzten Jahren (z.B. BERT, GPT, CLIP, Codex) belegt, wie ein einziger Deep-Learning-Algorithmus mit einem integrierten riesigen Datensatz (aus Text, Bildern, Sprache, strukturierten Daten und 3-D-Signalen) trainiert und genutzt werden kann, um eine große Bandbreite an sogenannte Downstream-Aufgaben zu automatisieren (Fragen beantworten, Gefühlsdeutung, Informationsgewinnung, Textgenerierung, Bildbetitelung, Bildgenerierung, Stilübertragung, Objekterkennung, Anweisungsbefolgung etc.).[22] Aufgrund der Art, in der sie auf riesigen Speichern des kulturellen Erbes, kollektiven Wissens und sozialen Daten aufgebaut sind, sind riesige Grundmodelle die bestmögliche Annäherung an die Mechanisierung des *general intellects*, welche man sich im Industriezeitalter ausmalte. Ein wichtiger Aspekt des maschinellen Lernens, den Grundmodelle verdeutlichen, ist, dass die Automatisierung von individuellen Aufgaben, die Kodifizierung kulturellen Erbes und die Analyse von sozialen Verhaltensweisen sich technisch gesehen nicht unterscheidet: Sie können von ein und demselben Prozess des statistischen Modellierens ausgeführt werden.

Letzten Endes kann maschinelles Lernen als das Projekt zur Automatisierung des eigentlichen Prozesses des Maschinendesigns und der Modellerschaffung gesehen werden, womit die Automatisierung der Arbeitstheorie der Automatisierung an sich gemeint ist. In diesem Sinne repräsentieren das maschinelle Lernen und ganz besonders die großen Grundmodelle eine neue Definition der Universalmaschine, da ihre Fähigkeit nicht nur darin besteht, berechnende Aufgaben zu erfüllen, sondern die Arbeit und das kollektive Verhalten im großen Stil zu imitieren. Der Durchbruch, für den maschinelles Lernen inzwischen steht, liegt nicht nur in der »Automatisierung von Statistik«, wie maschinelles Lernen zuweilen umrissen wird, sondern in der *Automatisierung der Automatisierung*, was diesen Prozess auf die Ebene des kollektiven Wissens und des kulturellen Erbes erhebt.[23] Darüber hinaus kann maschinelles Lernen als technischer Beleg für die

22 Rishi Bommasani et al.: On the Opportunities and Risks of Foundation Models, Center for Research on Foundation Models at the Stanford Institute for Human-Centered Artificial Intelligence, 2021, crfm.stanford.edu.

23 Für ein anderes Verständnis von der Automatisierung der Automatisierung vgl. Pedro Domingos: The Master Algorithm. How the Quest for the Ultimate Learning Machine Will Remake Our World, New York 2015; Luciana Parisi: »Critical Computation. Digital Automata and General Artificial Thinking«, *Theory, Culture, and Society* 36, Nr. 2 (März 2019): 89–121.

graduelle Integration der Arbeitsautomatisierung mit sozialer Steuerung verstanden werden. Entstanden aus der Imitation der Arbeitsautomatisierung und Psychometrie, haben die Modelle des maschinellen Lernens sich nach und nach in Richtung eines integrierten Paradigmas der Kontrolle entwickelt, was durch die Datenanalyse durch Unternehmen und ihre riesigen Datenzentren eindrücklich veranschaulicht wird.

An dieser Stelle der Analyse muss erwähnt werden, dass intrinsische Grenzen die gegenwärtige Form des maschinellen Lernens beeinflussen. In einem Beitrag vom September 2021 argumentieren Neil Thompson und weitere Computerwissenschaftler:innen, dass die Fehler-Korrektur-Techniken des Deep Learning ein mit Rechnern machbares Limit erreicht haben und nicht weiter wachsen können, es sei denn, exorbitante Energiekosten und Hardwareressourcen würden aufgebracht werden, wozu nicht einmal riesige Unternehmen ohne Weiteres in der Lage wären.[24] Das Problem der Ausartung der Rechenwege, die regelmäßig in der Geschichte der KI wieder aufkommt, betrifft dieses Mal künstliche neuronale Netzwerke. Diese Ergebnisse, welche sich auf andere Algorithmen und Fehler-Korrektur-Techniken übertragen lassen, belegen zugleich, dass die »Intelligenzexplosion« der KI eine Illusion ist. Wenn sich mithilfe kritischer Theorie mit überzeichneten Kampagnen zur Entdeckung der in der Black Box der KI befindlichen »überirdischen Intelligenz« befasst wird, wird diese logische Grenze als solche oftmals übersehen. Was Wissenschaftler:innen als eine »überirdische Intelligenz« wahrnehmen, ist viel nüchterner, einfach das Spiel der statistischen Korrelationen in einem wirklich riesigen Maßstab. Es gibt keinen Hinweis auf ein »Singularitäts«-Phänomen in diesem Spiel der Korrelationen und berücksichtigt man die rechnerischen Grenzen, läuft die gegenwärtige KI nicht Gefahr, zu der bösartigen »Superintelligenz« zu werden, vor der uns Nick Bostrom, Wissenschaftler in Oxford, warnt.

Den Master-Algorithmus entwirren

Angesicht der gestiegenen Größe der Datensätze, der Trainingskosten riesiger Modelle und dem Monopol der Cloud-Infrastruktur, die notwendig ist, um solche Modelle von ein paar Unternehmen wie Amazon, Google und

24 Neil Thompson et al.: »Deep Learning's Diminishing Returns«, *IEEE Spectrum*, 24. September 2021, spectrum.ieee.org; Neil Thompson et al.: »The Computational Limits of Deep Learning«, 10. Juli 2020, Preprint, arxiv.org

Microsoft (und ihren asiatischen Entsprechungen Alibaba und Tencent) betreiben zu lassen, ist es offensichtlich geworden, dass die Herrschaft über die KI eine umkämpfte Angelegenheit geopolitischen Ausmaßes bleibt. Daneben deutet der Zusammenfluss verschiedener Apparaturen der Verwaltung und Kontrolle (Klimaforschung, globale Logistik und selbst Gesundheitsversorgung) in Richtung der gleichen Hardware (Cloud-Computing) und Software (maschinelles Lernen) auf einen noch stärkeren Trend zur Monopolisierung hin. Neben dem notorischen Problem der Machtakkumulation, verweist das Aufkommen der Datenmonopole auf ein Phänomen technischer Konvergenz, das der Schlüssel zu diesem Buch ist: Die Mittel der Arbeit sind zu den gleichen geworden, mit denen sie vermessen wird, und genauso sind die Mittel des Managements und der Logistik zu eben jenen geworden, mit denen ökonomisch geplant wird.

Dies ist auch vor Kurzem durch die COVID-19-Pandemie deutlich geworden, während der eine riesige Infrastruktur des Trackings, Messens und Vorherbestimmens des sozialen Verhaltens etabliert wurde.[25] Diese Infrastruktur, noch nie dagewesen in der Geschichte der Gesundheitsversorgung und der Biopolitik, wurde jedoch nicht *ex nihilo* geschaffen, sondern auf existierenden digitalen Plattformen aufgebaut, die die meisten unserer sozialen Beziehungen arrangieren. Vor allem während der Lockdowns wurde das gleiche digitale Medium zum Arbeiten, Einkaufen, für die Kommunikation mit Familie und Freunden und letztlich auch zur Gesundheitsversorgung genutzt. Digitale Metriken des Gesellschaftskörpers wie Geolokalisierung und andere Metadaten waren entscheidend für Vorhersagemodelle der weltweiten Ansteckung, doch sie sind schon lange zuvor für die Nachverfolgung von Arbeit, Logistik, Handel und Bildung in Gebrauch gewesen. Philosoph:innen wie Giorgio Agamben behaupten, dass diese Infrastruktur den Ausnahmezustand der Pandemie überdauert hat, dabei ist es jedoch so, dass ihre Anwendung auf die Gesundheitsversorgung und Biopolitik sich nach Jahrzehnten der Überwachung der wirtschaftlichen Produktivität des sozialen Körpers fortsetzt, welche zuvor an vielen Menschen unbemerkt vorbeiging.[26]

25 Vgl. Breaking Models: Data Governance and New Metrics of Knowledge in the Time of the Pandemic, Workshop, Max-Planck-Institut für Wissenschaftsgeschichte, Berlin, und die KIM-Forschungsgruppe, Staatliche Hochschule für Gestaltung Karlsruhe, 24. September 2021, kim.hfg-karlsruhe.de/breaking-models.

26 Giorgio Agamben: Where Are We Now? *The Epidemic as Politics*, Lanham 2021.

Die technische Konvergenz der Dateninfrastrukturen zeigt zudem, dass es bei der gegenwärtigen Automatisierung nicht nur um die Automatisierung individueller Arbeiter:innen geht, wie das stereotype Bild des humanoiden Roboters weismacht, sondern um die Automatisierung der Meister und Manager der Fabrik, wie bei den Plattformen der Gig Economy zu sehen. Von den Giganten der Logistik (Amazon, Alibaba, DHL, UPS etc.) und der Mobilität (Uber, Share Now, Foodora, Deliveroo) zu sozialen Medien (Facebook, TikTok, Twitter) – Plattformkapitalismus ist eine Form der Automatisierung, die in Wahrheit keine Arbeiter:innen ersetzt, sondern diese vervielfältigt und aufs Neue reguliert. Dieses Mal geht es weniger um die Automatisierung der Arbeit als vielmehr um die Automatisierung des Managements. Unter dieser neuen Form des *algorithmischen Managements* werden wir alle zu *dividuellen Arbeiter:innen* einer riesigen Automatisierung gemacht, die aus globalen User:innen, Klick-Jobber:innen, Betreuer:innen, Fahrer:innen verschiedenster Art bestehen. Die Debatte um die Angst, KI könne Jobs vollständig ersetzen, ist fehlgeleitet: In der sogenannten Plattformwirtschaft ist es tatsächlich so, dass die Algorithmen das Management ersetzen und prekäre Jobs vervielfachen. Auch wenn die Einnahmen der Gig Economy im Vergleich mit den traditionellen lokalen Sektoren verschwindend gering ausfallen, haben diese Plattformen, da weltweit die gleiche Infrastruktur genutzt wird, Monopolstellungen etabliert. Zusammenfassend dreht es sich bei der Macht des neuen »Meisters« nicht um die Automatisierung von individuellen Aufgaben, sondern um das Management der sozialen Arbeitsteilung. Entgegen der Vorhersage von Turing waren es die Meister, nicht die Arbeiter:innnen, die zuerst durch den Roboter ersetzt worden sind.[27]

Man fragt sich, welche Chancen eine politische Intervention in derart technologisch integrierte Räume überhaupt hätte, und ob die Forderung »KI neu zu gestalten«, für die sich Graswurzelbewegungen und institutionelle Initiativen starkmachen, überhaupt vernünftig oder umsetzbar wäre.

27 Vgl. Min Kyung Lee et al.: »Working with Machines. The Impact of Algorithmic and Data-Driven Management on Human Workers«, *Proceedings of the 33rd Annual ACM Conference on Human Factors in Computing Systems*, Association for Computing Machinery, New York 2015; Sarah O'Connor: »When Your Boss Is an Algorithm«, *Financial Times*, 8. September 2016. Vgl. auch Alex Wood: »Algorithmic Management Consequences for Work Organisation and Working Conditions«, Nr. 2021/07, European Commission JRC Technical Report, Working Papers Series on Labour, Education, and Technology, 2021.

Diese Forderung sollte zunächst auf die noch dringlichere Frage antworten: Wie ist es möglich, Monopole an Daten und Wissen von riesigem Ausmaß »neu zu konstruieren«?[28] Als große Unternehmen wie Amazon, Walmart und Google sich einen einzigartigen Zugang zu den Bedürfnissen und den Problemen des gesamten Gesellschaftskörpers verschafft haben, fordert eine wachsende Bewegung, diese Infrastrukturen nicht nur transparenter und rechenschaftspflichtig zu gestalten, sondern diese als öffentliche Dienstleistungen zu kollektivieren (wie von Fredric Jameson und anderen vorgeschlagen) oder sie durch öffentliche Alternativen zu ersetzen (wofür Nick Srnicek plädiert).[29] Doch wie sähe ein anderer Weg zur Gestaltung solcher Alternativen aus?

Wie die Theorie der Automatisierung dieses Buches nahegelegt hat, ist jede Technologie und jeder institutionelle Apparat, einschließlich KI, eine Kristallisation eines produktiven sozialen Prozesses. Probleme tauchen auf, da derartige Kristallisationen vergangene Strukturen, Hierarchien und Ungleichheiten »zementieren« und wiederholen. Um komplexe Artefakte wie KI-Monopole zu kritisieren und zu dekonstruieren, müssen wir uns zunächst mit der mühseligen Aufgabe des *Dekonnektionismus* befassen, also Schritt für Schritt, Datei für Datei, Datensatz für Datensatz, Stück für Stück von Metadaten, Korrelation für Korrelation, Muster für Muster das soziale und ökonomische Gewebe auseinanderpflücken, das sie im Ursprung ausmacht. Diese Arbeit wird bereits von einer neuen Generation aus Wissenschaftler:innen vorangetrieben, die die globaleProduktionskanäle der KI zergliedern, insbesondere jene, die die Methoden der *Aktionsforschung* nutzen. Hervorzuheben, neben vielen anderen, sind Lilly Iranis Turkopticon-Plattform, die dazu genutzt wird, auf der Gig-Plattform Amazon Mechanical Turk die »Unsichtbarkeit der Arbeiterschaft zu durchbrechen«; die Nachforschungen zu Trainingsdatensätzen zur Gesichtserkennung von Adam Harvey, die den massiven Verstoß gegen Datenschutzrechte durch KI-Unternehmen und wissenschaftliche Forschung zutage brachten; oder die Arbeit des Politically Mathematics-Kollektivs

28 Vgl. Daron Acemoglu (Hg.): Redesigning AI, Cambridge 2021.

29 Leigh Phillips / Michal Rozworski: The People's Republic of Walmart. How the World's Biggest Corporations Are Laying the Foundation for Socialism, London 2019. Vgl. auch Fredric Jameson: Archaeologies of the Future. The Desire Called Utopia and Other Science Fictions, London 2005, 153 Anmerkung 22; Nick Srnicek: Platform Capitalism, Cambridge 2017, 128.

aus Indien, das den wirtschaftlichen Effekt der Vorhersagemodelle der COVID-19-Pandemie auf die ärmsten der Bevölkerung analysierte und die Mathematik als einen Ort des politischen Streits zurück beanspruchte (siehe ihr Manifest, zitiert zu Beginn dieses Fazits).[30]

Die Arbeitstheorie der Automatisierung ist ebenfalls ein analytisches Prinzip zur Untersuchung eines neuen »Auges des Meisters«, das die KI-Monopole verkörpert. Jedoch ist es eben auch gerade aufgrund seiner Betonung der Arbeitsprozesse und sozialen Verhältnisse, welche die technischen Systeme konstituieren, auch ein synthetisches und »soziogenetisches« Prinzip (um auf den programmatischen Ausdruck von Frantz Fanon und Sylvia Wynter zurückzugreifen).[31] Im Kern der Arbeitstheorie der Automatisierung steht letzten Endes eine *Praxis der sozialen Autonomie*. Technologien können nur beurteilt, angezweifelt, neu bewilligt und neu erfunden werden, indem man sich durch die Matrix der sozialen Verhältnisse bewegt, die sie ursprünglich begründet haben. Alternative Technologien sollten in diesen sozialen Verhältnissen *verortet* werden, nicht unähnlich wie das, was kooperative Bewegungen in den letzten Jahrhunderten getan haben. Doch alternative Algorithmen zu schaffen bedeutet nicht, sie ethischer zu machen. Zum Beispiel scheint der Vorschlag, ethische Regeln in KI und Roboter fest hinein zu kodieren, sehr unzureichend und unvollständig zu sein, da dieser nicht direkt auf die breite politische Funktion der Automatisierung solcher Dinge an sicheingeht.[32]

Gebraucht wird weder ein Techno-Solutionismus noch ein Techno-Pauperismus, sondern eine Kultur der Innovation, des Designs und der Planung, die sich für die Bedürfnisse von Gemeinschaften und Kollektiven interessiert, und die niemals ihre Handlungsfähigkeit und Intelligenz vollständig an die Automatisierung übergibt. Der erste Schritt der Technopolitik ist nicht technologischer, sondern politischer Natur. Hier geht es um die Emanzipation und die Dekolonisierung, wenn nicht gar um die

30 Siehe die Websites von turkopticon.net, exposing.ai und politicallymath.in.

31 Sylvia Wynter: »Towards the Sociogenic Principle. Fanon, Identity, the Puzzle of Conscious Experience, and What It Is Like to Be ›Black‹«, *National Identities and Sociopolitical Changes in Latin America* (2001): 30–66. Vgl. auch Luciana Parisi: »Interactive Computation and Artificial Epistemologies«, *Theory, Culture, and Society* 38, Nrn. 7–8 (Oktober 2021): 33–53.

32 Vgl. Frank Pasquale: New Laws of Robotics. Defending Human Expertise in the Age of AI, Cambridge 2020; Dan McQuillan: »People's Councils for Ethical Machine Learning«, *Social Media+Society* 4, Nr. 2 (2018).

Abschaffung des Ganzen, der Organisation der Arbeit und der sozialen Verhältnisse, auf denen komplexe technische Systeme, industrielle Roboter und soziale Algorithmen basieren – insbesondere ihr eingebautes Lohnsystem, Eigentumsrechte und Identitätspolitiken. Neue Technologien für Arbeit und Gesellschaft können nur auf dieser politischen Transformation aufgebaut werden. Es ist offensichtlich, dass dieser Prozess sich nicht nur durch die Entwicklung technischen, sondern auch politischen Wissens entfaltet. Einer der problematischen Aspekte der KI ist ihr epistemischer Einfluss auf die Gesellschaft, die Art und Weise, wie sie Intelligenz als eine maschinelle Intelligenz darstellt und implizit Wissen als ein prozedurales Wissen pflegt. Das Projekt der politischen Epistemologie zur Überwindung der KI muss jedoch die historischen Formen des abstrakten Denkens (mathematisch, mechanisch, algorithmisch und statistisch) umwandeln, und sie als einen Teil in den Werkzeugkasten des kritischen Denkens in sich eingliedern. Bei der Konfrontation der Epistemologie der KI und ihrem Regime des Wissensextraktivismus müssen wir uns eine andere technische Mentalität, eine kollektive »Gegen-Intelligenz« aneignen.

Danksagung

Dieses Buch ist einem »kollektiven Philosophen« zu verdanken, der über multidimensionale Einflugschneisen zu seiner Erstellung beigetragen hat. McKenzie Wark von der New School in New York war es, die vor vielen Jahren vorschlug, dass ich dieses Projekt für Verso Books in die Wege leite. Henning Schmidgen der Universität Weimar half mir auf wahrhaft interdisziplinären Weise, den komplexen Horizont des Denkens zu erkennen, der Wissenschafts- und Technikforschung, historische Epistemologie, französische Philosophie und Medienwissenschaften miteinander verbindet. In den letzten Monaten des Redaktionsprozesses half Sascha Freyberg des Max-Planck-Instituts für Wissenschaftsgeschichte in Berlin dabei, das Manuskript auf das Wesentliche zu fokussieren, wofür ich sehr dankbar bin. Ein besonderer Dank gilt Sam Smith, meinem Lektor, und George MacBeth sowie Patrick Riechert der Staatlichen Hochschule für Gestaltung Karlsruhe, die mit viel Geduld mein nicht muttersprachliches Englisch überarbeitet und meine abschweifende Ausdrucksweise verbessert haben.

Unter den Mitgliedern der Gemeinschaft der Historiker:innen der Wissenschaft und Technologie möchte ich insbesondere folgenden Personen danken: Pietro Daniel Omodeo, Giulia Rispoli, Matthias Schemmel, Charles Wolfe und Senthil Babu, einschließlich des Kollektivs der *Politically Mathematics* und dem Redaktionskollektiv Verum Factum. Ich danke besonders den Studierenden, Kolleg:innen und Alumnae/Alumni der Staatlichen Hochschule für Gestaltung Karlsruhe, dem Doktorand:innen-Kolloquium sowie der KIM Forschungsgruppe zur Künstlichen Intelligenz und Medienphilosophie: Paolo Caffoni, Céline Condorelli, Alan Diaz, Ariana Dongus, Max Grünberg, Sami Khatib, Maya Indira Ganesh, Arif Kornweitz, James Langdon, Angela Melitopoulos, Simone Murru, Mariana Silva, Ana Teixeira Pinto und Füsun Türetken, mit besonderer Erwähnung von Bárbara Acevedo Strange, Sebastian Breu, Guillermo Collado Wilkins, Alex Estorick, Yannick Fritz, Vincent Herrmann, Nikos Patelis, Simon

Knebl, Jason King, Lukas Rehm, Marco Schröder, Ben Seymour und Florian Walzel für ihre technische, graphische und redaktionelle Unterstützung.

Auch der internationalen Community der Forschenden zu KI und Medien, mit denen ich mich über die letzten zehn Jahre hinweg für vielfältige Projekte zusammengeschlossen habe, bin ich zu Dank verpflichtet: Jon Beller, Claude Draude, Orit Halpern, Adam Harvey, Leonardo Impett, Daniel Irrgang, Vladan Joler, Goda Klumbyte, Oleksiy Kuchansky, Noura Al Moubayed, Fabian Offert, Ranjodh Singh Dhaliwal, Susan Schuppli, Elena Vogman und Ben Tarnoff. Für ihre Freundschaft und ihren Beistand danke ich Marie-Luise Angerer, Alan Blackwell, Andreas Broeckmann, Johannes Bruder, Mercedes Bunz, Geoff Cox, Sean Cubitt, Jan Distelmeyer, Daphne Dragona, Paul Feigelfeld, Kristoffer Gansing, Francis Hunger, Joseph Lemelin, Dan McQuillan, Frieder Nake, Luciana Parisi, Jens Schröter und Andreas Sudmann sowie insbesondere Nina Franz, Rebekka Ladewig, Wolfgang Lefèvre, George Nagy, Simon Schaffer, Max Stadler, Siegfried Zielinski und Paolo Zellini.

Mein großer Dank gilt zudem den Organisator:innen der Cambridge Summer School *Histories of AI: A Genealogy of Power* von 2020–21; Sarah Dillon, Richard Staley, Syed Mustafa Ali, Stephanie Dick, Matthew L. Jones und Jonnie Penn für die Möglichkeit, meine Ideen zu präsentieren und zu diskutieren.

Die »politische Intelligenz«, auf die sich dieses Buch stützt, entspringt aus einem seit Langem bestehenden Kollektiv aus Freund:innen und Mitstreiter:innen: Stefano Harney, Sandro Mezzadra, Toni Negri, Brett Neilson, Nikos Papastergiadis, Judith Revel, Tania Rispoli, Paolo Virno, Jamie Woodcock und Giovanna Zapperi, neben vielen anderen. Für ihre Unterstützung während all dieser Jahre danke ich Marco Baravalle, Susana Caló, Manuel Disegni, Godofredo Pereira und Gerard Hanlon.

Ich bedanke mich ebenso beim *e-flux journal* (Julieta Aranda, Amal Issa, Brian Kuan Wood, Anton Vidokle) und dem Haus der Kulturen der Welt (Anselm Franke, Bern Scherer) für ihre Gastfreundlichkeit bei mehreren Projekten. Und, unter den vielen Freund:innen aus der Kunst-Community: Elena Agudio, Dorothee Albrecht, Marwa Arsanios, Defne Ayas, Sean Dockray, Gean Moreno, Fiona Geuss, Natasha Ginwala, Nathan Gray, Christoph Gurk, Tom Holert, Iman Issa, Sven Lütticken, Antonia Majaca, Agnieszka Polska, Johannes Paul Raether, Natascha Sadr Haghighian,

Caleb Waldorf, Clemens von Wedemeyer und Khadija von Zinnenburg Carroll.

In diesem Buch werden auch die Gefährt:innen, Kolleg:innen und Mitarbeiter:innen der Staatsbibliothek Berlin nicht vergessen; unsere Wege haben sich viele Jahre unsichtbar gekreuzt, während wir alle dem Schweigegelübde treu geblieben sind. Besonders bedanken möchte ich mich bei den Mitarbeiter:innen der Bibliothek für ihre Unterstützung während der Corona-Pandemie. Daneben widme ich dieses Buch all den Geisterarbeiter:innen, Lieferant:innen, Fahrer:innen und Coderier:innen der Gig Economy an der vordersten Front der algorithmischen Arbeitsteilung.

Die Forschungsarbeit für dieses Buch nahm ihren Anfang lange vor und fand ihr Ende lange nach der Geburt meines Sohnes Giotto. Ohne den mütterlichen und materiellen Einsatz der Liebe und Care-Arbeit von Wietske auf dem Schlachtfeld unserer häuslichen Arbeit wäre dieses Buch nicht möglich gewesen. Für Giotto, Wietske und meine Freund:innen wage ich mich in die Maschinenräume der technologischen Abstraktionen hinab, in der Hoffnung, dass anderen ähnlich entfremdende Abenteuer in Zukunft erspart bleiben mögen. Dieses Buch widme ich meiner Mutter Anna, die die komische Idee hatte, mir schreiben und zählen beizubringen, bevor ich zur Schule kam. Daneben haben die Aufgaben in der »Küchenmathematik« der Arbeiterklasse, so glaube ich, mich vier Jahrzehnte später dazu veranlasst, den Fortschritt dieser riesigen sozialen Algorithmen zu erforschen.

Personenregister

capulcu redaktionskollektiv

DISRUPT!

Widerstand gegen den technologischen Angriff

160 Seiten | 12.80 €
ISBN 978-3-89771-240-9

Abwehr des smarten Angriffs auf unsere Sozialität, Kreativität, Autonomie – auf unser Leben

DISRUPT! beschreibt die Versuche, das menschliche Dasein den Anforderungen einer reduktionistischen künstlichen Intelligenz zu unterwerfen. Der Anpassungsdruck des Menschen an die Maschine wirkt bereits jetzt – weit vor einer vollständigen Vernetzung aller mit allem. Das redaktionskollektiv çapulcu dechiffriert diese – oft unhinterfragte – Entwicklung als Angriff auf unsere Autonomie und analysiert seine entsolidarisierende Wirkung. Denn Technologie ist nie neutral, sondern immanent politisch.

Ein Gegenangriff auf die Praxis und die Ideologie der totalen Erfassung erscheint deshalb zwingend notwendig.

capulcu redaktionskollektiv

DELETE!

Digitalisierte Fremdbestimmung

160 Seiten | 12.80 €
ISBN 978-3-89771-258-4

Wie die zunehmende digitalisierte Fremdbestimmung die Bedingungen dramatisch verändert

Das *çapulcu redaktionskollektiv* untersucht in DELETE! die aktuelle Transformation des Kapitalismus – und damit auch der Machtverhältnisse – durch den ›technologischen Angriff‹.

Der Einfluss der Tech-Giganten auf die Ökonomisierung der entlegensten Lebensbereiche nimmt stetig zu, während klassische politische Institutionen an Bedeutung verlieren. Soziale Punktesysteme verlängern mit ihrem permanenten ›Rating‹ und ›Scoring‹ die Reichweite der lenkenden Disziplinierung weit über die direkte Ausbeutung im Arbeitsverhältnis hinaus.

Im Zentrum des Buches steht erneut die Selbstbehauptung, also der vielfältige Widerstand gegen den umfassenden technologischen Angriff unserer Zeit.

Max Franz Johann Schnetker

Transhumani[...] Mythologie

Rechte Utopie[...] technologisch[...] durch künstlich[...] Intelligenz

136 Seiten | 12.80 €
ISBN 978-3-89771-264-5

Die digitale Apokalypse durch künstliche Intelligenz entpuppt sich als rechte Mythologie.

Das vorliegende Buch ist eine ideologiekritische Analyse der Mythologien um superintelligente KI. Dabei zeigt sich, dass die Grundlagen dieser Mythologien keineswegs so neu sind. Vielmehr wiederholen sich hier – in technologischem Gewand und scheinbar säkularisiert – alte Ideen der protestantischen Rechten. Noch drehen sie sich nur um die Zurichtung für die Erfordernisse des digitalisierten Kapitalismus und die Radikalisierung seines Glücksversprechens.

Doch es wird Zeit, die Ideologie des Transhumanismus genauer in den Blick zu nehmen, weil sie das Potenzial hat, sich zu einer Herrschaftsmythologie des digitalen Zeitalters zu entwickeln.